U0935364

珍藏本
纪念版

汉译世界学术名著丛书

宪章运动史

〔英〕R.G.甘米奇 著

苏公隽 译

张自谋 校

2017年·北京

R. G. Gammage

HISTORY OF THE CHARTIST MOVEMENT

1837—1854

Browne & Browne, Newcastle-on-Tyne,

England, 1894

汉译世界学术名著丛书
（120年纪念版·珍藏本）
出版说明

2017年2月11日，商务印书馆迎来120岁的生日。120年前，商务印书馆前贤怀揣文化救国的理想，抱持“昌明教育，开启民智”的使命，立足本土，放眼寰宇，以出版为津梁，沟通中西，为中国、为世界提供最富智慧的思想文化成果。无论世事白云苍狗，潮流左右激荡，甚至战火硝烟弥漫，始终践行学术报国之志，无改初心。

逐译世界各国学术名著，即其一端。早在20世纪初年便出版《原富》《天演论》等影响至今的代表性著作，1950年代后更致力于外国哲学和社会科学经典的译介，及至1980年代，辑为“汉译世界学术名著丛书”，汇涓为流，蔚为大观。丛书自1981年开始出版，历时三十余年，迄今已推出七百种，是我国现代出版史上规模最大、最为重要的学术翻译工程。

丛书所选之书，立场观点不囿于一派，学科领域不限于一门，皆为文明开启以来，各时代、各国家、各民族的思想与文化精粹，代表着人类已经到达过的精神境界。丛书系统译介世界学术经典，引领时代思想，为本土原创学术的发展提供丰富的文化滋养，为推动中国现代学术和现代化进程做出了突出的贡献。

为纪念商务印书馆成立120周年，我们整体推出“汉译世界学术名著丛书”120年纪念版的珍藏本，寄望既利于文化积累，又便于研读查考，同时向长期支持丛书出版的译者、编者和读者致以敬意。

两甲子后的今天，商务印书馆又站在了一个新的历史时间节点上。我们不仅要铭记先辈的身影和足迹，更须让我们的步伐充满新的时代精神。这是商务人代代相传的事业，更是与国家和民族的命运始终紧密相连的事业。我们责无旁贷，必须做好我们这代人的传承与创造，让我们的努力和成果不仅凝聚成民族文化的记忆，还能成为后来人可以接续的事业。唯此，才能不负前贤，无愧来者。

商务印书馆编辑部

2017年10月

出 版 说 明

《宪章运动史》是一部记叙 19 世纪 30 年代至 50 年代英国工人阶级及其他劳动群众为争取实现“人民宪章”而进行英勇斗争的著作。

英国宪章运动的产生和发展是有着深刻历史原因的。到 19 世纪，英国的产业革命已进入完成阶段，在三四十年代，各主要工业部门都已采用了机器。拥有几千名甚至几万名工人的大工厂陆续出现。资本愈来愈集中，资本家对工人的剥削也日益残酷，因此，阶级斗争一天比一天尖锐。英国无产阶级在 1832 年的议会改革中，并未获得选举权及其他政治权利，辉格党执政后却颁布了“新贫民法”，对工人罢工和工会运动进行了血腥的镇压，加上 1836 至 1837 年间爆发的经济危机，终于使英国无产阶级认识到他们不仅要进行经济斗争，还必须进行独立的反对资产阶级国家的政治斗争，才能改善他们的贫困状况和屈辱地位。

1837 年 6 月，在木匠洛维特领导下创立的“伦敦工人协会”拟订了一个关于争取普选权的纲领性文件，包含六点要求，以法案形式公布，命名为“人民宪章”。此后，为实现宪章内容的斗争就称为“宪章运动”。

宪章运动一开始，便获得了英国工人和广大小资产阶级群众的热烈拥护和支持。全国各地纷纷举行群众集会,有些地区参加者一次多达几十万人。工人们白天做工,夜间高举火炬游行和集会。1839 年 2 月,宪章派在伦敦通过全国请愿书,掀起了签名运动的热潮。宪章运动声势日益浩大,不少地区发生罢工和暴动。到 1841 年,“全国宪章派协会”已有二百多个分会,散布在全国各地。恩格斯曾称这个协会为“我们时代的第一个工人政党”。英国无产阶级自此便从过去自发地聚集起来进行诸如捣毁机器之类的斗争,发展到有明确政治纲领、政治要求的革命运动了。

然而,由于英国资产阶级统治集团的残酷镇压,由于宪章运动内部的两派分歧,工人贵族的阻挠与破坏,同时也由于 1848 年以后英国进入了一个新的经济繁荣的时期,加上欧洲大陆各国革命相继失败的影响,因此,到了 50 年代初期,宪章运动由盛而衰,最后归于失败。但在英国以至整个国际工人运动史上,宪章运动仍具有重大的历史意义。它为国际工人运动提供了一个光辉的先例。列宁称它为“世界上第一次广泛的、真正群众性的、政治性的无产阶级革命运动”。

本书作者 R. G. 甘米奇(1815—1888)是英国工人运动的活动家,在 1838 至 1853 年间参加了宪章运动,并担任过“全国宪章协会”执行委员会委员。他直接根据自己的亲身经历和当时的记载写成本书,对宪章运动的许多领导人物的身世及活动作了详尽的描述。他广泛引用他们的演说,而且对宪章运动的早期活动情况,刻画细致,记载详尽,弥觉可贵。作者夹叙夹议,文笔练达,并善于烘托气氛,在全书不少章节中,以生动的笔触描述了英国工人阶级英勇斗争的场面和群情激昂的图景,因此,宪章运动尽管距今已相隔一百多年，但在作者笔下，当时轰轰烈烈的情景跃然纸上，使人感到历历如在眼前。另一方面，作者对宪章派内部矛盾的阶级根源缺少分析，对宪章运动各流派间的斗争的描述不够客观，尤其对奥康纳的评价显得偏激。尽管如此，本书仍不失为一部比较系统而有代表性的著作，它对于我国读者了解和研究英国宪章运动史和国际工人运动史，是有参考价值的。

本书所附地图一幅，是我们根据《英国政治史》第 11 卷书后所附地图绘制的。

目　　录

敬告读者

《宪章运动史》本版曾详加校订，很多部分的内容并加以改写。遗憾的是，本书才能卓越的作者 R. G. 甘米奇先生生前未能完成这项必要的校订工作，否则他必然会以其拥有的材料大大增加本书的价值。甘米奇先生晚年在森德兰行医三十余年后，退隐在北安普敦，于 1888 年与世长辞。

本版附载了初次发表的颇有价值的索引。这归功于森德兰的律师托马斯·马歇尔先生的辛劳与才干。对此，出版者表示衷心的感谢。

书中所有的极其珍贵的照片和画像都是几经周折从各方面搜集起来的，其中有的是借用的。

引　言

一个自认有权享受公众一部分重视的作家，应当对他发表任何一部专著的目的作出清晰明确的说明；而为了避免人们对目前这部著作的目的产生误解，自应简短扼要地说明一下。宪章运动不论是好是坏，多年来一直受到公众的很大关注。我时常痛心地看到，不论是拥护还是反对宪章主义的作家们，在发表有关宪章运动的观点时，却为党派的偏见所左右，而不尊重公正的事实。这是令人遗憾的事，因为只有严格坚持公正无私的态度，方有可能形成稳妥健全的见解。因此，本书的目的在于弥补这个显著的缺陷。宪章运动以具有许多优点著称，看不到这一点是愚蠢的，而且对于在运动中肩负重大责任的人们亦不公道。何况我们无权曲解广大同胞的见解和行动，甚至也不应当轻蔑地缄默不谈，不论那些见解和行动正确与否。如果采取上述做法，其结果往往十分公道地使那些作家自食其果，而不论他们是具有多大的影响。至于宪章主义是否是一个符合实际的真理，它的原则是否经得起审查的考验而仍然完整无缺，姑且不谈，但它必然具有能够使它存在的某种重要基础；一个真正的政治家将毫不犹豫地仔细研究那个基础。这样，如果它的基础是健全有益的，可能准备承认在当时情况下，这样做是正义的；另一方面，如果它的基础是腐朽有害的，则可能指

出这种腐朽性并消除伴随而来的错误。如果说宪章主义有其优点，那么它同时也令人十分痛心地显示出这个运动中也掺杂着不少愚蠢的行动。它有优点，又有缺点；尽管我们很想原谅它的缺点，但如果我们对此不予正视，或不给予必要的纠正，我们将忽视我们对真理的事业应尽的责任。

本书虽然主要是记述事件以及参与这些事件的人物，而不是对它们进行评论，但我们在写作的过程中，随时会提出一些看来是必要的论断，因为一个历史家不应当仅仅记载人们的行动，而且应当对这些行动的根源以及完成这些行动的方式进行调查研究，并提出坦率的看法。

作者对宪章运动杰出的倡导者们的行为和品格所作的一些谴责，很可能会引起他们更忠实的崇拜者的反感，但是既然这方面存在着如此不同的观点和见解，这种情况也是难免。我很不愿意引起不必要的痛苦，但是如果我卑屈地迎合那些在我看来不应称道的偏见，那我也会引以为耻。我的目的在于追求真理，不论争论的是什么问题，我一定站在真理一边。

读者将看到，关于领导人物的传略及评介与其他的问题交织在一起。如果我没有弄错的话，这将成为本书的一个相当有益而有趣的特点。据作者所知，在此以前，甚至从未有人试图撰写一部宪章主义的专史。这是写作本书的另一个充足的理由；作者希望，他的努力不论多么微不足道，也不致被人们认为不应在我国历史与政治文献中占有一定的地位。

R. G. 甘米奇

1854 年

第 一 章

社会上每一阶级都有它独特的主义和偏见，而且对它们珍护 1
甚于一切。贵族以自己出身高贵而自豪，在这种高贵思想的基础上，他们建立起独有的特权，小心翼翼地尽力维护这种特权。除了社会上为他们提供必需品和享乐条件以外，他们一向爱好的做法是，对一般社会采取远离的态度。在这种出身高贵的幻觉下，他们尽力防护自己不被“下层社会”玷污，直到由于挥霍无度不得不联合平民家族，这些家族由于积极从事工商贸易，已变得比他们更富有了。工商贸易的范围愈是扩大，英国贵族的没落趋势也就愈加明显；在我们几乎完全不依靠贸易而只仰给于土地物产的时代，正因为贵族拥有土地，他们的权力几乎是绝对的，即使在工商贸易大大发展的时期，也要在很久以后，这种权力才开始显著地下降。

但是近代的文明已经使各个阶级的相对地位产生了巨大的变化。财富就是权力，这已成为一个牢不可破的事实，而且这种权力，在它不断扩大的过程中，已形成了一个威胁，要把贵族阶层幻想中所存在的一切尊荣吞并过来。到 18 世纪末叶，这种权力已经开始占有很大的地位。它一天天地扩大，而且每年都大大地增加了它的分量。法国大革命和拿破仑战争使享有爵位的阶级惊惶失
措，他们好像一只正在沉没的船上的水手一样，想用一切办法使自 2

己免于被那个威胁要吞噬欧洲各国贵族的波涛汹涌的大海所淹没。在他们看来，对法国共和党人发动一次歼灭战，才是挽救他们自己的唯一出路，否则他们无法摆脱一个不可避免的厄运。于是，他们不惜用鲜血或资财来实现自己的目标。他们主动投入了有产阶级的怀抱。凡是拥有军事财力的人们都被他们劝说来提供一臂之助，以期压倒民主革新的潮流；拿破仑煊赫一时，但是遍地腥膻、野心勃勃的政治历程一旦告终，人们就发现我们国家背上了大约八九亿镑的债务，这副重担就是那一代和后几代人为了恢复正统和世袭特权所偿付的代价。这样，贵族不惜牺牲全国人民的利益来支撑他们摇摇欲坠的权力，而有产阶级便成为他们希望达到自己目的的工具。

不难想象，中产阶级在支持没落的贵族统治方面既然是必不可少，他们绝不会甘心长期处于政治特权之外；因此时隔不久，便明确表示了他们的意愿，要从他们在危难时期曾经那么大力效劳的人们那里分得一部分权力。在这以前，立法权几乎完全由贵族独揽，他们紧紧抓在手里，毫不放松。贵族院完全是他们自己的私有物，在它和下院之间，实际上并不存在着多大的区别，因为下院是在贵族的恩赐下选出来的；在大多数的问题上，两院间保持着深挚的同情，它们恰当地认为彼此都是同一棵树上的分枝。可是，由于工商业发展的结果，中产阶级的重要地位正日益上升，到了最后，那阵和风——它吹到上层阶级耳中就成了可怕的名称“改革”——一变而为喧嚣扰攘的怒吼，仿佛要从根本上动摇贵族权力似的。

中产阶级自知单靠自己的力量还嫌不足，曾乞援于千百万劳动人民，这两个阶级结合在一起，使一切可以利用的场所都对当时流行的要求改革的声音彼呼此应。报刊上开始连篇累牍地登载演说词和论文，竭力主张实行更广泛的代表权制度的合理性和必要性，而为了支持这项大声疾呼的要求，斯温上尉①曾在几个重大城镇大显身手；这场毁灭性的斗争虽然使一部分参加者因违法行为而受到惩处，但这些行动毕竟加速了中产阶级统治的来临，到了最
后，军队中的不满迹象使他们如愿以偿。在举国殷切期望与群情 3
激昂的气氛中，选举法修正法案经过几次否决以后，终于在两院获得了通过，并经国王批准。这样，中产阶级的宪章就制定了。贵族利用中产阶级的支持来粉碎民主主义，但做梦也没有想到，他们正在对一种终久将把他们压得粉碎的力量承担着义务。这样，享有特权的专制政权往往在刚跨过了一个墓穴后，却发现就在眼前咫尺之处还有一个墓穴。

然而，中产阶级之所以能顺利地赢得人民群众的合作，是由于曾向他们许诺过一些重大利益；而群众本身也在指望扩大自己的政治权力，但他们极易被人诱离他们所追求的目标。中产阶级劝他们暂时放弃比较广泛的要求，以便最后能更有效地获得它们。中产阶级说："支援我们来实现修正法案吧，我们一旦有了选举权，就会利用我们的权力来协助你们取得你们的权利。"每当工人阶级敢于对人民主权这个更广泛的问题提出意见时，这就是对他们所作的千篇一律的诺言。这个诺言比较容易令人相信，因为当时他

① 一个虚拟人物的名字。1830－1833年间，英国农民为了保障自己就业，反对使用脱粒机，往往以斯温上尉的名义写信给使用脱粒机的人进行恫吓。——译者

们心中普遍地存在着一种想法，认为两个阶级的利害关系是完全一致的。因此他们推想，一个阶级是不会有意欺骗另一个阶级的；他们绝没有料到会背信弃义，因为他们断难设想这种可能出现的事件的目的何在。两个阶级的社会地位的悬殊完全被忽视了；他们思想上存在着一种混乱的概念，认为中产阶级议会可能有把握通过的有关调整税率和一些其他法案就是他们奋斗的主要目标。因此，有人只要自称为改革家或自由主义者，在一些琐碎的问题上任意说几句含糊笼统的话，就会博得大多数人的同情，其效力竟像他就要把他们引入人间天堂似的。政治改革、厉行节约、保持和平、教会改革、市政改革、对爱尔兰人民主持公道，这些都是中产阶级爱国主义者的口号；这一切的实质究竟是什么，贫民阶级很少加以研究，但他们对盟友的诚意始终是深信不疑的；他们以迷惘的眼光憧憬着未来生活的改善，至于改善的范围究竟有多大，他们从不费心去调查，因此也不理解。

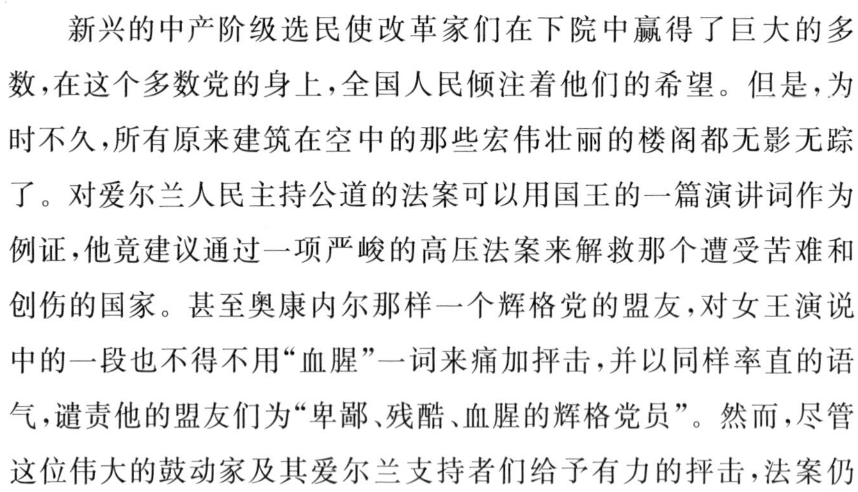

4 新兴的中产阶级选民使改革家们在下院中赢得了巨大的多数，在这个多数党的身上，全国人民倾注着他们的希望。但是，为时不久，所有原来建筑在空中的那些宏伟壮丽的楼阁都无影无踪了。对爱尔兰人民主持公道的法案可以用国王的一篇演讲词作为例证，他竟建议通过一项严峻的高压法案来解救那个遭受苦难和创伤的国家。甚至奥康内尔那样一个辉格党的盟友，对女王演说中的一段也不得不用“血腥”一词来痛加抨击，并以同样率直的语气，谴责他的盟友们为“卑鄙、残酷、血腥的辉格党员”。然而，尽管这位伟大的鼓动家及其爱尔兰支持者们给予有力的抨击，法案仍然提到议会，并以压倒的多数获得通过。此事正是发生在制定选举法修正法案的后一年。

辉格党关于厉行节约的主张，不久便在提出修正伊丽莎白女王第四十三项法案中有关济贫部分时得到了证实。法案起草人并不隐讳他们的意图。马尔萨斯的这些信徒明确表示，法案的目的是要使贫民靠更粗粝的食物过活；为了证明这是他们的目的，布鲁厄姆勋爵竭力主张，凡是工资不多的各个劳动人民阶层应当及早积聚充足的资财，以便在晚年自维生计。对这种标新立异的主张抨击得最有力的，是那位不朽的威廉·科贝特，他用言语和文字给予猛烈的批判，对法案的每一条款，在原则上都投票反对。议会中另有一些人大力支持贫民事业，但在下院中的一切反对并未奏效，法案终于制定了。议会假借改革和自由的美名，废除了教区组织，使贫民救济事业听从三人小组的旨意，而该小组却完全不受纳税人的丝毫节制。

时隔不久，政府开始采取一些措施，对于对爱尔兰教会在宗教和文化方面的不名誉做法进行了改革。他们在尝试失败以后，引咎辞职，继任者是罗伯特·皮尔爵士及其政党。这位尊敬的男爵享受尊荣不到几个月，辉格党重新上台，这时他们已抛弃了先前引以辞职的那个原则。由于害怕激起民众的公愤，政府和议会采取了一些权宜措施；事实很明显，改组后的下院只在不断地维护罪恶方面才是有力量的。这就是上当受骗的人民曾寄予满腔希望的议会啊。

不过，在那个腐败下院的议员中，也有几个人比绝大多数议员 5
更多地表白了自己的民主主义倾向。在这个小派别中居首要地位的是约翰·阿瑟·罗巴克，与他携手合作的有约翰·坦普尔·利德、威廉·莫尔斯沃思爵士、汤普森上校、托马斯·韦克利、沙曼·

克劳福德、约瑟夫·休姆、鲍林博士和丹尼尔·奥康内尔。这些人和另外几个议员形成了下院的极端派；在群众的问题上，他们确实往往敢于大胆发言，与辉格党人及其赞助者平淡无味的演说形成了鲜明的对照。他们把代表选举制修正案列为经常讨论的议题，虽然从来没人提出任何体现他们宗旨的、经过深思熟虑的法案。他们中间有人在下院倡议选举权问题，有人倡议无记名投票法，有人倡议议会任期，而有人又倡议财产资格限制。

激进派最勇敢的行动是在现任女王登基后召开的第一届议会会议开幕时采取的，但到这时，罗巴克等人已在普选中被剥夺了席位。当将那份致女王演说的答词提出来讨论时，韦克利先生提出一个修正案，即在答词中增加一节，内容是向女王表明，该院一有机会，即开始考虑通过法案，使人民享有更大的代表权，例如扩大选举权，采取无记名投票法，缩短议会任期。威廉·莫尔斯沃思爵士附议这个修正案。约翰·拉塞尔勋爵代表政府对修正案进行最坚决的反对。而且，就在这次会议上，这位尊贵的勋爵发表了他著名的最后宣言。罗伯特·皮尔爵士同样也表示决心，反对任何进一步的民主改革。奥康内尔吃里爬外，给政府投了赞同票。另有一事也值得一提：后来被封为男爵的亨利·沃德先生却投票赞同修正案。表决时，只有二十二名议员，包括点票员在内，赞同改革，绝大多数议员投票反对。

在这以前不久，一个团体在首都成立了，取的是一个朴朴实实的名称——工人协会。它的会名虽然没有表明任何政治倾向，但它的主要目标却是为人民争取一份应得的代表权。协会对劳动阶级的势力显得非常珍视，因而不让本阶级以外的任何人对它的事务有发言权。凡属于中产阶级和上层阶级的人士，可以被接受为名誉会员，但也仅仅如此而已。协会企图利用集会、宴会和印发的演说词来引起全国对议会改革问题的注意。约翰·拉塞尔勋爵的最后宣言使议会中人数不多的激进分子在议会之外有了地位。他们常被邀请参加上述集会和宴会；在他们和协会之间终于建立了正常的联系。

一个委员会被选派出来了，部分成员是议员，另一部分是协会会员，其任务是把他们的意见拟成一项法案，以备将来提交群众集会；法案包含六大要点。这六点是：成年男子普选权，议会每年举行一次改选，无记名投票法，废除议员候选人的财产资格限制，当选的议员支给薪俸，平均分配选举区域。他们将这项法案称作《人民宪章》。在为了发动这个新的运动而举行的第一次群众集会上，几位激进派议员出席了，并支持了集会的决议。他们也许绝没有想到，相当多的舆论竟会支持他们，因为正当这种舆论逐渐加强时，他们的激进情绪却在消沉下去。对这些人物过去的和现在的立场稍加观察，也许不无教益。将宪章递交协会秘书的正是奥康内尔，当时他曾大声说道："洛维特，这是你们的宪章，为它进行鼓动吧，不达到全部目标，誓不罢休！"然而曾几何时，就是这个奥康内尔，竟又不遗余力地否定这个运动，继续不断地对它进行恶意的攻击，至死方休。鲍林博士后来接受了政府中一个安闲的官职，在这以前，他对先前所信奉的主义早已变得默不吭声了。以前曾一度激进的沃德先生接受了爱奥尼亚群岛总督职务，一变而为残暴凶狠的恶魔，仅次于那个遭到万世咒骂的海瑙[①]。威廉·莫尔斯

① 海瑙（Haynau，1786－1853），奥地利将军。——译者

沃思爵士已在现任的联合政府中充任阁员，他目前仍保持着的一
点民主主义是性质最温和的一种：他现在发表的一些优美细腻的
演说与他以前曾在下院引起人们叫喊“安静！安静！”的激烈言论，
形成了一个奇特的对照。约翰·阿瑟·罗巴克几年来一直在谋求
一官半职，虽仍在议会中保留席位，但在懊丧失意的压力下，几乎
7 已脱离政治生涯。约翰·坦普尔·利德在政界很快地沦入默默无
闻的地位，远离祖国前往一个更安适的地方。韦克利也从政界退
隐了。沙曼·克劳福德——他们中间最坚定的一员——在上次大
选中丧失了席位。汤普森上校晚年变得像布鲁厄姆那样反复无
常，简直难以信任；约瑟夫·休姆的民主思想竟然表现为乐于发表
长篇大论，抨击报刊，只因它们十分激烈地谴责大陆上暴君们的所
作所为。这就是往日为人民群众而进行战斗的那些人物的现况。
毫无疑问，粗略地观察一下上述情况，就足以教育人民，在通往提
高政治地位和社会地位的道路上，他们必须依靠自己。

在发起宪章运动前不久，首都的协会已经派遣宣传员前往各地，目的是要按照它本身的模式，建立地方协会。从事这种准备工作的主要代表是亨利·赫瑟林顿。为了完成这项使命，也许没有比他更适当的人选了，因为他的名望足以吸引所有最重要的激进改革家前来参加。赫瑟林顿不是一个能用雄辩的口才来打动群众的杰出演说家。激发人们的热情所需的必要条件，他具备不多。对于感情易于冲动的人们来说，他不是一个理想的人物，因为在他们身上，稳健的论据不产生作用，但他们的心灵深处却会被激烈的演说所感动；另一方面，对于有理智、有思想的人们，他却能适应。一般说来，正是后一类型的人们成为他的听众。他的使命不是发

展新会员，而是巩固原有的会员。他每到一个城镇去访问，都会找到这样的会员。

在报刊拒贴印花的伟大斗争中，他曾大露头角，事实上几次被政府提起公诉，因而使他的名字在激进派成员中家喻户晓。他具有顽强不屈的勇气和坚定不移的毅力，不顾迫害，蔑视《印花税条例》为废纸一张，这使他赢得了声誉，将劳动阶级中为数可观的比较先进的分子聚集在他的周围，有时甚至数以百计。他的粗略而有力的逻辑使每个人树立了信心，而他不加渲染的基本上英国式的幽默，又为他的说理增添了令人愉快的情趣。他的集会多半在室内举行：事实上，从各种原因看来，任何其他地点都是不适宜的。他的任务执行得很好：协会的数目迅速增加了。当然，有时协会刚成立时，会员只有十余人，但就是这么多人也逐渐发展为很大的团体，很有希望在政治事务中发挥不小的影响。在有些成立了协会 8
的城镇中，议会议员们以尊重的态度答复它们的来信，有时还屈尊亲自参加它们的集会，以便在即将来临的大选中获得支持。不错，多数会员并非选民，但也有许多会员属于选民阶级；关心这些会员，被认为是相当重要的，以防万一会出现势均力敌、胜负难分的竞选局面。没有选举权的人，也不再被看作无足轻重只配受人鄙视的人了。这就是1838年工人协会的概况。

协会初创时虽然仅确定了有关民主政治的总原则，但宪章的各项细则一旦制定以后，宪章的样本立即被散发到全国各个激进团体。主要的原则既经同意，那么使它具体化的细则就不难获得普遍的赞同。长期以来，激进派一直被人指责为缺乏政治家的才能。在一些无可争辩的抽象原则方面，他们被认为是卓越的理论家和理论的支持者，但他们使这些原则具体化的能力却遭到了否定。宪章的诞生证明了这种否定的说法全无根据。不论人们对这些原则本身可能持有什么见解，但这个文献却可能为法律界最博学的人士增添光荣。不错，它没有夹杂着多少法律术语，也不含有那些使我国的法律如此含混、而且引起法学家们费力思考的模棱两可的语言；但是，正因为它摆脱了这些，才能使它容易被一般人理解，从而提高了它的价值。

激进派又受到他们的反对者的指责，说他们对法律约束力的见解不够严正。宪章给违反条款者所规定的惩罚，足以表明这种谴责纯属无稽之谈，而且证实了它的创始人是极端重视公德的。这项法案获得了各地方协会的一致通过，但是说来奇怪，半激进派人士却开始抱怨说，大家本来可以同意的总原则受到了一些无关紧要的细则的约束，并以此作为遁词，置身于运动之外。这样，不论采取什么路线，左右为难的激进派自觉担当不起这样一项任务：
9 讨好他们的反对者和半心半意的朋友。如果放弃那些细则，他们就被斥为单纯的理论家，做得太少。倘若采纳那些细则，他们又被斥为出力逾分。情况就是如此——将来也复如此——直到专制政权的最后丧钟敲响以后才结束了这种状况。

但是激进改革家们所瞩目的不仅是政治问题。他们确实重视各项政治改革，因为它们有抽象的公正原则，同时也因为这是改善下层阶级的社会地位的一种手段；激进派演说家按照这个意义进行论证，他们的言论往往产生极大的效力。有人也许会提出疑问，是否有过没有其社会根源的大规模的人民政治运动。人类的主要物质目标在于取得社会享受的手段。如果保证他们取得这些手段,他们对抽象的政治理论便不大关心。主要教育群众重视政治权利的,是重大的社会罪恶的存在。这条真理已经一再得到了证实。在比较繁荣的时期,政海中简直看不出有什么波纹,但只要让这种繁荣由一个灾难时期所接替,群众的不满情绪就会像大海怒涛那样猛烈地翻腾起伏,使政治机构的安宁受到威胁。群众注视着享有选举权的各个阶级,看到他们安享富裕舒适的生活,于是便把这种富裕的生活与他们贫穷的境遇进行对比。他们根据后果来追溯起因,难怪得出了这样一个结论——一切社会反常现象的起因就在于他们被排斥在政权之外。宪章运动刚开始时,他们对于政权怎样被利用来造成他们的不利地位,在心中也许还没有什么清晰的概念。他们也许更弄不清,取得了那个政权以后可使他们用来改善自己社会地位的那些社会措施的性质。社会穷困的起因就是工人协会力求解答的一个谜。他们会员证的下端印着下列引人瞩目的一句话:“一个人如果逃避自己分内的有益劳动,就会减少公共财富的积累,而把自己的重担压在别人的肩上。”

第二章

10 作为宪章运动机构的工人协会一经组成，为实现宪章而进行的比较公开的鼓动工作现在也就开始了。伦敦协会以有几个才能相当卓越的人物而自豪：其中有些是实际事务家，另一些是作家，第三类是讲坛上的演说家。最有能力的作家和实干家无疑是威廉·洛维特。这位先生原籍康沃尔，出身于极其贫贱的阶层。青年时代，他离乡背井，徒步来到首都，几乎是身无分文。到达伦敦后的一段时期，他与贫困展开了十分激烈的斗争。他没有固定的职业，全靠各种朝不保夕的工作来维持生计，在这种不利的情况下，他设法学会了细木工人手艺，并在这个行业中造就了高度熟练的技术。作为一个劳动人民，他的地位不久就大大地改善了。洛维特是协会的秘书，可以毫不夸张说，他是这个团体的命脉与灵魂。他有清晰、高超的智力和卓越的办事能力，不论进行什么尝试，必定会圆满地实现；虽然不算演说家，但在实际事务方面，为运动所作的贡献却超过了那些比他更有口才的人。

但是，比协会所有领导人更能在各郡产生影响的，首推亨利·文森特。这个青年出生于伦敦；但自幼就迁到赫尔河上的金斯敦，在那个使戈登堡的名字永垂不朽的行业中充当学徒。童年时代，文森特对政治已经特别感兴趣。十三岁时，他在赫尔河上的金斯

敦的公众集会上初次登上了政治舞台，无疑地使许多比较成熟的 11
政治家感到惊讶，从那时起，他不断致力于政治问题的研究，遇有机会，便就这些问题发表演说。

后来他迁回伦敦，当时加拿大的起义给他以发挥演说天才的机会。然而，不久以后他就注定要在更大的舞台上崭露头角了。当宪章成为一个公开宣传鼓动的问题时，他被协会派为代表，到各郡去参加一系列的示威运动。那时他才二十五岁，正在精力旺盛的青年时代。就身材而言，他同他的助手洛维特形成了强烈的对照，洛维特魁梧奇伟，而他却比中等身材还差一大截。但他风度翩翩，在台上更显得潇洒自如。凭他柔美圆润的嗓音、红润的脸色以及除偶尔露出怒容外的十分动人的表情，只要他当众露面，就会博得所有听众的倾心。在当代受人欢迎的演说家中，他的姿态也许是最潇洒、最优美的了。至于口才的流畅，他比得上所有的同辈演说家，没有什么人愿意在讲坛上和他媲美。他的罕见的模仿才能引得最严肃的听众也不禁哈哈大笑。他多才多艺，表情时而严肃，时而欢乐，变化交替，几乎能在十几分钟内扮演十几个不同的角色，这就是他的成功秘诀之一。对妇女们来说，他那清秀的体型、喜悦的眼光、无与伦比的模仿才能、炽热奔放的热情、音乐般的圆润声调，尤其重要的，为提高妇女地位所作的呼吁，使他成为一个人人喜爱的人物。民主派人士，不论男女，都把他看作英国民主政治的年轻的狄摩西尼①。

这是对他的描写最诱人的一面；但为了逼真地写实起见，我们

① 狄摩西尼（Demosthenes，公元前 384－前 322），古希腊的雄辩家、爱国志士。——译者

不应当掩盖另一面。文森特有激发群众的一切才能；但要使群众奋发的情绪坚定下来，则完全是另一回事，而这种能力，这位风度优美的演说家却不具备。以他的禀性，要想激起群众的热情，使他们积极地投入行动，并不困难；但要作出周密的论断，却非他力所能及，因此，我们应当坦率地表明不要求他为了完成这项任务而进行任何尝试。他有自知之明——这是一位社会活动家难能可贵的天赋才能——因此能够机智而谨慎地支配自己的行动。他从不贸
12 然踏入危险的论理领域；如果他这样做，他无疑地会同一切论理法则大相径庭。而且，他的雄辩术其实也不见得多么高明。当人们倾听他在讲坛上演讲时，他仿佛已经登峰造极；构成他的才能的要素，是他的态度、声调、姿势和激昂情绪，而不是他的议论。当然，为了表示对他公道，我们应当承认他偶尔也会说出一两句妙语，但这也只是偶尔而已。他能使听众深信他的演说自始至终是雄辩术的杰作；但是当他的演说一旦形诸笔墨，美妙的幻影立即消失，魅力顿时化为乌有，而神秘的吸引力也随之无影无踪。他好像只不过是一个平凡的演说家。

这就是协会派去激发群众潜在力量的一个人；从来没有一个受欢迎的演说家在同等条件下所作的努力能比他取得更辉煌的成就。不论他在哪里出现，他都会引起十分热烈的反应。这段时期，文森特过着欢乐、兴奋而又十分忙乱的生活。他的活动主要局限在英格兰中部、西部和威尔士南部。有时他冒险到北方去，在那里，这位风度优美的演说家并不显得十分出众。中部地区的北安普敦、莱斯特、诺丁汉、班伯里、考文垂和伯明翰；西部地区的切尔特南、巴思、特罗布里奇、布雷德福、布里斯托尔、埃奇河下游的伍

顿、斯特劳德等地——这些都是他发挥雄辩演说才能的主要场所；而在其中某些地方所发生的影响，甚至一位王侯也会啧啧称羡。在威尔士人民中间，他慷慨激昂的演说唤起了每个人的由衷同情。当他描述劳动阶级水深火热的苦难时，他的动人心魄的语调把那个敏感的民族的热情煽成一股烈火，事后任何深思熟虑也无法使它缓和下来。作为一个鼓动家，他获得了如此出色的成就，以致在富有的阶层中，也有很多人完全出于好奇心，常来参加他的集会；他们一方面承认他的才能，另一方面却在诅咒他的原则，乞灵于迫害的手段来缩短他的政治生命。

正当伦敦协会在中部地区、西部地区和威尔士进行活动时，其他党派的组织工作也同样积极展开。政治性联盟成为一时风尚。在兰开夏、约克郡和柴郡的广大工业区，几乎没有一个城镇或村庄不能提出一份热心于民主政治人士的名册。就基础而言，这些区 13
域的联盟和工人协会略有不同。如前所述，工人协会是不让所有非劳动人民对它的事务享有发言权的。姑且不论这项规则的用意何在，它所依据的是一个有害的原则——阶级排他主义，这种原则，任何一个阶级施加于另一阶级，都是不公道的。民主政治消除一切阶级差别，承认人就是人，而不问他的身外条件。然而，令人相当怀疑的是，确定上述规则的动机与其说为了提防上层阶级，不如说为了想把某些受其厌恶的人物排斥在会议以外，因为这些人物的声势是提倡上述规则的人们十分畏惧的。事实果若如此，那么再没有比他们所采择的途径更不明智的了。一个人属于上层阶级或中产阶级，愿为贫民的事业进行鼓吹，却在他的道路上设下障碍，而又不能提出正当的理由，这就会被群众看作是一种变相的迫

害，他们必将聚集在不公道行为的受害者的周围。各协会也许认为某些人的鼓吹会损害民主事业，但正当的途径是指出这些人的错误所在，而不应当违反平等原则，企图钳制他们的言论，因为这种平等原则正是他们自己用口用笔大事提倡的。

人们断定，排斥别人的这一条所针对的主要对象就是那个名望卓著、行为怪僻的费格斯·奥康纳。他在爱尔兰境内久已引起了一部分人的注意，同时在英格兰劳动阶级中间也正开始发生影响。他曾夸耀自己是一个爱尔兰王族的后裔。这种自夸怎么会有助于使他受人尊敬，始终是一个谜，因为，毫无疑问，要是有人被称为胆小怕事的懦夫而被人们耻笑的话，所有读过爱尔兰历史的读者必然会坦率地承认，爱尔兰的历代国王都有那个特性，而奥康纳的祖先尤其如此。

1831年，费格斯·奥康纳在爱尔兰人民的面前初露头角。他的主要任务是使自由主义分子当选为下院议员。在联合王国境内，任何地方的竞选活动都不像爱尔兰那样以十分激烈的党派精
14 神展开斗争。因此，每一方必须有极大的劲头，才能保证成功。奥康纳正好是一个适合于爱尔兰竞选斗争的人。拳击场上，谁也比不上这位竞选拳击家能够那么奋不顾身地使尽最大的气力，从人丛中打开一条出路；而且，他对盟友们的贡献还不仅限于他的拳脚。他以律师为业，又是一个具有中上辩才的爱尔兰人，他能在竞选坛上以相当大的说服力，为一位候选人的主张进行辩护。他就是以此为奥康内尔提供了必要的效劳，在一段时期内，赢得了奥康内尔的欢心和赏识。然而，倘若要这两个不同类型的人长期处于互相取长补短的和睦状态，这是不可能的。奥康纳在爱尔兰享有

很高的声望，1833 年被选为在科克郡的议员，就足以证明这点。奥康内尔作为爱尔兰人民的领袖，势难容忍一个预料将会分割他的一部分势力的人，而奥康纳又不肯俯首帖耳地顺从一位上级。米尔顿借叛逆天使的口所说的话十分切合他的情况：“宁在地狱称霸，不在天堂称臣。”奥康纳在议会任议员期间，始终同他的领袖发生龃龉。然而，我们不得不承认，他们争端的症结所在大抵是由于奥康纳的言行比较一致。奥康内尔为了使他的党派取得地位和政权，时常不惜牺牲原则，迁就辉格党员。在这种策略方面，奥康纳从不附和那位大鼓动家，却一贯地设法破坏他的计划。这种行动终于使二人分道扬镳，永远不再携手合作。

奥康内尔这样抛弃了他以前的盟友，不啻把他当作一个礼品赠给了英格兰的激进分子。正如我们已经提到的，激进派中一部分人虽然不对奥康纳表示十分欢迎；但另一部分人却欣然接受了他的效劳。他曾在下院占有席位，但在上届选举后，他的席位已被议会委员会借口资格不合而加以撤销。这件事有助于他博得激进派团体的好感。工业区是奥康纳所选定的阵地，希望在那里为自己争取一个优越的地位。对他那样一个精力充沛的人来说，这不是一项艰巨的任务。于是，他走遍那些地区，足迹所至之处，通过他的努力，一个个新的政治联合会便建立起来了。一旦时机成熟，所有这些政治联合会便拥护宪章。

由于舆论日益赞同根本性的改革，另一个重要的政治团体经过了一次改组。这个团体的名称是伯明翰政治联合会。它的执行 15
委员会包括几名在社会上有权有势的成员，其首要人物是伯明翰自治市选区的议员托马斯·阿特伍德先生。另外两位是芒茨兄弟，其中之一现已递补了阿特伍德先生为了安享悠闲岁月而退隐所遗留下来的职位。《伯明翰日报》的编辑道格拉斯先生也是一个积极分子。后来调任市参议会秘书的埃德蒙兹先生也予以赞助；但是该团体的主要代言人也许是约翰·柯林斯先生，一个工人。在宪章运动开创以前，该联合会已经同意有关提倡普选权、无记名投票和议会每年改选等方案；但当它看到舆论的浪潮开始趋向于更加彻底的改革时，它就轻易地顺势投入那股滚滚的洪流，正式表示拥护宪章。

在巨大的改革运动中，诺森伯兰和达勒姆郡并不落后于南部的同胞。民众的思想多少已由奥古斯塔斯·博蒙特做好了准备。博蒙特是所有曾经登上公共讲坛的最勇敢、最坚定的激进分子之一。他时常对纽卡斯尔及其邻近地区的很多听众就当代一切主要问题发表演说。由于他所宣扬的十分激烈的主张符合正义，宪章是不可能不受欢迎的。人民倾向民主改革的热情无日不在高涨。这两个郡的激进分子组成了一个团体，命名为北方政治联合会，拥有几千名会员。其中大部分人属于生产阶级，但也有相当多的人是社会的中层人士，他们在运动中表现得非常积极。在卡莱尔，民主派分子也开始团结起来。当地的居民是全国最穷的人民的一部分，他们以十分热烈的情绪，接受一项旨在提高劳动人民地位的运动。这个阶级拥有一些具有才干的领袖人物，他们愿意给当地人民指出努力的方向。

苏格兰开始显出十分活跃的局面。伯明翰政治联合会指派柯林斯前去探测激进派的意见，为此目的，他旅行了广泛的地区。在这次视察旅行中，他至少在二十所教堂内宣扬了政治主张，发现一

切情况都合乎他的心愿。主要的政治家们仿佛已经做好实行改革
的一切准备。细节方面的分歧意见已不再加以考虑了。和伯明翰 16
的同胞们一样，他们将一切次要问题丢在一边，愿意集中力量，结成一个整体。但是经过了一个短暂的时期以后，宪章联合会才以惊人的速度兴起；现在，大不列颠各方面的激进分子好像已结成一支强大的队伍，大家同心协力，决心实现他们寄予希望的伟大目标。

各种政治联合会的组织仅是实现一个伟大的民众运动所必需的机构中的一部分。如果没有一份机关报来强调他们的要求，或记载他们的活动，那么即使把人民集合起来，也没有什么用处。因此，激进派当前的急务是创办报刊，向公众提供有关共同事业各项问题的报道。

伦敦的工人协会已经有它的刊物。在规定对报纸征收四便士印花税的法律废止后，赫瑟林顿的《二便士快讯》改名为《伦敦快讯》，这个名称一直保持到停刊时止。它的编辑名叫博蒙特——大概是奥古斯塔斯·博蒙特的本家——他经营这份报纸，表现出相当的才干。这份报纸的各栏篇幅几乎全部报道政治改革，虽然有时也涉及一些社会疾苦问题。它的伟大目标是要把宪章制成法律，从而把其他一切问题置于次要地位。它的政策是所谓道义派的政策，否定用暴力来实行改革的一切概念。它经常竭力使读者们牢记，只有通过和平途径才能实现人民的政治解放。它的文章多半含有温和的劝导语气，销路并不太广。这份报纸就是协会的机关报。另一份报纸在利兹自治市发行，名为《北极星报》。报馆老板是深得人望的费格斯·奥康纳，他已成为工业区职工们崇拜

的偶像。从来没有一份报刊创办得比它更及时的了。他领会并反映了时代精神。但是,奥康纳所以能够顺利地创办《北极星报》,不仅依靠他本人的资财。他的朋友们认购的股份不少于八百镑,要是没有他们的及时援助,当时他是否敢于冒险一试,就难说了。这些朋友对该报的成功具有信心,而结果也证实了他们预测的合理,因为《北极星报》已迅速地跃居一切民主报刊的首位。它的编辑是
17 威廉·希尔牧师,其人文笔犀利机敏,只是人缘不算很好。该报如此受人重视的原因并不在于编辑部。两种情况有助于它在群众中博得好评。一是奥康纳的声望,这种声望主要归功于他拥有一份报刊,从而能把他的一切活动记载下来,并在报上十分显著的位置报道他的言论和实际行动。一是人们认为《北极星报》对运动作出了最完整的报道。国内任何地区举行集会,哪怕是在穷乡僻壤,也不会不在该报各栏中有所报道,并用华丽的辞藻,来激起读者心中的兴趣,并使演讲者由于自己的名字在报上受到称赞而洋洋得意。即使他们以前从未登上讲坛,他们的演说也被说成是口若悬河,大逞雄辩,等等;并且受到有意吹捧,仿佛它们是适合在每日报刊专栏中发表的议会高谈阔论。这样,在远方的人看来,平凡庸碌之辈都成了富有政治智慧的预言家。读者不要误认为这些话是有意诽谤劳动阶级在这个伟大运动中所显示的真实才能;因为,不论那种才能如何言过其实,我们绝不容许它遭到鄙视。

我们必须记住,大概在此以前,除了“统一工会”时期之外,工人阶级中即使文化较高的人也不大习惯于当众发表演说。讲坛一向几乎完全被上层阶级和中产阶级所霸占,很难想象,大半被剥夺了受教育机会的劳动人民会在旦夕之间成为熟练的演说家。但是

宪章运动初期确是显示工人阶级演说天才的时代。它使最微贱的人们获得了在公众集会上发言的机会,于是,他们便如饥似渴地抓住了这个机会。也许没有必要说明,这些演说以及发表演说的集会常被《北极星报》夸大得过了头,但是这种夸张恰恰就是它所以获得成功的原因之一。以前从不习惯于看见自己的名字在报上出现的人们因此殊荣而受宠若惊;虽然有时他们很难辨认出本人的肖像,然而,艺术家的过度着色不能说不是深得吾心。在我们中 18
间,谁不是多少有些虚荣心的人呢?受到这样尊重的人们在为《北极星报》推广销路方面,和专职推销员同样得力,因此,它的销路一度几乎达到每星期五万份之多。使它凌驾于其他各报的另一原因,就是洋溢在它字里行间的那种精神。因此,与《伦敦快讯》提出的道义力量的观点不同,它所强调的是一种完全对立的学说。奥康纳在他的演说中已把公众的心理激发到如此程度,以致几乎无法使他们满足,于是,《北极星报》便竭力弥补群众意犹未尽之处。每一个星期,人们以惊人的饥渴情绪阅读它的各个版面,每读一次,热情便高涨一次。为了满足自己的渴望,读者越读越想读,直到陷入了如痴如醉的状态;凡是不带有暴力味道的文章,绝无被广大群众贪婪地阅读的任何可能。

在泰恩河畔纽卡斯尔,运动中出现了另一期刊,刊名十分响亮,叫作《北方解放者》。经营者既有魄力又有才干;它最初的议题比《北极星报》或《伦敦快讯》的议题优越;它特别地代表诺森伯兰和达勒姆的民主主义者,它的销路几乎局限于这两个郡,虽然并不完全如此。

爱丁堡是一个学术和文化的中心,它在报刊这样一项重大事务方面绝不甘落后。当时在苏格兰还没有一份民主的报纸，于是它就弥补了这个缺陷。一份以文笔出众、编排美观著称的期刊，在当地居民约翰·弗雷泽先生负责编辑工作之下创刊了；刊名为《真正苏格兰人》。它专门比较详细地记载苏格兰民主派的活动。在道义力量与暴力的问题方面，它与《伦敦快讯》如出一辙。

伯明翰的激进分子并不缺少机关报：他们不需要一份新的报刊。道格拉斯先生是《伯明翰日报》的编辑。既然发表有关民主主义的议论和文章已经成为一时的风尚，而且进行这种投机又有利可图，于是《伯明翰日报》经过轻而易举的改头换面，便从提倡温和改革的立场转变为公开承认拥护极端民主主义，并在伯明翰及其邻近地区产生了不少影响。

未隔多久，运动中又出现了另外三份激进的报刊。其中最先出版的也是最重要的报刊名为《职工报》。它的编辑詹姆斯·
19 布朗特尔·奥布赖恩，是一个才气横溢、出类拔萃的人。多年以来，他以作家身份出现在公众面前，通常署名为“布朗特尔”，在影响英国民主主义者的思想方面所作的贡献胜过任何其他知名的作家。

第二份报刊以《宪章》的名称问世，由威廉·卡彭特主编。他是一个有相当文学造诣的人，编有一本政治教科书，内容包含在论述政治民主和社会民主方面最受欢迎的一些作家的文选。

第三份报刊代表科贝特政治学派，取名为《战士》。科贝特的几个儿子和其他的人主持该报的编辑部。该报在各版上对费格斯·奥康纳及其一派的所有首脑人物表示深刻的仇视，公开指责他们是人民事业的叛徒。

不难想象，由于大部分公众的心里倾向于这一新兴的运动，才吸引了这几份报刊的所有人冒险把资金投入这项带有风险的事业。除了工人阶级以外，他们很难指望获得任何其他方面的支持，而民主主义的敌人必然会用尽一切方法，来缩小它们的销路，摧毁它们的势力；但是当时的运动确实呈现出欣欣向荣的气象。从“统一工会”时期以来，从来没有如此广大的群众为了任何一项事业而团结在一起。民主主义的精神发展到如此高度，毫无疑问，人民的领袖们不久必将引起统治阶级的注意，并招惹他们的干涉，不然的话，就必须从重要的地位向后退却；站着不动显然是不可能的。他们的格言必须是，不退则进，而他们选择的是进。我们将在下文中看到结果。

现在，宪章的鼓动工作正在十分认真地进行着。当时决定，为了发扬民气和促进共同事业，准备在所有重大中心地点，举行一系列的示威游行。各协会开始呈现出不可忽视的声势；每星期，大批人士参加了激进派的行列。工人协会、伯明翰政治联合会和其他团体忙于派遣最有才干的宣传员，到远处去煽起正在复燃的民主火焰。

格拉斯哥是第一个比较著名的城市，它以一种壮观而引人瞩
目的场面，来表示它的市民对新兴运动的热爱，而当时出现的情 20
景，对目击者来说，是永远难忘的。工人们预先作了安排，在格林草坪上举行一次大规模的群众集会。格林草坪是格拉斯哥供人们呼吸新鲜空气的一片宽广的场地，在它的尽头，壮丽的克莱德河的汹涌波涛奔腾而去。1838 年 5 月 28 日，工人们自己举行了这次声势壮大的示威行动，几乎完全不依靠任何其他阶级的协助。只

有一两名中产阶级人士对这次行动给予支持;但是,这次示威做得比任何事情都周密,或也比任何事情博得有关各方的更大赞扬。整个安排证明了格拉斯哥的工人阶级处理自己事务的才能。伯明翰联合会决定给予一切可能的赞助,使这次示威行动受人重视并具有声势,因此指派阿特伍德、道格拉斯、埃德蒙兹、芒茨和柯林斯先生去协助格拉斯哥的民主主义者。

在11点钟以前,从各路来的几万名群众在格林草坪上集合,一到11点钟,游行队伍整队出发,前往城市东区去迎接事先约定在那里等候的阿特伍德先生及其同事们。浩浩荡荡的人群,排成六列纵队,大踏步地前进,而在整个路线的各条街道上,又挤满了稠密的人群,他们都渴望参加这项旨在实现政治改革的伟大行动。据估计,不少于二十万名健壮的劳动人民在这次盛大的集会上显露了他们疲劳的脸容。即便从前为实现修正法案进行鼓动的时期,也没有这么庞大数目的人们走出工场和家庭来响应这个全国性的号召团结的呼声。天空中回荡着轻快的乐曲和群众热烈的呐喊。沿着整个游行路线,共有四个乐队,各自隔开相当的距离,二百多面大小不一、式样各异的旗帜,颜色十分美观,在微风中轻盈地招展,给那一天增添了一份欢乐气氛。一面来自斯特拉撒文的旗帜引起了人们很大的好奇心和兴趣,因为当苏格兰人为了争取宗教自由而展开激烈而伟大的斗争时,这面旗帜曾在德拉姆克洛格战役中飘扬在刚强英勇的盟约军头上。游行队伍通过一个指定地点,需要一小时半的时间,而当阿特伍德先生及其同事们出现时,人民群众的热情再也高涨不过了。队伍回到草坪后,市议会议
21 员特纳被选为主席,几名工人在集会上发表演说,支持各项决议和

提交议会的请愿书。接着，参加集会的广大群众向阿特伍德先生及代表团其他成员表示感谢。后来，当热烈的欢呼、帽子的挥舞以及击鼓声停了下来，阿特伍德便对大会发言了。他首先非常有力而又富于感情地描述了工人阶级的疾苦，认为1832年的修正法案企图增进国家的利益，到头来却是彻底的失败。然后他阐明了由伯明翰政治联合会达成协议的行动计划。请愿书将由全国所有的民主主义者签名，据他估计，签名者将有二三百万人。如果议会最初对人民群众的要求无意让步的话，这种请愿的做法将会不断地重复使用；如果他们对议会进行了一次公正的考验以后，仍遭拒绝，工人们则联合乐于赞同他们意见的中产阶级人士，宣布一次庄严神圣的总罢工，停止一切劳动。任何人都不会动手做工，但是每一个人都将把他的勇气、才智和力量集中于促进人民的事业方面，直到胜利之神含笑赞赏他们所作的努力。埃德蒙兹、芒茨和道格拉斯先生以类似的口吻相继发言，给集会群众莫大的鼓舞。看来他们四人谁也不愿意轻易忽视他们所见到的阻碍在人民道路上的一切障碍。“反对我们的是，”阿特伍德大声疾呼地说，“所有的贵族、十分之九的绅士、庞大的牧师队伍和一切养老金的领取者、无功受禄的冗员、以民脂民膏为生的吸血鬼。”但他似乎从未考虑到最大的障碍却是最近享有选举权的中产阶级。

墨菲先生和韦德医生以伦敦工人协会代表团的名义参加集会；后者在这次盛大的集会上以十分乐观的论调发表讲话。“我们有足够的武力，”他在结束演说时大声说，“但那是不必要的，因为我们有足够的道义力量来实现我们的一切要求。”

演说结束后，集会的群众各自散去，秩序井然。市警察局长米

勒上尉在这次反映公众舆论的集会上担任总指挥，他说他从未参加过比这次集会秩序更良好的集会了。这次大示威结束后，晚上
22 举行了宴会，参加者约六百人。茶商莫依尔主持宴会；协助他的有阿特伍德、道格拉斯、芒茨、柯林斯、埃德蒙兹、韦德医生、墨菲、特纳和爱德华兹牧师等。宴会上洋溢着同样的热烈情绪。每一位演说者看来都对未来充满着希望，表示要以坚定不移的决心把这项伟大的事业进行到底。他们好像预期，在不久的将来，这项事业将能使人民群众摆脱政治上的不平等和社会上的苦难。格林草坪上的示威集会给他们带来了新的鼓舞力量，他们表示决心，要为人民争取自由的事业贡献全部力量。

1838 年 6 月 27 日，泰恩河和韦尔河两岸的居民决心用全国群众从未显示过的在道义力量和庞大人数方面的最壮大的阵容，来表明他们对新兴运动的赞助。集会经宣布将在纽卡斯尔的广场上举行，这是该市镇偏北的一片宽阔的公地。当天一清早，群众在各交通要道上排列成行，对即将举行的示威游行表示了浓厚的兴趣。上午 9 时，在全欧洲最美观的礼拜堂前的一片空地——圣尼古拉斯广场上，开始挤满激奋的广大群众。各行各业的队伍从该市镇的各区向上述地点进发，然后，主要队伍从这个中心点开始游行。这些有组织的队伍排成六路纵队，在整个一长列游行队伍的左右两侧，围有无数群众。长长的行列延伸出去，当前队到达会场时，后队还在街道上缓步徐行，离讲坛尚有一英里半之遥。在这浩浩荡荡的队伍中，至少有十四个乐队，而在整个路线大约每隔三十码处，十分雅致美观的旗帜迎风招展。许多旗帜上面，写着引自拜伦作品的表现爱国精神的诗句，例如下列一些：

自　　由

自由之神再一次召集大军，
　发抖吧，你们这些暴君！
难道你们还讪笑这是虚张声势？
　到头来，你们会流血而不仅流泪。

希　　望

我仿佛听见一只小鸟在歌唱：
人民将来会有更强大的力量。

23

我们的天赋权利

上帝将自由恩赐给人类，
对芸芸众生都一视同仁。

过去和现在

我们应当为了过去幸福的日子而流泪，
我们应当为了祖先所流的血而羞愧。

辉　格　党

一度令人敬慕的假仁假义的朋友，
　原来比最狠毒的敌人还要狠毒，
他们以往宣扬全人类应有的自由，
　而今连人们的思想也用镣铐锁住。

革　　命

我曾见到一些民族，
　犹如负荷过重的牲畜，
一脚踢开上层阶级，
　立刻卸掉了背上重负。

另一面旗帜上，引用了彭斯著名的诗句：

人世间的残酷无情，
使无数苍生痛心。

还有一面旗帜也引用了这位诗人的诗句：

等级只是财富的印记，
而最高贵的却是人民。

此外,还引用了考珀、戈德史密斯等人的名句,但大部分题词是自己创作的。

游行队伍尚未全部到达讲坛周围场地以前,格雷先生提请推选一位曾经积极参加历次民众集会的老练的民主主义战士道布尔德先生为大会主席。当时广场上呈现出进步事业的敌人称之为“真是可怕的景象”。参加集会的人数估计有八万,当他们到达场地时,表现出十分热烈的情绪。在再一次的欢呼声中,主席开始进行大会议程。他脸上喜悦的表情必然会在群众大会上博得好感,也许当天发表的一切演说都不像他的演说给人留下了那么深刻的印象。为了表示公道起见,我们不妨摘录其中一段。

“直到亨利六世统治中期,普选一向是我国的习惯做法。那
么,怎样丧失的呢？是在内战的混乱中把它丧失了的。人民不知 24
道它的可贵,而在花言巧语的掩饰下,法律就被修改了。从那时直到现在,英国人一直身受那种奸诈行为造成的后果。祸患就逐渐地生出来了。那时候,国家富裕,老百姓丰衣足食,富足到难以想象的程度。几乎无捐无税;也有可能做到无捐无税,因为民选的议会关心人民的收益。但是一旦丧失了民选的议会,一切就变样了。贵族逐渐发觉人民过于富裕了,因此,他们便制定法律来纠正这个弊病。真的,他们确实制定了法规,把工资降低到一定的水平,生怕人民变得过分奢侈,但法定工资却表明了当时国内的实际情况。即使根据这一类的法规,劳动人民每星期的收入依然多到够他买一头很好的肥羊,或买一堆上等的牛肉。那种日子好得很哪,可不是吗？现在劳动人民还能过那样的日子吗？那些家伙的心肠真是好啊,他们不但关心人民不该吃得过饱,而且不该穿得过于华丽,

于是他们制定法律，规定劳动人民或手艺工人所穿的外套、长筒袜、衬衣不准采用超过今天每码价值二十四先令的布料。现在这项法规已没有多大的用处了。事态就是这样变化的。贵族的权势和专横越发加强，人民的贫困便越发加深，最后，到了1770年前后，他们把英国榨得相当枯竭以后，就想方设法向美洲殖民地征收税款。可是，英勇的美国人民受不了这些；他们起来反抗，战事爆发了，爱国主义者一举成功，北美联邦变成了一个自由的共和国，人们所称的英国国债现在已猛增到二亿五千万镑巨额；而这个庞大的数字全是为了填满贵族强盗的欲壑的啊。十年后，法国大革命爆发了。贪得无厌的贵族吓得手足无措了。他们对法国人民宣战，阻止他们建立一个贤明的政府。不义的战斗持续了二十年，结果使英国人民负担着八亿镑巨额债款和世界上无可比拟的重税。”

主席的演说非常适合集会群众的口味，他好不容易才把它结束；然后，他介绍一位工人詹姆斯·艾尔先生发言，后者在演说中发表了下列言论：[①]

“今天有成千上万的群众聚集在一起，在自由之神的祭坛前顶
25 礼膜拜，这使他感到骄傲。在他们头上，高悬着压迫者的利剑，但是倘若必要的话，他们也会拔出正义的利剑，而且，除非受尽屈辱的英国人民能使正义伸张，否则就永远不将剑收进鞘中。他向周围殷切地张望，想找到一位贵族的脸孔，以便向这位贵族说明他心中的想法，但可惜他却认不出这位勋爵或那位公爵。认不出！认

① 作者在本书中引用有关演说的内容时，往往将间接引语改为直接引语，第一人称改为第三人称。以下一段就是这样。——译者

不出！他们不敢面对纽卡斯尔人民的义愤。他接下去提到手里拿着的那份决议书中的一段；决议书宣称，他们将使用一切手段——注意！不是一切合法的手段——而是足以得到普选权的一切手段。他不禁又间接提到了君主制度；这种制度直到如今只为它本身的利益来统治国家，但他在全体集会群众面前，并以会议的名义声明，如果这种制度不为千百万广大群众的利益来进行统治，它就绝不应当再统治下去。饥寒交迫、孤苦伶仃的人们、孤儿寡妇们，以及后世子孙，要争取自由就得依靠一切手段——我们的后世子孙会找不到这样的手段吗？普天之下，劳动人民的利害关系是一致的，而压迫者将会发觉不论在任何地方，劳动人民都快要团结起来了。知识就是力量，团结就是力量，他从人民的知识普及，以及人民现已团结起来等等方面，预见到全世界贵族的崩溃，而且为期不远了。他们有专制君主尼古拉斯[①]的代表、花言巧语的暴君路易·菲利普[②]的代表和兄弟暴君们的代表，来一同扶助一个小女孩登极，使她成为一个伟大国家的君主，其实，让她做点针线活，会更有用，也更合适；但是，人民不再会受他们绚丽的服饰欺骗了；他们将照顾自己，照顾家庭，因为如果说他们看到了王族的华饰的话，那么他们也会看到那个该死的巴士底监狱的。”

上面一段摘录也许是表明那个时期工人阶级演说天才的最佳的范例之一，可以断言，其中措辞用语绝不会使任何集会黯然失色。但是，我们看到人们在比较琐细的问题上枉费唇舌，这实在是

① 俄国皇帝(1825－1855 年在位)。——译者

② 法国国王(1830－1848 年在位)。——译者

可悲得很哪。今天，还有什么明智的人，会把君主制度看作是民间疾苦的根源呢？倘若明天废除了君主政体，而让劳资间的基本关系仍保持在现有的基础上，那么，你实际上就是毫无所获。我们对于君主制度固然不说一句好话，但是，为什么只抨击小害，而不触及大害呢？

费格斯·奥康纳在这次人数众多的集会上讲话，十分流畅自
26 如。他照例许下了诺言：不把他们引向死亡，便把他们引向光荣。他又向大会表示，他是人民的义务辩护士。但他演词中最有风趣的是提到布鲁厄姆勋爵和新济贫法时的一段：

“哈里·布鲁厄姆说，他们不再需要济贫法了，因为每个年轻人应当为他的晚年积蓄一笔准备金，可是，当他用嘴的这一边说出这句话时，他又把嘴歪到那一边说，他想把他每年的退休养老金从四千镑提到五千镑。但是，如果人民享有他们的权利，他们就不会长期支付他的官俸了。哈里会到国库去，他敲敲门，塞尔伯鲁斯[①]却拒不开门，他问道：‘是谁？’于是，倒霉的哈里回答说：‘是个退职的财政大臣，来领他一个季度的官俸一千二百五十镑的’；但塞尔伯鲁斯说，‘你们这班家伙今天已来了十几个了，没有什么能给你们。’于是，哈里会哭哭啼啼地说，‘哎唷！这叫我怎么活下去呢！叫我怎么办呢！’塞尔伯鲁斯就会对他说，‘到你为人民所设的巴士底监狱去吧。’于是，当哈里勋爵和哈里夫人进了巴士底监狱以后，看守会对他们说，‘靠右边的，是你的牢房，靠左边的，夫人，是你的牢房；我们这里都是马尔萨斯人口论的信徒，生怕你们会生男育

---

① 希腊、罗马神话中守护冥府入口的三头狗。——译者

女，因此，必须把你们隔离看管。'倘若看守亲眼看见了隔离的情景，也许会对哈里夫人略表怜惜，但对哈里勋爵是不会怜惜的。”

当奥康纳以这种口吻讲话时，群众简直无法控制他们欢迎他的讲话的阵阵笑声和欢呼声。乔·史密斯（一个马车工匠）、帕克（也是一个工人）先生、查尔顿先生、洛厄里先生等也向大会发表讲话。洛厄里发言说：

“我很高兴地看到今天举行的这次惊人的示威游行，尽管事先有人曾向群众使用了各种劝诱手段，要他们不要前来参加这次大会。为了使群众在这个重大的时刻待在家里，一切办法都用过了，但一切尝试都归于无效。在南希尔兹的库克森制碱厂里，威逼利诱双管齐下，甚至由人民供给衣食的军队也竟敢装上刺刀，在群众面前列队前进；但是要让他们知道，英国人民也会武装自己的，而且有足够的步枪和足够的人力，与他们在泰恩河两岸较量较量，并把在那边营房里出入的士兵打得鸡飞狗走。”

奥康纳的讲话将要结束时，一队轻骑兵从邻近广场的营房里出来，在相距约一百步的地方列队巡行。当他第二次站起来向群 27
众讲话时，一长列骑兵拖着一尊大炮向会场的一边推进，同时一纵队步兵向另一边徐徐逼近。群众都是赤手空拳的，因此，毫无理由可以作为调动这支武装部队的借口，这种耀武扬威的表演使集合在会场上的群众产生了十分强烈的愤慨情绪。军队的行动和大炮的出现充分地表明了纽卡斯尔广场将会变成第二个彼得卢。群众虽然手无寸铁，却对军队报以一阵表示鄙夷的呐喊声，这时奥康纳说：

“他〔奥康纳〕对这种肆无忌惮、卑劣无耻的耀武扬威感到无比的愤慨，这是应当在下院提出来的，他唯一引为遗憾的是，广场上的人还没有条件用唯一适合他的语言来给予答复，就是以武力还击武力。昨天晚上，他的朋友洛厄里先生只消事前半小时发出通知，就能在南希尔兹集合一万人来听他〔奥康纳〕宣扬自由主义，因此，贵族臭小子们要当心些，不要刺激群众，使他们集合起来并也带上武器——他们将会发现穿黑外套的平民也有英勇的胆量和正义的武器，和穿红制服的军人别无二致。”

这些话使那些手无寸铁、但心情激动而又愤慨的群众发出了震耳欲聋的呐喊。军队千方百计地找寻屠杀群众的借口。奥康纳发表演说时，一个军官策马前进，闯向人群。这一行动被一阵暴风雨般的嘘声和“滚开！滚开！”的喊声所制止，一个勇敢的小伙子面对这种蛮横卑劣的行为，怒不可遏，猛力地把马推开，一面大声嚷道，“滚蛋，你这混蛋，我们养活了你，你不知足，还要侮辱和践踏我们！”奥康纳提议向主席致谢，主席答话时盛赞群众的勇敢而又平和的态度。直到最后一刻，军事当局仍决心要动摇他们的这种态度，因为集会将散时，军队又包围了群众，向他们耀武扬威，企图激起他们的反抗。只是由于工人阶级的通情达理，才没有发生流血事件。军事当局的行动好像只会证实布朗特尔·奥布赖恩的一句
28 话：人民群众在大量集合起来讨论他们的权利问题时，要是手中没有抵御压迫者袭击的武器，那是极不安全的。但当时却一切平安无事，集会群众心情舒畅地散去了。这样就结束了为拥护宪章而举行的一次规模最大的（就该区的总人口而言）示威游行。

继这次示威游行之后，又举行了一次，其规模同样盛大。队伍的编列与前相同，各行业派遣自己的执事人员，即使最贵族化的团

体也不置身事外，马车制造商比任何其他行业受上层阶级的影响更深，因为他们更直接依靠那个阶级来维持生计，但他们也来参加了。他们的学徒高举着他们的旗帜，上面有这样稀奇古怪的题词：

老公鸡啼唱，小鸡雏学样。

妇女们热心公益的精神令人肃然起敬，在朝着民主主义目标前进的道路上，她们并不落后；她们成群结队地参加游行，殷切地倾听进行政治鼓动的激烈言论，与男子们相比，也毫无愧色。这次集会是为了推选出席全国宪章代表大会的三位代表而举行的。就宪章公会提出的候选人的政治信仰而言，只有宪章运动最热心的赞助者才会同意他们的提名，但当他们的名字被提出时，群众的热情证明了他们对于这些提名是多么真诚地加以接受。被提名的三人是约翰·泰勒医生、乔治·朱利安·哈尼和罗伯特·洛厄里。泰勒医生的家族在艾尔郡，拥有一所住宅和相当多的家产。有一段时期，他曾住在格拉斯哥，主编一份报纸名为《格拉斯哥解放者》，但该报寿命很短，大概由于泰勒医生另有更急要的任务需要去照料。他曾当过相当长时间的海军军医，具有海员的那种率直、慷慨和勇敢的品质。他又曾在法国住过几年，和法国最热忱、最积极的民主主义者有过密切的交往；他的早期训练使他不屑计较个人的得失；他所接触的社会，加上他天生的大无畏精神，使他认为暴力革命才是取得胜利最简捷、最可靠的途径。当时，泰勒正在壮年，大约三十四岁；他的外貌露出一种俊逸的神韵，准会使人产生良好的印象。中等以上的身材，体格强壮结实与身高十分相称，一副聪明伶 29

俐的面相，两只炯炯有神的、黑黝黝的大眼睛，头上飘拂着漆黑的头发，居中分出一条发路，长长的发鬈垂过他宽阔的肩膀，穿着一身松散的海军服，看起来，他像是一个典型的悠闲自在的人物，那种悠闲自在的态度在他的演说中和在他的外貌上同样显著。他绝不是那种语言冗长乏味的演说家，那种演说家似乎主要以他们的讲话使人不感兴趣为快。一般地说，二十分钟，最多半小时，是他的演说所占时间的限度，但在那段时间内，他的话不断倾吐，像一条清澈潺湲的溪流，每一顿挫都恰到好处，他的语言显出他那口若悬河、雄辩滔滔的本领，而演讲的姿态确实富于感染力。他的嗓子略嫌过高，但发出的声调仿佛最美妙的音乐，十分悦耳动听；一言以蔽之，没有一个演说家像约翰·泰勒医生那么得天独厚地将天赋口才和艺术技巧十分完美地结合在一起。而且，丝毫没有煽动家们所使用的各种小手法。他从不想用花言巧语来博得群众的喝彩，也从不自夸为人民所作的牺牲。每次只要他提到自己，他就像是不要人们知道世界上有一个名叫泰勒医生的人似的；在他看来，事业的荣誉远远超过他愿意使自己获得的荣誉。毫无疑问，他是当代最率直、最忠实、最勇敢、最真诚、最无私的一位民主主义者。

至于乔治·朱利安·哈尼，我们就很难以这种无保留的赞赏来评论了，但一开始，为了表示对他公道，应当说明，我们任何时刻也绝不像当时有些人那样，对他拥护民主主义事业的热情产生过怀疑。哈尼的仪态和他的同事一样落拓不羁，但他的做作过于露骨，逃不过朋友中一部分目光敏锐者的觉察，使其中很多人感到很不自在，同时又给敌对者提供了奚落的话柄。虚荣心是他的显著弱点。也许在当时，他多少是可以原谅的，因为他成年不久，那种年纪即使对于一个意志十分坚定而已崭露头角的人来说，也正是一生中非常危险的时期，而哈尼的意志却又不是十分坚定的。我们并不存心轻视他的才干，因为他确有不少才干，但许多具有相当才干的人最易犯的一种毛病，即以为自己比自己的实际才能还要伟大，这个缺点哈尼也是有的。我们目前评论的这个人物，可算没有泰勒医生的那种率直、豪爽、天真的风度；相反地，他那双深黑敏锐的眼睛在两道略微阴沉的浓眉的遮掩下，片刻不定地转动，目光不断地从这一对象扫向另一对象，好像他对周围的一切都不敢信 30
任似的。他的唇边流露出一种强烈的复仇神气，表明他是一个危险的敌人，而实际经验正证实了这种印象是正确的。然而，不妨这样说，对于被他认为是朋友的人们，谁也不如他显得那么热情而又忠实。哈尼在他的政治生涯的初期，立志要做英国革命的马拉[①]，有一次确实因为妄自比拟而受到了指责。他的才干在执笔撰文时表现得最为出色；作为一个演说家，他从未达到第三流的水平。他会在大会上占用两小时时间，吞吞吐吐地发言，使所有爱听演说的人在倾听他的长篇大论时感到厌倦。在太平无事的时期，像他那样的演说家绝不能赢得卓越的地位；但当时不是太平无事的时期——激烈的言论非常时兴，除此以外，群众是不感兴趣的。哈尼有充分的激烈言论来满足政治市场的需求，而且一直是任意地发表。有时他信口雌黄，尽说废话，但对于许多人来说，那些漂亮空话却都是金玉良言。一些比较敏感的政治家因为他信口雌黄便断言他是内奸，但这种假想却无根据。不少忠实可靠的青年人在得

① 马拉（Marat，1744－1793），法国革命家。——译者

意时，也是像乔治·朱利安·哈尼那样愚蠢可笑的。

第三人和上述二人大不相同。洛厄里是工人阶级的一员，以裁缝为业。他下肢残废，足力又十分软弱，由于职业的性质，他受了很大的痛苦，而且还要在健康受损的不利条件下费力地干活。他的身材相当瘦小，面部带有几分敏慧而又和蔼可亲的表情，遇到突然令人兴奋的事时这种表情尤其显著，那时他的经常沉凝的眼光就变得明亮活泼起来。他的演讲才能不大容易形容，但肯定是在一般水平之上。他的演说缓慢稳重，但正是由于这个原因，却充满了巨大的力量。他的嗓音并不十分清脆悦耳，但语调却很响亮、清晰而且相当好听。就论点的完整性和明确性来说，他胜过大多数的演说家。他不强求自己讲得头头是道，但几乎在他提出的所有意见中，都贯串着完全可靠的论据。虽然他在辩才方面从未达到登峰造极的地步，但也无法否认，他的言辞很是动人、有力，而且有时不同凡响。一般地说，他的言论不像上述他的两位同事那么
31 过激、那么决断，但世道的潮流往往使他失去自制力，有时他的话表明他不反对暴力政策的原则。可是，他具有相当大的而且十分有益的行事谨慎的能力，他为自己划定一定界限，很少逾越。关于他的矜持克制能力，我们所能引证的，也许没有比下面这段话更能使人们获得一个清晰的概念。由于人们愤慨的情绪日益高涨，传说政府正在出动国民军。洛厄里在一次演说中提及此事，措辞大意如下：

“有人告诉我们，政府打算出动国民军，我又听说，青年人为了找寻替代办法，正在组织俱乐部。如果政府坚持这项决定，我的劝告是不要组织俱乐部，而是接受他们交下的武器——至于怎样使

用，我让你们自己判断，自己斟酌决定。”演讲者的用意何在，不可能引起误解，然而，谁也不能断言他怂恿听众使用武力来反抗政府。

这些就是上述三人的情况。他们被定为全国宪章代表大会代表的适当人选，提交那天群众集会讨论；经过相当长时间的讲话以后，群众一致同意提名，并批准了宪章协会以前的决定。

达勒姆郡对于正在迅猛发展的民主主义运动所寄予的热情一点也不落后于它的邻郡。森德兰是达勒姆郡激进分子的大本营，因为它是该郡最大的城镇，居民特别热衷于民主主义事业，而且比其他地方拥有更多的优秀演说家。尤其是两位青年对于工人阶级的思想愿望具有相当大的影响。他们是詹姆斯·威廉斯和乔治·宾斯，彼此在鼓动工作方面保持着合作关系，例如一人在郡内各地举行的无数次群众集会上讲话时，另一人一般说来则从旁予以协助。两人的性情脾气截然不同；甚至于他们的面貌也显出巨大的差别。威廉斯的脸部相当长，但在表情时，却显得略为缩短，这表明了他的狡黠性格，轻率迟钝的目光对此视而不见，但经验丰富的相面家却一望便知。威廉斯有相当充分的逻辑推理能力，但他的最稳妥、最清晰的论证往往掺杂着很多似是而非的诡辩，有时使人 32
难以辨别真伪。一般地说，他的发言严谨、迟缓而又审慎，宁愿支吾其词，而不愿说出将来听起来会引起麻烦的话，因而使自己受累。他称得上是一个优秀的演说家，但几乎完全属于理智范畴。至于赋予一个真正演说家以力量的那种热情，他却很少；我们可以冒昧地作如下断言而不会犯不公正的错误：如果他在任何时候对一个主题产生激动，并把他心灵深处的感情激发出来，那么，一般

地说，即便在这个时候，他的理智仍然主宰一切，指示他应当流露出多少热情。

相反地，乔治·宾斯这个青年的热情则是他最显著的特点。他也有清晰卓越的理智，却没有他同事的那种狡黠性格以及马基雅维里[①]式的品质。我们将他称为一个外表俊秀的人物，并不言过其实。作为一个演说家，他的辞令直爽、透彻、流畅、典雅，而且华丽。他刚刚成年，像他那种性格的人，在那个年龄，每句话都洋溢着奔放的热情，而一切言论，显而易见都是天真单纯的；他从不研究如何以惯用的圆滑措辞来迎合听众，而字字句句都洋溢着强烈的正义感和责任感。在人们看来，难以理解的是，天生的禀赋如何竟把甚至十分严谨的教养付诸东流，旦夕间把半世的心血结晶化为乌有。宾斯的父母是公谊会的信徒，他们待人往往十分善良，其方式也很独特，但是他们千方百计地抑制自己的感情，小心翼翼，始终不懈。当然，作为公谊会教徒，他们信奉和平社会的原则，但他们的一切精力和关怀却不能使他们的儿子适应那个教派的冷酷无情的准则。他们经营布匹和服装生意，把这种行业的诀窍传授给他，但是，即使在利润方面铢两不遗的斤斤较量也不能磨灭乔治·宾斯内心的热情。他的灵魂深处蕴藏着精纯的本质。他父亲的买卖对他的情趣和爱好极不相宜，因此他刚刚成年，便离店而去，同威廉斯合作，从事比较接近他的性格的书报印刷与销售业。由于民主主义运动蒸蒸日上，具有民主倾向的出版物风靡一时，因

① 马基雅维里（Machiavelli），意大利古代政治家，他主张为了达到政治目的，可以不择手段。——译者

此，这个青年演说家在传播民主主义知识方面发挥了他的特长。他往往告诉欣喜的听众，正如他所援引的诗人所说，这种知识是

> 我们可以凭它着力、直上青云的羽翼。

威廉斯和宾斯使达勒姆郡经常处在宣传鼓动的状态中。每个 33
星期，几乎没有一天不举行一两次集会。如果无法找到室内会场，便以宽广无边的苍穹来做屋顶，因此，多数集会是在露天举行的。约翰·柯林斯正从苏格兰前来，当时作出决定，借此机会发动一次大规模的户外示威游行。两个夜晚以前，柯林斯曾在纽卡斯尔的一次群众集会上讲演，为在该镇猎场上举行的第一次大规模示威游行作准备。和纽卡斯尔一样，森德兰也有猎场，因此便决定在那个地点举行集会。一支由几千人组成的队伍携带乐队和旗帜在镇上列队游行；一面旗帜上的题词是："工人是国家的真正贵族"；另一面旗帜上则写着："英勇自由的人民的大同盟，这是一个宏伟崇高的事业，一个应当繁荣昌盛的事业，它最后一定胜利。"集会议程开始前，乐队合奏了那支爱国尚武的美妙古曲：

> 苏格兰人民跟着沃里斯[①]血战沙场。

詹姆斯·威廉斯先生担任了这次集会的主席，他在发表议论时说：

---

① 威廉·沃里斯爵士（Sir William Wallace，1272—1305），苏格兰民族英雄、爱国志士。——译者

“六七年前，他们曾在此地集会，目的在于实现他们心目中的所谓自由。他们同当时正在为其本身权利而奋斗的中产阶级携手合作——他们为这个阶级获得了政治自由，满以为它出于感激，将会协助社会上大多数的群众获得他们的权利——但是，他们被它欺骗了，被它卑鄙地抛弃了，他们现在依靠自己的力量和威信，再一次挺身而出，必将再一次获得胜利。他并不因为他们受骗而感到羞惭，也不因为人民上一次挺身而出而引以为憾，这种行动给他们博得了无尚的光荣，而给那些现已抛弃了正义事业和人类事业的人们带来了极大的耻辱。他坚信，目前正在进行的方案，将在十二个月的短暂期限内，使英国人民获得被那些不义的、反基督教的贵族们使用不法手段剥夺了的权利。”

读者看一看，威廉斯一下子就说起当时流行的时髦话来了：群众政治上的奴役地位应归咎于贵族。贵族反对他们的解放，确是事实，但现在同贵族勾结起来反对千百万人民，并在剥夺人民政治权利方面比它的盟友权力更大的那个强大的势力却是中产阶级——这个阶级，威廉斯本人承认，在群众的支持下为自己获得了
34 政权，由于曾经保证群众取得同样的权力作为报答，才得到了群众的支持，为自己获得了权力。后来他又谈到人民被贵族剥夺的权利，这种说法比无稽之谈还要荒谬。人民群众可能为之苦恼的任何无权状态都应该由下院负责，而下院主要是由中产阶级的代表所组成的。

麦金尼先生刚刚开始发言，表示拥护第一项决议时，天空中便响起了震耳欲聋的雷声，倾盆大雨接踵而到。既然再也没有人能在会上有效地发表讲话，当即宣告休会，退入会议室，继续讨论会

务。我们从宾斯先生的演讲词中摘引了下面这段话,作为他热情的雄辩的演说中的一个实例:

“一千八百年前,人们鼓吹、传授朴素崇高的平等原则,并按照这个原则行事,但那个原则早已被忘怀了,现在除了反基督教的自私自利以外,什么也见不到了。但人民有个法宝——一个永不使他们失望的法宝;他〔宾斯〕相信他们将会再一次——他希望这是最后一次——利用这个法宝,并且为了自己的新生而团结起来。暴君们可能称人民为粗野的群氓,可能把自己刻毒的想象力所能编造的一切恶名任意加在他们身上,但是暴君们应当记住,他们将在上帝的最后审判席上和穷人见面,并肩受审。暴君们可能夸耀自己的纪律,但人们可以夸耀自己的人数和力量。暴君们可能炫耀自己的残酷行为,但他们——人民——将以自己的英勇行动来对抗;我们不是由于自私自利的关系而团结起来的,暴君们不妨夸耀他们有许多个韦林顿[①],但是我们有一个上帝。”

为了评价这些话和类似的言辞在集会上所能产生的效果,我们必须听听宾斯先生的讲话。他常被十分喧嚣的喝彩声所打断,当上面摘引的讲话结束时,其效果竟像使人们着了魔似的。集会的群众全体起立,向那位热情奔放、口若悬河的青年演说家致以最热烈的欢呼。柯林斯先生是个外地人,又是一向积极从事于群众组织活动的人,当然成为当天的主角。他说明了促使他参加鼓动工作的种种动机,告诉集会群众,从八岁直到他参加民主运动时

① 韦林顿(Wellington,1769—1852),英国将军,曾大败拿破仑于滑铁卢。——译者

止，他每天都要工作十五个小时。他同样又说明，他是在看到包括八万至十万人口的两万个家庭被迫靠赈济过活以后才离乡背井的。当时，他不能再忍受下去了，于是就来到人民群众中间，想弄
35 明白，他们究竟会不会自己同情自己，还是依靠别人来怜悯他们。柯林斯继续说：

“议会体现了各个方面的利益，其中唯独没有人民的利益。教会、律师界、地产利益集团和资本家，所有这几方面的利益都欣欣向荣。杰克对托姆说，‘能不能帮我一点忙，通过这项有关地产界利益的法案？’‘当然可以，’托姆说，‘不过，你要帮我通过有关资本家利益的另一法案。’杰克照顾了托姆的请求，托姆也照顾了杰克的请求，他们上下齐手，人民就遭殃了。倘若豺狼为羔羊制定法律，鸥鹭为河鱼制定法律，不用说，他们必将使羔羊和河鱼所处的地位最便于他们掠食。关门主义者说，人民没有选择适当代表的能力；这种议论来自心怀叵测的人，可是他们所选出的下院，今天不假思索地通过一项决议，明天就把它撤销了；但这是假话——他们不是有互济会和其他社团吗？社团的任何一个职员倘不尽职，人民中间就会发现有足够的聪明才智来罢免他们的职务；但可悲的事实是，在很多地方，人们的知识正在日渐退化，如果他们现在不健全的话，那么，他们将会每况愈下。他要为维护永恒不变的人权原则而坚持自己的立场。假如有人将要得到一份产权，法官是否会说他太无知识，管不好这份产业呢？不会的！绝不会的！不管他多么无知识，那份产业应当由他掌管，而他也就立刻有资格当一个立法者了。”

柯林斯结束了他的演说以后，宾斯走上前去说，在提出决议

前，他要求他们表示一下是否愿意和伯明翰人采取同一行动，必要时，甚至置生死于不顾。演讲人从集会的群众方面得到的答复是一片欢呼声，接着，《全国请愿书》便一致通过了。于是，全体集会群众连同乐队，举着旗帜走出会场，送柯林斯上车；在广大群众雷鸣般的欢呼声与乐队不断演奏的生气蓬勃的爱国乐曲声中，他向大家告别，前往利兹。一切事物呈现出欢乐的景象，森得兰人民对全民事业的迅速成功寄予莫大的希望。

大会之后，晚上又举行了晚会，由威廉斯先生担任主席，宾斯和洛厄里是主要演讲人。洛厄里讲词的结束语值得写入本书，因为这是表明他的雄辩才能的一个范例：

“他是民主主义的支持者，因为民主主义是上帝的政治法则。
他拥护自由，因为它的神庙里有正义——它的宝座上有公理，它的 36
祭坛上有和平。压迫者尽管咬牙切齿，大声咆哮，但宣布他们死亡的命令已经发出了；上帝已经说了，压迫者必将消灭，尽管他们刀枪林立，炮声隆隆，自由之神将对他们怒目逼视，而他们将在她面前惶恐觳觫，莫敢出声。正像古代圣坛前的守更火那样——它永不熄灭，它从北极山顶延伸到南极山顶，向整个人类传播欢乐、喜悦和幸福。”

格拉斯哥、纽卡斯尔和森德兰的集会受到了英格兰中部民主主义者的迅速响应。北安普敦是英格兰居于最中心位置的一个较大的城镇，那里的人们决定举行一次露天集会来表示他们对民主主义的同情，并邀请亨利·文森特前来参加。这次示威游行是在工人协会的主持下组织起来的，为了给它增添重要意义起见，特选定 1838 年 8 月 1 日奴隶解放纪念日为会期。“解放”一词在这里只应作狭义的解释，因为虽然他们一致同意以集会来庆祝解放，但被庆祝解放的那些人的当时处境还不如他们自己；他们即将举行集会，其目的在于谴责有钱阶级对他们的奴役，并表示决心要冲破把他们束缚在被奴役地位的枷锁。奴隶制有多种多样的状态，但任何一种制度，只要它的目的在于把一个人的劳力、生活和命运交给另一人任意支配，这种制度就应当列入那个万恶的名称范围以内。

为了使集会活动具有在他们看来是这次盛会应有的重要性，他们决定不惜花费任何合理的开支来引起公众对集会的注意。措辞令人信服而且意味深长的告示，宣布游行队伍将在3时从集市广场出发，到了3时，广场上以及通往广场的各条街道便呈现出一片异常活跃的景象。这次特制的无数旗帜，上面描绘着象征自由主义的图案，在初夏的微风中轻盈地飘扬。工人协会会员胸前佩着三色花饰，排成了队伍，乐队奏出轻快活泼的乐曲，群众向前进发，步伐几乎和军队同样整齐。队伍穿过各条主要干道，一路上人们不断地参加进来，队伍一直走到赛马场，场内的大看台已保留下来，作为演讲人向集会发表演说的最适宜的场所。

37 不论在人才方面，或社会地位方面，这次的民主集会都不应当受到低估。集会群众的主体当然是工人阶级；但讲坛上也出现了少数中产阶级人士。为了适应一个旨在提高群众的权力和影响的集会起见，决定推举一位工人——皮鞋匠约瑟夫·赖特——主持集会，执行主席职务。这位主席引导讨论的特点在于他有简单明了而又论点鲜明的见解，他对议题也十分通晓。当时国内的统治者受到了他颇多的谴责。但是仿佛是为了证明环境的力量和人性的无常似的，恰恰就是这位主席，不久之后便加入了警察队，擢升到显要地位，一变而为他曾经十分激烈地谴责的政府中一个受宠幸的奴仆。凯特林的牧师约翰·詹金森是演讲人之一。他讲话有力、尖锐，而且扣人心弦；他的讲题取材于凯特林旗帜上的题词“公道无偏”，讲得娓娓动听。唯一神教派牧师 J. G. 米克也在会上发表讲话，他在语气中把精辟的论断和豪迈刚正的雄辩融为一体。此外，还有一个来自乡间的农民伯德特，他给听众讲了几个生动泼辣、古色古香的英国幽默故事，使全场活跃起来，并受到大家衷心的欢迎。

但是那天最灿烂的明星当然首推亨利·文森特，人们以最兴奋的心情期待着他的雄辩演说，而他确实也没有使他们对于他那善于博得群众欢心的才能所寄予的希望落空。可是，正当这位伟大的演说家开始发言时，天空中阴霾密布。这正是滂沱大雨的先兆。一阵大雨有时甚至会使兴高采烈的集会群众情绪低落。当时，集会上也开始露出人心动摇的迹象，但文森特却有朋友在他头上张着一顶大伞，保护他完全不受寒风冷雨的袭击。他脸上浮现出十分乐观的笑容，用鼓舞人心的口吻大声说：“朋友们，坚守你们的岗位，一点小雨，不要害怕！”不论是由于自感惭愧，还是出于更高尚的动机，浮躁不安的人群又默默地遵从了他的指示。只要文森特能在会上把讲演正常地进行下去，集会就不再有中断的危险了。他吸引了会上每个人的殷切注意力，他甚至于比往常还要滔滔不绝地高谈阔论；辉格党人受到了他的一些非常尖锐的批判，他揭露该党在野时的伪装爱国，适与他们牢固地掌握了政权后的专 38
制倾向形成了对照。这种对照使听众留下了深刻的印象，这从他

们时而狂笑、时而欢呼表示赞赏他的讲演的情况可以得到证实;然而,文森特关于上述问题的说法也许不够公正坦率,因为,应当知道,不管中产阶级向人民可能许下什么诺言,约翰·拉塞尔勋爵和他的贵族朋友们对于民主主义就根本没有表示过赞同。不错,他们的演说中掺杂着一些有关人民权利和宪法规定的自由的一般意见,这种意见可以按当时情况的需要作出各种解释,但在他们看来,其含义仅是中产阶级要获得自由,以便与贵族一同对劳动群众实行专制罢了。然而,如前所述,模棱两可的词句当时极易使群众感到满意;至于那些词句究竟有什么特殊含义,他们很少去问个究竟,人们听了几句华而不实的笼统言辞就很容易上当了啊。文森特的演讲结束后,集会一致通过了拥护宪章的决议。

这位演说家离开该地前,又举行了另外三次集会,其中一次是第二天晚上在协会会议室内举行的,当时他的语气极其乐观。从大众喜爱的作家作品中选用一言半语,这个方法谁也不像文森特那么运用自如。他借用这一言半语,穿插在他演讲的整个思路中,简直使人很难发觉这不是他自己的创造。虽然他也许会承认(正像他有时是这样做的),这句话是借用别人的说法,但他演讲时口才如此扣人心弦,以致使他往往不仅在强有力的表达才能方面,而且在言语本身的含义方面,博得了声誉。他曾致力于托马斯·佩因[1]政治学说的研究,在上述那天晚上,他在说完那次演说精彩的结束语时,引用了那位共和主义作家的下列名句。“如果说上帝造

① 托马斯·佩因(Thomas Paine,1737—1809),出生在英国的美籍政治、自然神教作家,著有《人权论》和《理性时代》等书。——译者

成了贫富，此话不对，上帝造的是男女，并将大地留给他们来继承下去。”在运动中，谁也不能像他那样恰当地表达出这种思想感情。此外，他那绝妙的口才、表演的姿态、兴奋得意的神情屡屡赢得听众十分热烈的赞赏。

第二次室内集会原定在该镇最宽敞的房间“萨拉森人[①]头像”室内举行。布告已经贴出，但保守党某些有权势的人士开始活动，当委员会在举行演讲会那晚去领房间钥匙时，却遭到了婉辞拒绝。另找房间是不可能了，除了前往商业中心广场外，别无他法。在那
里，不久就聚集了一大群人，这些人由于遭到罚站露天这样的小小 39
迫害，因此在倾听他们喜爱的演说家发表激昂慷慨的演讲时，心情格外激动。那天晚上，文森特站起来发言，对听众产生了三重影响。他的面部表情确实威严，他的激昂演说比以往还要豪放。他对政府和地方官吏们大肆抨击，把他们比作世界上最荒唐的家伙。这种振奋人心的言论，恰好合乎公众的口味，而且由于他的演说中酸甜苦辣咸五味俱全，听众就更觉得津津有味了。

第二天晚上，文森特在协会会议室发表了临别演讲，论述了各个阶级的不同教育。在演说中，上层阶级被他模仿得惟妙惟肖。他说，在一次为庆祝女王登极而举行的公众大会上，他——一个卑贱的印刷工人——怎样把伦敦德里侯爵从主席台上撵了下来。他模仿那位患有严重口吃的高贵勋爵结结巴巴的说话，使他本人的话音被听众一阵阵的狂笑声所淹没。这几次集会的收获是，协会

① 萨拉森人（Saracen），中世纪时罗马人称阿拉伯人为萨拉森人，后来用来指所有的穆斯林。——译者

的会员登记册上又增加了四百人。民主主义的浪潮滚滚向前，声势日益浩大，预示辉格党和托利党的旧势力将被取而代之。我们将在下面看到，在这种发展中有多少是可靠的实际，又有多少仅是过眼云烟；不管它实际上是什么，各阶级都给予重视，这是无可否认的。报刊不得不注意民主主义运动的进展了。辉格党的《信使报》装出一副伤感的样子，托利党的《先驱报》一方面承认文森特口才的流利和思想的机智，另一方面则又不惜用大量粗俗下流的言辞对他进行辱骂，并尽力揶揄他所阐述和主张的原则。它把这几次的集会说成是由少数衣衫褴褛的鞋匠所组成的。该报这位杰出的编辑是个牧师。关于参加集会的人数，他绝不应当有意撒谎，因为每次参加的人数都不可胜计，而且包括各阶层人士。这里，我们不得不回想基督纪元的初期。假如上述那位尊敬的牧师生活在那个时代，他对基督教的创始人和他那些可怜的加利利渔民信徒们，将会怎样写法呢？呸！你们这帮贩卖渎圣假货的骗子！你们这帮对容易上当的老实人进行欺骗的伪君子！你们这帮惯说鬼话、专搞阴谋的江湖贩子！你们这帮背弃耶稣所教导的伟大神圣的正义
40 原则与平等原则的叛逆，居然伪善地、恬不知耻地冒认他为你们的主宰，而在你们一面奴颜婢膝地奉承不义的权势，一面又贪得无厌地追逐金钱之际，却又经常把他的教义钉在十字架上！

第 三 章

上述演说家发言的余音在北安普敦人民的耳际还未消失，伯 41
明翰委员会就展开了规模更大的行动。伯明翰城区及其四郊拥有稠密的工业人口，在鼓动工作方面，它一向被认为几乎具有无限的力量。修正法案时期的各种协会已把这个城市提升到几乎没有任何其他城镇所能享有的重要地位，这个城市还有一个有利条件，它的一切活动都是由它自己的下院议员来领导的。托马斯·阿特伍德是个不可轻视的人物，他在修正法案获得通过后曾经声称，如果上述法案没有变成法律，他一定会出动二十万人，向首都进发，要求制定这项法律。伯明翰委员会决定召开一次本区群众大会，集中地点就在以前多次举行群众示威运动的霍洛韦广场。他们一如既往，兢兢业业地工作，以便使大会产生良好的效果，在这方面，他们获得的成就是令人钦佩的。

虽然在群情激动的时候，我们应当原谅过分夸大的报道，但这一次无疑地是一个盛大规模的集会，参加的人数估计有二十万。早在上午 9 时，街道上就挤满了人，呈现出一片活跃喧闹的景象。政治联合会会员预订 10 时在市政厅举行会议。那里挤满了密集的人群；宏伟的大厦的各个大小角落留不下一点空地。这次大会选出了联合会的下届委员会。

在一片沸腾的欢呼中，政治联合会的阿特伍德先生、索尔特和埃德蒙兹先生，奥康纳先生，苏格兰的莫伊尔和珀迪先生，韦德医生，伦敦的文森特和赫瑟林顿先生，曼彻斯特的理查森先生，牛津的福尔克纳先生步入会议厅，这时群众对“辉格党骗子和托利党恶霸”发出同样喧嚣、同样强烈的嘲骂声。让我们在这里注视一下厅
42 内展示的一面横幅，上面绘着三块面包，大小不一，但标价完全相同。英国的一块最小，法国的一块较大，俄国的一块最大。下面题着一行字：

这是谷物法的效果。

埃德蒙兹先生宣布奥康纳先生受约克郡六个城镇（包括利兹和哈利法克斯在内）的委托来此参加集会。他的话引起了一片十分响亮的喝彩声。道格拉斯先生提出联合会的财务报告，表明开支虽然很大，手里还有将近两百镑，可用作鼓动工作的经费。他又向集会群众宣布，一个由万人组成的代表团刚从沃尔索尔到达这里。这项声明引起了全体一致的热烈欢呼。委员会选出以后，各团体的游行队伍向霍洛韦广场行进。伯明翰支队从市政厅出发，柯林斯和皮尔斯先生被推举为领队，骑马前导。另外是沃尔弗汉普顿、沃尔索尔、达德利、赫尔佐温、沃里克和斯塔德利的六个支队。这些队伍从几条街道分别行进，前往那个引人瞩目的巨大中心会师，下午 1 时刚过，全部到达。霍洛韦广场上的一片空地是圆形剧场式的，讲坛的位置使大多数人可以清晰地看到演讲人，并从极远处听到他们的讲话。各行各业为整个庞大的队伍增添了美

感，人们举着大小旗帜，旗上各种标语和图案缀成五光十色的画面。凡是可以清楚地俯瞰那个引起人们兴趣的集会的一切有利位置，早就被人占住，因此，在游行队伍到达前，那里早已聚集着无数的观众了。咚咚的鼓声宣告同志们的来临，鼎沸的欢迎声响彻云霄。正在行进的群众川流不息地涌来，仿佛游行队伍是永无穷尽的。很难设想有什么场面会比聚集在这个有趣的场合的广大群众所形成的场面更为壮丽的了。

阿特伍德先生被推选为主席，他发表了一篇内容与前大致相同的演说。他自称是爱好和平的人，声明他永远不会同意使用暴力来实现人民的目标，但当他对这个问题讲得兴奋时，却说议会无
法拒绝两百万人的要求，这个要求倘若不迅速照办，结果必将使两 43
百万人增加到五百万人。他恫吓下院说，如果下院迟迟不承认他们的权利，广大的人民群众将对下院施加一点小小的压力。假若人民的请愿不能产生应有的效果，这位议员先生建议全国举行一星期总罢工，在此期间，全国没有一个锤子挥动，没有一个铁砧发响，也没有一个梭子转动；他对听众说，他虽然反对使用任何暴力，但如果人民受到了袭击，其后果一定会落到挑衅者的头上。他又对集会群众说，如果政府胆敢在他为实现和平目标而进行努力时将他逮捕，则一定会有十万人向政府进军，要求将他释放。

到了此刻，不管阿特伍德先生企图使他的追随者所得的印象是多么和平的情绪，据我们看来，他的忠告至少有一部分（如果实行的话）只会导致他表面上所反对的后果。而且，最后的那句预言，如果设想它有任何含义的话，也只能意味着暴力，因为如果他的十万名朋友，为了上述目的而集体出动，并遭到了拒绝，那就或

是以武力解决，或是不体面地退却。在后一情况下，大踏步前进变成了大踏步后退，只会贻笑大方，同时也使我们联想起诗人诙谐的诗句：

约克公爵老当益壮，
万名勇士在他麾下，
正向崇山峻岭进军，
却从高山退到坡下。

而且，阿特伍德先生的停工计划，除了成为暴力革命以外，简直不可能有任何其他结局。在短短一星期的时间内，有钱阶级不要劳工也完全可以过活，他们知道在那个期限结束后，劳动人民是一定会复工的。倘若不打算采取更强硬的手段来赢得胜利，谁也不应当劝告人民停止工作。罢工必须胜利完成，不然就必须接着使用暴力，否则，整个行动必将以悲惨的失败而告终，同时，罢工的目的也将受到无限期的延搁而不能实现。我们怀疑，阿特伍德先生是否准备接受他本人的劝告将要带来的几乎无法避免的后果，但这个劝告对听他讲话的广大群众毕竟产生了影响。他的呼吁获得了
44 热情的反应。真的，任何一个君主对人民的统治，也不像阿特伍德先生对会场上广大群众似乎享有的统治那么绝对化了，奥康纳首先举手，表示倘若主席被捕，他愿做十万名进军者之一，要求将主席释放。

阿特伍德先生的同事斯科菲尔德先生在会上发表了讲话，讲话的还有芒茨、道格拉斯、文森特、莫伊尔先生等。除主席外，那天

最重要的主角首推费格斯·奥康纳，就措辞的激烈而言，他是决心不落后于阿特伍德先生的。他建议，在写好请愿书准备递送时，应有五十万人在伦敦集合，陪同阿特伍德先生携带请愿书前往下院，并应通知下院，他们正在议会广场上静候答复；但实际上奥康纳的言论却远远超出了上述限度。关于他演说的要点，他所引用的下列穆尔的诗句是最好的说明：

前进吧，高高举起我们的绿旗；
每把利剑都刺透敌人的肉体。
我们这边满是高洁情操和爱尔兰精神，
他们那边只有教区牧师和罪行。

引用这一类不合时宜的诗句（其所以不合时宜，是因为这些诗句是专指爱尔兰人民而言的，但奥康纳所呼吁的听众几乎全部是英格兰人，而且他谈到的民间疾苦，并不是全国某一部分人民所特有，相反地，却涉及全体人民），一方面证明了他语无伦次，另一方面，又证明了他缺乏鉴赏力；同时这也使我们不能指望这位伟大而有权威的鼓动家将来会慎重行事。上述这种引句确实使容易激动的人们受到了一时的鼓舞，但对于实现任何真正有益的目的来说，再没有比它更不适宜的了。不难看出，这种失检的行为正为分裂活动打下了基础，对运动的顺利发展只会产生致命的后果。当时几位领导人物的脸上明显地露出了厌恶的神色，集会刚刚结束，这种厌恶心理便溢于言表，说明在指导鼓动工作的政策方面，他们与奥康纳之间没有多少共鸣，然而在主席发表了意见以后，谁又会说奥康纳完全错误呢；他只是在阐明阿特伍德先生的劝告中似乎确有的含义，即使他的言论不能自圆其说，至少也是可以原谅的。不管奥康纳的言论多么激烈，在听他讲演的广大群众耳中，并不觉得
45 讨厌，而在其他方面，他比在场的任何人具有更优越的条件，使伯明翰听众对他留下了良好的印象。拜伦描写海盗的话——“他那普通的身材并不具有巨人的骨架”——对他全不适用，因为与大多数人相比，他确是一个巨人。身长六英尺以上，体格结实健壮，虽然见解带有几分贵族色彩，他的外表，群众一看，就必然会对他肃然起敬。实际情况也确实如此，尽管世界文明日益进步，优越的智力日益受到重视，一般地说，人们对于优越的体力仍怀有深深的敬意。奥康纳的脖子很短——短得使人看不出来，这是他体型上的唯一缺陷，即使这个缺陷也没有造成不良的印象，反而加强了（却没有削弱）公众对他铁一般的体格所蕴藏的巨大力量持有的看法。

可是奥康纳不是单凭体力才使群众不由自主地对他产生尊敬的心情。他的额部宽阔厚实，颅相学家认为是知觉器官所在的各个部位都十分饱满；只是思考官能相当不足，尽管这些缺点存在，但仍足以证明他有优越的智力。有人说他有坚定不移的意志，未免言过其实，因为没有一个具有同等智力的人比他更反复无常的了。如果他的判断力的可靠性能同他的知觉的敏感性相媲美，他一定会在智力方面成为一个伟大人物，但他却缺少一个伟大人物应有的这种基本品质，因此，他的一生贯串着连续的错误和出尔反尔的行为，人们对此愈加思考，对他的评价也就愈低。在运动中，谁也不像奥康纳那么有把握取得声望，同时谁也不像他在享有盛名之后又必然将它丧失。人们要等到他开始讲话以后，才能完全

感到他的影响的深远。但这大致还要视环境而定。如果举行一次户内集会，文森特比他要高明得多。在户外，奥康纳几乎是一个万众崇拜的偶像，因为他雷鸣般的声音会传入最为心不在焉的听众耳中，使最喧哗的人们顿时安静下来。他在伯明翰集会上所遇到的演说对手不在少数，但他每吐一字，声若洪钟，回声在天际震荡，甚至使古希腊的传令使者斯坦托①也甘拜下风。相比之下，上述一些天才演说家当然望尘莫及了。他发言的力量是不可抗拒的。兴奋激动的广大群众对他的尊重使其他人都黯然失色。在那个时 46
代，最激烈的言论最受欢迎。奥康纳抓住了这个迎合人心的机会，利用他来为他本人造成一时的优势。阿特伍德先生提出了发动十万人进军，这就使他获得一个出发点，于是他立即表明在争取人望的竞赛中，能够多么轻易地将他那些尊敬的对手们远远抛在后头。可是伯明翰的领袖们暂时克制了对奥康纳的厌恶；所有的决议都获得了一致通过，乔治·弗雷德里克·芒茨、菲利普·亨利·芒茨、罗伯特·凯利·道格拉斯、托马斯·克拉顿·索尔特、乔治·埃德蒙兹、本杰明·哈德利、约翰·柯林斯和约翰·皮尔斯当选为下一年召开的全国宪章代表大会的代表，以保证及时提出请愿书，并商定最妥善的方法来加强民主主义的要求。值得一提的是，丹尼尔·奥康内尔的密友托姆·斯蒂尔也参加了伯明翰集会，可是他只保证爱尔兰人民赞同宪章六点要求中的三点。

伯明翰集会结束不久，接着便在首都举行了激进派的示威游

① 斯坦托(Stentor)，天上声音洪亮的传令使者，出自古希腊诗人荷马所著的叙事诗《伊利亚特》。——译者

行，其目的是要使舆论对议会产生更直接的影响。一切安排均由工人协会主持，他们力求大会具有某种权威气派。为此，他们向威斯敏斯特的最高执行官弗朗西斯·斯梅德利爵士递交一份由无数人签名的申请书，邀请那位官员担任集会召集人。弗朗西斯爵士毫不犹豫地接受了申请书提出的要求，规定集会在 9 月 17 日中午举行，集会地点为议会广场。集会在规定的时间和地点举行了。但是，这次集会是否符合激进派人士的乐观愿望和期待，是很值得怀疑的。就人数而言，按首都的总人口计算，它是一个十分明显的失败，参加者估计只有三万人。如果我们想起伯明翰曾有二十万人集会，那么，一看便知，这一次示威游行就相形见绌，无足轻重了。它清楚地表明了首都居民对政治问题没有多少兴趣。英法两国的首都在争取民主制度的群众性斗争方面所显示的巨大差别是
47 值得政治哲学家们进行研究的一个最深刻的课题。在法国，巴黎永远是重大的鼓动中心，给予各省区一股生气勃勃的推动力。我们可以毫不夸张地断言，在人民的一切进步运动中，巴黎就是法国，因为法国其他地区的行动都听从它的旨意。法国历次发生的革命证实了这种评论是正确的。相反地，不论什么时候伦敦采取行动，它必然是受到了外力的驱使；为它所作的努力指明方向的是地方各郡，因此，在建立正确健全的舆论方面，成为阻力的各种困难，看来几乎是无法克服的。还有一点也值得我们注意，就是伦敦群众运动中的大多数领导人物，都是从地方各郡迁移来的，而不是在首都土生土长的；道地的伦敦佬很少是一个真正的政治家。毫无疑问，如果具备了必要的条件，那就可以组织一次大规模的政治表演，而音乐、旗帜和一切装饰则可以使一个道地的伦敦佬心情激

动，思想活跃。在上述情况的吸引下，几十万群众会走上街头，但他们中间大多数人只是为了追求热闹才聚集起来。伦敦市长就职典礼游行或王室出巡时的仪仗队都会使他们感到满意，和群众的政治示威游行不相上下。除了这一类新奇事物会使他们盛情的寄托发生变化以外，首都生长的人们几乎全神贯注地经营买卖。赚钱牟利似乎是他们生活的主要目标；这个使人全神贯注的唯一目标，把那些深刻影响整个社会而表面上似乎对每个人没有多大影响的一切事务，都置于人们的思考范围以外。工人协会没有采用这个唯一的方法，否则一定能举行一次盛大的示威游行，但是正因为他们不这样做，他们的行动是很明智的。只凭一时的兴奋所形成的舆论不值得我们努力去促其实现。以实际理解力为基础的兴奋情绪可能有它的价值；如果缺乏那种理解力，它就比浮夸还要不如。

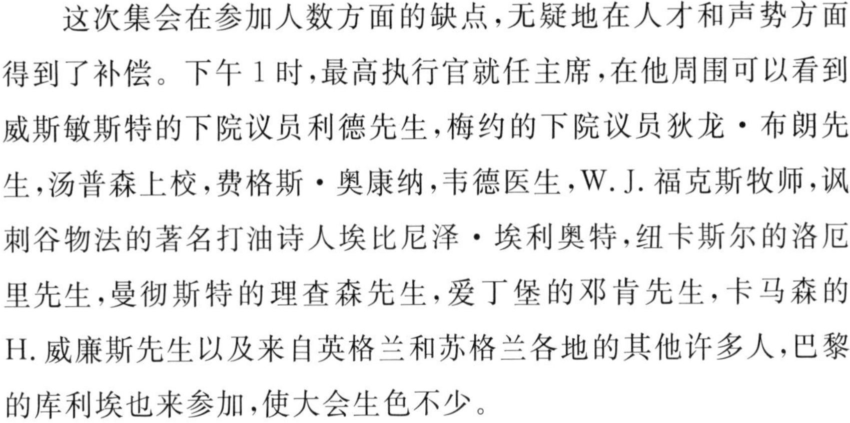

这次集会在参加人数方面的缺点，无疑地在人才和声势方面得到了补偿。下午1时，最高执行官就任主席，在他周围可以看到威斯敏斯特的下院议员利德先生，梅约的下院议员狄龙·布朗先生，汤普森上校，费格斯·奥康纳，韦德医生，W. J. 福克斯牧师，讽刺谷物法的著名打油诗人埃比尼泽·埃利奥特，纽卡斯尔的洛厄里先生，曼彻斯特的理查森先生，爱丁堡的邓肯先生，卡马森的H. 威廉斯先生以及来自英格兰和苏格兰各地的其他许多人，巴黎的库利埃也来参加，使大会生色不少。

洛维特先生是第一项决议的提议人，他用一篇真正崇高而富 48
有宏伟气魄的演说来强调它的必要性，并竭力要求对代表制进行彻底改革以伸张正义。在提到这一点时，他说：

“全国请愿书已概括他们所要求的一切，因为这样，他们就不可能在鼓动其中一点时，到了紧要关头，又被人诱去鼓动另一点。六年来，他们一直听到关于局部解决的建议，但那几次的局部解决究竟解决了些什么呢？给爱尔兰的是一个卑鄙的高压法案，给英格兰的是几项专制措施，给加拿大的是剧烈的变革和专制统治，它们再也不要这样的局部解决了。”

赫瑟林顿是上述决议的附议者，埃比尼泽·埃利奥特也用一篇热烈的演说来给予支持。这位诗人提到有钱阶级时说：

“他们不是每天在犯新的叛逆罪吗？他们最近不是不顾自己所发表的议会宣言，剥夺了你们接受贫民院救济的权利吗？感谢上帝！这个宣言已被载入永不磨灭的议会记录，表明他们自己才是一向危害社会的一群最有破坏性的恶丐！在历史上最黑暗、最悲惨、最血腥的几页记载中，有一页记下了维多利亚女王统治时期的最初几个月中政府首先采取的行动。在那几个月中，你们的压迫者在加拿大犯下的暴行使卡斯尔雷[①]国王的统治相形见绌，韦林顿皇帝（真有一天称帝的话）的所作所为也黯然失色；为什么会犯下了这些暴行呢？因为加拿大下议院拒不缴税。如果说，加拿大下议院无权抗税，那么英国政府也无权勒索。我怀疑，在伦敦，拥有两万镑家产而对每个被认为持有自己见解的工人并不怀着仇恨和恐惧心理的人，是否会有一百个。即便在美国，情况又何尝不然。美国的参议院代表那个国家的有钱贵族，如果可能的话，它极愿在这时使一个诈骗钱财的银行家成为美国的独裁者。但美国只

① 卡斯尔雷（Castlereagh，1769—1822），英国政治家。——译者

有一个参议院，而你们却有两个，尽管没有一个是代表你们的，但都在给你们制定法律，因为他们都是一丘之貉，换言之，都是游手好闲的有钱阶级。”

爱丁堡的约翰·弗雷泽先生也向集会群众发表了一篇热情乐观的演说。讲话的还有哈特韦尔、克利夫和道格拉斯先生。

洛厄里先生的发言有力，论调果断，不过多少带有一些谨小慎微的意味。他没有提议使用暴力，对他本人将采取的行动只字不提，但谈到当前形势时，他说：

“北方的人们已充分地组织起来了。纽卡斯尔人敢于用武器 49
来捍卫他们嘴里说出来的话，就像在女王加冕那天，军队倘若袭击了群众大会就一定会得到教训那样。我们愿意试一下现有的一切道义手段，只要王权能造福人民，我们愿意试它一下；只要贵族们谦恭有礼，我们愿意保留贵族制度；但我们认为，我们有权要求彼此分享权利，不然，我们就准备反抗那个王权和那个贵族。泰恩河和韦尔河畔的人们不会发动战争，除非敌人首先动武，但是，一旦开战，他们就再也不会逡巡却步了。”洛厄里发现这些见解大受与会群众的赞赏，便又添上了更多类似的话，他最后这样说：“情况会比现在更糟吗？王权正在受到鄙视，贵族已经遭到唾弃，法律被认为是富人压迫穷人的工具，而教会也已堕落成为一个政治工具了。那些本当宣讲谦逊和睦的人却是最贪财的角色，而且在掌权以后是最残暴的角色。他们不是已经在爱尔兰看到，传布福音的牧师们已经把自己打扮成一手执刀、一手捧着圣经的牧师了吗？这些牧师把穷人的最后一个小钱都抢光了；事实上，不论在哪里，只要人们为了使群众获得政治权利，或为了改善人民生活而作出努力，

他们总会发现牧师们会起来反对。他奉劝人们维护自己独立自主的地位,他们有这种权利,而他们的统治者是不敢拒绝的。”

接着发言的是汤普森上校,他十分坚决地抨击内阁,断言把政权委托给人民才万无一失。

这位豪侠的上校问道:“统治者们干的那些祸国殃民的事,人民会干出一半来吗?人民没有为自己要求议会多数和支配权力,不像有钱阶级先前曾经提出这样的要求,而且十分可恨地加以滥用。他们并不追求那些,他们只求在国家的议会中获得一份公平合理的权力。以前,他也是一个主张议会三年改选一次的人,但现在已改唱新调了,他将告诉他们原因何在。在新议会成立初期,内阁阁员们不是曾经表示愿意同激进分子团结起来,携手合作吗?到了议会经过选举,规定任期七年以后,他们不是又说:现在我们已经使你们在七年内对我们无可奈何了,我们要告诉你们一个先
50 前一直隐瞒着的秘密:我们一贯主张建立农业优势。一年有了五千万镑,还要什么改革。”豪侠的上校博得了沸腾的欢呼。

利德先生在讲话中告诫群众不要使用暴力。“人民必须信赖自己,而且也只有信赖自己,他们所做的不是儿戏。他们所承担的不是一项轻而易举的任务,因为他们必须同历来对社会实行压迫的贵族中最富有、最强大、最精明的一个贵族展开斗争。他们在尽一切努力时必须记住,只有凭理智,凭论据,凭群众应有的道义力量,最后才能在一切事务中获得成功。同时,也只有抵制激烈的劝告,反对激烈的言论,拒不参加激烈的行动,他们才会找到保障以及最理想的制胜方法。他们应当回忆在爱尔兰发生的事情:在那里,通过所谓合法鼓动,爱尔兰人究竟获得了多少成果。”(听众高

呼“很少”或“没有什么”。)“他们取得了一些进展,姑且承认这点,但也少得可怜;另一方面,他要他们考虑一下暴力行动在加拿大造成的不良后果。”(克利夫插话说:“是的,他们太性急了。”)“那么,倘若情况确实如此,他奉劝英国人民别太性急了。他可以断言,如果按照目前正在全国展开的组织活动的精神有效地进行鼓动的话,他们一定会获得一切。”

在埃利奥特和洛厄里已经发表了比较振奋人心的演说以后,利德的讲话给会上大部分听众泼了一盆冷水,但是不久当那个精力旺盛、有会必到的奥康纳一出场,群众就恢复了先前的情绪。奥康纳对他们说,他作为苏格兰和英格兰四五十个城镇的代表来参加集会。他的演说自始至终带有爱尔兰人的独特风格:左右逢源,妙语横生,有时又犀利尖刻。下面这一段是一个很好的例子:

“人民被称为扒手。那么,他就要问,一个富扒手和一个穷扒手究竟有什么区别?噢!区别就在这里:穷人为了填满自己的肚子去扒富人的钱袋,而富人为了填满自己的钱袋去扒穷人的肚子。人民忍受压迫的时间太久了,态度也太驯服了。他〔奥康纳〕从来没有劝告人民使用暴力,因为他觉得,这样做的人,对他们自己的事业来说,是愚蠢的,但是另一方面,大声反对暴力的人们却只有依靠暴力才能保全他们的权力。工人阶级处在什么地位?他们是大自然的儿女,他们所需要的不外乎大自然的物产。他们奉命遵守旧宪法。原来就是那个牛脂[①]和风力时代的宪法。人民需要的 51
是铁路时代的宪法和煤气时代的宪法,却不需要梅尔本勋爵和他

① 牛脂是制蜡烛和肥皂的原料。——译者

那牛脂时代的宪法；同时也不需要梅尔本勋爵和他那发霉的法律；他们需要的是能反映出筑铁路天才、以蒸气作为动力、凭煤气来发光的宪法和法律。他们需要一个既有能力又有意愿按照他刚才所指出的方式向前发展的议会。他们要求有关立法的学说向前发展。人民只要向本届下院表示他们的决心，下院的改革就一定能实现。但是，像罗伯特·皮尔爵士和矮小的约翰·拉塞尔勋爵之流还会设法钻进去，哪怕是从下院门上的钥匙眼里钻进去。另一方面，据说工人阶级是肮脏下流的家伙，在他们中间找不出六百五十八个配当下院议员的人。真是这样吗！他立刻可以改变这种状况，他将从今天的集会群众中挑出上述人数，把他挑出的最优秀的人才带到霍斯肥皂厂，然后，带他们到裁缝铺去换上一套新服装，再带他们到理发馆和香粉店，给他们抹上一些时兴的怪香料；这些准备工作完成后，他立刻就把他们送进下院，这样，他们将成为下院有史以来最优秀的六百五十八名议员了。他劝告群众要反对一切暴动、一切内战，但他仍愿面对下院宣称，由于他不愿在人民终日忍受饥寒交迫的时刻，看到人民再受压迫，看到宪法遭到践踏，因此，当宪法遭到违反时，如果无人表示愿意的话，他自己宁愿领导人民不是走向死亡就是走向光荣。”在演说的另一段中，奥康纳说：“他们在北方已尝到了一点暴力的滋味了。不久以前，首都的一部分警察被派到杜斯伯里去，但那座壮观的城镇的一些家伙们却把他们赶了回来。他的愿望是，尽可能长久地使用道义力量，甚至达到最大的限度，但他始终要他们记住，与其活着做奴隶，不如死了做自由人。一切称得上光荣的胜利都是凭暴力获得的，但他们不需要暴力，因为如果大家都同心协力地争取普选权，他们不久就会推倒那个腐败的堡垒。他希望而且相信，这个完全属于工人阶级的论断，经过实践以后会导致一个同盟的出现，而这个同盟又会造成一种道义力量，足以建立穷人的权力；但是如果这种努力归于失败，每个人都应当拿起武器来捍卫他的论断给他指出的正义
原则。”在演说过程中，奥康纳委婉地提到他已感到在伯明翰大会 52
上曾经不适当地引用了穆尔诗句，因此，为了补救起见，他仿照原诗重编了几句：

前进吧，高高举起你们的黑旗，
把每支鹅毛笔蘸满墨水。
我们这边有普选权，它是珍贵的权利，
他们那边只有腐败和臭气。

我们不会相信，任何一位读者在细读了上述诗句以后，会错误地认为奥康纳具有最上乘的诗才，同时人们对他的演说的散漫凌乱的特点也不能不留下深刻的印象。从上述摘录中，我们可看出，他对任何特定的问题都缺乏精密的推理能力，但他却有把话题从一个论点突然转到另一论点的本领，而且手法十分巧妙，使听众感到高兴有趣，直到他的话讲完为止。当他发表狂热的演说时，他常被一阵阵的哗笑声和欢呼声打断，正像在伯明翰一样，他是绝大多数听众的偶像。

狄龙·布朗以四十万拥护宪章的爱尔兰人的代表身份，在会上发表讲话。接着，曼彻斯特的 R. J. 理查森发言，他所提出的有关暴力的意见，足以同奥康纳的意见相媲美。他在发言中说：

“兰开夏的人民已经开始对这个问题认真加以考虑了，他们读了布莱克斯通的《英国法律评论集》后，了解人民有请愿权；请愿无效的话，有抗议权；再无效的话，还有武装自己来保卫他们的自由的权利。上次议会会议期间，兰开夏的人民已将一份经二十五万人签名的请愿书递交议会，请求撤销济贫法修正法案。请愿书是怎样被处理的呢？噢，对了，它是被两位身穿长袍、头戴假发的先生带走的，从此就不再听到下文了。因此兰开夏的人民决计不再请愿，而将提出抗议。有些人说，他们不再提出抗议，而要武装自己；人民开始武装自己了，他们已经武装起来了，他曾亲眼看见穷人的壁炉架上挂着的武器。但是全国请愿书来得非常及时，尽管如果它没有提出普选权的要求，人民是不会被说服同意签名的。
53 请愿书倘若失败了，他很难设想会有什么后果。下一步无疑是把步枪装上子弹，他不相信任何政府或任何波旁王朝[①]式的武装警察能有力量把他们镇压下去。掩盖真相，毫无用处，保密会把一切事情弄糟。兰开夏的人民做事，没有不公开的，也没有不符合宪法和法律的。”

邓肯代表爱丁堡的激进分子发表了十分有力的讲话，表示他们意志坚定，决心拥护民主主义的崇高原则。在开会过程中，韦德医生、布赖顿的里夫先生、特罗布里奇的卡里尔先生和另外几位先生也在会上发表了讲话；由于布伦特福德的莱顿先生的动议，克利夫、赫瑟林顿、洛维特、文森特、哈特韦尔、穆尔、罗杰斯和布朗蒂尔·奥布赖恩先生一致被推选为出席将要举行的全国宪章代表大

① 法国波旁家族建立的王朝，以绝对的封建专制统治著称。——译者

会的伦敦民主主义者代表。这样，首都激进分子的示威游行便宣告结束，这次集会持续了五个多小时。

谈到这里，我们要打断一下，作点说明。推选代表时，虽没有引起公开的不满，但在一部分伦敦民主主义者中间却存在着相当大的不平情绪。另一组织应运而生，命名为民主协会。这个团体的著名领袖是以前曾经提过而现在正在激进派人士中间大露头角的一个青年，即乔治·朱利安·哈尼。他在少年时代，曾因销售不贴印花的报纸被政府提起公诉，接着被判短期徒刑，这就给他造成了政治地位。他幼失怙恃，被迫在坎坷的人生道路上独自挣扎，贫困的生活和饱受凌辱的遭遇对他的政治品格的形成，无疑产生了很大的影响，使他具有愤世嫉俗的情绪，这几乎从他的一切言谈话语和文章的字里行间都流露出来。他被选为协会秘书，为该团体撰写了各种不同内容的发言稿，都显示出他所特有的热情奔放的，甚至有点粗暴刻毒的口才。这些发言稿，由于它们热情的、激烈的、充满咒骂的口吻促起了人们的注意。一般地说，它们总在结尾劝告人民用暴动来赢得他们的权利。它们声称，只有依靠和通过那种可怕的手段，那些权利才能实现。这些文件往往在最后使用这样不祥的字句："没有普选权，便是死亡。"这一派人和洛维特的道义力量派处在直接对抗的地位。他们自夸他们的会员录上有三千名正式登记的会员姓名，他们中间有些人事后对推选全国宪章代表大会代表的工作受到工人协会的操纵啧有烦言，他们声称，工 54
人协会会员不到四百人，却提出了七名会员当代表，只有第八名代表奥布赖恩，才是既不属于这一派也不属于那一派的人。民主协会的主力存在于饥寒交迫的斯皮塔菲尔兹的织布工人中间，他们

已被贫困推到绝望的境地，简直无法再忍受下去，因此，极易听信向他们保证能在最短期间结束他们苦难的演说家，而这样的演说家就是乔治·朱利安·哈尼。但是，如前所述，在议会广场举行的集会上并没有公开分裂的迹象——怨言仅限于会员特别会议的范围以内。

其他地区的骚动情绪虽日益高涨，但在鼓动工作的深入程度方面，兰开夏和约克郡的工业地区却超过了其他各地。尤其在兰开夏，职工阶级的心情一直处于持续的狂热状态，其特殊原因，我们将扼要地予以说明。在这些地区，人们对新济贫法的规定一开始就怀着普遍的恐惧心理。在职工们看来，废止伊丽莎白女王第四十三号法案而代以新条例，这就取消了一向使他们同有钱阶级保持联系的纽带，打碎了同情链条中的最后一个环节。庞大的、监狱似的济贫院已在各地兴起，使穷人不禁想到即将来临的厄运。工资微薄，在多数情况下，不够维持勉强舒适的生活，摆在他们面前的只有目前的苦难和未来的巴士底监狱，一旦有钱的压迫者不再需要他们效劳时，他们就会被禁闭在那个监狱中。

大约与此同时，警察制度正在积极推行。大城镇首先承担这支新兴的武装力量的重担，但后来又推广到较小城镇和村落。这对英国人民怀念旧时代的心情是一个相当严重的打击，他们从正在进行中的各种方案中，看出了旨在废除地方势力而行使中央集权的趋势。

另外，当时工厂实行的制度悲惨已极，被害者受到的残酷折磨，简直无法忍受。当然，议会对工厂工人并非完全不给予保护，但它实际上颇成问题，比毫无保护好不了多少。工资那么低，千千万万的父母不得不把子女送进工厂，他们在那里被迫进行的工作，远非他们的体力所能忍受。那些可怜的小家伙每天拖着沉重的脚 55
步从工厂蹒跚地走回自己阴暗凄凉的家。

这种种疾苦是群众中间不满情绪的丰富源泉，他们只需要有人登高一呼，为他们发泄他们炽热的怒火。不久，他们就找到了这种呼声。在职工阶级看来，当时有两个以大力揭露他们疾苦著称的人物，一个在约克郡，另一个在兰开夏和柴郡的北部。理查德·奥斯勒是他们在约克郡的支持者。这个富有同情心的朋友是在该郡拥有地产的乡绅桑希尔先生的管家。奥斯勒对新济贫法展开了一场十分坚决的斗争。在政治方面，他自称为托利党员。他厌恶“保守党”一词，认为这个名称表明不讲政治原则，换句话说，它只是一批朝三暮四、政治节操放荡不羁的大人先生们的称谓，而他所痛恨的正是形形色色的江湖骗子。然而，他的托利主义实质上是这样的，即它的纲领中包含着密切注意穷人衣食方面的舒适；“圣坛、王位和农舍”是他最爱引用的座右铭，在谴责富人的极端自私以及他们对受苦阶级的冷酷无情方面，没有人比托利党员奥斯勒更为猛烈的了。但他抨击的主要对象还是自由主义学派那些枯燥无味的哲学家，他对他们痛加鞭笞，毫不留情。他参加一次又一次的职工集会，每次都以滔滔不绝、热情奔放的语调向听众讲话。他往往在演说结束时一再提出劝告：“武装起来！武装起来！武装起来！”由于他长期热心地为他们的事业进行辩护，他被称为“工厂子弟之王”。在参加政治活动的各级工人中间，他的声望非常卓著，因为他们认定他是一个意志专一的人，而这个意志就是全人类的福利。他们看出，他的愿望是一切阶级的美满结合。他的措施是

否能够生效，他们未必都有信心，但他们对他心意的真诚从来没有片刻的怀疑，他通常以“贤明的老国王”这个尊称而闻名。

约瑟夫·雷纳·斯蒂芬斯牧师在兰开夏掌握群众心理的力量也许更加强大。他是美以美会教派牧师，而且也是该教派最富有口才的传教士。这个教派对政府的奴颜婢膝态度是众所周知的事实。我们虽不存心开罪任何宗教派别，但是也可以有把握地断言，
56 如果说英国有一个集团效忠并维护专制政体的原则，那个集团就是美以美联合会。斯蒂芬斯曾谴责工厂的法规对穷人的残酷压迫，因此便犯下了不可饶恕的大罪，不久，他就被指定为迫害对象，其理由是，作为一个传布福音的牧师，他违背了自己的职责，干预并且参与了政治问题。倘若他一贯站在富人那一边进行干预，他就绝不会得罪那个伪装正经的、伪善的教团。斯蒂芬斯当然被解除了牧师职务，但他的解职却提高了群众对他的敬意，因为他一向赞助他们的事业。时隔不久，工人阶级在阿什顿附近地区给他盖起了三座小教堂，在这些教堂内，他不再受到专制政权的枷锁的约束，可以自由自在地侃侃而谈了。

和奥斯勒一样，斯蒂芬斯在政治方面大体上是一个托利党员，但当拥护民主主义的热情逐渐高涨时，他暂且随着潮流前进，然而也只是限于一般情况。他特别注意向听众说明他不是一个激进派，然而正是由于激进派，他才能享有他的大部分声誉。他的工作场所并不限于专为他建造的那些房子，公共市场是他展开多次辛勤活动的所在，在那里，他向成千上万的群众发表半宗教性、半政治性的激昂慷慨的演说，在所有的演讲中，揭发职工们遭受的残酷不仁的待遇，并表示要用压迫者的血来报仇雪恨。他所作的努力

也不完全限于兰开夏地区，他曾偕同其他有名望的演说家访问英格兰的极北地区和苏格兰，而且是他们中间最激烈的一个。我们认为只有举出斯蒂芬斯的雄辩演说的一些实例才算公道。1838年元旦，他在纽卡斯尔举行的群众集会上向听众们这样说道：

“人民不再能忍受这种生活了，他要说，大家不能坐视夫妻父子彼此分离，被投入牢狱，以粥汤来苟延残喘——不能坐视妻女穿上囚衣——不能这样——纽卡斯尔应当变成一片火海，而且将会变成一片火海；只有一种方法才会将它扑灭，就是用所有支持这项万恶法案的人们的鲜血。”

“他〔斯蒂芬斯先生〕是一个不惜以烈火、鲜血、刀剑甚至死亡从事革命活动的革命家。如果济贫法委员们的口袋里带着一份不公道的、违反宪法的、不合法的羊皮纸文件，然后把它交给一个武 57
装部队或任何部队挂在步枪上或刺刀上，在他们中间穿过，那就是一件大事，如果这个集会断定它违反了法律，违背了对君主的效忠——完全触犯了宪法和违背了良知，那就该采用一切合法手段给予抵制。对这件事加以考虑，展开议论，在纸上签名反对，然后前往市政厅口头申诉反对意见——所有这些都是合法的。如果这样做无效，那么，问一问下一步该怎样做，也是合法的。在这以后，合法的办法是：每个男人拿起火铳、短剑、大刀、手枪或长矛，每个女人拿起剪刀，每个孩子拿起针袋和缝针盒（这时候，演说家的声音被淹没在群众的一片欢呼声中），大家要一手执着火把，一手执着利剑，谁敢拆散夫妻骨肉，就把谁置诸死地，一个也罢，全体也罢。”

同一月中，斯蒂芬斯在格拉斯哥的群众集会发表讲演，他在结

束那篇雄辩滔滔的演说时说：

“如果他们不肯改革这项法律，好吧，那就把它连根拔掉，而他们就得经历一次他们十分恐惧的革命。我们将摧毁他们为了触犯一切法律和上帝的圣经而建立起来的那些罪恶的堡垒。如果他们不愿按照法律的规定和上帝的指示办事，使每个人可以依靠自己的劳动来换取舒适的衣食——不仅为他本人，而且为他的妻子儿女——那么，我们发誓，凭着同胞的相互友爱——凭着为全人类造福的上帝——凭着上帝赐给我们维持生活的大地——凭着上帝给相亲相爱的世人所规划的天堂——凭着给那些触犯上帝的圣经、使同胞们（上帝在尘世的现身）沦入饥寒交迫、赤身露体、贫病死亡境地的人们所安排的地狱；我们已经凭着上帝、天堂、大地和地狱发誓，我们将从四面八方煽起一片可怕的毁灭性的火海，没有任何力量足以抵抗，它将使棉花大王的工厂和那些通过劫掠和屠杀而建立起来的、以几百万人的苦难为基础的宅第，一律化为灰烬，而上帝、我们的上帝、苏格兰的上帝创造人类则是为了要他们享受幸福的。”

在莱恩河畔阿什顿的一次布道会上，斯蒂芬斯充满盛情地、意味深长地说：

“上帝不是按照他自己的形象把你们塑造出来的吗？那么，你们的小孩也是按照你们的形象给塑造出来的——你们能仇视他们吗？是啊，这些小家伙是你们生下来的。他们是兄弟姐妹。他们一同在草地上舞蹈。他们一同编结花环。他们把鲜花插在头发
58 上。他们编成花链，互相绕在颈上；编成花带，互相围在腰间。他们在你们膝下的地板上一同跳跃嬉戏；他们一同玩，一同睡，一同

上学。他们逐渐长大成人。他们是兄弟姐妹，怎能彼此仇视呢？上帝以同一血肉塑造成世界上的各国人民。我们大家都是同胞，上帝正如我刚才所说的那样塑造我们，那样安排并组成我们的家庭，为的是要使人与人之间只知道有友谊、兄弟情谊和博爱精神，而且也只表示友谊、兄弟情谊和博爱精神。所以，你们看，一切安排得多么英明。是谁首先违犯了这条法律的呢？就是那个杀害同胞兄弟的凯恩。上帝对这件事是怎么说的呢？艾贝尔的血一流出来，就化成一道烟立刻升上天去，钻进了耶和华的鼻孔；这事的声音传上天去，钻进了上帝的耳朵，于是上帝降临人间。他走到凯恩身旁，对他说——凯恩，你的兄弟在哪里？我没有见到他；今天早晨，他在这里，晚上到哪里去了？你的兄弟在哪里呢？那边是他的房子，那边是他嘤嘤啜泣的妻子，那边是他哭哭啼啼的儿女，但是他在哪里呢？于是凯恩回答说，难道我是我兄弟的监护人吗？于是，上帝要他说明真相；直到今天，上帝要每个凶手都说明真相。上帝对每个凶手说，不管他是杀害一个人的凶手，还是杀害了整个社会的凶手——上帝都说，你的兄弟在哪里？今天晚上，上帝就在阿什顿这样说。上帝对你们的官长们这样说，对屠杀了几百、即使不是几千人的每个工厂老板这样说。上帝对他们说，你的兄弟在哪里？上帝是要求给他答复的。”

在提到济贫法时，他大声说：

“我将对全国每个人说，不要为了拥护那项法律而动刀，而要为了反抗那项法律而动刀；不要为了拥护那项法律而开枪，而要为了反抗它才开枪。哦，对了，我的拉塞尔勋爵，一切都太晚了，太晚了，太晚了，感谢上帝，太晚了！你要把我放在哪里就放在哪里，你要把我关押多久就关押多久，只要上帝和我这可怜的身体容许你这样做。你要怎么处理我就怎么处理吧，但一切都太晚了，太晚了，太晚了；怒火正在上升，它正在把你们的手指胀得发痛，就要从你们的指尖喷射出来，就要把你们的脑壳崩裂啦。你们父亲的怒火正在上升，你们母亲的奶水也正在不断地流着、流着、流着；你们正在开始成为有大丈夫气概的男子，你们开始做女英雄，你们开始变成英雄儿女了；为此让我们感谢上帝！上帝已给人民灌输了一种新语言，一切都太晚了，太晚了。”（这时候，人丛中一个说道地的兰开夏方言的人大声喊出大意如此的话：——“对啦，一切都太晚
59 了；今天早晨，我把一个到我家来偷听消息的暗探撵了出去；对他说，再来的话，要让他被人抬走。”）“噢，他到你家里来了吗？他到你家里来，是非法的。在这种情况下，你做得很对。如果任何暗探或警察拔起你的门栓，你就有权拿起你搁板上的手枪；如果他拉开你的门栓，你就有权拉开你枪上的扳机。暗探们，你们要当心些！拉塞尔勋爵，你也要当心些！别再派警察对着接线头的孩子们的腿开枪了；正如他们在伯里那样，开枪准确打中了接线头的孩子们的腿，因此，我们也要试一下，是否能准确地打中他们身上的更好目标。警察暗探们向他们的长官报告说，他们开的是朝天枪，却打中了一个男孩的腿。多么不高明的射击手呀！”

一般地说，上述这些就是斯蒂芬斯演说和讲道的内容。他的动作和手势始终适合他的语言。他会指着一家怪物似的庞大工厂大声说：“你们看一看那边一家烟囱高耸入云的工厂，那家工厂的每一块砖都是用妇女和儿童的鲜血砌起来的。”在另一个场合，他说：“如果穷人的权利遭到践踏，那就打倒王权，打倒贵族，打倒主

教，打倒牧师，烧毁圣公会，打倒一切高官、尊称和显贵。”我们不需要多大想象力就可以看到，虽然斯蒂芬斯和奥斯勒都曾经声明他们在政治上不是民主主义者，但他们正在为旨在消灭富人对穷人的统治权的一切计划铺平道路。宪章正具备这项宗旨，穷人指望着它，将它看作是他们对未来幸福所抱的一切希望的指路明星。

曼彻斯特是兰开夏鼓动工作的重要中心，又是那个地区人口最稠密的城镇，因此决定在那里举行一次群众集会。由于与会人数众多和表示的决心坚强，预料它将对全国性的运动产生促进作用，并引起统治阶级的注意。各城镇的委员会为此认真展开工作，组织一次足以显示各自的人数和实力的示威游行。集会定在 9 月 25 日星期一举行，那一天，全区显得活跃繁忙，以便使这次大规模的集会无愧于他们自己以及他们的事业。在曼彻斯特附近地区，没有任何一个城镇或村庄不对这个广大群众的集会作出它自己的贡献。广大群众潮水般地不断涌向那个即将显示他们坚决的爱国 60
心的场所。虽然要到下午 1 时才宣布开会，但黎明时分集合起来的人群在街道两旁还是排列成行。早在上午 9 时，来自乡间的队伍便进入市区。这次集会的范围多广，可以从下面的事实相当准确地推想出来，即整个游行队伍至少有二十个乐队在演奏，两百多面大小不一的旗帜在和风中飘扬，上面描绘着各式各样激进的标语和图案。在一面华美的旗帜上，是一幅描述彼铁卢大屠杀的绘画，题词是：“凶杀者必将自食其果！”另一面旗帜的设计虽不十分典雅，却是比较幽默的，上面写着：“多养肥猪，少养牧师！”第三面旗上出现一个象征死亡的骷髅和交叉大腿骨，另有一只执剑的手，题词质问说：“啊，暴君们！你们要把我们逼到这种地步吗？”其他

旗帜上的图案是阐明宪章的原则的；但大多数是威吓性的，所造成的恐惧心理，也许和最激烈的演说家所讲的话产生同样的效力；因为那些图案是经过深思熟虑才选出来的，一般地说，经过深思熟虑而提出的复仇威吓，比演说家在热情奔放时偶尔说出的话，以及群众的欢呼激发出来的言辞，尤为可怕。在这次盛大的集会上，人们的神情却很严肃。他们憔悴消瘦的脸容呈现着饱经忧患的痕迹，因而对压迫者罪行的愤怒是可以充分理解的。惨白多皱的脸颊、深陷的眼睛和佝偻羸弱的身躯，为那个迫使多数人为了少数人享乐而遭受奴役的制度提供了一个永久的见证。群众源源不断地涌来，人数越来越多，因此，第一批队伍虽早在上午 10 时已离开委员会的办公室，但直到下午 1 时以后，各团体才到达了会场。至少有两万人来自奥德姆和它的邻近地区。各队现在合成一个稠密紧凑的巨大人群，据《晨报》估计，至少有三十万人。为了方便起见，集会是在猎场中心的一片洼地上举行的，以便使最大多数的人们可以望见向他们讲演的人。旗帜被放在广场的高处，彼此相隔适当距离，因而呈现出一片非常美观活跃的景象。斯蒂芬斯和奥康纳
61 同坐一辆大马车来到会场，博得了一阵阵热烈的欢呼，即便在工业区最易激动的群众中，这种欢呼也是难得听到的。当各位演说家登上宽敞的讲坛时，又博得了大声的喝彩。在一片震耳欲聋的欢呼声中，奥德姆的约翰·菲尔登被推选为主席。这里举一些他在开幕词中的讲话也许不能说是不适当的：

“有人认为生命、自由和幸福应当是人民代表们研究的主要问题，同时人民的舒适和安全应当比积聚财富优先得到考虑，我的看法也是这样。在英国，持有这种见解的人不止我一个，而且根据其

他各国政治家的情况来看，我的那种思想感情也没有任何独特之处。有史以来作为一个集体而存在的最明智的一批人——美利坚共和国的创始者——所阐述的正是相同的意见，而在他们的论述和演说中所宣扬的也正是十分类似的学说。我竭力主张不应当把贫困当作行使选举权的障碍，至于认为人民愚昧无知，不应当让他们享受选举权一节，我颇想把英国工人和下院代表进行比较。倘若议会是由工人组成的，他们一定不会暂停执行国家的法律和宪法，而通过一项针对爱尔兰的高压法案。倘若议会是由穷人组成的，他们一定不会通过新的济贫法修正法案，而一定会首先保证使工人阶级获得公平合理的、有利可图的工资。倘若我们有一个由工人组成的下院，他们一定不会投票通过拨给伦敦警察的六万镑经费，然后又派他们到国内最偏僻的地区对居民进行骚扰。倘若我们有一个由工人组成的下院，他们一定不会头一天废除啤酒税，第二天经财政大臣一声吩咐，又撤销原议；他们一定不会延迟多久，就能使谷物法的废除得以实现。”

霍杰茨提议作出关于拥护宪章的决议。他在讲话中提到了彼铁卢大屠杀事件。广大群众对他提到这个事件，在相当长的时间里感触万端；真的，任何事物都不像彼铁卢的名称那样使兰开夏的群众情绪激动。斯蒂芬斯虽不是一个激进分子，对那项决议却表示附议，群众沸腾的欢呼使他在几分钟以后才能开始讲话。他发表了一篇具有个人特色的演说，向集会群众说，他们不是来说空话的，因为他们早已下定了决心，他们来的目的是要表明他们的意 62
志，显示他们的力量。继斯蒂芬斯之后，奥康纳发表了一篇老生常谈的演讲。他斥责辉格党的背信弃义，要求持有相同观点的人们

举起手来，当时广大的人群显示出一致的决心。接着，向集会讲话的有布赖顿的菲顿先生，奥德姆的哈利德先生，伯明翰的道格拉斯、柯林斯和皮尔斯先生，纽卡斯尔的洛厄里先生，伦敦的达菲先生，此外，还有几位当地讲演人。惠勒先生提议由下列诸人担任这次集会出席全国宪章代表大会的代表：伯里的弗莱彻医生，阿什顿的斯蒂芬斯牧师，罗奇代尔的泰勒先生，曼彻斯特的布朗蒂尔·奥布赖恩先生，其余四人是奈廷格尔、理查森、科贝特和罗先生。所提的全部人员一致当选，于是提议人说：

“他相信，在代表们进行这项成败莫测的任务过程中，群众将支持他们，同时保护他们。要是辉格党流氓们胆敢伤害他们而群众又甘心忍受那种干扰的话，则群众也就只配过他们现在的生活，成为适合于被人奴役的对象。”

集会后一半的时间虽然大雨如注，但对那一大群情绪热烈兴奋的人们似乎没有产生任何影响。稠密的人群好像已结成一个整体，全神贯注于他们的目标，任何事物都不会使他们放弃他们所选定的道路。集会的气氛十分平和，散会时人群疏散比任何一个宗教聚会散场更加秩序井然。这次规模巨大的集会，参加者十分普遍，全区的作坊和工厂一般都停工了。工厂老板清楚地看出了工人阶级的意愿，感到开工徒劳无益，因此颇识时务，顺从大众的意愿，当天停止一切劳动，但有关政治和社会救济的工作除外。菲尔登先生的莅临给集会造成的影响是民主主义者引为庆幸的事。这位先生以继承不朽的科贝特的原则和荣誉而闻名，由于他对几百万产业工人的命运一贯地表示热情关注，他博得了应有的声望。从实力方面看，在反对新济贫法方面没有人比他的力量更大了；对

于警察制度，他采取了同样坚决的反对立场；而使他最能赢得工人 63
阶级衷心爱戴的，则是他采取的立场，即以一个有钱的工厂老板的身份，无条件地抨击工厂压迫制度。为了保障人民不受贪得无厌的棉纱垄断者的迫害，简直没有任何措施是他所不愿采取的。“十小时工作法”是他一贯提倡的目标，而且最后使那项法案在议会中顺利通过的也就是他。我自己对所有类似“十小时工作法”的法案所持的看法是，尽管它们本身都很有益，但仍不足以实现预期的目标。它们没有触及人民疾苦的根源，而那些根源如果听其自然，则它们的影响必将继续存在，虽然暂时多少可以缓和一些。但我们对法案本身的看法不致使我们无视其人的品德，他背离了本阶级的大多数，卓然独立，敢于冒险用各种方法为人类中饱受苦难者的正义要求发出呼吁，而不惜开罪有钱有势的人。菲尔登同时还表明自己不仅是一个工厂改革家；他到处声明他提倡实行普选权。他不仅自称愿意保护人民，使他们不受压迫，而且由于为他们争取选举权，又表明他愿意使人民有保护自己的机会。在这方面，他证明自己比一个仅仅侈谈博爱，为了猎取一点声望而效颦慈善家的人略胜一筹。作为一个演说家，他不能产生多大影响；使他具有威力的，与其说是他的辩才，不如说是他的真心诚意。他始终诚挚认真，不屑追求一时的效果，本着他自己谦逊朴实的态度，勇敢地、踏实地去实现他的目标。今天，他已长眠地下；愿他的灵魂永远安息！阳光普照的人间，很难有约翰·菲尔登那样的好人了。

兰开夏的南部既已举行了规模巨大的集会，约克郡的西部决定它不能过分落后于邻郡，于是，选定皮普草地作为升起民主主义旗帜的场所。这个名胜地点位于利兹和哈德斯菲尔德之间的大道

上，是占约克郡西部大半地区的一大群城镇的最近便的中心。集会定于10月15日举行。虽然它比不上兰开夏的集会，但也不失为一个声势壮大的集会；参加的人数估计有二十五万。像在克萨尔猎场上一样，这次也不缺少音乐和大小旗帜来给集会的进行增
64 添生气。参加的乐队来自利兹、布雷福德、哈利法克斯、哈德斯菲尔德、杜斯伯里和一切距离会场近便的城镇；当乐队鱼贯进入草地时，各队的形象，连同它们的一切装饰配备，非常壮观。除了奥康纳和远道而来者外，当时在场的还有西赖丁的激进人士。奥康纳获得了无比光荣，因为他被推选为这次集会的代表，不是去出席富人的议会，而是去出席全国宪章代表大会，在那里，他将成为一个更显赫的人物。他登上讲坛时引起了震天动地的欢呼；空中回荡着广大群众响彻云霄的回声，除此以外，没有任何其他的方式会使他们欢呼的对象受到更大的鼓舞了。奥康纳对于群众的喧哗声已习以为常；即便表示不满的斥责声，在他耳中，也比冷漠的沉默好听得多；但这次在西赖丁举行的示威集会上，却没有斥责声，因为

> "一切都轻松愉快，仿佛婚礼的钟声。"

集会群众的热情，鼓动他发表了一篇十分有力的演说。任何人发言的语气都不像他那么富于变化。他的话有时几乎是一连串的慷慨激昂言辞，狂热到了极点；有时也很沉着，完全是雄辩滔滔，会使以前从不习惯听他发言的人大吃一惊——人们从报刊上只知道他是专放大炮的煽动家奥康纳。但在西赖丁集会上的群众只发现他不大沉着；当时的各种情景适足以使一个乐观自信的人陷入激动状态；同时，他所受到的爱戴又使他重犯老毛病，只谈自己，而不把群众的注意力集中在更重要的问题上。他的同伴一个是哈德斯菲

尔德的商人劳伦斯·皮特基思利，另一个是工人威廉·赖德。前
者是一个心地慈祥的人，多少带有科贝特政治学派的色彩；作为一
个演说家，使他博得声望的，与其说是他的辩才，不如说是他的诚
挚的情意。至于赖德，他根本不是一个演说家，他的演讲平淡坦
率，和他本人的外貌一样；事实上，在他看来，演讲只应当视同儿
戏。他属于极端暴力派，认为一切道义方式的鼓动行动，除了在组
织民主力量方面有它的必要性以外，只是浪费光阴罢了。三个候
选人都向集会群众发表了谈话，奥康纳的发言相当长，影响很大；
在其他几个人向民众发表了他们的意见后，广大群众各自分散，秩
序井然，和那个时期一切集会所表现的情况一样。与此同时，许多 65
较大城镇开始推选代表，不论那些代表是否已经在联合举行的集
会上被推选出来了。另一方面，在其他城镇，同一代表会被各该选
区选中好几次。人口稠密的大城镇——博尔顿推选了卡彭特尔和
沃登为代表，普雷斯顿的民主主义者推选了理查德·马斯登。马
斯登是一个从他本阶级最贫困的人中选拔出来的工人，由他来代
表人民的疾苦，是很合适的。在全体当选人中，也许没有一个人的
心意比马斯登更真挚的了；他属于哈维和赖德的极端派，看来他为
了实现他所向往的目标准备采取最强有力的措施。作为一个工厂
工人，他曾在贫困和压迫的环境中受尽苦难，只差一死而已，这就
使他奋不顾身，而不考虑后果，但在理查德·马斯登的性格中却没
有什么残忍的本质。他在私生活中绝不会踩死一只小虫。谁要是
凝视一下他那温和蔚蓝的眼睛，端详一下他那恬静开朗的脸容，谁
就一定会得出一个结论：至少在他的心中充满着最丰富的人情。
如果这种人情味有时变得辛酸苦涩，那是由于他想起了本阶级遭

受的深重苦难。他的谈吐慈蔼谦和；作为一个演讲者，他的言辞具有深切伤感的特色，他的声音哀伤动人，和他的语言一样。当劳动群众的贫苦情景蕴蓄在他心头时，他的言论相应地变得激烈坚决，但是即便他仇视专制政体的最严厉的字句，也是用一种充满人类博爱的语调倾吐出来，而世上却没有任何力量能使这种语调变得生硬刺耳。多年的残酷悲惨的折磨迫使他树立了一个信念，就是倘若要从苦海的旋涡中求得解脱，只有一条出路，而那条出路也只有通过一道鲜血汇成的河流才能达到。无疑地，要他为这个可怕的信念持续不断地呕心沥血，对于他的仁慈宽厚的天性来说，往往是很痛苦的；但是即便如此，这个信念始终是主宰一切而且不可抗拒的，每天的实际经验看来只会把它格外牢固地确立在他心中。难道我们会因为他有这种心情而责怪他吗？如果要这样做的话，我们应当至少先将自己置于他的地位。让我们设想自己由于工厂大老板一声冷酷无情的命令而被抛弃到社会上，失业赋闲，穷困无依，而缘由只是因为我们抱着这个信念，即认为博爱的造物主没有注定人们要过痛苦悲惨的生活，而痛苦悲惨的生活只应归咎于他们同胞的不义行为。让我们进一步假想，我们亲爱的妻子和牙牙学语的孩子们依靠我们过活，而我们却根本无力供给他们的需要；
66 这种现象不仅符合我们本身的情况，而且也符合我们阶级中几千人，甚至几万人的情况；我们看出，这种压迫和苦难非但没有逐渐减轻，却随着不可抗拒的时代潮流而日益加深，除了这些事态发展以外，我们又注意到，压迫者顽固地下定决心要维持和延续那种可憎的灾害。我们设身处地考虑了这一切以后，不妨再老老实实地反躬自问，在这种令人胆战心惊的环境中，我们是否会比理查德·

马斯登更文雅、更温和，如果我们没有弄错的话，正直之心必将使我们作出否定的答复。

布雷德福的民主主义者推选了彼得·布西为代表。布西是该城镇一家啤酒店的主人，这家酒店是许多激进派人士爱去的地方。他是旧时英国常见的那种魁伟粗壮的店主的一个绝妙典型；他的态度粗野，这使他成为布雷德福民主主义者特别喜欢接近的人，因为他们认为他的粗鲁反映他内心正直。我们虽然无意贬低布西的品格，但也得说明，这绝不是鉴别一个人的唯一可靠标准。粗俗的态度可以矫揉造作，正如可以装作风流儒雅一样，而且有时前一做作还是比较恶劣的一种。布雷德福的这位代表的演说总含有要使用暴力的意味，他讲话勇敢大胆，时常受到奥康纳的赞赏。莱恩河畔阿什顿及其邻近地区也选出了它的代表。读者大概记得，这种事早已在克萨尔猎场上办过了，但当时斯蒂芬斯的情况发生了一些变化（关于这一点，我们在下面会有机会提到），使他辞去了代表职务，于是就不得不另选一人来补缺。鼓动工作开始不久，一个青年登上了政治舞台，注定不久的将来要在运动中扮演一个重要角色。这位先生的姓名是彼得·默里·麦克道尔。我们现在介绍的这个人物，他的父母在社会上占有中等地位，培养他将来行医。他诞生在苏格兰西部的牛顿·斯图尔特，但年幼时就迁到兰开夏靠近伯里的一个叫作拉姆斯博顿的小镇，他在那里挂牌行医，业务相当发达。直到鼓动工作开始时，他的生活环境十分顺遂，大有出人头地的希望。除了体质强健以外，他另一个有利条件是青春正富，当时还不到二十四岁。麦克道尔个子相当矮小，但躯体垂直笔挺； 67
相貌确很清秀；面部表情非常动人；口型小而圆正，没有抿紧嘴唇

的任何难看模样；面孔略呈椭圆形；大而圆的眼睛，兴奋时炯炯有光；额角高度适中，十分丰满宽广浓黑的眉毛画得十分精细；头发稀疏，略近淡茶色（虽然官方的描述有一次说它是深黑色的），中间分开一条发路，细长好看的发鬈垂在耳后；他的整个形象十分诱人。这位医生的性情激烈暴躁，本质上虽然具有强大的反省能力，但感情却极易冲动，可以走到极端，同时，他又毫不缺乏勇气。他所以投入这个运动，是因为他对人民的福利怀有宽厚体恤的感情，同时对人民的正义事业抱着充分的信心，关于这点，我们没有理由加以怀疑，因为他抛弃了一个有利可图的职业，并把他的全部资财贡献给他所参与的事业，以便促使它进一步发展。他的朋友弗莱彻医生已经从事于这项事业，在伯里一次公众的集会上，弗莱彻医生初次将他介绍给群众。目击麦克道尔初次尝试作公开讲演的人们对他在这方面的成就不抱多大希望。和许多其他青年演说家一样，他也有神经紧张的严重缺点，使他十分为难地把话继续讲下去。可是那些凭他初次尝试的失败来断定他最后结局的人们高兴地发现原来的忧虑没有根据，因为麦克道尔变成了运动中一个最有影响、最有风度的演说家。仅仅过了一段短暂的时间，他在政治生活开始时所显示出的怯场情绪便消失了。他讲话不再期期艾艾，吐字清楚有力，和一位老练的演说家不相上下。斯蒂芬斯谢绝出席全国宪章代表大会的荣誉时，由于他同麦克道尔关系密切，就把麦克道尔推荐给阿什顿人民，他们一致同意推选他为代表。谢菲尔德推选了一位工人威廉·吉尔；另一位工人迪根由新米尔斯推举出来；达勒姆郡由诺克斯任代表；贵族特别重视的马里莱本地区选举了它的代表——鞋匠威廉·卡多，而斯塔福德郡辽阔而人口稠密的陶器产区选了一位老工人来代表他们的意愿，他名叫约翰·理查兹，被人们更亲热地称作“理查兹老爹”。英国最贫穷、最破旧的一个城镇威根，由芬奈担任代表。

中部城镇莱斯特推选了一位名叫斯马特的年老的长者，拉夫 68
巴勒的民主主义者选派了另一位老资格的激进派人士斯基文顿做他们的代表。鼓动工作甚至激起了上流社会的城镇布赖顿的民主热情，奥斯本在当地被选为出席全国宪章代表大会的代表。在宣传鼓动史上声誉卓著的诺丁汉得到了韦德牧师医生的效劳。许多年来，这位可敬的医生一直是激进派特别赞赏的人物。他在行业统一联合会时期进行的积极活动，他对多尔切斯特工人流露的热情，他对任何有关工人阶级的事业一贯表示的兴趣，都使得他博得了他们的普遍信任和尊重。另外，他是英国教会的一个牧师，这个不寻常的情况无疑地更加强了对他的信任和尊重。奥德姆由米尔斯担任代表，而重要的商业中心利物浦的民主主义者则把他们的信任委托给惠特尔和史密斯。雷丁的激进分子，人数向来不多，推选了一个名叫蒂特的代表出席全国宪章代表大会。

英国西部也在进行推选工作。文森特已充分地激起了该地区的民主热情。布里斯托尔推选了朱利安·哈尼的同事、伦敦民主协会成员尼索姆为出席全国宪章代表大会的代表。他已过中年，多年来参与激进派运动。尼索姆没有多大才干，也没有多大广阔眼界，但他所发表的过激言论却是他沽名钓誉的手段。他不讳言他对暴力革命的偏爱，正因为如此，他赢得了布里斯托尔人民的赏识。

贵族城市巴思的激进分子由当地一位公民米林充当代表，另一方面，在一次据说有来自索默塞特和威尔特郡各地的三万人参加的公众集会上，威廉·卡里尔当选为特罗布里奇和布雷德福的代表。

威尔士的民主主义者选出了两名出席全国宪章代表大会的代表；其中一人是名叫弗罗斯特的商店主兼治安官，他住在蒙默斯郡的新港，被选为威尔士南部的代表。文森特是第一个应邀前往该地区做公开讲演的人，他发现当地热情的人民对他乐于接待。威尔士人是一个几乎像爱尔兰人那样容易感情冲动的民族。历史证实了这个民族在坚持独特的民族性方面所显示的侠义精神。甚至
69 直到今天，这种精神在某种程度上还继续存在着，因为相当多的威尔士人拒不接受英语，而以十分坚强的忠诚坚持使用他们的本族语言。这种坚持民族性的精神往往被斥为器量狭隘的表现，与适用于整个世界的世界大同的精神背道而驰。再没有任何看法会比这种看法更不公正的了。毫无疑问，当体现人类相互友爱的世界大同的精神将所有的民族结成一个具有同一情感、同一愿望、同一利害关系的大家庭时，这将成为人类历史上最光荣的时刻。但这种世界大同的精神必须是相互谅解而不是彼此征服的结果，因为仁爱的精神绝不是暴力的产物。世界史是一部征战史，它表明了强权者以其残酷贪婪的魔掌，把许多民族合并为一个整体，目的不是为了人类的利益，而是为了满足暴君们邪恶的私欲。威尔士是被武力征服的，甚至直到今天，这种不义的行动在爱尔兰人心中依然引起怨恨，并促使他们以虔诚的心情墨守一切足以使他们缅怀往日光荣的事物。

这个感情容易冲动的民族对文森特表示了十分热情的欢迎。

文森特正好是一个合适的人选来激发群众一切强烈的情感，而且恰好这些群众的生活也并不佳。不久，一个人胸中燃起的星星之火，便蔓延到另一人胸中，仿佛要燃成无法扑灭的熊熊烈火似的。文森特访问新港时，约翰·弗罗斯特用一切足以表现威尔士人特性的殷勤款待来欢迎他，并以无愧于骑士时代的公正无私的精神来接受这个青年演说家所提倡的原则，而且他的全家和他一样，对这个事业表现得非常热心。作为一个商店主兼治安官，他的地位使他对穷人产生了特殊的影响，他们把他看作摩西一类的人物，认为他必将引导他们进入上帝许给人类的那个自由富裕的希望之乡。

世界上有一类人，他们的天性是民主的；不管你把他们放在什么环境中，他们本能地倾向于正义和人道主义一边。约翰·弗罗斯特就是这一类型的人。在他看来，正义不仅是一种情感，它凌驾在一切之上。一切以歪理为基础的努力都不可能战胜他在每一举动中所显示的强烈的正义感。因此，他拥护一个旨在提高群众生活的运动，是不足为奇的。他笃信宗教，而不是一个盲信者，他视上帝为万物之主，视人类为同胞手足，认为他们的权利应当同样受到尊重，同样不受侵害。一言以蔽之，约翰·弗罗斯特真心实意地 70
热爱人民，而人民对他也报以热爱，给予信任，不论表面上曾经有过任何相反的迹象，但他却始终没有辜负这种信任。

韦尔什普尔的查尔斯·琼斯是北威尔士民主主义者选出的代表。琼斯的父母想叫他去当牧师，并按照这个目的对他进行教育；但正当他们将要达到目的时，他全心全意地投入了这个运动，使他们的一切计划化成泡影。由于这种忤逆行为，他被家庭和亲友们完全抛弃，不得不依赖他同党人士的正义支持而生存下去。多么不幸的人呀！琼斯不是一个即席发言的演说家。他所发表的演说都在事前写就，强记在心。他的言论十分有力，饶有风趣，通俗而不流于庸俗。他的口才亲切而有说服力，声调非常动听。他的身材高大而有威仪，形象轮廓鲜明，深黑的眼睛闪烁有光，头发蜷曲乌黑；但脾气却暴躁易怒，甚至时常会使他得罪最知心的朋友。他的困难处境无疑地助长了这种暴躁脾气。

苏格兰在推选其额定代表的工作中并不落后。爱丁堡的民主主义者由上届爱尔兰议会一位议员的儿子 W. 维利尔斯·坦基充当代表，该议员对于旨在合并英格兰和苏格兰两个立法机构的提案，是没有一次不投反对票的。梅尔先生被格拉斯哥的群众推选为出席代表大会的代表，而伯恩斯地方的激进分子则指派基马尔诺克的休·克雷格·贝利为代表去申述他们的意见。伯恩斯先生被推为大工业城镇敦提的代表；邓肯、哈利和马修为邓弗姆林、佩斯利和苏格兰其他一些地方效劳。现在所要提到的只剩下一个人了，因为我们必须说得比较详尽些，所以本章就谈到这里为止。

第四章

在我们目前所述的这个时期内，有一位人物比运动中任何其他人物影响了更多的具有真正民主思想的人；而且除了奥康纳一人以外，也比别人博得了更为广泛的声誉。但这位人物不大习惯于讲坛上的活动和荣誉。人们主要是通过报刊才受到他的影响。我们提到的这位人物名叫詹姆斯·布朗蒂尔·奥布赖恩，他正如他的姓名所示，出生于爱尔兰。许多年来，奥布赖恩的父亲是朗福德郡的一个营业发达的酒商兼烟草制品商。他的儿子奥布赖恩诞生于 1805 年，因此，在宪章运动开始时，大约三十三岁。奥布赖恩的天才早在幼年时已经显露出来了。不满十岁时，他已学会了几种外语，达到了相当熟练的程度。由于都柏林城几家商号倒闭的影响，他的父亲经营失败，为了挽救他破败的家业，不久以后前往西印度群岛，但身罹疾病，终于逝世。现在，像拜伦一样，他就由他守寡的母亲独力抚养，母亲决意培植他从事一种学者职业。他天性好学，又能孜孜不倦地努力求知，以很快的速度精通了拉丁文、希腊文、法文和意大利文，并且十分出色地掌握了数学和其他科学。他还显示出撰写诗和散文的巨大才能。著名女作家埃奇沃思的兄弟、已故的洛厄尔·埃奇沃思看出了这个青年学者的资质有远大的发展前途。由于他以进行教育实验为乐事，便向奥布赖恩 71

的母亲说明他希望要她的儿子进埃奇沃思公立学校，这是一个实行导生①教学制的教育机构，埃奇沃思认为这种制度是帮助比较
72 优秀的学生完成学业的最好方法。奥布赖恩入校不久，就成为该校二十一名导生的负责人，凭此资格，担任了较高班级的教学工作。著名女作家埃奇沃思常来访问她兄弟所办的学校，有一次，曾把一本装潢精美的波普诗集赠给奥布赖恩，作为对他优异成绩的奖励。沃尔特·司各脱爵士有一次莅校参观，发现他才华出众、造诣精深，惊奇之余，赠给他一个银质铅笔盒，表示嘉许。由于同样原因，他后来又收到了其他知名人士的礼物。他在该校肄业几年以后，移居都柏林，进了都柏林大学，肄业期间，在学业方面获得了优等荣誉，离校前被授予文学士学位。不久以后，他进入了王家法学协会继续深造，然后转入伦敦格雷法学协会，在这两处研习律师业务，以便取得律师资格；但正当奥布赖恩向既定目标前进时，他结识了科贝特、亨特等主要改革家，从而被引上了政治舞台。从那时起，他注定要对我们所称的社会所具有的各种制度展开一场不断的斗争。奥布赖恩和英国公众初次见面是通过亨特先生的介绍，据我们所知，此事发生在1830年伦敦举行的一次民众集会上。那一天，亨特先生向集会群众宣称，他很高兴地向他们介绍一位具有巨大才能而又完全同情人民的青年，他相信，这位青年一定会给他们的事业增加一份宝贵的力量；然后以他那粗率的态度，向奥布赖恩大声说，“上来，老朋友！自己说罢。”和许多将要投入公职生活的人们一样，当这位青年演说家战战兢兢地站起来向集会群众

① 英国学校中协助教师维持秩序并辅导低年级同学的高年级优等生。——译者

讲话时，他勉强地克服了自己的怯场情绪；但从他第一次的尝试中就可以预见到，在不久的将来，奥布赖恩必将对工人阶级的思想产生巨大的影响。当报刊为反对贴印花而展开战斗以后，赫瑟林顿发觉倘能罗致奥布赖恩从事写作，必将有利于这项事业，于是他就担任了《穷人卫报》的主编，这是一份自称不顾法律干涉，为了使公理战胜强权而出版的报刊，通过它，奥布赖恩作为一个公众作家的 73
重要作用得到了公认和赞赏。他还撰写了许多有巨大影响的文章，投给《二便士快讯》、《人民保守党》、《破坏者》等报刊发表。这些报刊所引起的巨大轰动必将为这一时期的政治家牢记不忘。政府用尽一切方法来加以取缔；与其说由于考虑税收的问题，不如说由于害怕它们所阐述的学说会进一步发展。1836 年，奥布赖恩出版了邦纳罗蒂所著《巴贝夫争取平等的密谋史》的译本，因而在民主主义文献方面又取得了进一步的发展。奥布赖恩认为，以前所有的法国革命史的史学家充其量不过是些破口谩骂之徒，他们一方面捧出一些最大的社会公敌供全世界人们赞赏，另一方面，又对人民的一些最善良、最人道、最开明的朋友的品格进行恶意的诽谤。他认为邦纳罗蒂的著作适足以更清楚地说明那个重大时期的人物和事件，他通晓法文，因而他可以把一部英译本搞得尽善尽美。译本卷首是译者的序言，对法国中上层社会的行为进行了极其猛烈的抨击。书中某些部分附有详细的注释，澄清了原著者显得含糊之处，有时还校正了原著者的观点。如果我们指出，邦纳罗蒂撰写的这本历史著作甚至获得了保守派《评论季刊》的好评，读者就不会轻视奥布赖恩在史学界的声誉，或者低估他的写作才能了。这个译本出版不久，奥布赖恩前往巴黎游历，我们相信，部分

原因是为了搜集资料，以便使他能够为罗伯斯庇尔写一本真实可靠的传记，因为据他设想，其人的品德遭到了最下流无耻的诋毁。正是诽谤者的恶意中伤，首先使奥布赖恩在思想上受到启发，认为罗伯斯庇尔在品德上，与历史学家有关他的品德的一切记载恰恰相反，于是他下定决心，尽可能地把这件事查清楚。奥布赖恩对这个问题是按下列方式自行推想的："论述罗伯斯庇尔的品德的人正是属于这样一些阶级：它们所垄断和篡夺的权利恰恰命定要被罗伯斯庇尔消灭。这些阶级企图加在它们的受害者身上的种种罪行，恰恰就是它们自己犯下的罪行。正如它们的打算显然是要使自己免于声名狼藉一样，它们的利益就在于丑化它们对手的品德，
74 因为如果它们对手的品德公之于世，并与它们的种种罪行相对照，
则必然对它们不利，使它们永受谴责。"因此，他认为，罗伯斯庇尔的德行越是真正高尚，当然他们就越要设法使他的品德扫地。时隔不久，一部《罗伯斯庇尔传记》出版了，它确是迄今问世的该类作品中的杰作之一。他在这部著作中竭力说明，书中的主人公非但不是一般所描写的那种人物，相反地，却是有史以来最开明、最仁慈、最有道德的改革家之一。一个公众作家可能采取的步骤再也没有比这更勇敢的了。它对一个几乎一致公认为牢不可破的看法、一个表面看来千真万确的事实予以迎头痛击。现在只要我们扼要地列举一下罗伯斯庇尔的敌人所指控的恶劣的品质，那么，我们对这个为他进行辩护的人究竟需要多大的勇气才敢执笔，就可以得出一个相当正确的概念了。

蒙加亚尔、蒙戈伊、德苏多阿等法国作家都曾指出罗伯斯庇尔是一个"愚昧、丑陋、狰狞、阴沉、恶毒、庸俗、淫荡、残酷、忌妒的家

伙，新闻事业的敌视者，文学的摧残者，科学技术的蛮横破坏者，屠杀仇敌的罪犯，谋害友人的凶手，只因婚姻的贞操与他所嗜好的放荡生活不合才做独身主义者，一个诱奸他东道主的幼女的色中饿鬼，一个污秽不堪的衣冠禽兽，每天在疯狂淫荡中餍足了他色情和杀戮的欲壑以后，又与娼妓鬼混通宵”。对于一个在法国革命中曾有过那么卓越贡献的人来说，这确是一幅绝妙的人物素描。一个人必须要有百倍的勇气，才敢冒险承担为遭到这种攻击的人进行辩护的任务。但奥布赖恩却承担了这项任务，毫不顾虑这一举动必将激起人们的一切偏见；他提出了大量证据，足以动摇一切无偏见的人们对那批冒牌历史学家的真实性所抱的信心。他们说，罗伯斯庇尔天性残忍，在他生平很早时期的特殊事件中已显露出那种残忍的性格。奥布赖恩用相反的事例，证明了这种罪名的虚伪性，认为罗伯斯庇尔禀性仁慈宽厚，远在常人之上。关于愚昧和庸俗的罪名，他的反驳同样有力；他举出经法国某些第一流学者所审定的显示罗伯斯庇尔早年才华的作品，从而证明了罗伯斯庇尔不仅有巨大的独创性才能，而且他用来表达思想的语言本质上非常优美，非常典雅，同时他的一切行为也证明了他对正义和人道主义是一个名副其实的热情洋溢、精力充沛、坚持不懈的同情者。奥布赖恩写这本书时，并不企图凭他的想象臆造的人物来欺骗世人，这 75
一点不仅书中有大量事例足资证明，甚至那个竭力表扬法国吉伦特派（罗伯斯庇尔最严厉的敌人）的拉马丁也给他充分作证。这位伟大的作家在他著名的《吉伦特党人史》一书中向读者指出，罗伯斯庇尔也许是唯一从革命开始就看出革命结局的人。他又证实了罗伯斯庇尔的观点卓越而且全面，对罗伯斯庇尔的人道主义以及

厌恶流血的心理，时常举出具体的事例；他向所有愿意阅读他的著作并进行比较的人们说明，如果罗伯斯庇尔准许伤害一条人命，那是由于严峻的紧急需要，他才迫不得已采取那种措施。

宪章运动的鼓动工作开始前，作为一个公众作家，奥布赖恩所采取的方针是当时在政治家中极不趋时的一种。他不仅是一个纯粹的政治雄辩家。这并不是说他低估了政治改革的价值；相反地，他明白表示，只要一切立法权仍然掌握在压迫者的手中，人民为社会解放所作的努力必然都是徒劳无益的。但他同时又领会，并且竭力向读者阐明，除非他们认识到社会的实际基础，否则即便拥有最大限量的政治权势，也毫无用处，绝不会使他们突破社会疾苦的樊笼；他力图把我们具有根本性的巨大祸患追溯到两大可怕的根源：地主制和高利贷制以及它们千变万化的各种形态。我们可以说，迄至当时止，只存在着两种社会经济学派：一派主张所谓财产所有权，绝不考虑各行各业的要求；另一派，例如罗伯特·欧文，则赞成把一切私有财产连根铲除，代之以集体所有制。当然，此外还有一个人数寥寥无几的奥斯勒派，但他们为劳动人民所提的权利要求是属于慈善性质的，而不是基本的权利。奥布赖恩所负的使命要他在上面所说的前两派之间不偏不倚地前进，一方面否定前一派的主张，另一方面又表明后一派企图强使社会接受一种不成熟的、未经整理的理论，是十分荒谬的。但他不是单纯吹毛求疵的人，因为他竭力要使财产私有权和劳动阶级应享有的最完整的公正原则一致起来。他当时的各项计划远不如他在以后的年代中所提出的那么完整，但他所指出的原则已在他通过有力的文笔写出
76 的许多著作中阐明了。虽然别人在宪章运动中负起了首创的责

任,但给这项运动奠定基础的却是奥布赖恩的著作,当鼓动工作一获得相当的进展,他在这项工作中的巨大贡献就得到了一致公认。虽然他不为自己追求公众的注意,但现在群众对他却开始有意延揽,因为他已经为他们那么长久地、热情地尽过力了。全国宪章代表大会的召开一经决定,至少就有十三个选区邀请他担任它们的代表。最初他婉言谢绝了全部邀请。可是,对有些选区来说,谦词全不生效,因为它们坚持推选他为代表,甚至不顾他本人明白表示的意愿。这些选区中有伦敦、曼彻斯特、斯托克波特、诺里奇、利和怀特岛。这样坚决表示的信任克服了他的犹豫,使他接受代表的职务。在有关奥布赖恩的个人仪表和才能方面再说几句话,目前的介绍也就可以结束了。他的身材比一般中等身材要高得多,风度翩翩,不过略带几分渊博的学者那种佝偻的体态。他的相貌往往被人们评为清秀,虽然我们有时也曾听到相反的意见。评价的不同,在某种程度上决定于在看到他们的对象时评价者本人所表现的情绪。当不愉快的思想正使他心情激动时,他看起来确实并不十分和蔼可亲,但在愉快的感情影响下,奥布赖恩显得比任何人都有更大的魅力。他的天庭高大宽阔,表明他是一个智力超凡出众的人,而头部按颅相学被定为仁爱之源的那一部位显得特别发达。如果说,在宪章运动初期大露头角的民主派领袖中,他无疑是一个心地十分光明磊落的人,那也并不过分。在宪章运动阵营中,人们普遍称他为教师,这是奥康纳赠他的尊称。即使他的一些势不两立的敌人也证实了他有卓越的才智。《每周新闻》是一份漫无节制地对他恣意辱骂的报纸,但就在这同一报刊上却又把他描写成为一个指掌间主意很多的人,所有其他宪章领袖加在一起都不

如他。

作为一个演说家，奥布赖恩与众不同，有他的特殊风格。据我们所知，有人甚至说他根本缺少一个演说家的必要条件。再没有任何错误比这更可悲的了。不错，他的演说没有文森特那种口若悬河一泻千里的辩才，也没有奥康纳那种迅雷疾雨般的激昂慷慨
77 的气魄，同时，也不具有洛厄里那种字斟句酌、深思熟虑的特色；但在某种程度上他却兼有三人的长处。当他讲一个道理时，他的深思熟虑令人惊叹。没有一个演说家能攀登到这样的高度，或像他那样用深刻强烈的热情来感动听众，同时，也没有一个雄辩家在动作的活泼和语调的灵活方面能胜过他。至于使用讽刺这一武器，他具有不可估量的优势，使所有他的同辈无法望其项背。他说趣话时毫不轻薄，而是庄重、实在——实在而又条理分明，而且尖锐至极。任何人都不能像他那么轻易地将论理、讽刺和雄辩融为一体，或以那种可怕的威力将这三位一体的武器投向他的对手。而且，他永远是那么巧妙老练地使自己适应听众的理解力。一般地说，鉴定一个演说家应以他所产生的效果为断，这比根据其他标准更为正确，如果以这个标准来衡量奥布赖恩，他的辩才应当说是第一流的；因为在他身体健康、精神饱满而且受到大量听众欢迎时，他的主要困难不在于激起听众对他意见的同情，而在于压制对他表示欢迎的喧嚣的喝彩声。这里也需要提一下，在我们所述的这个时期，他留住听众听讲的时间要比任何其他公共演说家长得多。他在集会上经常占用的时间大概是三小时；有时他会说上四小时，甚至五小时，始终吸住听众的注意力，直到他讲完为止。我们可以毫不踌躇地断言，具有这种才干的人绝不是一个平庸无能的演说

家，相反地，不仅在言辞方面，而且在思想方面，都是一位演说大师。

正当伦敦和英国中部、北部的民主主义者以不断加快的步伐强烈要求通过人民宪章的时候，如前所述，西部的民主派人士也在不遗余力地加强这一呼声。为了实现这项彻底的议会改革，文森特无日不在集合数以千计的群众。布里斯托尔、巴思、切尔特南、特罗布里奇、布雷德福等地由于这位著名的演说家辛勤不懈的努力而经常处在兴奋激动的状态，因为他在各个地区的声望可算是无可限量。妇女对这个伟大运动的信仰好像比男子还要热烈。她们自行组成激进团体，好几百人登记参加。无疑地，在激起民主妇女的爱国心方面，文森特个人的魅力发挥了它的一份作用，因为，
如前所述，他是女性一致宠爱的人物。巴思的民主妇女举行任何 78
一次集会时，惯常都邀请文森特为贵宾。为了对他的效劳表示感谢起见，她们发起募捐，以捐款给他买了一只珍贵的金表。这个纪念品是在一次公众集会上赠给他的，当时他以优美的言辞来接受这一珍贵礼物，因而使自己更显得才华出众。为了证明那些时髦的、美丽的而富有浪漫色彩的城市妇女在精神上受到了多大的鼓舞，我们只需列举下面的情景：当巴思居民们刚知道文森特即将莅临时，妇女们就占用了离城约莫一英里的鹿山公园，四千多名妇女聚集在那里欢迎他，同时还有一大批人由于无法入场，竟把所有的空地都挤满了。在这次集会上发生了一个相当有趣的插曲。妇女们事前商定，除了受到优待的文森特以外，不让任何男人目睹会议的进行。可是，尽管有此禁令，一个男性出于好奇心（这种好奇心，如果出于女性，也许还可以原谅），假扮女装，混进了公园。可是这

个把戏很快就被拆穿，消息也很快地传到了会场，在群众尽情的嬉笑怒骂中，那个莽汉被拳脚交加地逐了出去。巴思的主要激进分子博尔威尔的夫人担任主席，文森特在会上发表了长篇的讲话。公园中的议程结束后，他又向外面无法入场的人群大声演讲，女听众们挥舞手绢或做其他动作，以示欢欣。

在巴思为了推选全国宪章代表大会代表而举行的群众集会上，参加的人数非常踊跃。估计聚集在一起的有一万五千人。除文森特和其他演说家外，威廉·内皮尔上校也光临参加，向集会的群众发表了关于拥护普选权的谈话。可是，在会议进行中，这位侠义的上校却被大大地触怒了。文森特在演说过程中提到了与人民为敌的各方面人士，指出人民被无赖们压得透不过气来。“约翰·拉塞尔勋爵是个无赖，哈里·布鲁厄姆勋爵是个无赖，韦林顿公爵
79 是个无赖。”上校走上前去，大声说：“我否认那句话。韦林顿公爵不是一个无赖；他曾崇高地、英勇地、光荣地为祖国打过仗，他不是无赖。”文森特答道：“我说，谁否认我的选举权，谁就是无赖，管他是拉塞尔、韦林顿，还是内皮尔。”上校发表意见说，这位演说家当天所采用的言辞预料将会有害于民主事业。除了这个小小的插曲以外，一切都在十分和谐的气氛中顺利进行。

西部各郡规模最大的示威游行是1838年9月30日在特罗尔公地上举行的，这是位于特罗布里奇和布雷德福之间的一个广场。两支人数众多的队伍从这两个城镇分别出发；来自前一地方的队伍绵延几达四分之三英里。队伍离开特罗布里奇以前，一个年轻的女子代表该城镇的未婚女子，把一条丝围巾赠给文森特先生，已婚妇女也向卡里尔先生表达了类似的敬意。特罗布里奇和布雷德

福的两支队伍在公地上会师，彼此一见面就发出了震天价的热烈欢呼。据估计，当天表示效忠于人民事业的达三万人。如果我们回想一下这个地区原来的人口比较稀少，就不会不对吸引如此众多的人聚集起来的那股激奋情绪感到惊奇。事实是，文森特已完全把群众心理激励到白热化程度，而另外还有几个有才干的人仿效他的榜样，自愿担任公共演说家，把精力献给这个事业。其中有巴思的律师罗伯茨，他是当时高等法院院长尼古拉斯·廷德尔爵士的表弟。文森特初次访问巴思时，罗伯茨和他热烈握手，结成莫逆之交，在他的一切奋斗中，为他分担艰险，共享荣誉。特罗布里奇有一个名叫波茨的青年药剂师，他是一个热心的民主主义者，尽了他的一分力量，以青年人的热忱和勇气献身于这项事业。那个曾在议会广场的集会上大露头角的工人威廉·卡里尔是当地最杰出的演说家之一，也为运动的原则大事宣传。不管文森特在政治生涯的初期对道义力量有过什么看法，现在他的演说多少带有一种暴力倾向。他以十分鼓舞人心的论调谈到人民的胜利即将来临。他参加布里斯托尔民主主义者在布兰登山上举行的几次人数众多、热情高昂的集会。有一次，他骑着一匹纯白的战马前往会
场，漫无节制地辱骂政府，预言政府不久即将垮台。特罗布里奇的 80
公众中一部分所谓“忠诚”人士，对这种显然迫在眉睫的危险，日益感到恐慌。波茨对使用暴力的偏爱如此直率，甚至在他窗口陈列着一排惊心触目的枪弹，并且十分大胆地把它们标明为“送给托利党的卫生丸”。文森特在这个地区这么繁忙，以致在相当长的时期内简直腾不出一天时间来为国内其他地区效劳。人们经常要求他出力，他尽力越多，要求也就越大越频繁。

正当格拉斯哥、纽卡斯尔、伯明翰、伦敦、曼彻斯特和皮普草地成为大规模群众性集会场所，其他地方也同样积极地传播宪章原则。纽卡斯尔周围的城镇和村庄效忠宪章运动的情绪，和这个著名城镇的民主主义者同样热烈。10 月 10 日，海港小镇布莱斯出动了一千人，由阿克尔、赫伯恩、布朗、伯德、史密斯和洛厄里给他们讲话。出席集会的群众表现了高度的热情，并提出了效忠宪章的信誓。乌斯沃斯村也举行了一次同样热烈的集会，聚集的群众倾听主席哈蒙德以及托马森、史密斯和德维尔的发言；会议结束时，他们组成了英格兰北部政治联合会分会。在泰恩河南岸的格林赛德村，二千名群众在露天集会，其中很多是妇女。一个壮观的乐队从文拉顿前来参加。主席福斯特和纽卡斯尔的代表团向集会致辞。一切都在欢欣鼓舞的情绪中顺利进行，集会结束后，一个游行队伍一路护送纽卡斯尔代表团直到文拉顿，准备当晚在那里举行一次集会。后一集会原定在戏院中举行，但这个地方绝对容纳不下几千群众，于是，不得不把会场移到露天。萨莫赛德先生担任主席，奥尔德、史密斯、帕克、托马森、查尔顿和科伯恩先生向集会群众发表谈话。会议过程中，群众自始至终保持高度热情，给这次集会增添了生气。在卡莱尔，全体群众表现了同样的情绪。8 月间，在市政厅举行了一次拥护宪章运动的公众集会，这个建筑物可以容纳一千人，简直被挤得水泄不通，同时还有几乎同等数目的人
81 们留在户外，无法入场。讲演者有霍尔、汉森、巴恩斯、贝尔德、麦肯齐、巴尔和劳伦斯先生。在会上提出的决议获得了一致通过，并宣布联合会拥有会员一千二百人。在苏格兰境内，阿伯丁、邓弗里斯、敦提和大多数东南部低地区的城镇，不论大小，都积极参加鼓

动工作。阿伯丁举行了一次盛大的群众集会，会上，邓肯先生发表了长篇演说，在演说过程中，对牧师们进行了绝妙的讽刺。“托利党员（邓肯说）都是宗教徒，他们谈了许多宗教方面的事情。他们需要更多的新礼拜堂，更多的笨伯来充当牧师，而且为了宣扬真理（这是个疑问）每个牧师可以向国库索取一份酬劳。托利党的牧师们是现代的法利赛人①；他们祷告时间都很长，他们在街道的拐角做祷告，眼睛却贪婪地看着寡妇的住宅。耶稣基督的福音就这样被糟蹋了。暴君资助教士，教士替暴君蒙蔽民众。我们付出一千二百万镑的代价来维持我们的舰队，而我们在全世界却没有一个敌人。在爱尔兰，我们竟需要二万五千把刺刀来捍卫耶稣基督的福音。你们甘心忍受这种事态吗？”演讲者的问话得到的答复是一片沸腾的欢呼和“不，绝对不！”的喊声。邓弗里斯的集会是在科贝利山麓属于肖特里奇院长的一片旷地上举行的。山顶上招展着几面旗帜。坎贝尔、奈特和沃德罗普先生向聚集的几千名群众发表讲话，集会一致表示了拥护宪章原则的坚定意志。

9 月 25 日，在重大商业城镇利物浦，有几千人在旧医院的院子里集会。整个会议期间，下着倾盆大雨，但古德费洛、罗宾逊、埃德蒙兹、奥康纳、默里、科贝特、柯林斯、洛厄里先生等凭他们能言善辩的口才竭力使群众保持精神焕发，所有的决议获得了一致通过。接着当晚举行了一次盛大的公众宴会，然后，演说家们给在场者讲话助兴，直到午夜 12 时，始终秩序井然，气氛和谐。

即便在地方政府所在城镇德文波特，民主精神也不消沉。集

① 法利赛人（Pharisees），喻宗教上崇尚传统礼仪的伪君子。——译者

会是在一间可容二千人的房间内举行的，但群众十分踊跃，不得不将会场移到露天，《太阳日报》承认出席者有四千人，并对此表示惊讶。会上出现了十分热烈的情绪。谢菲尔德的民主主义者好像竭
82 力仿效埃比尼泽·埃利奥特在议会广场上所表现的精神。9月25日，数达两万名的群众集合开会。那位著名的谷物法诗人担任主席，吉尔、布坎南和其他几位杰出的演说家向集会致辞。整个议程在十分欢乐的气氛中顺利进行。9月30日，布赖顿的激进分子举行了一次显示他们力量的大规模示威游行。费格斯·奥康纳是这天的主角，集会群众表现了十分狂热的情绪。在考文垂，一次露天示威集会证实了人民拥护宪章的情感，同时，在北安普敦郡的朗巴克利、凯特林、达文特里、韦林巴勒以及若干村庄也都举行了集会，对当时如此普遍地掌握了公众心理的原则表示赞同。在凯特林这个小镇上，激进协会会员不下三百人。在东部，伊普斯威奇的民主主义者举行了一次盛大的公众集会，请愿书在会上获得了一致通过。伯明翰的激进妇女自行组成联合会，在她们历次集会上表现了高度热情。在这个团体于9月初举行的一次集会上，女主席宣布已加入联合会的妇女有一千三百人。她又说明，好久以来，她已把饭前饭后的祷告中有关感谢上帝赐予佳肴美酒的一段祷词全部删除，因为现在很少有佳肴美酒出现在她的餐桌上了。这次集会经过表决，同意从会费中拨出十镑，捐给将来的全国宪章代表大会。在同一团体一星期后举行的另一次集会上，柯林斯先生介绍了纽卡斯尔的詹姆斯·艾尔，后者以强烈的论调提到了新济贫法问题。他对集会的几百名群众说："他对这项法令的各项条款极其仇视，因此不难向她们宣誓，正如他在别处宣誓一样，倘若执行这

项法令的救济人员试图在任何时候把他弄得妻离子散，他们也只有等到从他冰冷僵硬的尸体上跨过去时才能执行。”这种感情博得了集会妇女们的热烈欢呼。

伯明翰政治联合会决意试探一下基德明斯特群众热心公益的精神。因此，芒茨、道格拉斯等人参加了一次专为这个目的举行的公众集会。一座讲坛在露天搭了起来。集会规模盛大，但在代表团莅临以前，几个烂醉如泥的中产阶级流氓霸占了讲坛，引起了不少纠纷。这批“体面的”笨蛋不断地阻挠集会的进行。他们遭到了演讲者们的严厉谴责，但正如始料所及，这对他们并没有产生多大 83
效果，虽然集会群众是完全同情代表团的。伯明翰的政治联合会每星期继续举行集会。奥康纳时常是他们的座上客。他在一次集会上声明他不再是人民的领袖，而是阿特伍德和菲尔登的追随者了。他所得到的答复是，联合会不承认谁是领袖，而愿意和一切为共同事业诚实地、认真地工作的人们携手合作。现在，在整个工业区内，甚至在最小的村庄上，集会越来越多，许多农村也处在动荡的状态中。成千上万的男女加入了激进派队伍，他们对宪章运动的忠诚越来越深厚。

民主主义者集中力量来显示他们对人民宪章的拥护，但时隔不久，明显的分裂迹象便在阵营中开始暴露了。争执点在于为实现共同目标所采用的手段的性质问题，因为关于目标本身是看不出会有什么分歧的。可是拥护宪章事业的，有两个不同的派别的倡导者。一派包括那些主张只有通过道义手段才能获得人民权利的人们。另一派则包括决心较强的人们，他们不能设想除了暴力以外，统治阶级会俯首帖耳地接受任何其他方式，而且他们在历次演说中，往往采用威胁性的言论。奥康纳被看作是后一派的领袖人物，因为他虽曾宣称，极愿在采取任何其他方式以前，尽量试用一切道义手段，但一般说来，他的言论具有如此强烈的暴力倾向，而他本人又如此惯于对他那一派最激烈的分子假以颜色，因此，他那一点关于使用道义力量的软弱无力的表白只能被看作是他残留的谨慎态度，一旦形势变得有利于采取比较大胆的政策，就会被抛弃的。前已提及，奥康纳在伯明翰的演说曾引起道义派改革家们的反感，当时只是加以隐忍，没有发作罢了。但是隐忍是难以持久的，因为暴力派的政策正日益明显地发展着。火并的时机终于来临了。警钟在伦敦、伯明翰和爱丁堡三处敲响了。在第一处，工人协会是向暴力派挑战的当事者；在第二处，政治联合会委员会承担
84 了驳斥那条政策路线的任务；在第三处，人们企图通过一次公众集会将暴力政策的提倡者驳得哑口无言。但在世上所有的人们中，唯有奥康纳是道义派对手们不经过斗争而绝不能制服的人，于是，按照他的决定，他将伯明翰的民主主义者召集起来，向他们声明愿意尽力维护他的政策。于是，便举行了一次群众集会，会上，他煞费苦心地为他的行动进行辩护，最后根据他的演说提出了一项决议，而决议的结尾则写明对他表示信任。他的对手们也出席了集会，尽管他们有钱有势，毕竟不能同奥康纳进行较量，他所提出的决议终于以压倒的多数顺利地通过了。爱丁堡的道义派比较顺利。他们在卡尔顿山上举行了一次群众集会，主要演讲人是曾在伦敦示威大会上热烈赞扬奥康纳的约翰·弗雷泽以及亚伯拉罕·邓肯和佩斯利的帕特里克·布鲁斯特牧师。他们虽都声称赞同和平鼓动方式，但对于他们的对手来说，其中有些人的言论绝不是和

平性质的。布鲁斯特进行了毫无节制的谩骂，表示要把宪章运动阵地上的奥斯勒分子和斯蒂芬斯分子一扫而光——“他不愿说奥康纳分子，因为他相信，费格斯·奥康纳尽管有种种缺点，毕竟不失为一个正直人士。”各项决议都获得了通过，但是事实相当明显，爱丁堡大多数激进分子却没有对这次集会表示应有的同情，因为在这个城市最初通过宪章的那次集会上，参加者有一万五千人，而这次只有五千人集会表示不同意奥康纳的暴力政策。奥康纳在《北极星报》的专栏中以他独特的风格对攻击他的人们作了答复，一面恭维，一面又谴责。他对弗雷泽推崇备至，而对邓肯，则引用一件旧事来使邓肯就范，说他和邓肯初次见面时，曾问起后者的姓名，经人告诉名叫亚伯拉罕·邓肯以后，他就回答说，“谨防此人，因为他是不可信赖的。”他从亚伯拉罕的相貌方面得出了这个结论，尽管他并不自命对这门知识有过多少研究。布鲁斯特是三人中最聪明、最博学、最有声望的一个，而奥康纳却用一种极其简慢无礼的态度来对待。他向他们三人说，“弗雷泽，我热爱你；邓肯，我感谢你；布鲁斯特，我不了解你。”这样，他就把最后一人贬低到极不重要的地位。应当说明，不久以后，邓肯却在发表上述看法的同一《北极星报》的版面上，博得了十分热烈的赞扬。

几乎没有任何事情比这种分裂现象更不幸的了。两派中的任 85
何一方通过削弱和摧毁另一方的力量，间接地使共同敌人坐享渔翁之利。我们认为，一般说来，这种有关道义力量和暴力的争论，只是浪费时间。我们认为这两种力量有不可分割的联系。在政治事务中，无疑地尤其如此。一切政府必然是权力机构，在某种限度以内这种权力是道义力量，但超出限度以外，就是暴力。没有暴力

的政府根本就不成其为政府。不妨设想，我们建立了一个最臻完善的政府，由它执行经过一致同意而制定的法律。严格地说，在此限度内，它所行使的权力是道义力量；但是除非有暴力保证法律的实施，否则，法律形同虚设，因为要是没有这种暴力，极少数的人就会不受约束，拒不服从在一致享有同等发言权下制定的法律。在这种情况下，全体人民的正当利益必将屈服于少数人自私的、特殊的利益。因此，法律必须永远有一种力量作为后盾，其性质属于暴力，却以人民的道义主张作为基础，因为没有它，法律只是一纸死条文。另一方面，如果政府治理国家，不顾多数人的意志，它必然只凭暴力来实行统治。一旦这多数人表明决心，要对政体进行改革，则篡夺了权力的阶级由于贪恋自己独占的权力而蔑视道义力量，这时绝不会被动摇，除非它认识到这种道义力量有另一种比它本身更强大的力量作为后盾。我们查遍世界历史，也找不出一个实例，来证明世界上任何一个具有独占性质的政府，经过推动，会放弃它篡夺的职权，除非它被暴力所推动，或是由于害怕暴力，才会如此。在不使用暴力的情况下，篡夺了权力的阶级一定要在感到暴力即将来临的威胁以后，才会对公众的正义要求作出微小的让步。同时，不容否认，当人民尚未表示愿意为使用暴力而作出甚至最低限度的牺牲时，就侈谈使用暴力来反抗政府，这对群众运动非但无益，而且会使它遭到无限的耻辱，因为人民倘若不愿作出较小的牺牲，就绝不会准备作出较大的生命牺牲。因此，在人民对政
86 治和社会权利尚无正确认识以前，在任何情况下，必须避免使用一切暴力威胁。一旦他们有了正确的认识，如果压迫者对他们的要求拒不让步，他们就不需要多少劝告，人类自卫的法则必将告诉他

们应当采取什么行动，而他们也必将毫无保留地服从上述法则的意旨。道义派和暴力派改革家双方之间的论战越来越激烈；然而，暂时还没有严重地减损宪章运动的力量。各派按照它自己的特定方式进行鼓动，经过相当长的时期以后，这种裂痕才会对激进派开始显著地产生削弱和危害的作用，但是这种削弱和危害的作用终于来临了。

第五章

87 英国自从有了一部勉强称得上定型的宪法以后（尽管这个宪法很不像样），请愿就一直被认为是它的居民的合法权利。宪章运动的提倡者们，不论是道义派还是暴力派，都认为提出一份内容包含人民主要要求的请愿书是合理合法的事。为了遵照公众的愿望，伯明翰政治联合会委员会负责请愿书的起草工作。这个文件作为统一宪章运动派的第一份请愿书，无疑会引起人们的兴趣，在这种感想下，我们特向读者介绍如下：

"下列署名的受难同胞谨向大不列颠和爱尔兰联合王国的下院诸公呈递请愿书，陈述如下：

"在我们这些请愿人所居留的国土中，商人以善于创业著称，制造者技艺精巧，工人勤勤恳恳，更是有口皆碑。我们的国土美好，土壤肥沃，气候宜人。工商业的资源极其丰富。优良的港湾不计其数。内陆交通便利无比。我们安享太平已有二十三年了。但是尽管我们具有使国家繁荣昌盛的条件，又尽管我们都乐于并且善于利用这些条件，我们却饱受公私灾祸的折磨。我们在苛捐杂税的重担下匍匐呻吟，但仍然远远不能满足统治者的需求。商人在破产的边缘上惶惶不可终日；工人正在忍饥挨饿。资金不能带来利润，劳力得不到报酬。工匠的家庭四壁萧然，当铺的库存却堆积如山。济贫院拥挤不堪，制造厂却门可罗雀。我们放眼观察，力图找出这种令人痛心的、长期持续的苦难的根源。无论从自然界 88
或从天命方面，我们都未能发现任何原因。上帝以仁爱对待世人，世人也没有辜负上帝的厚遇，只是统治者愚昧不堪，才使这种恩赐如同虚掷。一个强大王国的实力竟消耗于增进自私愚昧之徒的权力，而它的资源由于用于扩张他们的势力也被挥霍殆尽。局部利益有所增进，但是却以牺牲全国利益为代价。少数人为了自身的权利而统治国家，他们对多数人的权利却熟视无睹，甚至以傲慢粗暴的态度加以践踏。人民的朋友们对 1832 年的选举法修正法案曾寄予盲目乐观的期望，以为他们所忍受的种种苦难至少有大部分，即便不是全部，能被消除。他们认为该法案是达到高尚目的的一项明智措施，是改善立法的正当途径，同时在立法机构中，群众的意志终于会发挥效能。他们被欺骗了，而且是被人无耻地欺骗了。看起来那么美好的果实，待摘到手中却变成了一堆灰土。修正法案所实现的，无非是把权力从一个统治集团手里移交给另一个统治集团，而人民仍像以前一样无依无靠。我们只是从奴隶生活转变为初步有了一点自由，再加上前途仍然渺茫的令人厌烦的生活，这就使我们对自己的每况愈下的社会地位格外感到痛苦。我们敬向贵院十分谦恭地陈述，这种状况不容许再继续下去了。长此以往，必将严重地危害王室的稳定和王国的安宁；如果由于上帝的保佑，由于宪法和法律方面的种种措施，这种现象得以结束，我们就抱着充分决心，立即把它结束。我们敬告贵院：业主的资金不该再被剥夺它应得的利润，工人的劳动不该再被剥夺它应得的报酬。凡是造成食物涨价、金融紧缩的种种法令必须一律废除。

征税必须以财产而不应以勤劳为准。多数人的福利既是唯一合法的目标，就应当是政府唯一研究的课题。我们要求把这种利益托付给人民掌管，这是这些改革和其他必要改革的先决条件，这是充分保障和维护人民利益的唯一方式。每逢国家征募卫国战士或是号召捐献，任何人不得借口贫困或无知，拒绝或迁延这些号召。人
89 民既被要求一概奉公守法，那么我们就要求在立法时毫不迟疑地听取人民一致的意见，这也是合情合理的。我们履行自由人的义务；我们必须享受自由人的权利。因此，我们要求普遍选举权。为了避免发生富人的利诱和有权势者的威逼，必须实行秘密选举。为了充分实施我们的权利，在运用这项权利时必须不受任何约束。我们所要求的是实际利益，不是表面利益，因此，我们要求无记名投票。为了达到有益的结果，代表和人民之间必须存在着亲密的关系。为了便于纠正错误、指导工作，立法和选举的权力机构应当经常保持联系。某些错误若能及时接受公众的纠正，原是相当轻微的，但倘若任其在长期的强迫容忍下因循成习，就可能产生非常不幸的恶果。为了保障公共安全，同时为了取得公众的信任，议会必须经常进行选举。因此，我们要求每年改选一次。我们有了选择的权利和选择的自由，那么选择的范围就必须不受任何限制。现行法律强使我们选举那些无法了解或者不太同情我们困难的人为代表——那些已经退休、不再感受业务上烦扰的商人；那些对土地上发生的祸患和纠正方法都毫无所知的地主；或是那些追求议会荣誉，只为博取法庭上声望的律师。一个勤勤恳恳地执行职责的代表的工作是繁重的。代表们继续从事于无报酬的工作，这不公平，也不合理，又不妥当。我们要求将来选举贵院议员时，应以

选民的意见作为唯一标准，对于通过这种方式选出的代表，在他为
公众服务期间，应从国家税收中拨付一笔合理、适当的酬金。迄至
目前为止，有关怎样治理这样一个强大王国的问题，一直被互相倾
轧的党派当作推行自私目的的试验品。我们已从个人的惨痛经历
中体验到这种后果——欢乐无常，有如微光一闪，随即被漫长而黑
暗的苦难岁月所吞没。人民自主的政府即使不能消除他们的一切
疾苦，至少可以使他们不出怨声。普遍选举必将给国家带来真正
的持久和平，唯有普遍选举才能办到这一点；我们坚信它也会带来
繁荣。为此，敬请贵院十分慎重地考虑我们的请愿，作出最大努 90
力，通过合乎宪法的各种方式，制定一项法律，对每个精神健全、未
被宣判有罪的法定成年男子，给予选举议会议员的权利，规定未来
的议会选举都采取无记名投票方式，每届议会的任期无论如何不
超过一年，取消议员资格的财产限制，议员在议会供职期间享有应
得的酬报。

“请愿人不胜感祷待命之至。”

显而易见，宪章的六点要求中，只有五点被收纳在请愿书中。这是否由于疏忽，不得而知。起草人也许认为代表人数的平均分配（即省略了的那一点要求）是普选权中的必要成分，因此认为没有另提的必要。这份请愿书受到了遍及大不列颠各地的宪章运动团体的承认。如前所述，阿特伍德曾指望有二三百万人在请愿书上签名。虽然各民主主义派别一致认为请愿是正当合理的，但它们动机却各不相同。道义派改革家竭力使自己相信，这一步骤会对议会产生相当压力。有些人十分乐观，甚至相信为了尊重舆论起见，请愿书中祈求的事项必然会立即获准。另一方面，暴力派人

士对这种结果却不存丝毫幻想，他们参加签名，只是为了给议会再一次蔑视公众权利的机会，从而使人民完全信服，所有这种努力，对于实现他们的目标是多么徒劳无益。他们甚至宣称，这是他们愿意屈尊签署的最后一份请愿书；如果其中的要求仍遭到拒绝，那就别无他法，只有同腐败不堪的下院以及选举并支持下院的各阶级展开一场你死我活的斗争。另外还有一些人徘徊在两个极端之间，他们虽不绝对相信议会会承认公众的要求，同时也不完全信服那些要求会被驳回，认为不妨尝试一下，至少不会有多大损害。奥布赖恩在他所有的演说和文章中，劝告人民群众在请愿书上签名；但他坦率地对他们说，如果他们不准备用更有力的方式来做后盾，他们的签名就绝不会产生丝毫效果。由于这些不同的动机，激进分子各个派别决意参加签名。大家一
91 致同意把请愿书连同签名单交给全国宪章代表大会，以便对全文作一次适当的审查，然后重新交给阿特伍德和菲尔登，由他们递交下院。

在道义力量和暴力问题上所发生的不幸分裂，并没有妨碍整个团体为了支持全国宪章代表大会而把工作向前推进。伯明翰示威大会曾作出一项决议，发起全国性的募捐，其细则委托给当场派定的几位代表加以拟订，于是，这几位代表就照此办理了。大家商定，每一城镇划分成区，每区指派若干募捐员，向公众劝募。他们规定每一千人的认捐总额为两镑十先令，个人认捐的最低额则为六便士。1838 年 10 月的第一个星期一被定为在全国开始征募的日期。认捐总额达五镑时，应即存入伦敦的普雷斯科特—格拉特银行，记入乔治·弗雷德里克·芒茨、菲利普·亨利·芒茨和罗伯

特·凯利·道格拉斯的账户。大家一致认为，各代表的个人费用应由各该选区自行支付；但显然还有许多其他各项开销，例如房租、邮电和宣传员的酬劳等等。日期确定以后不久，各区的工作委员会立即积极活动。然而，按照一定人口来规定捐额的决议难以执行，因为在有些地区，激进分子的人数远远超过其他地区，而公众中可以指望认捐的，只有那一部分激进分子。在这项基金的劝募工作中出现了高度的热情。每天晚上，人们在完成本身劳动以后，便致力于促进这项工作，高高兴兴地接受各方面为响应他们的呼吁送来的不同数目的捐款。他们拨出相当大的款项，充作全国宪章代表大会的经费，因此，某一财务人员在辞职时提出的报告表明，募款的总额超过了一千七百镑，除支付截至当时为止的一切开支外，还有余款约七百镑。由此不难看出，在上述时期内，群众的热情足以支持代表们在他们已承担责任予以提倡的事业中做出充分的努力。

在相当时期内，群众集会继续吸引住各阶级和各党派的注意力，却没有受到政府方面的干预。尤其是斯蒂芬斯，他每天不断地 92
向拥挤的兴奋的听众高谈阔论，在讲话中使用了十分可怕的语言；对有产阶级说来是可怕的，但听他讲话的成千上万的受苦者却感到非常满意。他在描绘他们的悲惨境况时，甚至把他们的注意力引向富人堆满食品的储藏室和酒窖，他以十分清楚明白的措辞向他的听众说，如果他们被剥夺了他们通过劳动理应享有的生活必需品和福利物品，那么，从压迫者过剩的物资中夺回这些东西，绝不是犯罪行为，而是完全符合道义原则的。他一再援引圣经来强调这个原则，举出圣经中第八诫为他的立场提供论证。他声称，第

八诫“不可偷盗”，对所有的人同样有束缚力，同样有遵守的义务，并尽力证明，在掠夺行为中，富人才是真正的侵略者，他们利用合法方式来抢劫穷人辛勤的果实。由此推论，他认为从这些阶级手中夺回剩余的不义之财，是一种合乎道义上公正原则的行动，不过借此收回应得的正当利益罢了。实际上，他认为，容忍富人继续保持他们以极不公道的手段，从陷于穷困的奴隶方面勒索来的财富，就是对上帝最严重的背叛和背弃人类的罪行表示认可。大多数报刊评介了这种激烈言论，认为政府对于容忍这些集会的继续进行，应当负责，这种针对政府漠不关心的态度的抨击一周复一周地反复提出，终于促使约翰·拉塞尔勋爵对这个问题发表了一项声明。1838 年 9 月，勋爵阁下应邀参加利物浦市政当局的宴会，在讲话中提出了下列看法：

“他不想在这样一次宴会上扯起政治问题；但有一个话题同他本人管辖的部门有关，是否可以容许他扼要地说几句话。他提到了当时正在全国各地举行的公众集会。也许有人想要取缔这些集会；但这不是他本人的主张，也不是他们参与的政府的主张。他认为人民有集会的权利。如果他们没有冤苦可诉，那么他们凭自己的常识就能纠正过来，停止举行这些集会。政府应当害怕的，不是自由讨论，不是无约束地发表舆论。可怕的是，人们在压力的逼迫
93 下秘密结合。这才是可怕之处，这才是危险所在，而不是自由讨论。”

这项声明被认为是政府意图的明确表示。一个政治家对于持续很久的社会骚动给予鼓励，再没有比这更直截了当的了。然而，报刊继续对政府进行谩骂，斥责他们懦弱无能，唆使人们危害治

安。“光荣的第四等级[①]”中有一部分人断言，他们对危害社会安宁所犯下的罪行，比煽动分子本身的罪行尤为严重。另一部分人则认为，他们若要进行干预，就不得不谴责自己以往的行动，因为他们也是凭借了完全相同的煽动方式才使自己擢升到权贵显要的地位。尽管如此，群众集会暂时仍不受阻挠地继续进行着，虽然挑拨政府提起公诉的言论一天比一天激烈了。让我们在此暂停一下，以便就政府应负的责任说几句话。受迫害者往往容易责怪政府采取的一切侵犯人民自由的行动。在许多事例即便不是绝大多数的事例中，严厉的谴责往往落到在一出戏中只充当配角的人们头上，至少就英国的情况而言，不管一个政府如何腐败，它只是一个比它本身更大的权威的代表。任何一个内阁，只要违背了下院的意志，就连一个星期也无法存在下去。同时下院如果不能获得选民——换言之，地主和资本家们——的许可也无法存在，而最后这批人才是一切法律和制度的原动力；事实上，他们是社会的唯一真正的统治者，他们通过直接表示或含蓄暗示，使政府确切地理解应当怎样做。议会、地方当局和报刊都是为这些阶级表达意志的工具，而报刊一定首先起来敲响警钟。因此，从上述事例中，我们清楚地看出，政府并非自愿出来干预，如果后来它放弃其决心，是在它不断受到它赖以生存的一种权势对它的敦促、吁求和威胁以后才这样做的。我们并不想吹捧历届的政府；它们再好也难免十分腐败和专制；但是，他们十之八九只是它们上面一种权势的傀

① 欧洲封建时代社会分为三个等级：即僧侣、贵族、平民。此处将新闻界称为第四等级。——译者

儡，谁要是宣传与此相反的论调，谁就是掩盖真相，以蒙蔽社会的
94 视听罢了。宪章运动一开始，报刊就发泄它的愤怒。最初，它还企图摆出一副鄙夷的神气来掩盖它的怒火，但当公众活动的力量逐渐增强时，它就抛掉了那个假面具，把宪章的原则说成是必将导致一个抢夺成风的时代，并将把人类社会赖以结合的一切藩篱全部打破。上述这些看法是有其必要性的，这样才能使真正的改革家看出应当对付的究竟是哪一种权势，从而作好准备同压迫者展开斗争，而不要仅向他们的傀儡和附庸喋喋不休地进行舌战。

1838年秋季，群众集会开始采取令人可怕的特色。人们在白天一再地举行集会很为不便。他们的谋生之道给他们带来种种限制，使他们不能自愿地蒙受时间上的损失。把成千上万的群众集合在一起开会，正像在克萨尔猎场上那样，偶一为之，未尝不可；但这不是可以经常采取的尝试。群众日益殷切地希望倾吐他们对现行制度的怨恨，但要找到足以容纳大批这样的群众的场所，却不容易，而市政厅又几乎是一向不准借用的。车到山前必有路。不久，一个计划便浮现在领导人物的脑际，使他们不再需要举行室内集会了。他们建议举行火炬集会，这对群众更加方便，既省时，又省钱。这种变通办法一经提出，即被采用，在短时期内，工厂区呈现出一系列这种壮观的群众示威景象，这也许是在前一时期的鼓动工作中从未见过的。博尔顿、斯托克波特、阿什顿、海德、斯特利布里奇、利和其他地方，不论大小，都成为这一类宏伟的集会的场所。在所有的集会上，成千上万的劳动人民聚集在一起，宣誓要献身于共同的事业。这种景象所引起的激奋情绪简直难以想象。要想充分理解公众的热情，必须目睹当时的情景。群众不是单独前往会

场，而是在每个出发点集中，到了规定时刻，从那里大批出发，形成一支队伍，穿过主要街道，沿途一看见他们崇拜的偶像，即预订要向他们发表讲演的人们，立即发出雷鸣般的欢呼，回声响彻云霄。但在路过某些持敌对态度的报馆门口，或走过一家令人厌恶的官吏或老板的住宅时，则发出一阵阵可怕的嘲骂。在火炬的耀眼红 95
光照射下，绘有各种触目惊心的图样的旗帜，形成一个令人望而生畏的庄严景象。有些旗帜上面绘着的骷髅正在露齿狞笑，像是一些狰狞的鬼怪，足以使许多崇拜财神的人联想起他们担心的末日即将来临。数以千计的工匠离开工厂后，来不及回家像平时那样盥洗整容，因此脸上汗渍斑斑，肮脏不堪，他们粗犷的外貌给当时的情景增添了光怪陆离的气氛。游行队伍往往很长，有时一队多至五万人；游行路线全程仿佛是一条火炬的长河，万丈光芒，把高空照耀得如同白昼，好像是一座陷于一片火海的大城市。集会本身的情景尤其令人恐惧。熊熊燃烧的火炬，不计其数，这种情景本身好像只会更有效地激起演讲者和听众们的热情。奥康纳、斯蒂芬斯和麦克道尔经常参加这一类火炬集会，他们几乎是爱讲什么就讲什么，全然不考虑什么慎重不慎重的问题。煽动人们使用武力的言论成为后二人演说的主要内容。奥康纳几乎在每次演说中甚至都指出宪章将成为法律的日期，并往往在演说的结尾声称，如果宪章在 9 月 29 日米迦勒节[①]未被承认，议会诸公节日的鹅宴就得推迟到 30 日。斯蒂芬斯毫不踌躇地宣称，统治阶级并不比杀人犯好一些，必须用他们的血来满足公众的正义要求。

① 米迦勒节(Michaelmas)，英国四个结账日之一。——译者

大约在这个日期举行的其他火炬集会中，有一次集会地点是在海德镇，斯蒂芬斯牧师是当晚的演讲人。集会的日期是在 11 月 14 日晚上。参加游行队伍的不下一万五千人，由一支乐队前导，在闪耀的火炬光影中可以看到无数的旗帜。一面旗上题着斯蒂芬斯心爱的词句：

为了妻子儿女，我们将血战到底！

另一面旗帜引用了圣经，“没有刀的，让他卖掉衣服去买上一把。”第三面旗上题着，“阿什顿要求普遍选举，或者普遍复仇！”另一面旗上题的字是“别忘了彼铁卢的血腥罪行！”第五面旗上题着一句不祥的预言，“暴君们，相信吧，发抖吧！”无数象征自由的红帽子悬挂在竹竿上，每隔一段时间，就能听到响亮的枪声，这说明参加集
96 会的人们是带着武器的。游行队伍到达会场后，斯蒂芬斯开始向群众发表讲话。他说，那天他已参加了好几处的集会，所有群众只有一条心，坚决要求他们的权利。他说，博尔顿的治安官们曾拜访军事当局，请求他们莅临公众集会。司令官担保，万一地方政府难于胜任的话，他们一定到场。“但是，”斯蒂芬斯说，“军营里我有一个朋友，他向我保证，如果士兵奉命出动，他们没有一个人会采取任何行动。”我们不妨把叙事暂停一下，插一句问话：斯蒂芬斯是否会那么糊涂，竟然相信军队表示绝不使用武力来反对人民的一派胡言？如果他信以为真，他确实太糊涂了。我们今天有时也听到无数类似的话，但始终觉得应当以绝大的戒心来对待这些保证。我们也曾多次听到军队对我们说，人民一旦起义，士兵们将会调转

身来,支援他们。很可能,在喜欢这样传话的人中,有些人完全相信他们自己所传的话,同样也有可能,在某些事例中,他们所说的话确有充分根据;但是更有可能,在绝大多数的情况下,他们都毫无根据,而可能是受了别人的指使,来散布关于士兵表示同情的谣言,以便煽起不成熟的暴动。到那时,武装不够充足、纪律不够严明的人民,将在他们指望会得到同情和支援的那些地方遭到枪杀。总之一句话,如果人民深信受他们敌人雇用的人会来援助他们,那是非常危险的,因为这样即便能有一利,却有百弊。实际上,人民决心发动革命,就绝不应当依靠任何外援,绝不应当冒险进行如此危险的尝试,除非他们相信自己有足够的实力和能力来实现自己的目的。有了这种力量以后,军队必将调转身来向他们的主子进攻(因为在这种情况下,士兵几乎是无例外地倒向势力雄厚的一方),但是如果没有这种力量,军队表示同情的一切诺言都应当被认为是十分可疑的,尽管不是绝对不可信。斯蒂芬斯继续说,该区的殡仪馆和其他团体正在调拨经费,购置武器。在提到工厂制度时,他说,霍华德制造厂的所有权状是用工人的鲜血写在该厂的每一块砖石上面的;当他重又提到暴力时,他劝听众各自准备一把大切肉刀,既能把咸肉切成薄片,又能在反对他们的人身上戳一个窟 97
窿。当他的演说将要结束时,斯蒂芬斯问听众是否已做好准备,是否已有当了武器;对他的回话是两三响枪声。他又问,"就这么几响吗?"结果引起了一阵枪声。然而他还要对集会群众做进一步的测验,要求所有准备购置武器的人举起手来,当时举起的手像是一片树林,接着又是一阵响亮的枪声。在劝告听众置备枪炮、大刀、长矛和任何比舌剑唇枪更锋利的武器以后,他说,"我看一切都很

好，祝大家晚安。”

人民所遭受的深重灾难使斯蒂芬斯的这种言论非常迎合人心。的确，对艰苦备尝、饥寒交迫的劳动人民说来，英国语言中没有任何字眼算得上过分激烈或过分富于煽动性的了。有人若是建议应用道义力量，必将遭到嗤笑；只有十分坚决的呼吁才会得到同情的响应。而这种响应几乎无例外地，不仅表现为成千上万人雷鸣般的欢呼声，而且正像我们已谈到的，还表现为一阵阵的枪声和长矛的挥舞。这些武器被带到会场，作为一个预兆，表示受迫害的人民为了维护他们的权利，已下定最大的决心，将采取最后手段。与此同时，中上层社会人士正在组织力量，来抵制人民的要求。政府对他们的计划给予鼓励，并且表示如果他们为了保护生命财产，自动组织团体的话，愿意向他们供应各种军需，于是一些团体就组织起来了。可是，一般地说，这些人士宁愿把他们的安全付托给训练有素的武装部队，而不愿自冒捍卫的危险。有鉴于政府的建议，R. G. 甘米奇在北安普敦工人协会提出了一项决议案，请示协会秘书向内政大臣申请两千套武器和弹药等等，以便会员和他们的朋友们能够捍卫他们自己的生命财产而不受任何侵犯。在一片沸腾的欢呼声中，上述决议经一致通过，其他许多宪章运动团体也通过了类似的决议。也许不必赘言，这类信件虽有一部分及时收到了回音，但内政大臣却从来没有在任何一个实例中对这类申请书作出满意的答复。他认为只有富人的生命财产才值得给予保护；但
98 是我们曾见到，例如在纽卡斯尔的盛大集会上，当工人阶级和平地行使宪法权利时，军队却出面阻挠，危及他们的生命，而人民所得到的一切补偿仅是政府空洞的保证，说是地方当局不打算干涉群

众的集会。这种严重侵犯人民的行为，迫使穷苦阶级相信，只有使用暴力，才能使他们从压迫者手里夺回他们的权利，这又有什么值得奇怪的呢？

规模巨大、人数众多的火炬集会所造成的事态使中上层社会人士一片惶恐，而集会向政府所提出的抗议则具有十分重要的性质，因此，政府如果不给这些集会以决定性的打击，那就只好自认无力应付了。人们很难指望它会采取后一办法，因为这样就等于放弃了它的职权；没有一个政府愿意采取这一步骤，除非它已被逼到了最后关头，而政府并没有认为现在已到了最后关头了。因此，不久以后，女王的公告便出现在每个城镇的墙上，宣布火炬集会是违法的，参加者应受法律的制裁。如果说这项公告的出现引起了极大的骚动，那就不能使人们对当时群众心理状态获得一个正确的概念。群众的情绪已被激发到十分热烈的程度，以致他们现在像是发了狂似的，无数群众表示决心，要把公告踩在脚下，与政府进行对抗。奥康纳在《北极星报》上建议放弃火炬集会，认为如果坚持下去，可能使宪章运动蒙受严重的损失。另一方面，斯蒂芬斯的愤怒简直不可遏制。他斥责公告是对被压迫人民的侮辱，和宪法的精神显然有抵触，声明它完全没有法律效力。然而，从这时起，上述集会实际上已被放弃了，除先已公布者外，不另再举行了。但要指望政府到此罢休，是不可能的，公告发布后，紧接着就对斯蒂芬斯牧师签发了一张拘票，对他指控的罪状是：分别参加了三次非法大会，并使用了危害治安的言论。他遭到逮捕，并在曼彻斯特治安官面前受到讯问。群众早已存在的愤慨情绪加强到惊人的程度；消息一传到民间，就立即成为街谈巷议的普遍话题。在这一片

99 辽阔而人烟稠密的地区内，所有工业城镇的街道上都挤满了男女老少。使劳动人民心情激动得好像只有两种感情：对地方当局怀着深切强烈的愤怒，同时对当局迫害的对象表示最深厚、最灼热的同情。没有任何人追问过斯蒂芬斯在从事鼓动工作的经历中，他的深谋远虑究竟如何；对群众说来，他一贯是他们的同情者，仅就这一点也就足够了。在他们眼中，他是谴责他们所遭受的各种迫害的大胆揭发者，是维护他们被剥夺的各项权利的坚定、真诚、雄辩的鼓吹者；如果说，他们以最深切的宗教虔诚来崇拜他，那也不太过分。预订对他讯问的那天，通往法庭的各条街道挤得水泄不通，因为群众十分殷切地希望看一眼他们所热爱的人物，并了解他的命运。他一出现，马上引起了一阵又一阵的欢呼声，震耳欲聋的呐喊声响彻云霄，回声在街上震荡，好像要把每所房屋的基础都要撼动似的。在所有这些热情所倾注的人心中，在人民群众一阵阵喧嚣的打动下，究竟作何感想，我们不得而知；但按人之常情来判断，如果说他觉得这是他一生中最值得自豪的时刻——不妨进一步说，一生中最快乐的时刻，那也不会错。情绪激昂的群众对他表示爱戴固然可喜，有时却也孕育着不可忽视的后果。斯蒂芬斯已把群众的情绪集中在他身上，但谁又能预言这种情绪将会把群众或他本人引向何处？谁掌握了广大同胞的同情，谁就承担了一个重大而可怕的责任；在广大群众的欢呼使人感到喜悦的同时，一种懔然生畏的心情有时会在不知不觉中使人醒悟，从而遏制住潮涌似的欢乐情绪。

对斯蒂芬斯的讯问开始时，治安官庭上鸦雀无声。许多证人被传到法庭，为起诉人作证，他们提出证词，占了相当长的时间，紧

接着，考验被告的尊严和胆略的时刻便来临了。法庭询问被告，是
否有意见要在法庭上陈述，以便就他被控的罪状进行答辩。这时，
问题在于什么才是斯蒂芬斯应当采取的正当途径呢？他有幸成为
第一个由于参加新兴的运动而被政府利用法律来进行报复的对 100
象。他应当维护的，不仅限于他个人的尊严，还有那个事业的尊
严。按我们的意见，坚定而审慎的沉默最足以赢得这两种尊严。
但斯蒂芬斯却不作此想，因为他立即发表了一篇冗长凌乱的演说，
而且措辞和口气都非常拙劣，这篇演说既不清晰，又无重点，只会
使他的案件陷入更大的混乱。不错，他对他以前公开发表的见解
至今没有表示畏缩，但他为了争取治安官们对他产生好感而进行
的尝试本身却好像有点示弱——虽然也许不怎么明显。他知道，
或者说他应当知道，摆在治安官面前的一大堆证据足以使他们有
充分理由，根据法律和惯例，决定将他提交审判，不管他可能作出
任何答辩，也不会使他们采取相反的做法。因此，他当时的举动至
少是不明智的，而在善于思考的人们看来，他丧失了他本来可能保
持的尊严。他应当等到有机会使他能向上级法庭陈述意见，到那
时，他的材料已能搜集完毕并整理就绪了。但他却选择了另一条
途径，表明他自己并不比一个单纯的空谈家高明多少。正如人们
可能料到的，斯蒂芬斯经决定提交审讯，但准暂行保释，本人交保
释金一千镑，两位保证人各交五百镑，以保证将来巡回法庭传讯时
出庭候审。在这一大群情绪激昂的群众心中，当然存在着各色各
样的揣测。喧嚣扰攘达到了如此可怕的程度，以致有时在讯问的
过程中，治安官们显得十分惊慌失措，比斯蒂芬斯还要有失体统。
他们在万分恐怖中，甚至央求旁听席上的奥康纳凭他的威望设法

消弭当时的骚乱。奥康纳答复说，这种委托未免离奇；但他对治安官们为了自身缘故指定他为维护秩序，无疑地引以自豪，于是便答应了他们的请求，走到窗口。他一出现，群众立刻报以一阵阵的欢呼。他挥手示意安静，说来也怪，不费吹灰之力，就把那些怒气冲冲的群众的愤慨情绪镇定下来了。一刹那间，广大的群众变得像谨小慎微的人那样冷静，于是他试图向他们讲话，劝导他们不要用鲁莽的行为来玷污他们光荣的事业，保证他们所尊敬的对象会得到公平的处理。可是，要静止只是暂时的，不久，和先前不相上下
101 的愤慨情绪又表现出来了。当天晚上，奥康纳在曼彻斯特，就白天的事件向聚集的群众发表谈话。他以十分鼓舞人心的论调向他们保证，人民不久即将战胜他们的压迫者。至于斯蒂芬斯，他以热情洋溢的口吻表示他对前者的热爱和尊敬。然而谈到了审判的可能结局。他说，奥斯勒曾预测斯蒂芬斯将被流放出国，但这是不可能的，因为斯蒂芬斯所犯的不是应予流放的罪行，然而暴君们如果竟敢滥用职权，将他流放出国，那么，他的(斯蒂芬斯的)上了镣铐的肢体，除非跨过他的(奥康纳的)尸体，否则绝不能登上放逐罪犯的船。不消说，这项声明引起了会上雷鸣般的喝彩声。不难想象，群众的热情几乎是无限的，我们很难断言，这两个偶像究竟哪一个更得人心——是斯蒂芬斯呢，还是奥康纳？

人们很容易联想到，由于斯蒂芬斯的被捕而激起的群情激愤的局面并不局限于曼彻斯特的邻近地区，全国各地高举宪章运动旗帜的民主主义者也都参与其间。在整个约克郡内，工人阶级的情绪非常激昂。在英国中部，这种轰动虽不那么普遍，却也十分深刻。在西部，各地举行了规模巨大的民众集会，会上通过决议，对

政府的举动大加谴责。在布里斯托尔，文森特在布兰登山麓向民众发表讲演，提出了一项向斯蒂芬斯表示同情的决议案，严厉地谴责他的迫害者，决议案在震耳欲聋的欢呼声中经表决通过。在下星期六的《北极星报》上所刊载的，几乎完全是这类决议。这位牧师先生比先前更有声望了。无数信札来自远近各地，向他表示同情，保证提供援助，并热情地邀请他到写信人的家里作私人访问。每个城镇、每个村庄，凡是他的见解曾经渗入的地方，无不成立委员会，给他声援；全国性的募捐虽然还在进行中，但同时又另行发起一项基金，款数日见增加，因此，在他受审期宣布以前，单为斯蒂芬斯基金所募得的捐款就将近两千镑，而且几乎完全是工人阶级捐助的。斯蒂芬斯每星期继续采用演说和讲道方式向群众发表谈话，但多半以后者为限。他的谈话在《北极星报》上都有报道，嗣后以单行本刊行，题名为《政治布道坛》。这些讲道集被抢购一空，在 102
许多城镇上，每逢星期日，一群群的居民聚集在一起，让别人给他们朗诵。当他们听人朗读斯蒂芬斯那热情奔放的呼吁时，他们对他所表示的同情，也就增加了公众对他的审判结局所产生的好奇心。

中产阶级的工厂主发觉人民群众对普选运动的认真态度，就费尽心机地诱使人民放弃他们所追求的目标。他们知道，如果理解正确的话，人民宪章意味着社会垄断时代的告终，于是他们就摇身一变，自己成为反垄断主义者了。可是，引起这些“人民之友”注意的垄断权只有一种——地主的垄断权。他们把谷物法说成是工人阶级遭受社会苦难的唯一重大根源，而废除这项法律则是结束他们一切灾难的灵丹妙药。他们竭力怂恿说，最重要的是人民群众应当同他们联合，一同要求把谷物法废除，甚至认为这种做法应当优先于宪章运动的鼓动工作。他们不反对宪章，反对宪章的绝不是他们，因为这是人民的权利，从理论上说，宪章的条款尽善尽美，但是时机尚未成熟。在下院，对宪章表示同情者寥寥可数，目前绝无成功的希望；而主张废除谷物法者在议会中却占有多数，如果再加上工人阶级的聪明才智作为后盾，他们不久将拥有无限的权威。可是这种诱饵并不像这些先生们所预料的那么轻易奏效。他们所依赖的主要力量是在工业区；而在这些地区内已出现强烈而坚决反对他们的舆论。职工阶级由于受尽了凌辱而产生的愤懑情绪，使宪章运动领袖们能够挫败主张废除谷物法的人们所做的几乎一切的努力。最初，他们曾鼓足勇气向公众呼吁同情，但不久就发觉他们所能博得的同情极其有限。宪章运动团体中的各派人士在拒绝同谷物法联盟携手合作这一点上，彼此所持的理由大不相同。就绝大多数人而言，由于他们对工厂老板们在社会上的种种专横霸道的做法十分痛恨，因而使他们相信来自这一方面的任何措施不可能对他们的利益带来很大好处。工人协会一派人则采取了不同立场。他们也承认谷物法有取消的必要，同时却坚决认为，只要议会仍维持现状，废除上述法律的一切尝试绝无成功希望；或者说，在任何情况下，为了实现这个目标，必将进行大量的鼓动工作，与为了实现宪章所费的力量不相上下；而宪章一旦到手，
103 其结果将不仅是废除谷物法，而且会废除以社会的不公道为基础的各种法律。同时，他们还强调，中产阶级是在他们看到了人民群众要为他们自己夺取政权的决心以后，才想到要废除谷物法的。如果他们真想实现他们自称为心目中的目标，他们不难完成自己

的愿望，因为下院绝大多数议员是中产阶级及其附庸们选出来的；他们宣称，他们以十分怀疑的眼光来看待这个阶级的人士，因为后者企图悄悄地把公众的注意力从较大的目标引开，以便使它集中于比较次要的目标。可是此外还有一派，人数最多，他们坚决认为在社会的现行制度下，自由贸易非但无益，而且会给生产阶级造成损害。这一派别中居首要地位的是詹姆斯·勃朗特尔·奥布莱恩，追随他的有费格斯·奥康纳和运动中的多数最有权威的人士。奥布赖恩对这个问题的看法可以用几句话来说明。他对地主阶级没有什么同情，把他们看作是世代相传的社会公敌。但另有一个阶级，他认为颇为可怕，就是那个庞大的有钱阶级，它已擢升到非常重要的地位，而其权力也正在扩大。他认为，这个阶级是靠固定收入为生的人数很多的一批人。经济学家们自己也承认，自由贸易的必然趋势是使商品越发便宜。奥布赖恩断言，这就会使高利贷者、税收中饱者、牧师和其他一切享有固定收入者以同等金额换取更多的商品，这与商品跌价的情况适成正比例，于是，按照这种比例，他们的收入实际上就随着提高了。因此，奥布赖恩认为，既然这一方面的人没有对社会作出更多的贡献，而能像上述情况那样换取较大部分的财富，那么，他们只有牺牲别人才能做到，而被牺牲的必然是创造一切财富的劳动阶级。奥布赖恩又考虑到私人借贷双方的利害关系，指出在限制贸易制度下，由于物价昂贵，币值必然低落，债务才会成立，而在自由贸易制度下，由于物价低落，币值必然增高，这种债务必可偿清。因此，他不反对这样的自由贸
易原则；但他主张，为了使自由贸易对各阶级一视同仁，同时必须 104
在公私借贷方面作一次公平合理的调整，所有的政府官吏的收入

必须削减，否则，不事生产的阶级将对生产者进行掠夺，而所掠夺的部分就是他们一切消耗品价值中的差额。如上所述，拥有极大一部分势力的宪章运动领袖们多半同意这种观点，因此自由贸易主义者不论在什么地方出现，奥康纳、奥布赖恩等人就同他们在讲坛上针锋相对地辩论，证明他们的主张空洞虚假，坚决地引导舆论来反对他们。奥布赖恩不仅发表演说抨击他们，还在《职工报》上，凭他那生花妙笔写出了几篇极其有力的文章，揭露他们阴谋中的利己主义，并把他得天独厚的那些善于说理、斗智、痛骂的才能全部用来批判他们。1846 年罗伯特·皮尔爵士的法案制定以后，许多人可能认为奥布赖恩的观点是虚伪的。关于这个问题，我们在本书的以后的章节中另有评述的机会。

宪章运动者反对自由贸易派，结果把那派的鼓动家逼得走投无路。在他们举行的公众大会上，宪章运动者所要求的，仅是就他们相互间的分歧进行辩论。可是同宪章运动者进行辩论，却不是他们愿意做的事。同地主们进行辩论，他们不会反对，因为地主阶级所持的立场，并不是那么站得住的；但是每当一个宪章运动者露面，在共同感兴趣的条件下，就一个问题同他们进行争辩，他们就显得十分慌张，像有一颗炸弹落在他们中间似的；为了抵制争辩，他们规定所有他们举办的集会一律凭券入场，借此拒绝宪章运动者参加他们的集会活动。如果个别宪章运动者偶尔进入会场，站起来发表不同意见，这帮和平鼓动家的爪牙们多半采取暴力来对付他。可是，即便他们戒备十分森严，有时宪章运动者也会得到他们的入场券，投票反对他们。这种策略，我们绝不赞同。如果一个特别团体为了讨论或提倡某个问题而开会，我们不应当违反他们的意旨去妨碍他们，正如不应当打扰一个家庭宁静的私生活一样。我们认为，只有当我们向公众作了公正而公开的呼吁以后，我们才有充足的理由表示反对；在这种情况下，我们甚至主张人人有权自由发表意见，倘有必要，甚至使用暴力来维护这种权利。

第 六 章

105 1838—1839年整个冬季，宪章运动的鼓动工作非但没有松懈，而且正在大踏步前进。宪章运动者的一个计划如果遭到失败，另一计划立即被采纳，以便促使他们的目标早日实现。政府当局通过禁止火炬集会和逮捕工业区一些最负声望的人物等措施，给予这个运动一个严重的打击；尽管如此，宪章运动的各个团体中仍充满了十分活跃的气氛。白天的户外集会和晚间的室内集会经常举行，而发表的演说丝毫也没有减少惯常的劲头。各委员会格外勤奋地开展工作。代表大会的基金和自卫基金这两个委员会各自努力，使最热心的宪章运动者也感到满意。现在人们正盼望着这个大会的召开，因为在扩大议会代表名额尚未实现时，它将为社会上处于政治奴役地位的人们表达他们的感情、思想和意见。2月4日，代表们聚集在首都开会；第一次会议是在鸡距街的不列颠咖啡馆举行的；但两天后，他们迁往舰队街靶子场，那里已布置好一个宽敞的房间，供他们使用。代表们一到伦敦，民主主义者就在白喷泉大厦的大厅设公宴招待。当天的演讲者有奥康纳、弗罗斯特和许多其他领导人物。奥康纳的体质虽然强壮似铁，但由于在鼓动工作中过分操劳，现在显得非常虚弱；他惯有的红润脸色已变成苍白，满面病容，大家都担心他的身体会垮下去；但这位精力旺盛的

民主主义提倡者虽然一直没有停止工作，却很快就恢复了他原有的活力。我在这里谈一件有关弗罗斯特先生的事，这并不离题。如前所述，这位先生在运动初期已经同人民群众携手合作，一起向政府提出过要求。结果，约翰·拉塞尔勋爵给他写来了一封信，责 106
备他身为治安官，不应当做出那样的事。弗罗斯特先生给勋爵的复信十分得体，否认勋爵有权干涉他（弗罗斯特）的政见。他这封颇有气魄的复信引来了该大臣一封辞藻华丽、满纸牢骚的书信，要弗罗斯特放心，他绝对无意对弗施加任何压力。简单地说吧，约翰勋爵后来却完全自食前言了。在上述宴会上，弗罗斯特先生曾顺便提到了这次通信，他说，如果政府把他的名字从治安官名册上勾销，人民立刻会使他官复原职。该大臣一见到报上刊登的这篇演说词，立即写信询问这位治安官，报上关于他的演说的报道是否正确。在他得到肯定的答复以后，弗罗斯特先生立刻被免去了治安官职务。由于各代表发表了雄辩滔滔、生气勃勃的演说，白喷泉大厦的集会显示出十分热烈的气氛。从前面几章谈过的情况看，我们不难想象，全国宪章代表大会在开会之时，它并不是一次十分和衷共济的集体。苏格兰、伦敦和伯明翰的大部分代表，以及其他一些人是属于道义派的。然而，绝大多数代表或多或少地则坚持暴力主义。埃尔郡的代表贝利·克雷格被推为主席，威廉·洛维特担任秘书。在纯属仪式的事项安排停当以后，会议成员中间的分歧迹象随即出现。科贝特一派人士认为这次集会只应当是一次请愿大会，全民请愿书呈递以后，他们的使命就结束了。可是绝大多数代表的意见恰恰相反。道义派和暴力派人士都一致认为，人民群众期望从他们手里得到更多的收获。既然保证已经提出，而且

希望也已经唤起，所以倘若请愿书中发出的呼吁遭到拒绝，则除了采取某些最后措施，就别无他法了。因此，科贝特的议案遭到了否决，因为会议认为它与一个公开宣称为了争取人民权利的目标而召集的大会极不相称。这个决定作出以后，科贝特派在全宪章代表大会上就不能扮演任何重要角色了。

正当一个人数很少的集团力图阻挠代表大会采取任何形式的最后措施时，另一个人数很少的集团则企图以飞快的速度将会议向前推进；后一集团是朱利安·哈尼一派。这些人假装相信（其中
107 有些人确实相信）人民已作好准备，要把他们的权利立即夺到手中。他们谴责会上大多数代表懦弱无能，因为他们不能立即采取主动来掀起一场实实在在的革命。为了给这次大会推动一下，比较热心的民主主义者召开了一次公众集会。在这次集会上，哈尼、赖德和马斯登上台讲演，以毫无保留的言辞提到了人民已准备就绪，而代表大会的行动仍逡巡不前；当时通过一项决议，大意说，代表大会如果克尽厥职，则普选权可能在短短两个月的时期内见诸实施。为了协助他们散布这种观点，极端暴力派创办了一个刊物，题名为《伦敦民主主义者》，由朱利安·哈尼担任主要撰稿人。这个刊物经营得宜，立论令人信服，文章的一般主旨都在于促进革命，撰稿人自称他们相信革命已迫在眉睫了。哈尼曾在史密斯菲尔德参加一次露天群众集会，在讲坛上出现时，模仿法国大革命时期爱国志士的派头，戴着一顶象征自由的红帽子。他声称他已准备随时起来战斗，他严厉谴责那些自己无所作为而损害人民事业的人，因为他们给群众的热情泼了冷水，并破坏了群众为解放运动所作的努力。

哈尼和他的支持者们的行动，并没有被代表大会忽视。W.维利埃斯·桑基提出一项动议，指责那些援用法国革命词句、佩戴法国标记从而损害人民事业的代表。哈尼的举动特别受到批判，许多代表对他所采取的愚蠢做法表示愤怒；但多数代表反对在这个问题上采取任何步骤，于是这项动议略加讨论后即被取消了。

于是代表大会开始进行比讨论这些枝节问题更为有益的工作。他们指派宣传员前往全国各地，向群众集会发表讲话，目的是要在人民权利的问题上进一步启发群众。代表大会的大部分经费是专门用于这个有益目的的。他们中间几个最杰出的演说家被派到全国去；可是错误却在于几乎把他们全部都派往早已开展了鼓动工作的地方，而不是派往尚未开展鼓动工作的地方去辟新的领域，因为在这些地方群众对自身的权利犹茫然无知，好像这些权利从来不存在似的。

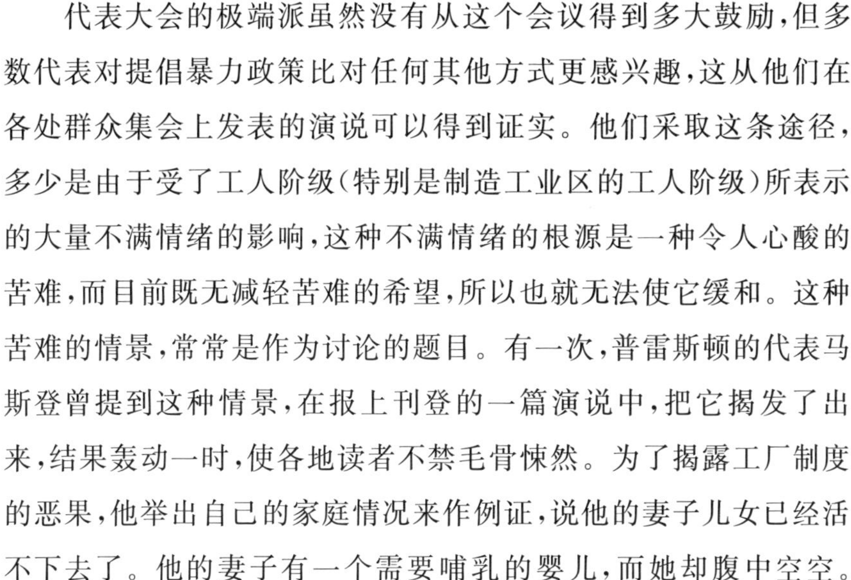

代表大会的极端派虽然没有从这个会议得到多大鼓励，但多
数代表对提倡暴力政策比对任何其他方式更感兴趣，这从他们在 108
各处群众集会上发表的演说可以得到证实。他们采取这条途径，多少是由于受了工人阶级（特别是制造工业区的工人阶级）所表示的大量不满情绪的影响，这种不满情绪的根源是一种令人心酸的苦难，而目前既无减轻苦难的希望，所以也就无法使它缓和。这种苦难的情景，常常是作为讨论的题目。有一次，普雷斯顿的代表马斯登曾提到这种情景，在报上刊登的一篇演说中，把它揭发了出来，结果轰动一时，使各地读者不禁毛骨悚然。为了揭露工厂制度的恶果，他举出自己的家庭情况来作例证，说他的妻子儿女已经活不下去了。他的妻子有一个需要哺乳的婴儿，而她却腹中空空。

由于经常忍饥挨饿，人变得十分消瘦，当婴儿寻求母亲理应供给的天然养料时，结果吮出的竟不是奶汁，而是母亲的鲜血。他所述的情况后来经马斯登夫人亲自向本书作者证实了。她的丈夫是一个禀性仁慈的人，现在却一心想用尽各种方法来结束造成这种可怕后果的制度，这有什么值得奇怪的呢？一个人如果目睹了这种社会罪恶，竟然不气得发疯，这才是天大的怪事呢。

代表大会上各派之间的分歧多少继续吸引着这个团体的注意力。最后发生了一件事，终于导致了队伍的分裂。1839 年 3 月 11 日，在掷骰场举行了一次群众集会，参加者十分踊跃，由弗罗斯特、奥康纳、哈尼等人发表讲话。弗罗斯特担任主席。当时发表的演说大多措辞十分激烈。所有讲演人都力劝群众为迫在眉睫的斗争作好准备，听众以热烈的欢呼表示赞同演讲人的意见。这些演说稿印出以后，引起了巨大的轰动。一部分怀有敌意的报刊以责难的口吻提到这些演说，不久以后，索尔特、哈德利和道格拉斯申请辞去代表职务。这一举动引起了各种迥然不同的感情。他们的同情者赞同他们采取的步骤，但这些同情者却寥若晨星。绝大多数宪章运动者对他们大加谴责，几乎全国各地都给他们戴上了“叛徒”的帽子。伯明翰的民主主义者立即推选布朗、鲍威尔和唐纳森
109 来补他们的缺；但是，不消说，由于这三人退出所造成的不良影响，不久便从伯明翰政治联合会的不断削弱中表现出来了。5 月初，科贝特、韦德、马修斯和罗杰斯也退出了代表大会。其他代表补选出来了，但每退出一个人都造成了宪章运动派力量的削弱，使他们的队伍日渐缩小。尽管如此，群众的激昂情绪，尤其在较大的城镇中，仍然保持下去，而所有群众集会的参加者还是十分踊跃。

代表大会终于发觉它本身的处境已到了不得不采取断然措施来使事态发生激变了。代表中最有影响、最孚众望的亨利·文森特已被新港地方当局逮捕,不久以后很可能还会发生逮捕事件,而代表大会的队伍也将进一步缩小。于是,为了测验民意,秘书洛维特草拟了一些方案,以备拿到公众集会上供大家讨论。这种公众集会经决定在降灵节后的星期一同时举行,并且商定,除了一个委员会留守在会场外,其余的代表都分散到全国各地,以便他们能参加尽可能多的群众集会。由于群众的振奋情绪日益加强,代表大会终于执行了阿特伍德在鼓动工作初期所提的建议,决定从伦敦迁往伯明翰。大家认为,这一步骤必将使代表大会声势大增,因为在它周围会有热心全民事业的众多的群众。于是,代表大会在5月13日迁往伯明翰。

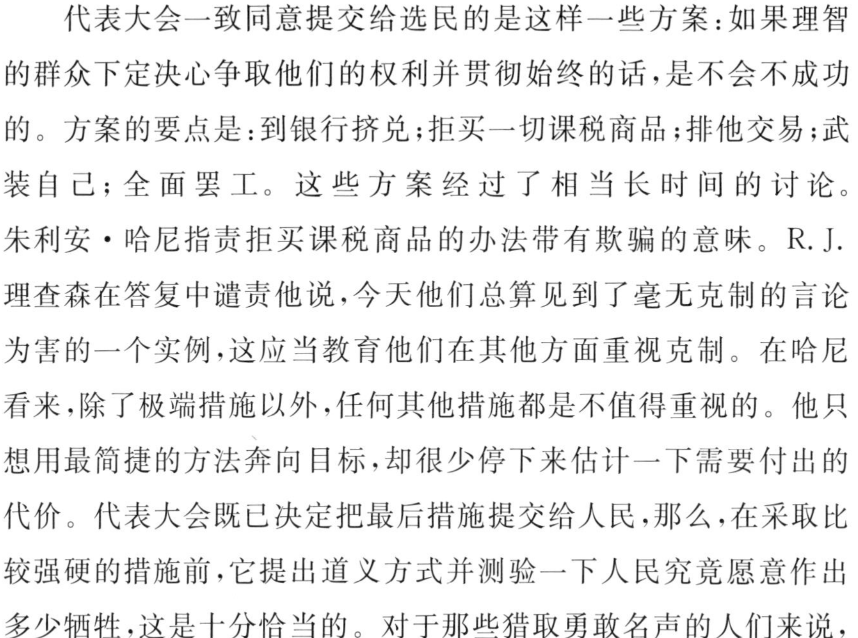

代表大会一致同意提交给选民的是这样一些方案:如果理智的群众下定决心争取他们的权利并贯彻始终的话,是不会不成功的。方案的要点是:到银行挤兑;拒买一切课税商品;排他交易;武装自己;全面罢工。这些方案经过了相当长时间的讨论。朱利安·哈尼指责拒买课税商品的办法带有欺骗的意味。R. J. 理查森在答复中谴责他说,今天他们总算见到了毫无克制的言论为害的一个实例,这应当教育他们在其他方面重视克制。在哈尼看来,除了极端措施以外,任何其他措施都是不值得重视的。他只想用最简捷的方法奔向目标,却很少停下来估计一下需要付出的 110
代价。代表大会既已决定把最后措施提交给人民,那么,在采取比较强硬的措施前,它提出道义方式并测验一下人民究竟愿意作出多少牺牲,这是十分恰当的。对于那些猎取勇敢名声的人们来说,

只要能唱高调如“死亡”、“光荣”等等冠冕堂皇的话，就不难如愿以偿；但任何一个团体也无权在国内组织暴动，除非它充分相信人民已准备就绪，胜利已经在握；同时对这种准备状态的信心应当建立在更可靠的例证上，而不仅限于看到人民群众去参加公众集会以及在情绪激动时对十分激烈的、富有煽动性的演说家发出欢呼。至少在我们国内，准备牺牲生命的人民群众绝不会反对牺牲他们较小的欲望；如果他们对后一种牺牲尚未作好准备，那就可以十分可靠地推想，他们对前一种牺牲也没有作好什么准备。到银行挤兑，拒买课税商品以及排他交易，如果普遍实施的话，会证实人民的决心；但它们还会产生更大的效果，因为它们一方面固然可以击中敌人的要害，另一方面也可以使人民掌握一些手段，在必要时，人民就能够用这些手段来采取比较强硬的措施，例如罢工，以及在敌人袭击时采取自由人的正当自卫手段。可是，另有一派人，自命为人民领袖，除了走极端以外，好像对什么也不满意似的。他们不能或者不屑推论因果关系，因此，便不能或者不愿承认，在人民能够反抗统治者以前，必须有某种准备。这些人往往是大言不惭的空谈家，用大声威吓和胡言乱语来弥补他们在情理和才智方面的不足。这一类人在讲到激昂慷慨时，就好像真的是由于受苦受难而产生出来的情绪一样，他们往往容易博得公众的信任，在这方面，他们胜过了一些才能远比他们卓越的人，但这些才能卓越的人却有充分的良知和才智，不愿为了自私自利的目的或由于愚蠢的行为而把人民当作牺牲品。

如上所述，代表大会在决定提出最后措施后，首先测验一下人民道义上的决心，这个做法是恰当的；但是如果大会通过广泛地传

播政治和社会知识使人民群众对将来实际运用这些措施作好充分的准备以后，再把这些措施提交给他们，那就更为妥当了。在建议
采取最后措施以前，必须对它们是否会被采纳，始终要有相当可靠 111
的估计，否则这种尝试只是浪费时间、虚掷精力罢了。直到当时为止，为了启发民智而采用的方法是比较微不足道的。就某些地区而言，公众集会的确相当频繁；但还要做比召开公众集会更多的事情。少发表一些讲坛演说，多传播一些书本知识，这样会使人民群众获益更大，而这一事实好像被绝大多数的领导人所忽视，在他们看来，只有演讲仿佛才是把群众的思想提高到理想水平的最必要的条件。在全国大部分地区，群众一直没有从讲坛或报刊方面受过任何教育。因此，在其他环境中，最后措施尽管合乎理想，但在上述情况下，这些措施甚至不该提出来讨论；因为这些措施非但绝无普遍采纳的希望，而且可以断言，时机一到，这些措施及其建议者都会被大家所抛弃，除了比较少数最真诚热心的人们以外，而这些人也必将由于群众的愚昧无知和苟安心理而被牺牲掉。然而代表大会却作出了相反的决定。他们的处境确实是微妙的。人们一旦越出审慎的界限，往往为了避免丢失面子，不得不采取一条不是最明智的途径。这就是代表大会的处境。有些人一方面向民众大开包票，另一方面对统治者大肆恫吓，他们这样做，无非是想维持自己的威信罢了。可是，他们下定决心，多少还得慎重行事，于是，就把各处同时举行的公众集会当作一种手段，借以探讨人民群众对维护自己的权利究竟作了多少准备。

正如预期的情况一样，在所有重要的鼓动中心举行了许多次集会。代表大会预料地方当局对这些集会很可能进行干预。对宪

章运动者的打击显然正在酝酿中，因为大批的伦敦警察已奉调进驻伯明翰，而当时该镇本身还没有类似的力量。治安官们已表示要取缔在该镇的斗牛场和其他地方举行公众集会。在警察开到以前，所有集会都没有发生骚乱，但这支力量一出现，就受到了在场群众的痛骂。在大会为了同时举行的公众集会而暂行休会以前，只是由于勃朗蒂尔·奥布赖恩、泰勒医生和代表大会中其他几位杰出代表的影响，才避免了冲突。

112 5月16日，在代表大会举行的会议上，奥康纳提到了携带武器前往公众集会的情况，他斥责这种行动，因为约翰·拉塞尔在下院已声明它为非法了。他建议由他的朋友奥布赖恩就这个问题草拟一项决议，提交代表大会正式通过，然后作为一项建议提交给参加即将举行的公众集会的人民群众。据此，奥布赖恩第二天提出了一系列决议如下：

“第一，和平、法律和秩序仍然是本代表大会奉行的座右铭，只要压迫者也以和平、法律和秩序的精神来对待人民；倘若我们的敌人用战争来代替和平，或企图用非法的暴行来镇压我们合法的、有秩序的鼓动活动，那么，我们认为人民的神圣职责是以武力还击武力，以无可非议的杀人行动来还击暗杀。

“第二，根据上项决议，代表大会在贯彻当前运动的一些伟大的、正义的目标时，只采用合法的、和平的方式。同样由于不愿使敌人获得任何借口来诋毁我们的动机，或用武力来对付人民，我们建议，凡参加即将来临的在各地同时举行的公众集会的宪章运动者们避免随身携带棍棒、长矛、枪支或任何其他进攻性武器。我们向他们建议，前往会场时，保持冷静，遵守秩序，不带武器。同样地，凡炫耀这一类武器，或由于愚蠢或恶意的行为而构成危害治安罪者，也将被视为我们事业的敌人。

“第三，我们特别要求上述同时举行的公众集会的司仪们和其他可能负责筹备事项的执事们，使用他们力所能及的一切方法来实现上述决议中所包含的建议。我们还建议，在公众集会举行前，上述执事人员无论如何必须同地方当局进行协商。

“第四，万一中上层社会的压迫者们唆使地方当局违反王国现行法律，用武力袭击人民群众，则人民由于这种阴险毒辣的教唆而蒙受的任何损害，应由上述压迫者们以其生命财产负责赔偿。”

在上述决议获得通过、其他事项也已办完以后，代表大会宣告
休会至7月1日。在这段时期所举行的示威集会应以克萨尔猎场 113
上的一次最为壮观。参加这类规模巨大的集会的人数究竟有多少，难于正确地查明。《北极星报》估计人数有五十万。虽然这是个地域辽阔、人口稠密的地区，上述数字也是很不可靠的；然而，在这个地点所举行的集会中，这无疑是最盛大的一次。我们应当记得，《晨报》曾把以前一次集会的参加人数估计为三十万。在威姆斯上校的指挥下，军队莅临会场，但在整个集会期间保持了极其严格的秩序。次要的一次集会也许是在皮普草地上举行的约克郡西赖丁区的公众集会，有二十万人参加，由代表大会的奥康纳、奥布赖恩、詹姆斯·泰勒、米尔斯、皮特基思利和布西向他们发表讲话；另外还有迪肯森、桑顿、维弗斯、怀特、艾什顿、阿伦、霍伊、克雷布特里先生和其他许多当地演说家。郡长哈伍德伯爵曾被邀请出任这次集会的召集人，但是伯爵阁下谢绝不就，反而张贴布告，警告群众不要参加这种非法的集会，同时告诫酒商不要到会场上销售

啤酒或烈酒。同时还派遣了由义勇骑兵、雇佣兵、正规军和特警联合组成的部队到现场示威。但一切平安无事地结束了。在这次集会上，以前曾宣称代表大会成员中正直无私的代表人数不到八人的威廉·赖德，辞去了西赖丁区代表的职务。散会前，集会群众对治安官禁止在会场上销售酒类饮料，通过了一项表示感谢的决议。这次的主要演讲人所发表的言论虽没有使他们同法律发生抵触，但其中大部分是大胆陈词、引人注目的。奥康纳在提到人民和统治者的相互关系时说：

“根据我国宪法，女王和工人一样也有违法的可能。但根据我的看法，女王违反宪法的行为，比人民违反法律的行为所犯的罪行还要严重。治安官们是否在考虑用暴力行动来镇压我们的公众集会呢？至少我个人认为他们正是这样考虑的，如果我们今天受到了袭击，不管发生任何情况，不管是生是死还是取得胜利，我都下定决心，今晚我已不再需要任何栖身之地了。我极愿接受维弗斯先生的原则，遵守法律，不让暴君们有任何可乘之机来分头袭击我们；但是他们如果使用暴力来对付我们，我主张就以进攻对付进攻。”

114 奥布赖恩的演说充满着重要内容，论述了各阶级的情况。他在演说将要结束时说：

“下届大选时，我们必须有宪章运动者来作我们的代表，他们经过举手方式选出以后，我们还需坚决要求有与选举委员所承认的结果效力相等的正式选举。这样，我们就有一个以女王诏令为根据依法选出的议会，而且不久就可以向暴君们证明，一个由九百万或一千万人民提名的议会和一个由三四十万垄断者选出的议会究竟有什么区别。人民的议会将在伯明翰召开，到那时，也许有必要发动五十万选民前去保护他们执行立法职责，当他们这样集合起来以后，我会告诉你们打算做些什么，但现在可不能说，一定要等到那时候。在我的力量还不比法律和宪法强大以前，我不愿往前再走一步了。单就伦敦一地而言，靠你们养活的，就有一大批地主、公债持有人、两百万奴仆和外妾，以及十万娼妓。你们为什么不设立一些机构，使这些人有正当的生活呢？普选立即会使你们掌握补救的办法。自从实现和平以来，国债差不多增加了一倍。自从詹姆斯二世统治时期以来，房地租已从四百万镑涨到四千万镑。今天票面一百镑的公债券的价值相当于1815年的三倍。那么目睹了这一切现状以后，难道我们最后不应当向这些卖国贼和强盗们说，'你们只能到此为止，不要得寸进尺了。'全国请愿书将是不许他们再向前进的一个通知，最短期间内还要提出一个剥夺他们权利的办法。现在，我在结束讲话时真诚地呼吁你们同全国代表大会通力合作，尤其应当避免不成熟的、局部性的暴动。至于我本人，今后不论身在何处，遭遇如何——我知道逮捕我的拘票已经签发了——只要一息尚存，我将永远鼓吹这项原则：人民只应由人民自己实行统治。"

有些人也许感到很难同意奥布赖恩关于和平时期以来的国债几乎增加一倍的说法，但国债的增长幅度确实如此；这并不是表现在票面金额上，而是表现在劳动产品的贬值方面，主要是由于我们国家那一套骗人的货币制度，才使国家债权人控制着这么多的工业产品。

在利物浦，一个约有一万五千个人参加的公众集会在皇后广

115 场上举行，代表大会的弗莱彻博士莅临参加，受到了热烈的欢迎。当时有些人组成一伙，企图捣乱会场，但未得逞。有一个人提议修正决议，因无附议而告失败。几位工人在集会上讲话，全场气氛好起来了；但是，下面将会看到，这次人数虽多，却不能同参加工业区各个公众集会的人数相比。泰恩河畔的纽卡斯尔丝毫不比以前逊色。在猎场上举行的一次公众集会，参加者不下十万人。游行队伍和乐队来自周围二十英里的地方。一百多面旗帜沿着游行路线迎风招展。艾尔、查尔顿、库克、布莱基、德维尔、科伯恩先生等是当地的演讲人，代表大会的邓肯、哈尼、诺克斯、洛厄里和泰勒医生也莅临参加。邓肯说：

“我希望，现在混在群众中间的雇佣刽子手们，专制政府的卑鄙走狗们，那些从伦敦派来的下贱警探们，你们要动动脑筋，回去如实地汇报，就告诉约翰勋爵——如同我对他当面说的一样——他不应当再蔑视全国人民的权利了；你们还要告诉他，这不仅是一个讲话的工人发出的声音，响应它的是成千上万人表示赞同的欢呼声。现在国内成千上万的人困苦不堪，以致即使血战沙场痛苦地丧生，他们也不感到可怕了。目前预言将来情况如何，没有多大用处；但是我也不妨预先说一句，下一次你们这么多人再在这里集会时，那就要通过迥然不同的决议了，你们的行动将是全国人民团结一致的行动，大家抱着同一个庄严的决心，如果不能看到这个国家获得自由，便在使一切同归于尽的烈火中死亡。”

洛厄里说：

“他主张和平、法律和秩序；但他绝不同压迫制度和不公正的原则和平共处。他将同那个抢劫穷人的工资、弄得他们家徒四壁的制度展开斗争。凡是有利于富人而不利于穷人的法律，他不承认它是法律。凡是对一个终日无所事事的人付给一万镑报酬，而对工人每周只付给十先令的秩序，他也绝不称之为秩序。这是无秩序，是抢劫。他们的敌人说，他们没有损失什么东西呀。这是什么话！每一件东西都是他们生产的，要是他们没有得到什么，那就一定有人卑鄙无耻地抢劫了他们。”

在上述集会上，军队并没有像第一次示威集会时那样出来干预，一切都极其和谐地结束了。

在卡莱尔附近的群众在沙地上集会，参加者达一万人。汉森、 116
鲍曼先生等发表演说，拥护决议，此外，还有泰勒医生、朱利安·哈尼、邓肯和诺克斯，他们都博得了热烈的欢呼。

达勒姆郡北部的人们在森德兰的猎场上集会。来自周围较远地方的各个团体在各该领袖的前导下进入会场。一队接着一队的热心的群众蜂拥来到镇上，情绪十分激昂。大部分人是辛勤劳苦的矿工，他们表现出十分坚决的意志。虽然官方出了布告，特警宣誓就职，并且还发生了其他的敌对迹象，但参加者仍不下五万人。詹姆斯·威廉斯担任主席；除了许多当地演讲人外，邓肯和诺克斯也向这个规模巨大的集会致辞。

在伦敦，人数相当多的宪章运动者在肯宁顿公地集会，由激进派书商詹姆斯·沃森担任主席。演讲人有沃尔、卡梅伦、勒布隆、阿克利和穆尔等等。

在巴思，这个地区的宪章运动者在一片空地上集会。参加者约有六千人；这个数字比较小，因为地方政府采取了措施，使用了各式各样的威吓手段。地方政府的各级官吏所实行的恐怖政策十分可怕，因此，群众好不容易才能找到一个开会场所；甚至在找到场所以后，还不得不保一点密，生怕房主受到威吓，从而撤回原议。这一天贴了布告，派出了特警和正规军，但是宪章运动者的行动十分审慎。巴特利特、博尔韦尔、梅特卡夫和扬先生，还有代表大会的尼索姆和米林先生也向聚集的几千名群众发表讲话，博得了群众的热烈欢呼。会后，宪章运动者步行入城，遇到了一队轻骑兵，他们向骑兵欢呼致意，骑兵也挥手答礼。威尔士人对宪章事业所表示的拥护一点也不落后于英格兰人。各团体聚集在蒙默斯郡的布莱克伍德开会，因该地是蒙默斯郡和格拉摩根郡之间的中心点。大批群众从邻近的城镇和村庄蜂拥而至，总数约四五十万人。工人琼斯担任主席。好几位演说家用威尔士语向集会群众讲话。主
117 要演讲人是他们的代表罗斯特，群众以各种方式向他表示了十分真诚的尊敬和爱戴。他现在已经全国闻名，曾应邀参加过在英格兰举行的好几次示威集会了。可是由于文森特遭到拘禁，他不得不留在威尔士，他天性仁慈，愿意留在那里，为文森特的案件奔走。上述两郡的人们曾敦请郡长召开集会，但像其他许多官吏一样，他拒不接受。

在赫尔，维多利亚公寓被热烈的听众挤得水泄不通；二百二十户居民虽曾申请借用市政厅，但遭到了市长的拒绝。代表大会的伯恩斯和哈特韦尔是主要演讲人。

普里斯顿的宪章运动者携带乐器和旗帜，在主要街道上列队游行后，在一片称为果园的空地上集合开会。哈顿、斯塔格、伯德和墨菲向群众讲话，讲话的还有代表大会的理查兹。

在北安普敦，宪章运动者聚集在集市广场——英国最好的广

场之一——来表明他们对民主主义的忠诚。集会主席是约翰·罗宾斯，一个热情的劳动者，他在开幕词中提到了特警的应征、雇佣兵的调动以及地方当局的其他愚蠢行为。凯特林的莱瑟兰(《卑鄙的压迫者，别再昏睡罢》一书的作者)、埃尔默、威尔莫特、贝利、约瑟夫·琼斯和罗伯逊先生分别向听众讲话，此外尚有代表大会成员柯林斯和琼斯先生，前者被指定为该郡出席大会的代表。除了西赖丁区的示威集会以外，布雷德福的群众携带着无数面旗帜，列队前往鹿头猎场。其中有一面旗帜特别引人注目，上面绘有罗马皇帝马尔库斯[①]正在一个婴孩身上实验无痛死亡法的景象。集会声势浩大，情绪十分热烈。布西是主要演讲人。谢菲尔德的民主主义者曾向卡特勒主教提出申请，但他拒绝召开公众集会，于是，他们便召集群众在天堂广场上开会，参加者带着乐器和旗帜，人数达一万五千人。此外还有一个庞大的队伍来自罗瑟勒姆。代表大会的奥康纳、布西、米尔斯和泰勒医生原已约定前来，但临时因事不得已缺席。沃尔斯顿霍姆担任主席，吉尔、福登、巴克、查特顿、劳森、林加德和特纳先生在会上讲了话。吉尔宣读了奥康纳的来
信，信中说他不能前来参加集会，是由于西赖丁区的治安官们颁布 118
公告，严禁示威集会，所以他必须留在当地为群众出谋划策。吉尔用下列精辟的语言提到了即将在农村建立警察部队的问题：

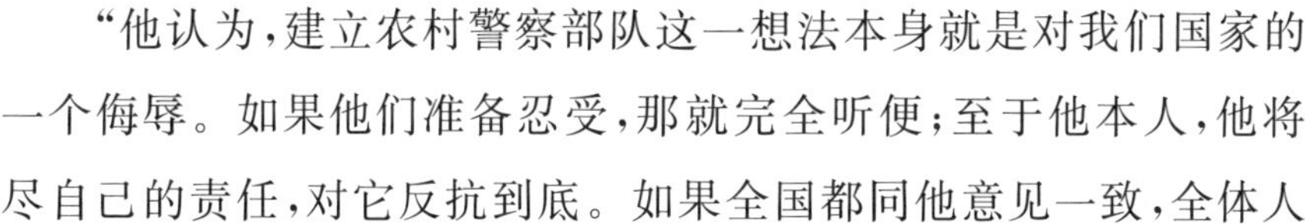

“他认为，建立农村警察部队这一想法本身就是对我们国家的一个侮辱。如果他们准备忍受，那就完全听便；至于他本人，他将尽自己的责任，对它反抗到底。如果全国都同他意见一致，全体人

① 马尔库斯(Marcus，121—180)，罗马皇帝、哲学家。——译者

民一定会起来反抗这个万恶的计划，而约翰·拉塞尔勋爵的头颅也一定会被放到勋爵阁下亲自说过应当放置某些人头颅的那个地方。他必须告诉他们，约翰勋爵曾写过一本有关我国宪法的书，在书中曾说明，凡是阴谋损害人民自由权利的人们，他们的头颅应当钉在圣殿门口。现在，他认为，建立农村警察部队的目的在于摧残人民的自由权利，因此，约翰·拉塞尔勋爵的头颅应当立即钉在那里。”

在南希尔兹的菜市场上举行了一次群众集会，参加者有一万五千人。朱利安·哈尼原已约定前来参加，但因火车误点，不能及时到达。由于哈尼缺席，伯恩和格雷向群众发表讲话，博得了热烈的欢呼。

在利这个小镇上，集会的群众达一万人，不过这一次集会是自发的，只是因为有人发现泰勒医生、沃登和芬尼先生正在镇上散步，于是召集了大会。这几位先生向群众发表讲话，所激起的情绪几乎达到狂热的程度。在彭里思、科克茅斯、威格顿、多尔斯顿、卡莱尔等地，朱利安·哈尼在盛大热烈的集会上发表讲话。在上述各地的某些地方，女宪章运动者将纪念品赠送给他，以示敬意。

在格拉斯哥的格林草地上，举行了一次晚间集会。《真苏格兰人报》估计人数达十三万。天气虽不宜人，广大群众却挺立不动，表现出十分热烈的情绪。格拉斯哥代表莫伊尔担任主席。当地的演讲人有吉莱斯皮、麦凯、汉密尔顿、佩特森、罗杰斯、安德鲁、罗斯先生等等；此外，还有以代表大会代表身份参加的柯林斯、弗罗斯特、理查森、奥布赖恩、泰勒医生、布西和洛厄里先生。弗罗斯特向群众说：

"我给威尔士同胞们的忠告就是我现在要给你们的忠告。威尔士人决心恪守法律,我劝他们坚持这种看法:谁触犯了法律,谁 119
就应当受法律的制裁。代表大会的成员们从来没有触犯过法律,而且也不会有这种可能;因此,如果政府企图逮捕他们,我们就一定要逮捕几个国家要人,作为人质来保证代表大会的安全。如果你们的敌人做出了詹姆斯二世所做的事,那么,我们的职责就是绝不让那些触犯法律的人逍遥法外。"

集会群众对这些意见报以一阵雷鸣般的欢呼。

理查森谈到去银行挤兑的措施时说:

"他不劝他们到银行去挤兑,也不劝他们在国内制造任何恐慌;但要劝他们密切注意他们在储蓄银行里的存款。劝人到银行去挤兑是非法的;劝人在金钱问题上使政府为难,也是非法的;但劝他们留心自己的钱财,却是完全合理合法、正正当当的。他要向他们说,不要到储蓄银行去,因为他们取到了存款,而曼彻斯特的群众很可能一文也取不出来;但是你们要让我们知道你们什么时候已做好了准备,那时我们就一起去。我们只要求大家同时起步。如果政府没有人民的现款来作保障,陆军将被裁汰,海军的舰艇也将闲置在船坞里。他们是否会相信,当他们把十二先令存入银行时,那十二先令会给陆军购买一支步枪,或者一先令会给步枪购买子弹?他不劝他们从政府那里撤回这种援助,但他也不认为他们会如此愚蠢,竟把一根棍子借给别人来打他们。"

集会群众领会了理查森演讲词中的讽刺意味,他们时而放声大笑,时而热烈鼓掌,表示赞赏。

奥布赖恩谈到宪章运动者在下届选举中应采取的策略,他说:

“除非人民准备做些切实有效的事，否则，他对他们的大声欢呼和鼓掌丝毫也不表示赞赏。目前的下院并不代表他们；它代表的是靠利润和高利贷为生的人。它还代表着一大帮卑鄙龌龊的律师、主教和牧师、当铺老板和股票投机商人。它代表着对全国人民福利毫不关心的人。股票投机商对社会的灾害很感兴趣，正像当铺老板对私人的灾祸很感兴趣一样。下院还代表着军官们，而事
120 实上，伦敦差不多两千家妓院的老板都是有选举权的，谁也不敢说，在女王许可而召开的公众集会上经他们（人民）选出的代表，不应当是国家的真正代表。不管怎么说，选代表是他们分内之事，不管辉格党或托利党怎样做法，他们照样要参加选举。他愿借此机会向他们说明，这两派敌人彼此是怎样评价对方的。辉格党说，托利党犯了伪证罪；不仅如此，丹尼尔·奥康内尔还说，托利党每个人都犯了伪证罪，而且是最难饶恕的伪证罪，他能提出他们的罪证。这就是下院一派的特征。这批无赖不敢抵赖这个罪名，因为他们知道这是事实；但他们却反唇相讥说，辉格党犯了更严重的伪证罪，正危害着维多利亚女王的王位。辉格党曾抨击私有财产制，他们的攻击将从一种私有财产转移到另一种；因此，托利党说，你们辉格党不仅是伪证犯，而且是叛逆。辉格党从未说过，托利党因为犯了伪证罪不应当享有选举权，但对没有犯过任何罪行的人民却拒不给予选举权。辉格党使伪证犯享有选举权，托利党同样也愿意使叛逆兼伪证犯享有选举权。他说，当他们（人民）投票选出了三四百名代表以后，他们（代表）就可以在曼彻斯特或伯明翰召开会议，等他们到达那里，如果他（奥康内尔）不向他们指出新的请愿方式，那才怪呢。他需要健壮干练的志士做他们的后盾，拥护维

多利亚女王做他们合法的立宪君主，一反辉格党和托利党的所作所为。政府从来没有向他泄露它的任何秘密，他也不会把他的秘密——新的请愿方式泄露给政府，直到他感到自己的处境使他对政府是否知道他的秘密，已经无关紧要时止。代表大会所主持的各地公众集会是完全合法的。他从来没有劝人民犯法，这并不是因为他对法律有任何重视，而是因为他非常看重自己身上的这把骨头，同时也珍惜工人们的生命。英国古代的宪法规定，选票应当清点，得票最多的候选人应当予以宣布正式当选。不过，选票一词现在还可以作“人头”解释，因此，他确信按人头来计算选票，需要相当长的时间，但他相信最后一定会本着公正平等的原则，把它们全部点清。他为他们草拟的计划是一个稳妥的计划，具有许多优点。当他们的代表们开会时，如果感到自己的力量还嫌薄弱，他们会继续请愿。他们的权力一旦凌驾在法律之上，他们是否犯法就无关紧要了。”

上述一节仅仅是奥布赖恩演说内容的一个简略的概要，当他 121
讲演时，他对集会所产生的影响几乎可以说怎么渲染也不嫌过分。他讲的几乎每一句话，不是引起一阵大笑，便是博得一阵欢呼，或者兼而有之，这要看他讲话的内容和他表达的方式而定。

泰勒医生说：

“关于他们坚决主张的一些原则，不需要他再发表意见了。至于他们刚才听到宣读的决议，他始终认为排他交易是迫使敌人屈膝的一个妙策。如果他们在街道两旁的店门上用粉笔做个记号，把每个不愿协助他们获得自由的店主标出来，他们很快就会使这些店主相信，工人阶级是适宜于行使选举权的。当钱币不再发出悦耳的乐声——这是店主们唯一爱听的音乐——钱柜变得空空如也的时候，店主们就会被迫承认人民有权选出自己的代表。如果他们遵照这个计划办事，立刻将它付诸实施，那么，只靠这个办法，宪章一定能够实现，他们的委员会只要开设一家店铺，就会发现在他们的前后左右的大量竞争者都奉行宪章运动的原则了。”

泰勒医生的全篇讲话博得了热烈的欢呼。

布西说：

“各个阶级之间根本不存在什么同情；这完全是一个英镑、先令和便士的问题。金币是店主们的上帝；如果说要使一个英国人的头脑开窍，必须通过他的肚子，那么，他相信，要使一个中产阶级人士的头脑开窍，就必须通过他的钱袋。现在是他们应当挺身而出、参加斗争的时候了。如果他们拒不参加，他所能说的话只有一句：待朋友好，总比待敌人好更为可靠，他劝他们应当永远求助于那些愿意帮助他们获得自己权利的人们。”

洛厄里说：

“他问他们，是否已经做好履行诺言的准备？诺言不能空许。谁也不应当用嘴许下他不能用手实行的诺言。因此，他们不能让代表大会戴上傻瓜大会的帽子，而应当证明代表们都是那些抛妻别子、身带大刀、上山造反的好汉们的后代。他们不畏惧；他们有真理，有正义，他们说话可能不合语法，却能指出谁是伪君子——
122 能证明他们的敌人触犯了十诫，并违反了上帝的博爱精神。他们也许会质问这些敌人，你们从人民身上榨取的千百万镑究竟干什么用了？他们也许会问那些侈谈人民愚昧无知的牧师们，你们为什么准许十三四岁的少年对有关他们永久利益的事务有投票权，而不准二十一岁的青年对制定那些被用来统治他们的法律享有发言权？他要质问他们，你们为什么向人民颁发上天堂的证书，而不颁发在尘世生活的证书？你们一方面说上帝将对人们进行清算，另一方面又说他们太愚昧无知，不配享有选举权，说他们分不清是非，这些话岂不是明目张胆地亵渎上帝和嘲弄宗教吗？”

这就是当时全国各地所举行的群众集会的实例。在多数情况下，政府发了布告宣布集会为非法，但这种做法却无效果；集会照常举行，既无视政府布告，也不考虑统治阶级采取种种方式炫耀武力。这种情况不仅出现在少数地方，而且发生在大不列颠境内响应民主主义呼声的每个城镇和每个村庄。然而，尽管群众集会继续进行，未受任何阻挠——除上面谈过的阻挠外——但伯明翰地方政府采取的行动在性质上却比较严重。有两位领导人，名叫布朗和富塞尔——前者是代表大会的成员——曾在斗牛场和其他地方的许多次群众集会上发表讲话，后来就由于向群众发表了这类演说而遭到逮捕，并受治安官讯问。他们的被捕恰好发生在全国各地同时举行的群众集会之前，其目的大概是为了以儆效尤。我们比较容易作这样的猜测，原因是指控布朗的证据大部分涉及两个月前他曾出席致词的集会。而且，这部分证据是比较严重的，至于涉及后一时期的集会的证据，其性质却是比较次要的。治安官们当时好像决心要对伯明翰的各次集会进行打击。有一些治安官是背叛宪章运动的叛徒；事实上，叛徒无例外地以最狠毒的手段来对付先前的同志。布朗和富塞尔都被提交审判；虽然他们都是工人，但对布朗却要求交保释金八百镑，对富塞尔要求交四百镑，才准保释。富塞尔立即交保；但布朗的保释金一时难以筹措，就被龙

骑兵押送沃里克，当时聚集在法院外面静候法庭作出决定的成千
123 上万群众对他致以热烈的欢呼。大约与此同时，斯蒂芬斯经特别邀请，正在伦敦讲道。他在樱草丘和肯宁顿公地上向广大听众发表讲话，他谴责国内统治者继续执行济贫法，语气仍像以前那样严厉、坚定。

各地同时举行的群众集会已告结束，于是，7 月 1 日，星期一，代表大会在伯明翰如期复会。这个团体首先需要考虑的就是关于它本身迁回伦敦的问题。莫伊尔提出动议，强调迁回的必要。奥康纳提出一项修正案，表示感谢伯明翰居民给代表大会的招待，同时声明他们将继续在该市开会。然后，大会提出全国自卫基金问题，进行讨论。奥康纳宣称，为了实现这个目标，他已在纽卡斯尔、卡莱尔、爱丁堡、南希尔兹、谢菲尔德、曼斯菲尔德、诺丁汉、拉夫巴勒等重要城镇的公众集会上发表了讲话。他又说，他曾在《北极星报》报社内发起募捐，他本人带头捐了二十镑。他接着说，他们应当告诉人民，他们有权拥有武器，他还叙述了在曼斯菲尔德治安官们面前进行的一次审判，当时他也在场，目睹几个店主因使用波特兰公爵所提供的武器从事操练和演习而被提起公诉，治安官们对该案的决定是袒护被告的。他又谈到了伯明翰的情况，向代表大会报告，就在那一天，有三百名特警应征服役。这引起了代表们对人民群众继续在斗牛场举行集会是否适当的问题进行了讨论。洛维特、尼索姆、克雷格、奥康纳等人发表了意见，最后一致同意，为了不让治安官们对他们的行动有任何干预的借口，他们最好在街上列队游行，然后到市郊举行集会。

这时候，有十三人因在新城从事操练和演习而遭到逮捕，向代

表大会申请援助，当时大会任命了一个十三人组成的委员会来处理这项申请。据公布，在新港、庞蒂普尔以及邻近地区已募得了自卫基金五十镑。默瑟尔提德维尔一地就捐助了一百镑。这是威尔士工人阶级热烈拥护运动的证明，因为他们虽是最穷苦的人民，但上述款数几乎全部是他们捐助的。

星期二，莫伊尔提出了关于将代表大会迁回伦敦的动议，他竭 124
力主张迁返的理由是，当时政府正处于紧急状态。他认为，代表大会应当驻在现场，相机利用政府可能陷入的任何困境。他引证了《太阳报》的报道，表明最近从6月20日至6月26日这一期间，已从国内输出银条49,090盎司、银币247,344盎司、金币11,750盎司、金条6,570盎司。据他推想，英格兰银行是否能将每一镑钱中的十八便士兑成金币，很成疑问。他说，这就是他希望会议迁回伦敦的理由。迪根表示附议。后来奥康纳提出一项修正案，这项修正案与他星期一反对莫伊尔动议的演说相对照，使人难以理解。当时他曾说，由于每晚都发生事件，因此他们必须留在伯明翰，而代表大会为了抗议危险和防止危险，在任何地方也不会比留在发生危险的地方更为适当。现在，他却提出动议，说代表大会应在下星期一迁回伦敦。弗莱彻、克雷格和皮特基思利先生支持莫伊尔；泰勒医生和卡多支持修正案。十三人投票赞同修正案，十人赞同原动议。布西提出动议，说代表大会应留在伯明翰，直到收到全国响应宣言的答复以后。这项动议遭到否决——弗莱彻、理查兹、奥康纳、卡多等人发言表示反对。洛维特说，莫伊尔竭力主张靠近英格兰银行，他却看不出这有什么好处。他们只要向选民说明他们希望将纸币换成金币，他们就能做到。他们的命令一定会得到服

从，就像从伦敦发出的一样；而且，他认为，如果迁往伦敦，这正足以表明他们优柔寡断的性格，并表明他们在采取计划以前，并没有经过深思熟虑的审议。毫无疑问，要是先前有迁到伯明翰的必要，那么目前就有再留更长时间的必要。最后商定，下星期三，代表大会应在伦敦开会。然后代表们报告了他们完成任务的情况；他们所作的报告是很必要的，因为它们使我们能对运动及其参加者有一个清晰的看法，因此，我们认为必须摘要介绍一下这些报告。

克雷格报告说，埃尔郡的群众极愿遵循代表大会一切合乎宪法的命令。迪根报告，莱斯特、诺丁汉、德比和阿什菲尔德的萨顿
125 等地的公众集会出乎人们意外，全体一致通过了代表大会的宣言。弗莱彻博士说，克萨尔猎场和利物浦的群众集会保证支持代表大会。卡多说，他曾到康沃尔郡，那里的民众对政治简直茫无所知；矿工们每星期只能挣得五先令，大家对宣言都表赞同，决心使它实现。又说，彭赞斯的群众正向储蓄银行提取存款，该镇像赶集时那样热闹。两个牧师站在银行门口的石级上，竭力劝他们不要提款；但这只使人们更加急于把钱拿到手。他们只能领到英格兰银行的钞票；他确信可以采取一些办法使康沃尔发生银行挤兑的大风潮。迪安报告，在奇切斯特的一次露天大会上，群众十分殷切地希望采取最后措施。尼索姆报告，他曾参加巴思和斯特劳德附近的群众大会，此外，在布里斯托尔和切尔特南，以及威尔特郡、索默塞特郡和莱斯特郡，也参加了集会，各地群众都盼望他们采取最后措施，而且不愿久等下去了。弗罗斯特说，巴思一名警察领到一柄短剑，有人问他何用；向他讲明原因以后，他就说，他不愿拿起武器反对

自己的同胞，这个人目前仍在警察部队中服役，这可以作为治安官对同胞们表示同情的一个佐证。

奥康纳说，他曾参加了三次群众集会，一次在克萨尔猎场，一次在皮普草地，另一次在伯明翰；三次大会的参加人数达一百万以上，他们决心实行普选，可能的话，用道义方式，要不然，就用暴力。他认为他们已进入鼓动的最后阶段：第一阶段制造舆论；第二阶段是组织舆论；第三阶段是指导舆论。他们已制造了舆论，舆论的组织工作也已大致完成，但他还不主张指导舆论，直到他们能够不可抗拒地进行指导的时候。他坚信，他们目前能够采取比先前更大胆的立场了。他们现在已处于十分有利的支配地位，因此，可以向辉格党说，你们必须给我们普选权，不然，我们就要夺取了。这就是人民实际上所处的地位，他们可以指望不久会得到答复。

泰勒医生曾在卡莱尔、纽卡斯尔、彭里思、利等地参加大规模
的群众集会，获得了令人满意的结果。唐纳逊报告，他曾参加斯托 126
布里奇、赖伊惠斯特和达德利的群众集会。群众希望派一些宣传人员到他们那里去。他们决心不再长期忍受那样艰苦的生活了，只等代表大会发令指导他们应该怎样行动。马斯登说，他们在新城简直无法举行群众集会，该市布满了军警，协会秘书已被逮捕，如果他们仍然呼吁“和平，和平”，宪章运动事业到头来必定彻底毁灭。在兰开斯特、伯恩利、乔利以及他所访问的其他地方，代表大会提出的问题全部获得了肯定的答复。莫伊尔说，他曾参加二三十次人数众多的群众集会，群众都愿遵循代表大会的一切符合法律和宪法的措施。哈特韦尔宣称，在赫尔和斯卡巴勒的邻近地区，激进事业的力量一天天地大大增强。伯恩斯说，哈特韦尔忘记谈

到他们甚至发现警察也参加了激进协会，并积极从事募捐工作。理查兹说，他曾参加柴郡的几次群众集会，当地群众下定最大的决心，要对压迫者大事报复，如果他们的疾苦不能迅速得到减轻的话。柯林斯报告说，他曾在格里诺克、班诺克本、阿洛厄、邓费尔姆林、蒙特罗斯、敦提、珀思、爱丁堡等地参加各种群众集会，除邓费尔姆林外，他一生从未见过那种热情的表现。这些就是代表们提出的主要报告，第二天，代表大会就根据这些报告开始讨论最后措施。

有关这个问题的第一项动议是由卡多提出而获得奥康纳附议的，动议要求推举一个委员会，研究把英格兰银行的钞票兑成金币的最有效方法，为此推定莫伊尔、詹姆斯·泰勒、布西、卡多和弗莱彻担任委员。接着，泰勒医生动议，草拟一份致全国人民书，立刻发布，要求人民群众向银行取回存款，挤兑金币，开始实行排他交易，拒买一切课税商品，尽快地行使宪法所规定的武装权。奥康纳也是这项动议的附议人。他认为，他们举行会议，不仅为了做好呈递请愿书的工作，而是为了实际宪章，他相信，他们如果不实行神圣的休假，就永远不会获得普选权。代表大会是目前全国唯一符
127 合宪法的权力机构。他认为他们不要过分突然地把他们手中掌握的权力强加在人民身上。现在代表大会已在国内取得了重要地位，不应当为了取得局部胜利而去冒遭到全面失败的危险。克雷格没有接到他的选民们关于强烈要求实行最后措施的指示。布西提议，代表大会应向公众提出建议，必须遵照1839年7月15日宣言行事，这个宣言是卡多附议赞同的，他认为到银行去挤兑的措施就足以导致全国休假。弗莱彻医生认为，全国休假是贯彻他们目

标的最有效方法，而到银行去挤兑的措施正足以促使它实现。麦克道尔医生说，阿什顿的群众已采纳武装自己的计划。他希望神圣月计划尽快地得到采纳，由于 7 月份一向是发动革命和实行改革著称的月份，他就提议决定以 7 月为神圣月，因为在他们面前，展示着一片丰收的美好景象。沃登支持布西的决议，因为他认为，全国性的休假无疑是全国性的起义。柯林斯竭力支持原动议。保释出来的布朗因为能够亲自到场支持布西的动议而感到高兴。洛维特赞同泰勒医生的动议。同时，他又不得不接受布西等人的意见，即认为全国休假或神圣月将是解除人民苦难的唯一有效办法；但是，他虽然接受上述意见，却仍想试探一下下院对阿特伍德有关宪章的动议的态度。他认为，在提议采取像神圣月这样一种庄严隆重的行动以前，必须先给民众作好准备，才能命令他们停止工作。他认为最好推选一个有十人或十二人组成的委员会，给实行神圣月提供一个尽可能妥善的计划。他又认为，实现全国性休假的重要办法是，挑出几个行业，这几个行业一停工，就会影响其他行业停工，并应筹募一笔临时基金来维持工人的生活。这将对舆论进行一次有效的测验；因为如果大家不愿每星期捐助一先令或六便士以供这时的需要，那么，他很怀疑他们自己是否会停止工作。因此，他认为泰勒医生的动意应予通过，然后推选一个委员会来贯彻他所指出的目标。弗莱彻医生建议，应当号召群众支持决议中所列的各项措施，如果宪章不能在 7 月 20 日获得通过，就得 128
全体停工。弗罗斯特赞同实行神圣月，但他认为他们还没有做好劝说英格兰人民照此行动的准备工作。理查兹说，仅仅因为提到去银行挤兑，就已经使斯塔福德郡北部和柴郡南部的群众提取存

款了。宣言已在陶器产区[①]引起了很大的骚动，在那里，排他交易是一个非常得力的武器。只要代表大会一声令下，他们就会实行神圣月，但宁愿先做几星期的准备工作。尼索姆和马斯登坚决主张规定日期。莫伊尔认为由于宪章尚未被下院否决，停工的时机尚未成熟。他虽愿推荐到银行挤兑的措施，但是反对定下某天某日为神圣月的开始日期，因为看来这样做并不妥当。洛维特说，下院对宪章一案将在本月12日进行表决，因此8月1日也许是讨论这个问题的适当时期。泰勒医生提议，他们应当注意本月12日对宪章问题究竟怎样处理，然后才能在13日召开会议，确定神圣月的开始日期。哈特韦尔的选民们赞成去银行挤兑的措施，但在确知12日对宪章怎样处理以前，关于神圣月的问题，选民们没有发出关于赞同确定日期的指示。伍德豪斯认为，在实行全国性休假前，如果实行排他交易、去银行挤兑和拒买一切课税商品等措施的话，也是同样有利的。泰勒医生愿在他本人的动议上增加一句："如果宪章不能在7月13日前成为国家法律，代表大会的成员将在13日开会，以便确定神圣月应从何日开始。"迪安曾奉本区选民们的指示，要他赞成立即确定全国性休假的开始日，因为他们中的多数人正处在饥寒交迫之中。阿什顿及其邻近地区的工厂主们曾扬言，他们或者采取降低工人工资、每周开工三四天的措施，或者便将工厂关闭一个月。他确信，倘不确定日期，群众将同地方政府发生冲突。皮特基思利要他们记住，群众如果发动斗争但没有准备坚持到底，那就只会把自己身上的枷锁钉得更牢。他们的职责

① 斯塔福德郡北部以产陶器闻名世界，一向被称为陶器产区。——译者

是，为了事业的安全和发展，应当在最重要的方面尽最大限度的努力，倘能慎重行事，他们则有一切有利的机会，因为政府正在一天天地衰落下去，而人民的威风正在逐步上升；他们推行任何措施即 129
便是早了几天，也有可能使他们倒退二十年。弗莱彻医生说，在他们参加的各地群众集会上，群众对宣言中所包含的各点，都不像他们对前往银行挤兑和实行全国性的神圣休假等措施那么重视。柯林斯说，他们如果采纳一部分最后措施，就足于证明他们准备在必要时，实行其他部分，这要比他们急躁地确定一个日期，致使他们的事业蒙受损害，更能博得群众的信任。斯马特坚决认为，他们不应当对这个问题作出轻率的决定；泰勒医生经过修正的动议得到了他热诚的、彻底的赞同。斯托的选民们愿意通过遵守休假或采纳代表大会指令采取的任何最后措施来支持代表大会；他进一步说明，许多疾病津贴组织和秘密团体，凡在储蓄银行和其他银行有存款的，都已开始提款了。迪根与他的选民们的意见一样，主张把休假问题暂行搁置，他并就宣言中的其他部分的内容提出建议，供全国采纳。斯托克波特的矿工们授权麦克道尔医生说，作为一个集体，他们准备捍卫代表大会，服从它的命令；而且他们还准备手里拿着东西来贯彻这些命令。布西撤销了他的修正案，泰勒医生的动议获得一致通过。

粗略地看一下上述辩论的概况，人们对于代表大会绝大多数成员的急躁愚蠢行动，不能不感到惊讶。从上述报告可以明显看出，不论拥护宪章的热情多么高涨，但并没有接受神圣月的普遍倾向。在许多地区出现了坚决反对的意见。在其他一些地区，关于给予代表大会支持的问题，只有一般性的决议。第三部分人愿意罢工,但先决条件是关于罢工的决议要能得到普遍的采纳。大部分重要地区对它并无赞同的诚意,而在大多数地区,有关罢工的决议则是公众集会在群情激昂的影响下,气氛十分热烈时才被采纳的。这些集会并不足以测验参加者在冷静审慎时的意见。代表大会的大部分成员看来已觉察到这一点;只因缺乏足够勇气,唯恐被人看作懦弱而遭到嘲笑,所以即便他们对神圣月是否可行也不无
130 怀疑,却自相矛盾地投票赞同一项动议,其后半节实际上束缚了他们自己——也就是说,不再进一步考虑确定一个日期是否适当,而实际上却确定了罢工的开始日期,如果 7 月 12 日宪章不能在下院顺利通过的话。尽管在大会成员中间和他们的选民中间都存在着分歧意见,但代表大会却没有一个成员反对泰勒医生经过修正后的动议,虽然这项动议实际上使他们都受到了神圣月的约束。某些成员缺乏应有的反省能力,确实令人十分吃惊。举例来说,一个成员竭力强调罢工的必要性,只因雇主们正在扬言要把工厂关闭一个月。其实,罢工恰恰就是雇主们所想望的事。我们不难想象,当敌人读到了伯恩斯的那篇演说,他们一定会捧腹大笑,因为伯恩斯在演说中提醒他的同事哈特韦尔在他报告中忘记提到赫尔的警察已参加协会并积极从事募捐工作。其实,在政府当局发现了情况以后,没有任何一名警察会被准许收集捐款达一星期之久的,除非这个家伙是政府当局的耳目,给他们提供有关事态发展的情报。聪明有余而经验不足的人们,在情绪激昂的时候是多么容易受骗呀。

第七章

正如前面有一章所述的，伯明翰的地方当局前个时期对斗牛场上举行的群众集会已经表示不满，现在，他们决心用武力来镇压这些集会的时刻终于来到了。当时固然还存在着某些古老的观念，认为英国人按宪法规定有权集会来诉说自己的疾苦，但是，如前所述，由于伯明翰有些官吏是宪章运动的叛徒，他们完全不理会这些古老的观念。7 月 8 日，群众照常在斗牛场上集会，一位工人走上讲坛宣读一份报纸。可是他开始不久，就有一队刚下火车的首都警察，在市长和另一名治安官的率领下，进入斗牛场，不问情由，便向群众不分青红皂白地发动袭击。即使最无防御力量的妇女儿童也逃不脱这批雇佣打手们的毒手。群众手无寸铁，因此，全无进行反击的准备。于是，一时之间，他们惊慌失措，向四面八方逃散；但他们的溃退只是暂时性的，他们随即重新集合，义愤填膺地向警察反击，这时就轮到警察狼狈逃窜了——其中有几名在搏斗中身受重伤，在生命垂危的情况下被抬了出去。若不是泰勒医生来到现场，另外两名警察肯定会在群众复仇的情绪下丧命，泰勒医生以他的声望把他们从正在烧到他们头上的怒火中救了出来。 131

在这场对徒手群众所发动的残暴无理的袭击以后，市长在军队的保护下接着便宣读了暴动法，随后，警察再一次袭击群众，逮

捕了几个人。然后军队在大街上进行搜查，派兵驻守通往斗牛场
132 的各条通衢大道，实行封锁，禁止交通。

袭击是在上午9时发生的；10时半，格斗方才告终。但未隔多久，群众又集合起来，放声呐喊，开始高唱宪章运动的赞歌：“垮台吧，暴君们，垮台吧！”接着是震耳欲聋的欢呼。在11至12时之间，突然爆发了一阵响亮的喊叫声：“霍洛韦！霍洛韦！”群众立即就向霍洛韦广场进发，在那里宣誓要对首都警察报仇雪恨，然后，向圣托马斯教堂进发，拆除那里的栅栏，当作武器。长达七十英尺的栏杆，包括全部砖石建筑在内，当即被拆除了，拆下的栅木改制成长约三英尺的武器。坚固的大铁门被拧倒，而铁门赖以转动的那座笨重柱脚也被扭离了原位，这证明即使赤手空拳的群众在不义行为的激怒下所具有的力量。他们有了上述武器以后，正重新奔向出事地点，中途遇见了泰勒医生和麦克道尔医生，他们两人好不容易才劝他们放下武器，打消原意。泰勒医生保护上述两名警察的性命以及说服群众放下武器的行动所得的报酬是在深夜2时遭到了非法逮捕，受到了所有芝麻绿豆官惯用的种种残暴手段的折磨。次日一早6时，治安官们就开庭讯问，很快就把泰勒医生连同其他十人送往沃里克监狱监禁，责令他缴纳一千镑方准保释，随时听候传讯。

当天9时，代表大会在金狮馆开会，头天晚上发生的事件当然成为大会讨论的主要议题。最后通过了下列决议，并决定将它在市内各处张贴公布：

“第一，大会认为，从伦敦派来的警察部队竟敢违反宪法，以血腥的手段对伯明翰群众施加了残酷、恶毒、不义的暴行，而授权他

们施加这种暴行的人们，在野时曾对群众集会表示赞同，甚至亲自参加，但现在，由于从官方掠夺的财富中已分得一杯残羹，便力图把群众置于社会上和政治上的屈辱地位。

“第二，伯明翰群众对于他们在斗牛场或其他地点集会的权利能作出最好的裁决；对于他们所受暴行究竟作何感想，也能自行决定；同时为了争取正义，对于他们究竟具有多大的人力物力，也最善于作出判断。

“第三，我们敬爱的同事泰勒医生突然横遭逮捕，再一次提供 133
了有力证明，英国无正义之可言，它明确无疑地表明，在人民对他们所遵守的法律没有某种控制权以前，生命、自由或财产都是毫无保障的。”

上述决议通过时，大多数代表都在场，说句公道话，个个都愿签名负责；就在那时，洛维特以典型的骑士风度宣称，既然他们无法避免牺牲，而且只要一个人牺牲便已足够，那就由他一人签名好了。他签了名；柯林斯承担了决议的公布事宜。结果，这两位先生立即遭到逮捕。与此同时，群众继续在霍洛维广场集会，却被军警驱散。事态陷入僵局，一切呈现出阴森险恶的景象。泰勒医生在狱中遭到最严厉的对待。他的头发被剃得精光，受到了一般重犯所受的种种凌辱。

代表大会的决议在伯明翰各处墙上张贴不久，洛维特和柯林斯就被提交审讯，他们所持的态度给他们为之战斗因而被捕的事业带来了光荣。当首席法官问他，决议是否由他命令公布的，洛维特毫不犹豫地答复说，“是的！”他的其他回话同样坦率，博得了法官合理的嘉许。洛维特有一句回话，博得了一切爱好自由和钦佩正直坦率行为的人们永不磨灭的赞扬。法官问他，“你知不知道，警察部队有几名弟兄被用武器打成了重伤？”洛维特回答说，“我听说有几个警察受了伤，不过，我认为，群众有充足的理由，用尽一切可能的力量来抵抗这种专横血腥的势力，因为我相信，警察力量的建立侵犯了我们祖先所享有的宪法和自由权利；又因为，群众如果屈服于那些自命权威的人们一再强加在他们身上的不义行动，他们最后可能被碾得粉碎，永无反抗的能力。”法官非常机灵地企图诱使柯林斯落入圈套，问他是否是全国宪章代表大会的成员；柯林斯回答说，他不知道有这样一个团体，只知道有个产业工人的全体大会。于是，又问他是否是这个全体大会的成员。他的回话也许
134 是出乎意外的：“我是这个大会的成员，和芒茨先生同时当选的。”
可鄙的芒茨当时正坐在法官席上哩！他在临走时留下一个字条，否认他曾接受代表的职务，或曾当过该大会的成员。但有一点却是千真万确，芒茨先生曾积极参加了运动——从未对他的当选表示异议，选举以后，还曾让他自己的大名被公布为全国捐款的保管人之一。不论洛维特或柯林斯，都不曾被套出一言半语，使第三者受到该案的株连；他们的行为给他们博得了宪章运动团体的热烈赞扬和大家的钦佩。

军队和警察仍然在街上巡逻，驱散民众，严重地打伤了许多与他们发生接触的群众。他们颁布戒严令，勒令公共场所一律在晚上8时停止营业。格斯特曾为代表大会印刷一篇有关建议群众采取最后措施的宣言，当他前往政府办公厅去保释泰勒医生时，遭到了逮捕。最后，由奥康纳和史密斯充当了泰勒医生的保人。在这次实际上是政府当局对群众进行的暴动中，被捕者约八十人。星

期二,乔治·朱利安·哈尼被押到伯明翰,他是昨天夜晚在诺森伯兰郡一个叫作贝德林顿的村庄被捕的。当他到达卡莱尔时,虽在深夜,消息仍传出去了;一大批群众围拢在他被拘禁的旅店门前,要求把他释放。哈尼竭力规劝他们不要干预,但毫无效果;结果,趁群众都在前门时,一辆马车被赶到旅店后门接走哈尼和军官,疾驰而去。逮捕哈尼的拘票是前些时候签发的。罪状是他曾发表了一篇危害治安的演说,而这篇演说恰恰是他所发表的最稳健的一篇。

露天大会既然遭到禁止,群众申请借用市政厅又被拒绝,他们就再往霍洛韦广场集会。军队出来干涉,群众开始向他们抛掷石子。他们曾接到实弹戒备的命令;但是援军开来,避免了开火——许多群众当场被逮捕。军队继续在街上巡逻,驱赶群众。群众遭到警察袭击时,正在圣马丁巷内,警察命令居民紧闭门户,不让群众进去躲避。许多人在野蛮的追击下身受重伤。事态就这样持续

下去,直到15日,星期一,受尽欺凌的群众胸中郁积的愤慨情绪终 135
于猛烈地爆发出来了。8时左右,拥挤的人群开始在斗牛场上集合,警察出动,想要驱散他们。群众一见这支部队,情绪只会变得格外激愤。9时,人群中发出了呐喊声:“熄灭煤气!”接着,是一场大混乱。警察无法控制局势。某些店主是群众素来厌恶的,群众就把伯恩杂货店付之一炬。接着,羽毛褥垫被套商莱格特的店房也起火。班克斯的药店、达金和纳登合营的杂货店以及霍顿的银匠铺也相继被焚。雪山上的火势同样猛烈。群众在铤而走险时是放手大干的。他们闯进各家店铺——把里面的货物搬了一空——带到斗牛场,投入能销熔一切的大火之中,不准一辆救火车驶近现

场。士兵们在斗牛场上占领据点，而市镇上不同地区立刻又发现了四处火警。

在这场雨暴风狂的过程中，群众表现出值得学习的无私精神。即便最贵重的货物也没有引起他们片刻的贪心。他们甚至把霍顿店铺里一个精美的大银盘踩在脚下，表明不论他们如何寻衅闹事，目的却不在于趁火打劫。他们是同统治阶级战斗，不屑享受习常惯见的战利权。他们之所以孤注一掷，并不是他们的过错；他们身上的瑕疵应归咎于他们的压迫者，而他们的优良品德则是他们自己的本质。群众集会继续举行，参加者成群结队地蜂拥而至。商业停顿了，大多数上层社会人士离开市镇，远走高飞了；甚至那位英雄的市长也吓得逃之夭夭了。有几个人因参与纵火焚毁店铺而被捕，并被提交即将到来的巡回法庭审讯。

伯明翰官员的行动激起了全国各地的宪章运动者的愤怒。星期日晚上，消息传到纽卡斯尔，该市讲堂里便立即召开了公众集会，人们济济一堂，挤得连气也喘不过来。詹姆斯·艾尔担任主席。布朗蒂尔·奥布赖恩恰好在镇上，他在一片沸腾的欢呼中被介绍给集会群众。他从《太阳报》上宣读了一篇记载当时情况的报道，引起了极大的轰动。奥布赖恩说：

136 “七年前，他早已看出，中产阶级宁使群众流血也不愿给予他们权利。他曾劝工人阶级自行组织鼓动委员会，因为他知道政府当局很想暂停实行陪审制。他曾劝人民群众武装到牙齿，来打倒那些只把雇佣杀人犯的暴力作为靠山的暴君们。如果政府与他们能讲道理，他们可以使整个事件和平解决；但如果群众的和平集会遭到驱散，那么，想要群众在集会时不做自卫的准备，那真是自欺欺人。这些政府爪牙袭击了群众，制造了骚乱；如果英国还有法律或正义可言，那么，坐牢的应当是这些恶棍，而不是和平的群众。但今天在英国，除了企图用暴力来统治国家的那七十万依靠地租、利润和利息为生的人以外，根本无法律可言。他说，不要再向他提起什么女王、内阁或下院了；他们都不过是那七十万垄断者的傀儡，他痛斥这些垄断者是暗害人民的阴谋家。”（这时候，一个中产阶级人士对奥布赖恩的言论表示抗议。）奥布赖恩说，“如果那位先生不抵制人民的要求，那么，他就绝不会被包括在上述指责以内；但如果他拒不给予人民权利，而将权利据为己有，那么，他〔奥布赖恩〕就称他为阴谋家，因为这是他的恰当称号。他〔奥布赖恩〕不把每个中产阶级人士都称为阴谋家，除非那个人阴谋剥夺他的正当权利。如果没有市政当局的支持，任何一支武装部队都不能在一个自治城市中采取行动。伯明翰的长官们向约翰·拉塞尔勋爵表示过他们不需要军警吗？没有；因为如果有这种表示的话，约翰·拉塞尔勋爵绝不敢朝着镇压公众集会的方向前进一步。如果群众在纽卡斯尔流了血，不要让他们去冲击军队。不要那样做；让他们冲向下令出动军队的市政机关。如果人民群众在和平行使他们的集会权利时流血了，好吧，那就让市政当局以生命财产来抵偿吧。只有使用那种方法，他们才能从专制政治下解放出来。泰晤士河两岸的这类暴君为数可不少哩。在所有榨取人民血汗而致巨富的人们中间，随时随地可以发现暴君；只要那些篡夺了政府权力的选举人依然使人民把自己的力量用在应付军警方面，人民就永远不能安享和平；所以应让他们要求那些人以生命财产来负全责——他又重复了一遍，让那些人来负全责。他们的计划是，在法律的保

137 护下，聚积一种比法律本身更为强大的力量；一旦地方当局企图破坏法律，那么，如果他们再要举行集会的话，就必须等到他们手中握着武器的时候，以便保卫女王，保卫宪法，而最重要的是，保卫英国人的权利，因为女王和宪法都是为了保卫这种权利而存在的。”

在发表这滔滔不绝的长篇演说过程中，奥布赖恩博得了一阵阵惊人的欢呼。梅森、托马森、德维尔、科伯恩先生等人也发表了激昂慷慨的讲话。科伯恩说：

“如果政府当局抵制人民，企图镇压人民合乎宪法的集会，那么，人民就一定会用暴力来反抗政府。他从未看到过人民为了维护自身的权利而作的任何努力没有遭到压迫者的暴力镇压的事例。现行制度是依靠暴力维持的。不然，为什么要维持一支常备军、一支违反宪法的武装警察部队呢？如果人民现在不及时努力，立即维护自己的权利，那么要不了多久，他们的最后一点权利也将丧失殆尽。他劝民众武装起来，却不劝他们流血，因为只要人民全部武装起来了，政府就不敢再同他们对垒了。辉格党用暴力通过了选举法修正案。贵族们要不是担心他们的家产，是绝不会同意修正法案的。谁希望和平而厌恶流血，谁就必须现在准备应战，否则就再也没有机会了。”

奥布赖恩向集会群众呼吁，凡愿在代表大会成员遭到逮捕时参加罢工的人们举起手来，全体群众一致举手，发出了热烈的欢呼。于是，下列决议获得了一致通过：

“第一，政府和地方当局由于企图驱散为了诉说严重疾苦而举行和平集会的伯明翰群众，因而犯下了反对女王和宪法的重大叛逆罪。

“第二，倘若政府坚持用暴力驱散符合宪法规定的公众集会，纽卡斯尔人民决心依靠对上帝的信念，并根据我们的权利和宪法，用合乎宪法的反抗来对付非法的暴力。”

在森德兰，在通知发出后几个小时，该郡各地的群众两万多人到达了该镇的猎场，他们对政府和伯明翰地方当局的行径表示极大的愤恨。格拉斯哥人民表现出同样的愤慨情绪。来自全国各地的决议书，真像潮水一般涌到《北极星报》和其他民主报刊的编辑部。北安普敦通过的一项决议使人们能够对上述事件所激起的情绪获得一个概念。

“本会议愿向自命爱好自由的辉格党政府提出警告，如果他们 138
坚持用暴力来镇压目前人民以和平合法的方式所进行的鼓动工作，他们〔政府〕应对一切后果负责，甚至包括这种严重的后果：苦难的人民因感到身受种种不公道的待遇而苦恼，终于在半夜将他们的破屋付之一炬，而烈火无情，势必蔓延到周围的一切，结果富人的邸宅和穷人的茅舍一同化为灰烬，只留下一片荒凉的废墟。”

主席宣读这项决议时，其效果是惊心动魄的。一瞬间，群众都愣住了。再一瞬间，每只手举起来。紧接着是一阵沸腾的欢呼。这就是英国民主主义者在上述令人激动的日子里表示赞同的许多决议中的一个实例。

在人心浮动的地区群众的激昂情绪达到最高峰时，阿特伍德先生和菲尔登先生在议会里也没有闲着。6 月 14 日，阿特伍德呈递了请愿书。签名者没有达到预料的两百万或三百万，而是一百二十八万。这一次，下院对公众表示了破格的重视，开放旁听席，准许来宾入场；阿特伍德非但获准陈述请愿书的目的，而且还可以发表比较详尽的辩护演说——这是一种违反下院议事规则的做法。G. H. 史密斯对此表示异议，但他的反对意见被议长驳回了。菲尔登同样获准向下院讲话。根据阿特伍德的动议，请愿书准予付印；然后他声明说，他将尽早地提出动议，请下院组织委员会来研究请愿书的恳切要求。这项手续完成以后，请愿书便由十二位议员捧走，将遭到一切要求实行真正改革的请愿书的同样命运。

于是，在7月12日，阿特伍德在一篇非常有力的演说中提出了他的动议。他向下院说明，他曾亲自参与请愿书的起草工作，所持的理由是，二十多年以来，他坚决认为英国人民始终没有得到符合通常的正义原则或通常的人道主义原则的待遇。他提到1816年、1819年和1825年历次呈递的请愿书，当时，人民由于政府金融措施的影响正处于水深火热之中，他表明人民的申诉如何遭到

139 了漠视，而他们〔下院诸公〕却绝不会有饥寒之虞。他批驳了这样一种看法，即为了实现宪章而进行的鼓动工作是闹派性的煽动家们一手制造的，他认为如果公正地对待英国人民，他们必然会成为世界上最幸福、最知足的人民，而绝不会对人类有丝毫不义的行为。然而，他认为议会中的贵族和上层人士并不了解人民的实际状况和贫苦生活，因此他们是在闭着眼睛立法。他说，他们在1829年开始鼓动工作，其结果是1832年通过了修正法案；对于改善人民的生活来说，这项法案已被证明是一个彻头彻尾的失败，同时还导致了许多危害人民利益的措施。人民一直等到了1837年，那时他的正直的同胞们再次要求他〔阿特伍德〕给予一臂之助，他便答应了这项请求。三个代表团曾先后晋谒梅尔本勋爵，要求保证人民有依靠自己劳动谋生之道。他们所得到的答复是，伯明翰

人民不是全体英国人民。他向梅尔本勋爵指出纠正时弊的办法，
但勋爵回答说，下院不愿考虑这种办法，于是他又向这位尊贵的勋
爵说，他们将改组下院。他从来不是一个鼓动家，但为了测验民意
起见，曾在 1837 年前往格拉斯哥，发现当地人民的情绪非常热烈；
因此他说，“现在我们可以证明，伯明翰人民不是孤立的。”他知道，
普选产生的下院可能会走向不同的极端；但他相信，英国人民宁愿
忍受一切危险和苦难，而不愿屈从于二十年来一贯地侵害全国人
民的勤劳、自尊和安全的残酷凶狠的做法。他所要求的只是人民
能依靠自己的正当劳力来维持生活的权利。他早已说过，一百二
十八万人在请愿书上签了名。签名者是工人阶级中有书写能力的
优秀分子，而不是所谓流氓、盗贼或声名狼藉的歹徒——这是当时
对企图改变法律的人们的时髦称呼。一百多万人发出了这种怨
言，这就表明立法工作确有毛病；因为很难设想一百万具有书写能
力的人会在一份臭名昭著、满纸谎言的文件上签名。在他看来，英
国整个重商主义制度是一个可耻的大骗局。最近六个月内，一家
银行因利物浦有两户商号宣告破产，每户损失达二十万镑而招致 140
了很大的亏损。议会诸公在给他答复时，会提到国家拥有大量财
富——提到他们壮观的工厂和每天兴起的无数新商号；但这全是
虚假的现象。重商集团中的个别成员尽管可以炫耀自己的繁荣，
但也只是为了掩盖他们致命的隐患罢了。一个制造商把两三万镑
资金投入一项企业，在两三年期间不能获得丝毫利润，这时如果他
企图摆脱困境，抽回资金，他必然会破产。如果他维持现状，他也
必然破产；不论前进或设法后退，他都同样无法避免破产的命运。
由此可见，全国五分之四的制造商和贸易商的状况就像他所描述

的那样虚假。请愿人企图为这种状况寻求一个补救办法，并充分相信补救办法只有实行普选。请愿人声称，按目前组织所成立的下院不可能理解工人阶级的疾苦。他们认为豺狼不能代表羔羊——鹰隼不能代表鸽子——富人也不能代表穷人的要求。全国现有二千万人民，除非在宪法方面来实行某种重大的改革，否则他们不会感到满意。倘若不作出让步，采取这样的措施，议会诸公姑且相信，人民是绝不会就此罢休的。他有责任向下院表明他根深蒂固的信念，即人民不会继续屈服于现状，而且任何军队也无法迫使他们屈服。他要像伯克[1]那样说，一旦改革成为普遍的愿望，改革本身就会成为不可避免的事实。当一座社会火山正在他们脚下爆发时，议会诸公还能熟视无睹、充耳不闻吗？阿特伍德把请愿书各点宣读完毕，表示热烈支持，认为应予核准。他确信将来必有予以核准的一天。他反对采取合法手段以外的任何方式来取得这种结果，他从未提倡任何其他方式；如果进行调解的一切尝试不能奏效，而人们的心情变得那么激动，那么坚决，以致事态发展的结局不是聚众滋扰，而是一场革命，那就不应当归咎于他了。

菲尔登表示附议。

约翰·拉塞尔勋爵接着发言，赞扬阿特伍德的和平意愿，但对
141 宪章派的许多演说家所发表的演说表示不满，据他宣称，他们的言论暴戾荒谬，甚至连法国大革命最激烈时期的演说也望尘莫及。他表示他的意见，认为普选无法保障永久的繁荣，而且也无法使全

① 埃德蒙·伯克（Edmund Burke，1729—1797），英国著名的政治家和政治思想家。——译者

国避免动荡不安，而这种动荡不安在全国工商业中是很容易发生的。他举美国的情况来证明他的主张，他说美国人民比较容易获得土地(他承认这是他们改善自己生活的一个途径)，而且美国还有大量信用货币，并扩大钞票的发行额。但拉塞尔勋爵对于究竟什么是以实际财富为基础的健全可靠的纸币，什么是全无保证金的不可靠纸币，却忘记加以区别。其次，他认为请愿书上的签名人数不值得重视，据他说卡特赖特少校[①]曾经一度为他的请愿书征集了三百万人的签名。他认为国内七十万享有选举权的人比请愿人更有代表性，请愿人只有一百二十八万，他们的意见不是大多数人民的意见，他相信，请愿人的呼吁倘若予以核准，则大多数人民必将感到震惊。好一位高贵的笨伯！成年男子的人数既然在五六百万之间，而请愿人仅仅略多于一百二十五万，那么又有什么震惊的必要呢？请愿人吁请选举权应当普及到全体人民；结果按照约翰勋爵的说法，大多数人民将因自己比请愿人享有更多的权力而感到震惊。勋爵提到储蓄银行的存款日见增多，借以证明人民的富裕，却忘记了主要存户是中产阶级、贵族的仆从们和利润优厚的行业中人士——因此，无论如何，这绝不是测验群众生活的标准；而且他还忘记了，正像存款增多一样，全国人口也增多了。然后他竟断言，请愿人是想平分财产；他提出这个吓人的怪论以后，接着又指出，如果平分财产的话，将造成可悲的后果，事实上他知道请愿人从未有过这种愿望，更没有提出过这种要求。他表示相信，君

① 约翰·卡特赖特少校(Major John Cartwright，1740－1824)，英国社会改革家，一生写过许多宣传小册子，鼓吹对英国议会进行彻底的改革。他的激进主张未能实现，但许多建议后来被宪章运动者概括在《人民宪章》中。——译者

主政体和世袭贵族制绝不可能与普选同时并存。然后，他又称赞人民一般都是通情达理的，不会被公众领袖引入歧途，而且他确信这些领袖的伎俩不久便将宣告破产。

迪斯累利追溯宪章的起源是由于人民的权利遭到了侵犯，尤其因为会议通过了新济贫法。

休姆对人民的怨言表示不满，他指出，宪章运动者所追求的目
142 标正是从前里奇蒙公爵、皮特先生、弗朗西斯·伯德特爵士和其他身居高位者所追求的。他又引用约翰·拉塞尔勋爵和格雷伯爵的演说，表示赞同他们的观点。

奥康纳尔发表了演说，谩骂宪章运动者，指责他们由于提到使用暴力而犯了叛逆罪，虽然他先前曾劝告人民准备一份请愿书，征集了五十万人在上面签名；人们在请愿书中自称是富有战斗意志的人。另一方面他又承认，要求在议会选举中不享有选举权的人们遵守法律，是不公道的。

沃利斯赞同户主选举权、投票选举和议员支薪制。他表示将支持这样的议案。

约翰逊将军支持这个动议，斥责下院多数议员否认工人阶级有任何权利。他赞同普选和投票选举。

维利埃斯认为，请愿人所述下院应予改组一节，是有相当理由的。他不理解下院能根据什么适当的理由拒不考虑这份由广大群众签署的请愿书。

奥斯瓦德认为，如果任命一个委员会，其结果只会使请愿书中的首要原则——普选权——遭到否决。他认为，如果他参加这个委员会，那就铸成了大错。

沃伯顿虽不完全同意请愿人的意见，却赞同组织一个委员会。如果他认为更广泛的代表制会促使人们尽力解决国债问题，那么，他就要首先起来反对这种代表制；但他不相信会发生这种情况。

韦克利说，那位尊贵的勋爵曾提到埃克塞特的各家储蓄银行的存款。这些存款不可能是该郡劳动人民从每周通常领得的六七先令工资中节省出来的，而必然是另一个阶级的人储蓄下来的。首都附近的农业人口，生活穷苦达到极点，农工们躺在茅棚、谷仓和边厢的小屋中。（一位议员插话说——他们是收割季节的雇工呀！）他〔韦克利〕知道他们是收割工；但他们在炎炎烈日下终日辛劳，汗流浃背，除谷仓茅棚外，再没有任何栖身之所，除破衣烂衫外，再没有任何蔽体之物，难道农工们的生活就应当是这样的吗？他想使人民知道，他们毫无机会使下院听取他们的意见。他要对他们说，不要浪费精力再向这个下院呈递请愿书了。不要浪费光

阴，向那些始终不愿倾听你们意见的人呈递请愿书了。如果他是 143
在户外向他们讲话，那么他就会对他们说，建立你们的联合会，诉说你们的疾苦，表明你们的需要，同邻居们结成朋友，而不要与他们为敌。设法利用经常性的讨论去博取并促进社会上中产阶级的好感。同他们进行合作，一同提出一项最后能对这个议会产生影响的要求。但就目前下院的组织情况而言，他们向它提出请愿书无异向直布罗陀海峡的顽石提起申诉。

斯莱尼、A. 怀特、福克斯·莫尔、T. 艾克兰先生和 J. Y. 布勒爵士反对动议。

斯科菲尔德起立，向下院致词，但请付表决的呼声十分喧嚣频繁，人们好不容易才能听到他的几句话。他说，他主张继续对公共

债权人保守信用，不赞成平分财产。他赞同实行一种财产税，使贫富阶级比较平均地负担税收。

阿特伍德在答复中对约翰·拉塞尔勋爵有关储蓄银行存款的论点提出异议。他说，存款总额是二千二百万镑，其中只有二百万镑是二十镑以下的小额储蓄。其余都是家道小康和大部分可称为殷实富户的存款——这些人的存款额高达二百镑，许多人还超过此数——这样，他们从存款方面所得的收益比投资在其他有证债券方面的收益要大得多。

于是，议会举行了表决，当时在代表集体智慧的全体议员中赞成动议的，共有四十八人，其中包括检票员。投票反对的有二百三十七人；结果以超过对方一百八十九票的多数，拒绝考虑一百二十八万同胞的申诉。上述票数尚未包括缺席议员在内，他们如果出席，几乎无例外地会同上述多数采取一致行动。赞成动议的议员中，许多曾是激进派领袖，具有演说才能，却默不作声地投了一票，敷衍塞责；其中有莫尔斯沃斯爵士、D. W. 哈维、J. T. 利德和 W. 威廉斯——这证明了人民所指望的从议会激进派方面能获得的支持是多么微不足道。约翰·拉塞尔勋爵的演说是一连篇自相矛盾的胡言乱语，即便出于一个低能学生之口，也是丢脸的；至于他对人民表示多少同情，无须赘言，只要看一看他用尽心机，否定民间疾
144 苦的存在，也就够了，而实际上这种疾苦无时无刻不使成千上万的人痛心疾首。约翰勋爵的言论甚至比上述那个可怜的人类怪物在沃克利谈到农业劳工的贫苦生活时的插话更有侮辱性，插话是：“他们是收割季节的雇工呀！”好像收割工不配享受普通的生活必需品，只注定要为地主和雇主们积聚财富而断送他们的一生似的。

总的说来，对人民权利的漠不关心，对他们生活情况的无关痛痒，再没有比下院在上述事件中所表现的态度更彻底的了；下院这种全无心肝的行为只会证实一种早已广泛流传的意见，即除了流血革命以外，再没有什么其他办法能使人民从压迫者手里夺取他们的权利了。

7 月 10 日，星期三，代表大会根据先前在伯明翰通过的动议，在舰队街靶子场的约翰逊酒楼复会。即便事前没有规定那天开会，会址的迁移也是势所必然的；因为政府当局采取的恐怖手段十分可怕，他们简直找不到一个可以举行会议的场所。在第一次伦敦会议上，卡多动议放弃议事规则，以便立即讨论神圣月问题，尼索姆附议，但因弗莱彻医生坚决反对，该项动议未经表决即被撤销。于是经卡彭特和卡多先生的动议，并经赫瑟林登、尼索姆、伍德豪斯和伯恩斯先生的坚决支持，代表大会通过了下列决议：

“本大会以无比愤怒的心情读到内政大臣据说于昨晚在下院发表的声明，声明谈到，在全国各地使用首都警察去镇压群众以和平方式举行的公众集会，是必要的，同时也是合宜的。此外，该大臣对于那个违反宪法、人所唾弃的部队中一部分爪牙对伯明翰人民进行的血腥残暴的袭击竟感到满意。本大会认为，不论何时何地，人们为了正当和合法的目的，并在不发生暴动或骚乱的情况下举行集会时，只要遭到警察或其他部队的袭击，他们根据法律和自卫原则，有充足的理由使用暴力还击暴力，甚至把那些残暴地侵袭他们权利和人身的人置于死地。”

7 月 13 日，阿特伍德的动议既然已被否决，代表大会便开始 145
讨论神圣月问题。出席者寥寥可数，由于各种原因，许多代表分散在各地。洛厄里说，指望从下院获得任何结果，纯属空想。比利时和美国直到自己起来斗争，才获得了自由，我国人民的情况也必然如此。他曾到过苏格兰、坎伯兰和威斯特摩兰，群众的意见是，神圣月的开始日期最好在小麦成熟、马铃薯登场以后。他同意这种意见，特提出下列决议案：

“下院既然已拒绝组成委员会来讨论全国请愿书的呼吁，所以，指望从该院获得解除人民疾苦的办法，是完全徒劳的。因此，全国宪章代表大会认为，在8月12日以后，人民应当停止工作，除非保证他们享有选举议员之权，从而保护他们的劳动。”

一位大会代表正准备在会上发言，突然从阿特伍德和菲尔登先生那里传来了消息，要求代表大会派遣一个代表团前往下院。于是，大会任命的代表团前去拜访上述两位议员先生，请教他们，现在宪章运动者应当做些什么？他们建议呈递更多的请愿书，因为在议会辩论中，反对动议的议员们否认已经呈递的请愿书是代表全国人民的请愿书。阿特伍德认为，宪章运动者应当在全国各个教区动员人们呈递请愿书。代表团回答说，他们绝不再请愿了，因为他们觉得这种做法不起效果。在代表团向大会报告后，大会又宣读了泰勒医生的来信，说在工业区举办神圣月的活动正在如火如荼地向前发展着。迪根和莫伊尔先生提议，对于规定神圣月的日期应持慎重态度——有关这个问题的讨论最初延期到星期一，后又延期到星期二，洛厄里关于全国休假应自8月12日开始的动议是在那天被通过的。

正如人们可能预料的那样，由于通过上述动议的人数很少，开展神圣月的问题又提出讨论了。奥布赖恩曾在全国各地举行的多

次公众集会上讲了话，并向各地区的领导人物仔细询问了人民群众的准备情况；询问结果，他怀疑在许多重要代表缺席的情况下所
通过的动议是否适当；他根据这种看法，便在 7 月 16 日向代表大 146
会提出了一项决议，补充理由，以期采纳。决议案的内容为：

“大会虽仍然一致认为，只有全国实行总罢工或停止劳动才足以使产业工人阶级恢复他们的权利和自由，但我们却不能负责指定罢工的时间或有关的细节，因为我们自信无此能力，原因如下：

“第一，我们的人数由于大部分代表变节、缺席和横遭逮捕而大大地减少。

“第二，在现有的代表中，关于在工业区各行业的目前情况下实行总罢工是否可行，普遍存在着分歧意见。

“第三，在会外的选民和一般工人阶级中间，看来也存在着类似的分歧意见。

“第四，在这种情况下，本大会难以肯定，它发出关于实行总休假的命令是否会得到普遍的响应，或者说，罢工是否会遭到失败。

“第五，我们一方面固然坚决相信，全面罢工将会证明全国人民得到拯救，但另一方面也同样相信，局部罢工只会使参与其事的各有关方面遭受最酷烈的困苦和折磨，而在目前群众的愤慨情绪下，大有造成混乱纷扰的可能。

“第六，与人民安危与共固然是本大会的职责所在，但不论为己为人，制造不必要的危险都绝不是它应尽的责任。为己制造危险是件蠢事，为人制造危险则是罪行。

“第七，我们相信，只有人民自己才有资格判断他们是否有罢工的权利和意愿，他们的人力物力是否足以应付这一事件所带来

的紧急状况。在这种情况下，我们决定任命一个三人委员会，重行考虑本月16日的表决，并以一篇宣言来代替这项表决，让人民自行决定是否应当在8月12日开始神圣月，同时向他们说明所以采取这一步骤的理由，并向他们保证，在他们认为有利于他们的安全和解放的一切必要措施中，本大会将与之合作。”

147 皮特基思利附议。

奥康纳提议对上述决议案进行修正，詹姆斯·泰勒附议。修正案如下：

“指示大会秘书立即用通信和公告方式，敦促代表大会的每一位代表前来参加7月31日星期三的会议，以便商讨采取最有效的方法来推行为实现普选所采取的进一步措施，并提醒各代表，莅会时务必带来选民的意见。”

接着进行了长时间的讨论，看来许多代表没有得到任何亲密友谊的鼓舞。奥康纳在演说中对休假问题既表示赞同，又表示反对，弗莱彻医生听了表示意见说，他弄不明白这篇讲话的用意何在。奥康纳显然是反对神圣月的，但又不敢面对支持这个决议的人的非难。奥布赖恩的决议终于以六票多数获得通过——十二票赞同，六票反对，七票弃权。上述专门委员会被扩大为五人，成员是奥康纳、奥布赖恩、弗莱彻、洛厄里和尼索姆。代表大会所采取的途径是他们力所能及的最明智的途径，我们可以用下面的事实来作证明——对奥布赖恩的动议投赞成票的是：敦提的伯恩斯，布尔顿的卡彭特，伦敦的赫瑟林顿，达勒姆的诺克斯，约克郡的奥康纳，伦敦、曼彻斯特、斯托克波特等地的奥布赖恩，约克郡的皮特基思利，莱斯特、德比和拉夫巴勒的斯马特和斯基文顿，罗奇代尔的泰勒，诺丁汉的伍德豪斯和伦敦的克利夫。投反对票的是：诺森伯兰的洛厄里，巴恩的米林，普雷斯顿的马斯登，布里斯托尔的尼索姆，布赖顿的奥斯本和谢菲尔德的沃尔斯通霍姆。由此可以看出，多数票所代表的是大部分人烟稠密的地区。不错，多数票的代表中有一部分人以前曾投票赞成过休假；但他们对奥布赖恩动议的给予支持，事实上也就证明了他们对实行休假是否合适是有怀疑的。关于布里斯托尔，当时正在该城镇的弗罗斯特寄来了一封信，说明他相信当地的群众是不愿罢工的。他还说，威尔士的群众还没有做好准备。在巴思实行罢工不会起什么效果，因为那个城市没有什么工商业，在很大程度上依靠贵族和士绅，而他们可以随心所欲地迁往他处；这种看法同样适用于布赖顿。普雷斯顿的民主主义者对宪章运动事业虽很热心，人数却相当有限。彼得·布西 148
虽然是首先提倡罢工的，现已深信它实行不了。克雷格曾在有关休假的决议上签过名，现在却声明这是代表大会的自杀政策，辞职不干了。邓弗里斯的代表邓肯表示反对罢工。赞同罢工的弗赖彻医生声称，有利于罢工的迹象绝不能令人满意。理查森从曼彻斯特来信谈了群众尚无准备的情况，他的同事迪安也证实了这一点。在这种情况下，除了激动得快要发疯的人或者吃里爬外的叛徒以外，有谁还会继续主张休假呢？不过话虽如此，人们往往不愿改正自己的错误，以致有些人坚持原议，好像仍然抱着不会实现的希望，让自己相信他们就是全国人民，至少是全国人民的代表。幸运的是，他们的一切努力终成泡影，不然的话，一部分国土必将被最优质的血液——正义与自由的最忠实、最热心的信徒们的血液所淹没；而且这样做并不会给宪章事业带来一星半点的益处。

伯明翰事件在继续引起群众的强烈愤慨情绪，尤其在英格兰北部。在纽卡斯尔的讲堂里举行了集会以后，每天都在露天举行盛大的群众集会。星期一，两支乐队来自温拉顿和斯沃韦尔，后面跟着广大的群众，他们前往福思湾，那里已挤满了一大群无比愤慨的群众。关于泰勒和哈尼两位代表被捕的消息一宣布，就更使人民怒火万丈，他们对这个问题通过了强硬的决议。主席赫伯恩要求他们停止欢呼，但群众却报以响彻云霄的呐喊。在这一星期内，场面同样热烈的群众集会继续举行，成千上万的劳动人民前来参加。下星期日，大雨如注；尽管天气恶劣，一支乐队一路奏着国歌乐曲，几千人不顾滂沱大雨聚集在福思湾。星期一、星期二和星期三，集会继续举行，由艾尔、查尔顿、科伯恩、伯恩等人发表讲话；其中有些人宣读了各报有关国内状况的报道。7 月 22 日星期一，消息传来，威廉斯和宾斯以危害治安罪在森德兰被捕；结果是，第二天晚上在福思湾又举行了一次公众集会，规模与先前任何一次相
149 同，在会上，关于慰问受迫害者的决议，以及表示这次集会坚决参加神圣月的决议等等均获得一致通过。但是，与此同时，纽卡斯尔的地方当局正模仿他们的伯明翰同事的做法，准备针对公众享有的集会权给予打击。巡回法庭开庭时，大陪审团不经事先通知，竟认为勃朗蒂尔·奥布赖恩、威廉·托马森、约翰·梅森、詹姆斯·艾尔和托马斯·德维尔 7 月 7 日在讲堂上发表的演说，已构成罪状，因而提起公诉，于是这几位先生立即被捕。另外又发出公告，严禁公众集会，而民主主义者却针锋相对，向市长约翰·法伊夫先生呈递申请书，要求他召开公众集会，向女王呼吁，反对扩充常备军和建立农村警察部队，这两个方案正在议会中进行讨论。到了

最后一刻，市长拒绝召开集会，于是申请人就在福思湾自行召集。星期日，在人们举行礼拜仪式时，宪章运动者一起闯进圣尼古拉斯教堂，把它挤得水泄不通，使经常参加礼拜的人们大为不安。福思湾的集会胜利结束，秩序井然，十分得体；但正当群众分头散去时，市长率领着特警、普通警察和军队来到现场，引起了一片响亮的叱责声。这支武装部队抢走了一些旗帜，粗暴地对待一些群众，令人发指。徒手的人尽力克制自己；手边虽有很多抛掷的东西，却很少加以利用。这一次袭击发生在黄昏以后，因此纽卡斯尔之所以没有陷入与伯明翰类似的境地，绝不是由于地方当局的审慎行事。这个叛徒市长由于在这一事件中出了力而被封为爵士，享有这个未必光彩的尊称。我们称他叛徒，是因为此人先前为了提倡公众的集会权曾经唱过最响亮的高调，不过那时他是为中产阶级的目标效劳罢了。为了对法伊夫市长表示公道起见，我们不妨在这里插入一两个表明他以前辩才的实例。1832 年 5 月 13 日，在纽卡斯尔的广场[①]上曾经举行过一次规模巨大的群众集会。当时，由于国王拒绝为通过修正法案而增封贵族，格雷伯爵引咎辞职，举行集会的目的就是为了对上述问题发表意见。法伊夫是演讲人之一，他借此机会提到了福克斯一篇有关《1795 年危害治安法》的演说。“在辩论中，他〔福克斯〕说‘贵族院和下院可以通过这些法案，甚至可以获得国王的批准，但它仍然不合宪法，不顺舆情，因此对它表示服从已不再成为道义上的责任，而起义本身才是正当的行 150
为’。后来有一次，皮特要求他作解释，他只是把这几句话重复了

① 原文为 The Spital，意义不明，可能有错，姑译为广场。——译者

一遍，并且说，‘我愿为这些原则而生，也愿为这些原则而死’。”法伊夫说，“这里是广大的群众；难道有人不愿和我一起举起右手，一起重复这句话——我愿为这些原则而生，也愿为这些原则而死吗？”这样一呼吁，广大群众举起手来，重复这句誓言；紧接着，这些群众又举起手来，每只手握着一根橡树苗。上述情景持续了几分钟之久，然后法伊夫接着说，“我知道许多同胞已经置备了武装，此外，还有许多同胞也正在武装，我们国家每个人都有武装自己的充分权利，和伦敦德里侯爵享有的权利不相上下；我认为这个集会上最无头脑、最无心眼的人也同样会适当地使用这些武装。然而，我要求你们牢牢记住，诉诸暴力是最后一着，也是最下一着。在我们国家与革命这两者之间，仍然还有一个下院。只要下院证明自己还代表着全国的利益，人民就可以不经过骚乱、不经过流血而获得他们的权利。因此，让我们齐声高呼——议会特权万岁！议会特权万岁！但是，牢牢记住，直到这个呼声受到蔑视——直到议会的特权不再存在，或者严重地受到侵害，直到那时，也只有到那时，我本人才会大声疾呼，‘以色列人呀，快到棚里去吧！’[①]”

1833 年 5 月 27 日，法伊夫在市镇猎场上举行的公众集会上说：

“你们的队伍已把一切胆小如鼠、自私自利、半真半假的辉格党人清除出去了，前几次他们曾使我们的人数显得过多，虽然他们只不过是辉格党贵族们的走狗罢了。少了他们，你们反而更加强

① 这个典故出自《旧约全书》，利未记，第 23 章，第 1 节。耶和华对摩西说，你晓谕以色列人说，这 7 月 15 日是住棚节，……什么劳碌的工都不可做。……你们要住在棚里七日。凡以色列家的人，都要住在棚里。——译者

大了；今天你们的群众没有一个不是最优秀的分子。五十万正直的人士为了实现修正法案，宁愿牺牲生命，如果托利党能够依仗军队对它唯命是从，那么，为了保持它自己的优势地位，它就必将使这个不幸的国家陷于内战的流血和恐怖中。军队是同情他们同胞的。我们英勇的士兵不会听命于奸恶的贵族，把刺刀指向他们的父老兄弟。贵族拥有广袤的土地、壮丽的城堡和无上的特权；难道他们还不能满足吗？难道他们忘记了法国贵族的下场吗？难道他们不知道，法国贵族当初只要给予人民起码的公正待遇，就可以免于毁灭的命运吗？他们既然珍视特权，想要保持他们的财产，重视 151
他们本身的生存，那么，我就要警告他们，必须放松他们对人民权利和财产的控制，而不要错过时机，以免人民起来报复，使这种控制陷于瘫痪状态。”

这就是前一时期的法伊夫先生的情况，而现在他却用棍打市民，用刀砍市民，只因为他们举行和平集会，只因为他们愤怒地抗议一种比修正法案以前任何专制政治更为凶恶的暴政——即专横霸道的秘密警察制度，而操纵者则是法伊夫那样的欺世盗名的小官僚，及其寡廉鲜耻、忘恩负义的党羽。

第二天，《北方解放者》的印刷工人约翰·贝尔因印刷了一篇致中产阶级的宣言而遭逮捕；星期五，八个人由于福思湾事件被传讯，并提交巡回法庭审判。见证人承认，在袭击群众以前，并未宣读暴动法。

国内其他各地的情况并不比纽卡斯尔幸运多少。在斯托克波特，詹姆斯·米切尔、查尔斯·戴维斯、约翰·赖特、詹姆斯·布里顿、艾萨克·阿米塔奇、科尼利厄斯·阿米塔奇、乔治·布拉什沃思、小艾萨克·阿米塔奇、戴维·罗伯茨和蒂莫西·希金斯因拥有武器被捕；更深人静时，警察闯进了他们的家，凶暴达于极点；毁坏贵重物品，强抢书信笔据，做出许多极其无聊的恶意动作，虽然没有人对他们采取丝毫的暴力行动。

在蒙哥马利郡的巡回法庭上，有四十人受审，被控犯了操练、演习以及暴动等罪，结果被判处流放或监禁等不同徒刑。在兰尼德洛斯，宪章运动者在群众骚动期间声势十分浩大，以致治安官们将维持全镇治安的工作委托给他们，并吁请他们尽力保护生命财产。在长达十五天期间，他们十分忠实地履行了这项任务。巡回法庭对代表大会代表查尔斯·琼斯当庭签发拘票，悬赏将他缉拿归案；他终未就逮，但他身患肺病，由于处境艰苦而加剧，不久便与世长辞了。

沃里克巡回法庭对洛维特和柯林斯进行了审讯。洛维特自行辩护，对政府当局进行了有力的揭发。他英勇地坚持公众的集会权，并援引了许多权威以及包括约翰·拉塞尔勋爵在内的其他人士的话来作佐证。不言而喻，两个被告都被判有罪——几乎不能
152 不是这样的结果，因为两位陪审员事先曾扬言，他们很想看到宪章运动者都被绞死。洛维特曾反对他们出庭，但他的抗议被庭上驳回。陪审团进行审议不到两三分钟，便作出裁决，两个被告均被判处一年徒刑。杰里迈亚·豪厄尔、弗朗西斯·罗伯茨、约翰·琼斯和托马斯·阿斯顿被处死刑，但在向政府提出强烈抗议后，被减处终生流放国外。其他许多被告也被判处刑期不等的监禁处分。

在蒙默思，文森特、爱德华兹、迪金森和汤斯亨德因危害治安和参加非法群众集会被提交审判；见证人发誓说，参加集会的群众

曾携带棍棒；又说文森特在演说中曾说，他们的口号应当是，“以色列人呀，快到棚里去吧！大家万众一心，呼声一致，协力一击，消灭特权阶级，宣判贵族死刑，人民快起来吧，拥护人民所建立的政府吧。”罗巴克为被告们辩护，但他们仍被宣告有罪，判处徒刑，文森特十二个月，爱德华兹九个月，迪金森和汤斯亨德六个月。文森特申请给予书籍文具，但所得的答复是，除宗教书籍外，不准阅读其他读物。

逮捕事件不断地发生。迪根因在罗奇代尔的公众集会上劝人民武装自己而被拘押。威廉·本鲍、约翰·利夫西和蒂莫西·布思遭到逮捕，第一人因参加非法群众集会，第二人因贩卖武器，第三人因本人拥有武器，他们统统被提交审判。麦克道尔医生和约翰·布雷德利因在海德参加非法群众集会也被提交审判。

在德维泽斯，大陪审团对罗伯茨、波茨和卡里尔先生提起公诉，他们是因危害治安和参加非法群众集会而被捕的；但大陪审团却闭口不谈五百名暴徒在德维泽斯对宪章运动者所进行的有计划的袭击，当时暴徒们在上层阶级的庇护下，用乱石、碎砖和匕首向文森特等人袭击，使他们随时可以丧命。

在斯托克波特，另有两人因危害治安而被捕，他们是艾萨克·约翰逊和 W. 埃斯勒牧师；在曼彻斯特，理查森、史密斯、蒂尔曼、
芬尼、多伊尔先生和 W. V. 杰克逊牧师因各种不同的政治罪名而 153
被捕。费格斯·奥康纳因利物浦巡回法庭对他指控的五项罪状在曼彻斯特被传到庭，由于全部罪状成立，他被提交审判；但看来令人奇怪的是，对工人取保时所要求的保释金达一千镑之多，而要求奥康纳的只有六百镑，这个事实使这位先生说出了几句表示反对

的话。勃朗蒂尔·奥布赖恩不仅遭到纽卡斯尔地方当局的迫害，兰开夏也对他签发了第二张拘票，他在伦敦被捕，受尽了虐待和侮辱。

谢菲尔德的情况开始恶化。晚上，在露天开了一些盛大的群众集会，但会上大家都不讲话。这些集会都被军警驱散，有些参加会的人被捕。上述这些被捕者仅是少数；在英格兰各地，大批人继续被地方当局逮捕。在现代，从来没有任何一个政府，为了粉碎一个政党，采取像辉格党政府镇压宪章运动者时所采取的那种坚决手段。工人们发现他们举行公众集会的权利遭到了侵犯，就采取新的办法来显示他们的力量。每逢星期日，几百人，有时几千人，聚集起来，拥进教堂，往往在事先通知牧师们，请他们选用圣经上某些经文作为讲道题材，例如："劳动的农夫理应先得粮食"，"不劳动者不得食"，以及性质类似的经文；但牧师们很少答应他们的要求。相反地，他们却宣扬百依百顺的服从，说什么只看到现世的事物，是愚蠢的；这种教义只会触怒听众，他们往往忍不住对这些牧师的伪善表示愤慨，因为牧师们一方面对人宣扬这种教义，而另一方面自己却安享各式各样的奢侈生活。有时到教堂去的宪章运动者人数极多，不给别人留出丝毫空地。他们占据了上层人士的专座，使这些人不是败兴而归，便是在举行礼拜仪式的整个过程中站在通道里。大批逮捕事件发生后，各城镇便搞起了自卫基金，指派募捐员征募捐款。有时这类募捐几乎无异敲诈勒索，因为募捐员随身携带两本捐册，其中一本被称为"黑名册"，用来登记拒不认捐者的姓名。

在利兹，一个叫怀特，另一个叫威尔逊的人遭到逮捕，因为他

们向店主们募捐时，曾进行威吓。乔治·怀特是个工人，出生于爱 154
尔兰，长期以来积极参加激进运动。他以不屈不挠的精神以及承担一切任务时表现的坚定意志而著称。不论什么工作落在他肩上，他都欣然接受；不论是向大会讲话，还是写报告，或者募捐，他都处理得同样妥帖。至于敲打警察的头盔，确是十分内行，我们相信，在条件许可下，他准会领导一次起义，完全不考虑个人的安危。作为一个演说家，乔治的主要才干是他机敏的才智和辛辣的讥讽，而他用来表达思想的语言却一点也不斯文典雅，绝不适合上流社会的口味，而和他同一类型的人却觉得津津有味。乔治做事从不半途而废，而必全始全终，他从来不屑文过饰非。犯了错误，他直认不讳，还会坦率地说明情况，仿佛立了重大的功绩似的。倘若有一个对手责备怀特使用不正当的手段诽谤了他，怀特回答说，“怎么，我不是对你说过打算打倒你吗？我就这样做了。”人们可以公正地责备乔治·怀特几乎毫无礼貌；但即便他的死敌也绝不会指责他说过任何类似伪善的话，因为他从来不口是心非。

为了征集有关神圣月是否可行的材料，代表大会所任命的委员会继续开展工作，向各方面进行调查，以便对这个问题作出正确的决定；经过调查得到的结论是，这项计划如果实行，必将导致彻底的失败。委员会中虽有三个成员投票赞成休假，但目前这个意见却是一致的。8 月 6 日，代表大会全体会议根据委员会的报告，通过了下列决议。勃朗蒂尔·奥布赖恩提出动议，费格斯·奥康纳附议：

“根据全国各地交来的材料，本会议一致认为，关于在 8 月 12 日实行神圣月的问题，人民尚未准备就绪。然而，这些材料使我们

相信，多数劳动人民，包括大部分行业在内，可能接受劝告，从本月12日起停工两三天，以便利用全部时间来举行庄严的游行和庄严
155 的集会；以便讨论目前国内的险恶形势，并考虑采取最妥善的办法来摆脱这种令人憎恶的专制，而中上阶层中极其凶恶的多数人则利用这种专制来攫取劳动阶级的劳动果实，同时又对他们进行威胁。同时，我们谨向全国声明，经过深思熟虑，本会议认为，除非大不列颠的各行各业作为一个统一组织同他们苦难较深的同胞们携手合作，在本月12日举行一次大规模的全国性的道义示威运动，否则，就不可能使国家幸免于一场流血革命，这种革命除了牺牲大量生命财产以外，结果将使劳动人民沦于被统治地位，完全听命于社会上那批富有的杀人凶手们。在这种情况下，我们请求全体宪章运动同志放弃目前断难实行的神圣月计划，立刻做好准备，把上述合乎宪法的目标在本月12日付诸实施。我们还恳求各行各业统一委员会，假如他们要使国家免于激烈的动荡，他们的身家性命免于毁灭，就必须在本月12日当天或那天以前，全力支援他们苦难深重的同胞，以期实现休假这个伟大而慈善的目标。”

这项决议公布后，实际上使全国休假计划停止执行了；参加宪章运动的地区的群众遵照决议的指示，举行了大规模集会，通过了致女王的陈情表，恳求她罢免她的顾问大臣，选拔愿意解除人民疾苦的人参与国务会议。然而，8月12日，少数地方并不是完全在风平浪静中度过的，例如博尔顿、威根、乔利、亨德利等城镇就是如此；但从全国的形势看，代表大会为了防止流血而试行的办法非常成功。大会指派费格斯·奥康纳前往格拉斯哥，参加在8月21日举行的盛大的代表会议，出席的代表共五十七人。代表们就他们

所代表的城镇的形势提出报告，从中可以看出，有些地方的宪章运
动者虽愿采取极端措施，但多数人却只愿从事道义上的鼓动工作，
同时执行代表大会所采取的极端措施中比较稳健的部分。几乎没
有人赞成神圣月，多数人对缺乏比较健全的组织感到遗憾。奥康
纳和纽卡斯尔的梅森向他们指出英国人民的心理状态，博得了极
大的赞扬。然而，事实不久就很明显，如果说，有一些热心分子准 156
备为宪章运动事业付出任何代价，甚至为实行神圣月而牺牲自己
的生命，但绝大多数即使对其他极端措施也不愿采取任何行动；只
有少数人才予以执行；但是，一般地说，他们不受重视，于是代表大
会不久就感到自己处于即将解体的境地。由于代表辞职和被捕，
这个团体在人数方面已大大地削弱。从最初集会到工作结束时
止，辞去代表席位者不下二十一人。这些人的姓名是：J. P. 科贝
特、韦德医生、R. K. 道格拉斯、T. C. 索尔特、B. 哈德利、J. 皮尔斯、
P. 马修斯、H. 克雷格、W. N. 兰基、J. 罗、J. 伍德、J. 古德、J. 哈里
斯、J. 惠特尔、B. A. 法特、R. J. 理查森、W. 赖德、A. 哈利、W. 吉
尔、J. 芬尼和 J. 米尔斯，而另有五六名当选代表从未参加过会议；
虽然部分遗缺已经补选足额，但许多人的辞职毕竟大大削弱了宪
章运动团体的力量，以致以前有过和衷共济、实力雄厚局面的各个
地区出现了分裂现象。在这种情况下，奥布赖恩在 9 月 6 日代表
大会的一次决议上提出动议，认为代表大会应立即解散，泰勒医生
附议；赞成者十一票，反对者十一票。弗罗斯特以主席身份投了决
定性一票，赞成解散。投赞成票的是：布西、斯基文顿、理查兹、巴
里、琼斯、卡多、皮特基思利、奥布赖恩、哈尼、赫瑟林顿、弗罗斯特
和泰勒医生。投反对票的是：伯恩斯、洛厄里、尼索姆、哈特韦尔、

奥康纳、沃尔斯通霍姆、卡彭特、杰克逊、斯马特、詹姆斯、泰勒和迪根。这就是第一次代表大会的结局，它的成员中有不少优异人才，可惜在政策性问题上，他们的意见如此分歧，以致给他们所承担的光荣使命造成了惨痛结果。代表大会的严重错误是，在没有具备必要的力量以保证获得成功以前，就擅自行动。其中一部分人过于怯懦迟钝，另一部分人又过于轻率急躁，而具备为了促进事业发展、能在两个极端之间保持平衡所必需的那种毅力的人，只是少数，少得无法引导舆论的潮流转到正确的方向。相当多的人始终举棋不定，一方面害怕危险，另一方面又怕被人讥为懦弱无能。在请愿书上签名的人数不多，这就证明在改变群众的看法方面还有许多工作需要完成；他们如果坚定地致力于这项工作，而不是企图
157 强使尚未做好准备的群众采纳那些极端措施，那么，他们本来可以带来超过现在百倍的好处，而不会为政策造成丝毫危害。尽管如此，这种灾害本来可能还要更加严重。由于奥布赖恩和其他几个人的坚持不懈的努力，全国才避免了一次可怕的大屠杀，而如果实行神圣月，就不可避免地定然会发生这样的大屠杀。如果说，代表大会有它的短处，它也有它的长处。许多代表表现出旺盛的精力、坚定的意志和爱国的热情，这不能不使他们博得广大群众的钦佩和尊敬，他们的努力必将永不磨灭地铭刻在他们千百万同胞的心上。

代表大会解散前，对许多宪章运动领袖的审判已在进行中。除了在沃里克和蒙哥马利两郡被宣判有罪者外，另有几个人受到了切斯特巡回法庭的传讯。在这些事件发生前不久，约瑟夫·雷纳·斯蒂芬斯牧师的言论已变得比较稳健了，在一次讲道中，也就

是在他出庭受审前发表的最后一次讲道中，他一反常态；他不再宣讲以前构成他一切告诫主要内容的反抗原则，却劝听众安于天命。这种出乎意外的反常态度稍微引起了一些非议，但人们对斯蒂芬斯的敬仰不是朝夕间所能勾销的，一般地说，这件事并没有引起多大注意。他将要为他过去曾经谴责压迫制度一事而受到磨难，这种想法似乎在听众心中占有首要的地位。8 月 15 日，这位牧师先生在切斯特受到帕蒂森先生和一个特种陪审团的审讯。他自行辩护，并未延聘律师给他协助。在历时五小时之久的申辩中，他批判了激进主义，向陪审团声明，他在群众中间是一贯竭力反对这种主义的。他的发言主要集中在新济贫法问题上，引用权威人士的话来证明这项法令没有遵守的必要，因为它违背上帝的意旨，但他却小心翼翼地避免提到他自己过激言论的事例。然而，尽管他口若悬河，陪审团仍宣判他有罪，处以十八个月徒刑。不过，斯蒂芬斯所受的待遇与其他许多人大不相同；因为他在狱中准予享受一个坐牢的人所能获得的一切舒适待遇。

在同一巡回法庭上，麦克道尔博士和海德的布雷德利，因危害治安和参加布雷德利所主持的非法群众集会被提交审讯。麦克道 158
尔也自作辩护，发表了一篇历时四小时的申辩，从说服力、辩才和胆略来看，即便不超过，却也无愧于任何一个宪章运动被告的答辩。他对工人阶级生活情况的变化所作的叙述十分凄楚动人，机智地影射起诉人以前的行动，暗示他们在野时也曾犯过他目前被控的罪行。然而他那令人悦服的滔滔雄辩对他本人却反而不利；因为检察总长指出，这证明听任具有这种才干的人逍遥法外是危险的。两个被告均被宣告有罪，布雷德利被判八个月，麦克道尔被

判十二个月徒刑。为了蓄意加重麦克道尔的案情，大陪审团在进行审讯时，把第二份起诉书带上庭来，指控他阴谋造反，于是，他提出质问，难道这就是他所预期的那种公正裁决吗？

伯明翰的汤普森、斯托克波特的米切尔和戴维斯以及阿什顿的希金斯等枪炮制造商，被控犯有危害治安、参加非法群众集会、煽动群众扰乱治安及窝藏军火等罪。大陪审团要求把起诉书上的指控改成叛逆罪，但被承审法官驳回。全体被告都被宣告有罪，各处十八个月徒刑。其他十二名被告则被移交下次巡回法庭处理。在利物浦，监禁被告的工作也在活跃地进行中。约翰·霍姆斯因率领一支游行队伍，并用竹竿顶着一顶红帽子，而被裁决有罪。爱德华·赖利因在曼彻斯特附近进行军事操练和暴动而被定罪。T. 拉德克利夫因在威根进行危害治安的阴谋和暴动而被起诉，后一项罪行经宣告成立。J. 费尔普莱因非法操练而受审定罪；另外，还有二三十人因各种类似性质的罪行受审，并被裁定有罪。他们都被判期限不等的徒刑。许多被告被移交给下次巡回法庭处理。

虽然遭到政府的疯狂迫害，宪章运动者继续举行群众集会，不过，一般都在室内召开罢了。他们曾经一度设法把这个问题引进爱尔兰。都柏林有一小批宪章运动者，为首的是商人帕特里克·奥希金斯。洛厄里应邀前往这个风光秀丽的城市，当即召开群众
159 集会向他表示欢迎。奥康内尔首先发难，一群煤炭搬运工拥到会场，发出一阵可怕的鼓噪。洛厄里未能使群众听到他的讲话，甚至一分钟安静听讲的时间都没有，而他本人也有遭到殴打的危险。然而，他利用爱尔兰人豁达大度的著名性格，向暴徒的首领——一个彪形大汉——打招呼说，“你瞧，我是一个瘸子；请你多加关照。”

这个大汉挽着洛厄里的胳膊，大声喊道，“走吧，老弟；谁敢碰你，我饶不了他！”他把洛厄里平安地领出了会场。

代表大会解散后，泰勒医生在北方消磨了相当长的时间，因为伯明翰地方当局已撤销了对他的起诉。他在卡莱尔和纽卡斯尔以及邻近地区举行的许多群众集会上发表讲话，依然满怀希望地谈到宪章运动事业会取得成功。在纽卡斯尔的一次集会上，发生了一件有趣的事。卡莱尔的治安官曾对他签发了一张拘票，法警前来纽卡斯尔进行搜捕。他们看到通知他将演讲的布告后，打算在他莅会时逮捕他。可是，这位医生已风闻他们的来意，因此没有出席集会；伯恩穿上了医生的一些服装，走进讲堂，法警以为他们搜捕的对象已在眼前，于是看准时机，便下手将他逮捕，经过了相当时间以后，才发现弄错了，这件事在会上宣布后，便成为笑料。在代表大会解散后，朱利安·哈尼也前往北方，因他仍可行动自由——只是具结保证在传讯时到沃里克出庭，这无异撤销了对他的起诉。在布雷德福的附近地区，彼得·布西使民主精神继续保持下去，时常在该镇和周围城镇的群众集会上发表讲话。费格斯·奥康纳一点也没有闲着，他曾访问谢菲尔德、诺丁汉和其他许多地方，到处受到欢迎，他的艰苦卓绝的努力是一贯受到欢迎的。在达勒姆郡，威廉斯和宾斯虽然后来被捕了，但在被捕前已走遍了这个地区，使尚未消失的鼓动热情继续保持下去。实际上，在全国各激进地区，民主主义者好像一心想要继续他们的鼓动工作，可能的话，还要获得他们事业的胜利。泰勒医生后来被捕了，具结保证届时到巡回法庭受审：为了表明政府下了多大决心要把每个有影响的领袖搞垮，只要提起一件事也就够了。政府通过地方当

局向《卡莱尔爱国者》的编辑表示愿以一百镑作为酬劳，诱使他出
160 庭充当控告泰勒医生的见证人——然而，这位编辑品格高尚，对于
这个提议给予了它应得的鄙夷。费格斯·奥康纳对代表大会的兴趣还未完全丧失，他提出关于组织另一团体的计划，包括成员二十一名——其中十三名代表英格兰和威尔士，八名代表苏格兰。他提议付给十三名英格兰代表每周各两镑，款项由《北极星报》收入中支付。他的提议并未得到多少人赞同，大家认为这个计划是要强使宪章运动脱离正轨，来实现他个人的目的。无须赘言，这样一个团体的行动必然听命于他个人的指挥，而不是选民所能左右得了的。实际上，它将使宪章运动不成为一个整体运动，而成为费格斯·奥康纳的个人运动，所幸公众的道德观念还未完全泯灭，因而使他们避免了这种堕落。

第八章

上一章所述的各种事件出现不久，又发生了一件大事，使以前 161
与宪章运动有关的一切事件都为之逊色。我们还记得，约翰·拉塞尔勋爵曾在利物浦宴会上指出，任何压制舆论的企图必然会同时带来危险。这种危险在伯明翰等地的不幸事件中已有过具体的表现，而现在将在更广泛的范围内表现出来。威尔士的重要矿区表面上已处于对运动漠不关心的状态。群众集会已被放弃，群众也停止了活动，但胸中却郁结着一腔怒火。对他们这种愤慨情绪不啻火上加油的是，蒙默斯地方当局在无情的迫害心理的驱使下，对文森特和其他宪章运动被告们采取了种种严峻的手段。他们给予文森特等人的饮食服装和惩罚都是用来对待那些罪大恶极的重犯的。弗罗斯特曾用请愿和其他方式，设法改善悲惨遭遇；但要求迫害者给予宽大待遇的一切呼吁完全是徒劳的。如前所述，威尔士的工人阶级富有热情而且豁达大度，他们对这种严酷无理的对待方式感到无比的愤怒，不久他们的愤懑情绪便发展到难以遏制的地步。新港的治安官们已经得到情报，说是一个重大的运动正在进行中。这一点，他们是承认的；也许他们还应当老老实实地承认，他们曾通过他们的爪牙在这个运动的组织工作中插过一手，希望借此来打击宪章运动。尽管事实可能如此，1839 年 11 月 4 日

上午，人们却看见大批工人从该地区的山上走下来，向新港进发。确实人数究竟有多少，很难作出正确统计，因为估计数字各不相
162 同，颇有出入。《泰晤士报》说有八千人，《晨间纪事报》报道有一千人，而另一家的报道则把数字扩大到两万。宪章运动者的一份报告估计聚集的人数约有一万，这大概是正确的。这一大群人头一晚上聚集在一起，尽管天公不作美，整夜下着倾盆大雨，他们被淋得浑身湿透。许多人自备武器。一部分人扛着步枪，另一部分人执着长矛，第三批人带着草耙，第四批人拿着大头短棒，但相当多的人是赤手空拳，未带武器。这群人在 11 月一天夜里的阴沉夜色中跋涉前进，沿途在路过的酒店歇脚进食，然后向目的地——新港——继续前进，约在次日上午 9 时，在他们上届代表大会的代表弗罗斯特的陪同下，到达了那里。他们原定的行动计划是什么，很难从侦讯和审判时那些互相矛盾的证词中得出一个确切的结论；但他们的目的之一像是要求释放文森特和其他被告，因为这些人在监狱中所受的严酷待遇激起了他们的愤怒和憎恨。第四十五团部队有一连人驻扎在西门旅馆，群众便奔向那里，他们穿过街道，一路上发出沸腾的欢呼。一到旅馆门口，攻击立刻开始；治安官、警察和特警被迫从街上退却，躲进旅馆。士兵们把守着窗口，许多群众开始朝窗内开火。据某些传说，看来攻击是由一名据说是第四十五团的逃兵首先发动的，此人在冲突中已被击毙。不言而喻，士兵们当然还击。他们占据那样一个有利的地势，可以准确地命中目标，而本身却不会受到多大危险；结果，大约在二十分钟内，十名宪章运动者当场被击毙，五十人左右受伤，有些人伤势严重，甚至生命垂危。他们顶住士兵们从窗口的射击以后，忽然企图冲进

旅馆;这种尝试虽然在开始时可能实现,但现在他们觉得不会有任何成功的希望了。大部分群众早已远走,剩下的人所抱的目的在各种武装力量的联合进攻下也被粉碎了。在进攻西门旅馆时牺牲的人中,有一个青年,他的热忱和勇气甚至一定会博得最凶恶的敌 163
人的钦佩。他名叫谢尔。他把整个心灵献给了运动,并且倾吐了他向往自由的最纯洁的愿望,从下面这封给他父母的信中,可见一斑:

1839年11月4日星期日夜间于庞蒂普尔

亲爱的爸爸妈妈:我希望这封信到达时,二老身体都好,正像我此刻的身体一样。今晚我将参加一次为自由而进行的光荣斗争。假如上帝保佑我安然无恙,我不久就会见到你们;若非如此,莫要为我悲伤,我是为一个崇高的事业倒下去的。再见!

你真挚的

乔治·谢尔

这个青年才十八岁,虽然世上许多著作是为了歌颂专制的英雄们而写的,但这个年轻的自由主义信徒,为了他所崇拜的目标,却不怕牺牲生命,这种令人崇敬的大无畏精神在历史上当然有它应得的地位。

这些不幸事件使整个新港及其邻近地区的群众陷于极度愤慨的状态。政府立即悬赏一千镑,缉拿弗罗斯特,接着又到他家去搜查,但一无所得。然而,官方把所发现的书信文件一律没收。当晚,他们又到新港印刷工人帕特里奇先生家中去搜查书信文件;他们强行把门打开,目光首先看到的,就是弗罗斯特,立刻把他连同帕特里奇和另一个叫作沃特斯的人逮捕。弗罗斯特态度镇静,泰然自若，在随同法警离开前，还吃了一些面包、奶酪和啤酒。这些人被捕后，接着又逮捕了另外几个人；其中有弗罗斯特的儿子亨利，一个十四岁的少年，他被指控曾经参加了发动进攻的那一帮人，此外，还有泽弗奈亚·威廉斯和威廉·琼斯，他们被控是其他宪章运动者支队的领队人，原定在新港同主队会师，但由于种种原因，在行进中受到了耽搁。官方立即命令组织特种法庭，把许多被告提交审讯；同时还用尽各种方法在公众心理上造成偏见，尤其是反对弗罗斯特和他家庭的各个成员。有些报道甚至硬说弗罗斯特的妻子和女儿，打扮成农民模样，和布莱克伍德的肇事者混在一起。另一些则断言，群众袭击西门旅馆时，她们站在窗口，挥舞手
164 绢，这些报道毫无一点真实性，而那些臭名昭著的报刊却大肆散播，用意何在，不言而喻。如果这些报道谈的都是事实，正如它们一贯说谎臭名远扬也都是事实一样，又如果宪章运动获得了成功，那么，这些报纸就是向全世界把这些高贵妇女捧成是巾帼英雄的了，而且还会要求对它们的爱国心表示崇敬哩。这些报纸的所谓正义，便是如此。卑鄙无耻的《泰晤士报》开始对弗罗斯特的品格进行诽谤，它既恶毒而又无原则，引起了一切维护正义和人道主义的人们极大的反感。它的“本报特派记者”四处搜罗弗罗斯特过去的一切生活琐事，对所有材料加油加醋，把他歪曲得不成样子。该报就这个问题发表了连篇累牍的社论，无不表明，除了用受害者的鲜血以外，无法满足它那复仇心理的无限欲望。约翰·弗罗斯特受审以前，《泰晤士报》已经宣告他有罪，从而为发过伪誓的陪审团的裁决铺平了道路。背叛宪章运动的奥康内尔在制造偏见中也出了他的一分力量；他在斥责弗罗斯特的同一篇演说中虽然声称，他

宁愿临阵作战，而不忍坐视爱尔兰被托利党所统治，同时却又表示他要提供一支拥有五十万人的道义力量队伍，把宪章运动者镇压下去。这就是那个无可比拟的典型政治伪善者的奇怪设想。现在只要做一件事情，就可完成不利于那些注定要在叛逆法下受害的被告的全部阵势了。在特种法庭开审前，这件事情是由一个谦恭卑下的传教士在法官面前来完成的。这位牧师先生尽力给听众造成一种印象，使他们相信即将受审的当事人确实犯了罪。地方当局不遗余力地严禁发行带有宪章运动字样的任何报刊。文森特的报刊《西方辩护士》在威尔士人民中销路很广，一经发现，即被没收，最后不得不停刊。《西方辩护士》所犯的弥天大罪是，它竭力敦促宪章运动者用尽一切方法来营救弗罗斯特和同案的其他被告，以免他们屈辱而死。文森特继续从狱中写信出来，要求登载，信上明白指出，要实现上述目标，只有一个办法，就是使起诉人确信，一旦他们执行极刑，则从那个时刻起，起诉人自身的命运也被注定了。拘留犯的案件受到全国宪章运动者的热情关注；保卫委员会纷纷建立；奥康纳、奥布赖恩、哈尼、泰勒以及其他方面的领导人物在群众集会上发表讲话为被告们申辩；捐款源源而来。奥康纳把《北极星报》一星期的收益捐献给这个全国瞩目的目标。当时决定 165
延聘第一流律师为他们辩护。为了对该案声援起见，代表大会在伦敦召开一次会议，表示决心尽一切力量，争取一个使被捕者重新获得自由的裁决。

特种法庭开庭日期临近时，公众心中充满了极大的忧虑和愤慨。一队一队的枪骑兵奉命出动，在蒙默斯的邻近地区进行搜查，以防不满分子聚众闹事。1 月 6 日，特种法庭开庭那天，军队在广场上排好了队形，并举行检阅。靠近法庭的各条街道都由军队以及伦敦和蒙默斯的警察守卫着。申请到庭旁听者人数极多，使执事人员不胜其烦。9时半，一辆囚车把被告们从监狱送到审讯地点。这辆囚车由第十七枪骑兵队押送，军队在街道上布岗，阻止群众从一切可能的通道拥向前来。拘留犯共计十三人，从囚车上陆续下来。弗罗斯特由狱卒押送到庭；其余诸人分作两组，每组六人，一同走上庭来，他们都上着手铐，拴在一起。全体显示出一种坚定不移的神情。10时，审判长尼古拉斯·廷德尔爵士、审判官巴伦·帕克先生和约翰·威廉斯爵士一起到庭。检察长是约翰·坎贝尔爵士，副检察长是托马斯·怀尔德爵士，检察官是塔尔福德先生、勒德洛先生、怀特赛德和塔伯特先生。被告律师是弗雷德里克·波洛克爵士、菲茨罗伊·凯利和托马斯先生。费格斯·奥康纳坐在被告律师后面。所传被告有约翰·弗罗斯特、查尔斯·沃特斯、约翰·洛弗尔、理查德·本菲尔德、约翰·里斯、乔治·特纳、泽弗奈·威廉斯、埃德蒙·埃德蒙兹、雅各布·摩根、索洛蒙·布里顿、威廉·琼斯、詹姆斯·奥斯特和戴维·琼斯。全体被告都不服罪，决意分别提出应当回避的陪审员。大批陪审员在唱名时经被告律师要求回避。当一位陪审员的姓名被点到时，检察长代表政府声请回避，弗雷德里克·波洛克爵士对此表示异议。他强调说，如果准许政府对每个陪审员都可以独断独行地要求回避，那么，陪审团可能会被收买，使被告丧失公正制裁的机会；但陪审官
166 们驳回了他的异议。最后，下列诸人宣誓担任陪审员职务：约翰·丹尼尔、托马斯·戴维斯、理查德·刘易斯、爱德华·布里特尔、詹姆斯·霍林斯、托马斯·琼斯、爱德华·里斯、埃德蒙·史密斯、克

里斯托弗·约翰、威廉·威廉斯、约翰·理查兹和约翰·卡佩尔·史密斯。第二天,当检察长正要开审弗罗斯特一案时,弗雷德里克·波洛克爵士制止他说,该案尚无充分可靠的证据,因此,精通法律的检察长对它进行审判是徒劳的。他竭力主张暂不进行审讯,因为这类案件所必需的法律手续尚不完备。法律规定,起诉书的副本连同陪审员名单和见证人名单,必须在开庭前十天一齐交给被告。后一名单并没有和其他文件同时提出,据这位渊博的律师的论断,这一事实和法律程序大相径庭。这个异议当时即被驳回;但在第一名见证人被传到庭时,弗雷德里克爵士重新提出了这个异议,最后决定审讯照常进行,上述论点留待承审法庭裁决。第二天,大批证人被传到庭。当另一个见证人塞缪尔·西蒙斯被带到证人席时,弗雷德里克·波洛克爵士对他的作证提出异议,因为这个见证人的住址还未弄清;但这项异议同样也被驳回。被传到庭的见证人不下三十七名,只要研究一下这些见证人是什么人,就不难得出这样一个结论:政府方面一定做过最大的努力,既协助组织了这一次的武装示威,又在事后利用职权,诱使参加者出面控告他们的伙伴,因为见证人中至少有二十五人提供了被称为"女王见证人"的证据;换言之,他们或多或少地参加了示威游行。政府当局曾采取阴险的手段来推动所谓叛变,当时人们对此都深信不疑。根据证词的描述,有一个人头戴一顶光亮的礼帽,据说此人就是首先鼓动游行示威的人之一,但后来不见踪影了。被告律师对部分见证人进行了彻底的盘问。公诉程序一经结束,弗雷德里克·波洛克爵士代表弗罗斯特向陪审团提出申辩,他所发表的演说达六小时之久。他用非常尖锐的措辞提起以前辉格党在鼓吹改革期间

所举行的盛大示威游行，与弗罗斯特参加的这次游行进行对照。
167 有一个见证人曾说，被告的企图是要占领新港，炸毁桥梁，阻止威尔士邮车通往伯明翰。弗雷德里克在答辩中表明，新港邮车最远只开到了小渡口，另外一辆邮车刚过小渡口前往布里斯托尔，第三辆刚从布里斯托尔出发开往伯明翰；这些情况表明那种认为新港邮车可以作为向伯明翰人民群众发出的一个信号的说法，是荒谬绝伦的。他接着说明，这次示威的目的是要使亨利·文森特获得释放，为了证实这个论点，他提出许多旁证，都是关于为上述目的而开展的各种活动的。弗雷德里克爵士在结束辩护时说：

“不论我和宪章运动者的意见有多大分歧，我应当替他们说句公道话，至目前为止，宪章运动不是叛逆，公众对它抱有信念也不等于造反。我还再说一点，虽然我认为，这些原则如果确立的话，将会对我们国家的幸福、繁荣和福利带来极其不幸的后果，但我却不得不说，如果在任何时候，不论从集体的智慧或众多的人数来说，它已成为广大人民一致公认的意见的话——又如果社会上的一切人力物力以及控制这些力量的集体智慧终于决定采纳宪章运动者的法典，那么，它无疑应当被采纳实行，正像修正法案被采纳实行一样，根据我的看法，只凭财富同他进行斗争是枉费心机的。”

辩护结束后，凯利代表被告向见证人进行质询，提出了与原告证词相反的证据。一个见证人在被讯问时曾说，部分武装群众向驻守西门旅馆的军官们喊话时，大声嚷道，“你们来当我们的俘虏吧”；相反的证据表明，当时的要求是，“你们交还我们的俘虏吧”，俘虏指的是幽禁在旅馆内的一些人。新港警官就是提出这种相反证据者之一。有几个见证人宣誓作证说，弗罗斯特具有一贯以仁慈待人的优良品质。第二天，菲茨罗伊·凯利为弗罗斯特向陪审团申辩，他那篇滔滔不绝的演说历时五个半小时。弗罗斯特被问，除辩护律师所提的申诉外，他本人是否希望再有所补充；他表示对他们所做的努力十分满意，不需要再说什么了。副检察长向法庭进行答辩，引人注目地向陪审团提出了一切不利于被告的证据，即使零星的证据也不遗漏掉，他甚至提也不提一个叫作哈里斯的人的证词，因为这个证据是个反证。他的答辩在两天内占了好几个小时，好像抱着十分殷切的决心，不惜要用任何代价来给被告定罪 168
似的。自从那个臭名远扬的杰弗里斯[①]的时期以来，法庭上很少听到过这样充满露骨的复仇心理的发言。审判长总结见证人的证词以后，陪审团退席，在短短半小时内，回到庭上，宣告有罪，但裁决附有酌情宽大处理的建议。这个裁决使公众普遍地感到莫大的失望，因为公众曾普遍地希望，预料弗罗斯特的主要罪状不会成立。我们在回想这十二个负责决定一个同胞的生死命运的人只用了短短半小时的时间去研究这样一个重要问题时，确实感到他们可恶透顶，但当我们考虑到一部分报刊和其他有关方面曾经费尽心机，使他们在事前对被告早有成见，也确实感到这种做法并不奇怪。

弗罗斯特的审判结案后，泽弗奈亚·威廉斯的审判立即开始，前一案中的许多见证人又出庭提出了对他不利的证词。约瑟夫·博克斯·斯托克代尔宣誓作证说，他是在加的夫逮捕被告的，当时

① 乔治·杰弗里斯(George Jeffreys，1648—1689)，曾任英国法官，以不公正和残忍而臭名昭著。——译者

被告正在驶往波尔图①的“葡萄号”船上。托马斯向陪审团提出了长达七小时的申辩，对所提证据作了机敏精细的分析，他说，人民宪章中没有一点是他所不同意的。然后，他把被告方面的见证人召上庭来。托马斯·刘易斯说，被告曾反复地劝告群众维持和平。一个店主人丹尼尔·刘易斯发誓说，原告见证人中有个叫托马斯·桑德斯的，在被他雇用期间，曾有过好几次贪污案件，因此，他绝对不相信这个见证人的誓言。亚麻布制品商理查德·马斯登也曾雇用桑德斯，他说不准桑德斯的誓言是否可靠，但证明他在证词中撒了谎。

20日，星期一，威廉斯又被提审，他表示要在庭上说几句申辩的话。他声称他完全无罪；他没有向女王举兵反抗的丝毫意图；见证人的大部分证词都是谎言——的确都是谎言！威廉斯在发表声明时显得非常激动。检察长答辩后，托马斯起立再次提出抗议：由于法律手续尚未完备，证词中的任何部分都不应作为陪审团的根据；但像弗罗斯特案件一样，这个问题也留待将来考虑，于是学识
169 渊博的巴伦·帕克开始总结见证人的证词；接着，陪审团退席，二十五分钟后又回到庭上，宣告被告有罪；并像上次案件一样，建议对被告酌情予以宽大处理。然后威廉·琼斯被提受审，未隔多久，法官退席，展期到明天续审。对琼斯所提的罪证当然与弗罗斯特和威廉斯的罪证相同，而宣告被告有罪的裁决以及关于宽大处理的建议和上述两案如出一辙。

1840年1月13日，星期四，弗罗斯特、威廉斯和琼斯被提到

① 波尔图(Oporto)，葡萄牙北部的城市。——译者

庭，听候宣判。弗罗斯特表现出他在整个审判期间所显示的那样镇静态度。威廉斯显得情绪低沉，琼斯的举止则是沉着大方。于是法庭询问被告们，他们对于为什么不按照法律对他们宣判，是否有话要说。吉奇先生提请暂缓宣判，理由是法庭召唤的陪审员中有一人是因弄错姓名被误传出庭的，这个异议当庭驳回，然后，法学渊博的法官们带上了黑帽子，宣告全体人员保持肃静；接着，审判长向被告们讲话，提到他们所犯的滔天罪行，他认为这种罪行所以能避免产生后果，应当归功于上帝的保佑。他劝被告们做好准备去接受那个正在等待着他们的人生剧变，接着就宣布对被告处以古老的、野蛮的刑罚，并指示将他们押回原处，然后，再从那里押赴刑场，执行绞刑，直到气绝身亡——然后将他们斩首并肢解尸体，遵照女王陛下的旨意，予以处理；最后，他照例希望上帝怜悯他们的灵魂。在宣读判决书后段时，弗罗斯特将眼光朝上看了一下，但威廉斯和琼斯都没有露出任何感情；然后，他们三人都从被告席上被押下去了。查尔斯·沃特斯、约翰·洛弗尔、理查德·本菲尔德、约翰·里斯和雅各布·摩根表示服罪，因此均被处死刑，然而法庭暗示他们的惩罚可以减为终生流放出国。其他十四名被告被传到庭；一部分人表示服罪，被判处不同刑期不等的徒刑，另一部分人则具结改过自新。此外，还有许多被告被移交巡回法庭处理，特种法庭随即宣告结束。弗罗斯特判决的消息一经传布，在宪章运动者中间普遍引起了强烈的愤慨情绪，同时在英格兰和苏格兰的各城镇立即召开群众集会，通过了致女王陛下的请愿书，恳求她对被告们酌情宽宥。

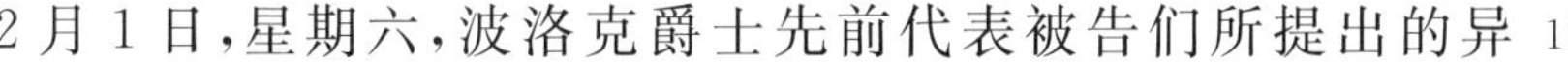

2月1日，星期六，波洛克爵士先前代表被告们所提出的异 170

议，提交给高等法院的十五位法官审议。弗雷德里克·波洛克爵士、菲茨罗伊·凯利先生和威廉·福勒特爵士代表被告们出席，而检察长和副检察长则代表王国政府。该案件经过了双方相当详尽的辩论，最后法官们以多数票决定，被告所提异议是合法的。然而，他们又决定，这个异议虽然合法，但提出的时机不太适宜；在这种情况下，政府认为最明智的措施莫如采取折衷办法，于是立即宣布，极刑的处分免予执行，对被告们改处终身流放出国。公众的舆论显然坚决反对执行极刑。这时，为了制止极刑而举行的群众集会也日益频繁了。二十六位有钱有势的上层人士，其中多数是议会议员，曾为这个问题上书给诺曼拜勋爵，毫无疑问，舆论方面这种强烈的表示对政府产生了压力。

2 月 3 日，星期一，奉内政大臣之命，被告们在军队的押送下，被用囚车从蒙默斯移往切普斯托，那里有一只船等着接收他们，然后把他们送往布里斯托尔，另一条船奉命再从那里把他们送到朴次茅斯的监狱船上。当被告们离开蒙默斯的那天，三十三位宪章运动代表在曼彻斯特举行了会议，一致认为应向全国建议，尽一切力量使他们免予被流放国外，弗罗斯特的家属向女王陛下逞递了一份哀婉动人的陈情书；但诺曼拜勋爵答复说，为了使他的言行符合他的公职起见，他不能劝告女王陛下答应他们的恳求。

3 月 10 日，星期二，利德在下院提出了一项动议，要求下院向女王陛下请愿，吁请她对弗罗斯特、威廉斯和琼斯赐予特赦；但他的动议只有七位议员，包括检票员在内表示赞成。为了营救这些遭受法律迫害的人们免于流放所做的一切努力均已证明无效；他们在判罪后过了几个星期就向祖国告别了。弗罗斯特夫人迫切希望带着全家大小陪她丈夫一同前去，但弗罗斯特坚决反对这种做法。下面是他在被流放前写的最后一封信，表明他对这个问题的思想情况以及对那些与他有血缘关系的亲人所怀的深厚感情： 171

1840 年 2 月 28 日

我最亲爱的玛丽：星期三晚上，我们沿英吉利海峡往下航行时，船上的主桅和后桅被刮掉了，因此不得不进港修理。我借此机会匆匆写封短信给你。关于我们的处分是否有变化，我也并不确切了解，只能从报道中获得一点消息；也许你知道的情况比我详细。我刚才见到了一位职位较高人士，他认为如果你离开英国，跟随我一起流放，那就考虑很不周到了；而且，亲爱的，人生是变幻无常的，万一我有什么三长两短，我的家属留在异国，举目无亲，会落得怎样的结局呢？你在自己的祖国，不管你丈夫的行为受到多么严厉的指责（现在我的行为已成为人所共知的了），至少不会遭到人们的鄙夷和奚落。英国人以敢作敢为和宽宏大量著称，绝不会让你以及——我的天啊！——我那现已变成孤苦无依的五个女儿和两个儿子受人欺侮的。我的那些私敌现在看到他们所迫害的人的悲惨遭遇，虽然正在幸灾乐祸，但是即使对于他们，我也不能指责他们会做出这种卑鄙的事情。我满怀信心——这种信心大大减轻了我的痛苦——再说一遍，在你自己的祖国，你所得到的保护和同情，是不能希望从异乡人士那里得到的。因此你还是听从我的劝告吧；开始经营我们的店铺，相信上天的安排吧。三个星期后，有一只船将从你那边开来；写封信由它带来，告诉我你知道的一切消息。我们大约今晚就要启航了。啊，亲爱的，你就有机会来实践你的宗教信仰、你的坚定意志和你顺从天命的思想了。尤其重要的，你要信赖造物主，不经他的许可，“甚至一个麻雀也不能掉在地上”，①他特别爱惜我们这些有罪的凡人，就是“我们的头发”都被他数过了。②不要忘记你对我们心爱的孩子们应尽的责任，唉！千万记住，你对那么多年轻、孤苦、娇柔的女孩子要操多少心。你一定要相信，只有在孩子们身上，你才能表达你对你丈夫的恩爱。随我远

①② 这两个典故出自《新约全书》，马太福音，第 10 章，第 30、31 节。——译者

> 行，必然会增加我目前的困难。所以，亲爱的玛丽，我再说一遍，运用你的判断力，不要让你一时的感情冲动驱使你离家远行，不再和祖国的同胞见面了。我相信，你的家还是相当舒适的。你和女儿们都应当工作，你还可以从你丈夫如此心爱的那个儿子身上看到他的影子。毫无疑问，
> 172 虽然政府反对我的政见，但是如果不经过合法的定罪手续，它也不会坚持要给我惩处的。法律是英国人能够引以自豪的唯一保障；我要指望重返祖国，也只有指望法律给予保障并付诸实施。我再说一遍，我不在家时，你和全家的生活还是相当舒适的，这种信心会大大减轻我的痛苦。啊！我的孩子们——是呀，我那些苦命的、无依无靠的孩子们——我们夫妇的爱情结晶日夜萦绕在我的脑际。我的祷告从头到尾都是为他们祝福，愿上苍保佑他们。尽管我已被打上了叛逆罪的可耻烙印——这是我从未料到的一种罪行——我请你把他们可怜的父亲的祝福转达给他们，并向他们保证，我虽然在流亡中，但每天早晨和夜晚，都会举起手来为他们对天祈祷。愿抚慰苦海众生、庇护无父孤儿的天父，在一切事务中，对你和孩子们予以支持和引导！亲爱的，愿上帝保佑你！
>
> 永久是你的
>
> 约翰·弗罗斯特

我们对弗罗斯特和威尔士起义的叙述必须暂时告一段落；但我们还得注意一下与此有关的某些重要事项。

当政府在威尔士采用有力的手段镇压宪章运动时，他们在其他地区的活动也不逊色，而且所用的方式就是利用最卑劣的爪牙来为他们制造罪状（不幸得很，这些罪状显然又都是事实）。1840年1月16日，星期四，在贝思诺尔草地修道院街的行业大厅里举行了群众集会，旨在揭露劳动阶级悲惨贫困的状况，由C. H. 尼索姆担任主席。斯珀尔刚刚开始向集会的各个方面人士讲话，就有一队警察冲进房来，逮捕了几个携带武器的人。群众纷纷冲出房间，多数得以逃脱。主席要求留下的人们保持坚定，斯珀尔继续讲话；但有一位穆尔先生询问主席的姓名，向他说明以后，他又要求

斯珀尔停止演讲，斯珀尔也依从了他。警察紧闭门户，把留下的人一律逮捕，第二天提交审讯。伯恩、克拉克、雷纳德、霍布和威尔金斯先生被控持有武器；约瑟夫·威廉斯、戴维、威廉斯、尼索姆、斯珀尔、切里、利文斯和伊万斯先生被控在非法的群众集会上发表煽动性言论，均被提交中央刑事法庭审讯。尼索姆、约瑟夫·威廉 173
斯、雷纳德、霍布和斯珀尔曾经出庭，但准予延期到下次开庭时受审，尼索姆具结保释，所交保释金达一千镑。上述案件的各种迹象都表明它是由警察一手制造的，因为他们准确无误地知道谁应当逮捕，而同时对其他持有武器的人却任其远走；他们可能就是被利用为爪牙的局中人，其目的是在使他们的同胞落入法网。

大约与此同时，谢菲尔德的许多宪章运动者因被控进行阴谋活动和非法宣誓而被捕。指控他们的主要见证人自认曾参加他们的阴谋。一个名叫汤普森的供称，许多人被编成小组，自备武器，并制订一项计划，要占领镇上某些地段，同时纵火焚烧其他地段。他们商定，遇到警察和更夫时，一律予以击毙，在士兵们开枪以前，先行下手将兵营予以焚毁，起义者准备占领市政厅和养老院，筑起防寨，加以守卫。见证人供述后，塞缪尔·霍尔贝里、威廉·布克、托马斯·布克、约翰·克莱顿、塞缪尔·本特利、约翰·马歇尔、托马斯·彭索普、约瑟夫·本尼森和威廉·韦尔斯因罪证确凿被提交审讯。霍尔贝里夫人是一个非常有趣的妇女，也被逮捕；但因证据不足，予以释放。

紧接着上述事件，在布雷德福又发生了另一事件，地方当局先已获悉它的全部情况。一天晚上，发现有许多宪章运动者聚集在一起，总数约有五十至一百人。警察正在值夜，看见有几个人走过，就招呼他们的同行予以协助。这些同行们却回答说，他们自己已是宪章运动者手下的俘虏；这些证明都是事实。可是，转瞬间，形势彻底扭转过来了，宪章运动者由于对方人数占有优势，不得不放弃他们所抓的人，结果自己反遭逮捕了。其中八人被提交约克法庭审判。在这个事件以后，《北极星报》上刊登了哈尼和赖德的来信，指责一位佩迪先生，据他们说，佩迪作为一名政府暗探，是诱使宪章运动者堕入罗网的幕后人。在下一个星期，哈尼撤回了他
174 的指控，但已经来不及了。佩迪被地方当局逮捕，并提交审讯；从此他一直因自己的被捕而对哈尼和赖德表示感谢。毫无疑问，哈尼在对任何人进行这种指控前，应当停下来思考一下，他本人不知多少次地被人怀疑，这就应当使他对于别人格外审慎，因为别人可能无罪，正像他确实知道自己无罪一样。事实上，佩迪和宪章运动团体并不陌生；他常在公众集会上发表讲话，尤其在纽卡斯尔，而且他的演说词又时常在公共刊物上披露。

2 月 29 日，奥布赖恩和纽卡斯尔的宪章运动者在科尔里奇法官面前开始受审。原告见证人只有《泰恩信使报》的记者亨德森先生，他曾参加在讲堂举行的集会，自称曾记下了各人的演说。他根据笔记提出证据；在这以后，自作辩护的奥布赖恩对他进行了尖锐的盘问，此人在答复每个问题时，几乎全部否定了他自己所提的证据，从而充分地证明了被告有充足的理由。讯问结束后，科贝特为托马森向陪审团申辩。接着由奥布赖恩申诉，他的申辩振振有词，逻辑性强，令人十分信服。他揭发伯明翰地方当局在斗牛场事件中所采取的行动，坚决认为根据这种行动，他有充分理由采取目前的做法。继奥布赖恩进行申辩的是艾尔和梅森先生，然后，陪审团

退席，不久回到庭上，宣告被告无罪。另外几名被告被控犯有其他罪行；但对他们的审讯则延期到下届巡回法庭，准予自行具结保释。约翰·贝尔经宣告犯了危害治安的诽谤罪，被处了六个月徒刑，他是本届巡回法庭上被判犯有政治罪的唯一被告。甚至因在福思湾参加那位被封爵的法伊夫所策划的暴动而被捕的被告们也准自行具结保释。当奥布赖恩和其他人的案件经宣告无罪时，拥挤的法庭上发出了一阵震天动地的欢呼，与法庭外面焦急等待审判结果的成千上万群众的欢呼遥相呼应。当晚举行了公众集会，由奥布赖恩讲话，讲堂里人们挤得透不过气来；这位天才的演说家博得了他为公众服务的理应享有的热烈欢迎。哈尼和洛厄里先生也在会上发表讲话，前者提议为奥布赖恩欢呼三声，群众真正由衷地给予响应。在达勒姆巡回法庭上，威廉斯和宾斯先生因危害治安罪被提交审讯，该案随即开审；但因法官有事前往约克，审讯延 175
期，还有伯恩和欧文因类似罪行被控一案也推迟举行。

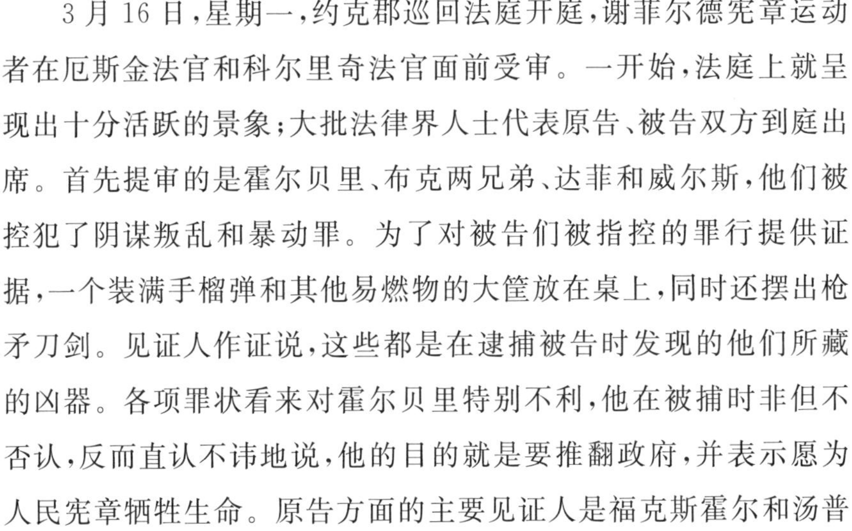

3月16日，星期一，约克郡巡回法庭开庭，谢菲尔德宪章运动者在厄斯金法官和科尔里奇法官面前受审。一开始，法庭上就呈现出十分活跃的景象；大批法律界人士代表原告、被告双方到庭出席。首先提审的是霍尔贝里、布克两兄弟、达菲和威尔斯，他们被控犯了阴谋叛乱和暴动罪。为了对被告们被指控的罪行提供证据，一个装满手榴弹和其他易燃物的大筐放在桌上，同时还摆出枪矛刀剑。见证人作证说，这些都是在逮捕被告时发现的他们所藏的凶器。各项罪状看来对霍尔贝里特别不利，他在被捕时非但不否认，反而直认不讳地说，他的目的就是要推翻政府，并表示愿为人民宪章牺牲生命。原告方面的主要见证人是福克斯霍尔和汤普森，他们均被承认为“女王见证人”，因为他们曾积极地参加了被告们的活动。检察长提起公诉，格雷戈里·卢因爵士、沃森和墨菲先生为被告们辩护，用强有力的措辞，详尽地评论了见证人们的证词；但在厄斯金法官作了总结以后，陪审团宣告全体被告有罪。威廉·韦尔斯、约翰·克莱顿、约翰·马歇尔、托马斯·彭索普、约瑟夫·本尼森和查尔斯·福克斯因类似罪状被控，表示服罪。前经保释在外的罗伯特·考克斯、乔治·古利莫尔、詹姆斯·巴塞洛缪、约瑟夫·林加德、托马斯·波尔斯和乔舒亚·克莱福德也因暴动和阴谋叛乱罪被控。贝恩斯和沃特利先生提起公诉；墨菲和威尔金斯先生为被告们辩护，措辞非常有力，终于为被告赢得了无罪开释的裁决。约翰·马斯登因进行暴动并企图从狱中放走一名在押的宪章运动者彼得·福登而被控，他对这项指控表示服罪。威廉·马丁因危害治安被控。贝恩斯和沃特利先生对他提起公诉。沃森先生为他辩护，口若悬河、滔滔不绝，但结果被告仍被宣告有罪。

第二天，费格斯·奥康纳因犯危害治安的诽谤罪而被提交审讯，申请旁听者人数甚多，将法庭围得水泄不通。出庭的律师人数
176 超过以往，很多治安官也出席了。科尔里奇法官主持审判。奥康纳被允许在律师席上就座。该案由一个特别陪审团审理。起诉书控告奥康纳犯了危害治安的诽谤罪。其罪状是在《北极星报》上刊登了几篇演说稿。其中第一篇是他本人为筹募自卫基金在罗奇代尔发表的。第二篇是威廉·迪安·泰勒在曼彻斯特发表的。第三篇据说是奥布赖恩在斯托克波特发表的。他又被控刊登了有关纽卡斯尔集会活动的报道。奥布赖恩等人就因为在这次集会上发表

讲话被传讯，后来在奥布赖恩进行了令人悦服的申辩后才被开释的。检察长在法庭上提出了十分详尽的控诉，其间并宣读了上述几篇演说稿。刊印出来的演讲稿经过核实后，奥康纳向陪审团提出申辩。他提到了火炬集会，指责政府不应当加以取缔，因为检察长本人以前也曾因达德利的治安官们禁止一次类似的集会而扬言要对那些治安官提出控诉。他不厌其详地叙述他为人民所作的牺牲，声称他为宪章运动已花费了八九千镑。然后，他宣读了以前所发表的大约五十篇演说稿中的一部分摘要，声明他非但从未提倡使用暴力，而且一直指责暴力行为，虽然有时会损害他本人的短暂的声望。他相当详尽地抨击了纽卡斯尔前任市长法伊夫、芒茨和丹尼尔·奥康内尔；同时宣称他将始终不渝地坚持他的原则。奥康纳的申辩历时四小时又五十分钟。法官所作的总结十分公正；但陪审团在退席十分钟后回到庭上时，却宣告被告有罪。经奥康纳的请求，法庭延期宣判。

星期三，罗伯特·佩迪、威廉·布鲁克、托马斯·德雷克、詹姆斯·霍尔兹沃思和保罗·霍尔兹沃思被控在布雷德福进行暴动和阴谋叛乱。检察长怀特曼先生和律师阿彻利代表原告。沃森、沃特利和威尔金斯先生代表被告。见证人作证结束后，陪审团宣告全体有罪，除了詹姆斯·霍尔兹沃斯一人外，其他的人都犯有罪行。从审讯中可以看出，佩迪非但不是政府暗探，而且还受到那个可恶阶层中一个坏蛋的陷害。这个恶棍名叫哈里森，我们有十分有力的理由断定他是这项阴谋的主要策动者。就在他设计陷害受骗者的同时，他和地方当局保持联系，向他们提供各种必要的情 177
报，以便实现他恶毒的诡计。在对质时，这个上等流氓拒不宣誓保

证他没有因为承办此事出力而获得一百镑的报酬。他也拒不宣誓保证他没有造成至少十二人被处绞刑的后果。我们有充分理由相信,佩迪对当时正在进行的情况虽然略有所知,却是从来没有实际参与其事,所做的只不过是在某种程度上打乱了这个陷害者的恶毒阴谋而已。为了对他公道起见,我们应当说明,曾经有人向他许诺巨额赏金,要他出卖别人,使别人受到法律的制裁;但他愤怒地严词拒绝,这确实令人肃然起敬。为了测验哈里森所提的证据有无价值,我们只要再提一些事情就足以说明了。后来他出面密告两个可怜的青年偷窃一匹马。然而,在这次案件中,犯罪者受到了正义的制裁。他本人受到怀疑,以犯有他企图加罪于别人的那个罪行而受审,结果被宣告有罪,得到应有的处分,终生流放国外。

3 月 21 日,谢菲尔德和布雷福德的被告们被传到法庭,听候宣判。霍尔贝里被判四年徒刑,缴纳保证金五十镑,具结在刑期届满后遵守法律。两个保人各缴十镑。托马斯·布克被判三年徒刑,缴纳保证金三十镑,具结遵守法律。两个保人各缴十镑。他的儿子威廉·布克被判两年徒刑,缴纳保证金二十镑,具结今后守法。詹姆斯·达菲被判三年徒刑,缴纳保证金二十镑,具结改过自新。两个保人各缴十镑。威廉·韦尔斯被判一年徒刑,缴纳保证金二十镑,具结改过自新。马歇尔、彭索普和本尼森各判监禁两年,缴保证金二十镑,具结改过自新。威廉·马丁被判一年徒刑。在布雷福德的宪章运动者中,罗伯特·佩迪被判三年徒刑,缴纳保证金三十镑,具结改过自新。两个保人各缴十镑。威廉·布鲁克被判三年徒刑,缴纳保证金三十镑,具结改过自新。托马斯·德雷克被判十八个月徒刑,缴纳保证金三十镑,具结改过自新。保罗·

霍尔兹沃思被判三年徒刑，缴纳同等数额的保证金，具结改过自新。约翰·沃尔克、约瑟夫·内勒、约翰·里丁和约翰·里什沃思，因在布雷福德进行暴动而被判罪，每人被处以两年徒刑，各缴保证金三十镑，并具结改过自新。赫顿和史密西斯因同样罪行各 178
被处以十八个月徒刑，并缴保证金三十镑，具结改过自新。彼得·霍伊、约翰·克雷布特里和威廉·艾什顿被控曾在巴恩斯利参加非法集会，各被处以两年徒刑，缴纳保证金五十镑，具结改过自新。这些严峻的、不妨说不人道的判决，结束了约克郡巡回法庭上的宪章运动者案件。

在蒙默斯巡回法庭上，文森特和爱德华兹因与弗罗斯特串通，阴谋颠覆合法当局，并企图用暴力改革国家体制，经再度提交审讯。另一条罪状是他们曾发表危害治安的言论。该案仍由塔尔福德律师提起公诉。卡林顿先生为爱德华兹出庭，文森特自行辩护，向陪审团提出相当详尽的申辩。他们两人均被宣告有罪，但在裁决中建议酌情予以宽大处理。格尼男爵判处文森特十二个月徒刑，爱德华兹十四个月徒刑。我们应当说明一下，后来这些被告的案件在下院中提出讨论时，塔尔福德律师声称，他听了文森特的申辩后，深悔不该为原告承办此案；他对宪章运动案被告们普遍受到严厉而不公正的处分痛加谴责。

在利物浦巡回法庭上，W. V. 杰克逊牧师、威廉·巴特沃思、R. J. 理查森和詹姆斯·勃朗蒂尔·奥布赖恩因蓄意阴谋唆使群众进行暴动、自备进攻性武器和其他煽动叛乱的行动而被审讯。像在纽卡斯尔审讯时一样，奥布赖恩自行辩护；审讯整整进行了一天，但奥布赖恩却不像上次那样顺利，陪审团宣告全体被告有罪。

奥布赖恩原来指望许多见证人出庭给他作证，但由于种种原因他们没有到庭。他后来责备奥康纳在这方面对他不公道，同时不该当庭用陪审团都能听见的声调对他说：“奥布赖恩，你不必请人替你作证了。”乔治·亨利·史密斯、克里斯托弗·多伊尔和约翰·凯伊因为在曼彻斯特有危害治安的行为而受审，均被宣告有罪。巴克和戴维森也因在曼彻斯特进行阴谋叛乱和暴动而定罪，詹姆斯·勒克因犯有类似罪行被控，表示服罪。当理查森、杰克逊、巴特沃思和奥布赖恩被传到庭听候宣判时，理查森向法官申请判处
179 罚金，以代监禁，并提出宣誓书，表明监禁对他的健康将有严重的影响。然而，法官拒不接受，判处他和巴特沃思各九个月徒刑，刑满以后，各缴保证金一百镑，两个保人各缴五十镑，具结三年内绝不闹事。关于杰克逊案件，法官表示遗憾，认为没有想到一个宗教牧师竟会发表像他被控的那种言论；鉴于他的地位、才干及其所掌握的、可能造成危害的工具，法官声称，他必须判杰克逊十八个月徒刑，缴纳保证金五百镑，两个保人各缴一百五十镑，具结三年之内绝不闹事。奥布赖恩希望延期宣判，他说他在审判的过程中上了当，因为他原来指望某几个见证人会被传到法庭，为杰克逊和巴特沃思作证，而且他们必然会驳倒上述记者提出的证据。法官回答说，提出这些想法，现在已经太晚了。于是奥布赖恩表示希望法官不要判他徒刑，改判他终生流放国外，因为他不愿留在国内，而且在目前情况下，他对国家也不抱任何希望。法官表示，除判他徒刑外，别无他法，因此，他判了奥布赖恩十八个月徒刑，本人缴纳保证金三百镑，两个保人各缴一百五十镑，具结不再危害治安。杰克逊在第二次定罪时被判六个月徒刑，本人缴纳保证金五百镑，具结

改过自新，从此奉公守法。两个保人各缴一百镑。约翰·凯伊被判六个月徒刑，本人缴纳保证金二百镑，具结改过自新，不再闹事。两个保人各缴五十镑。克里斯托弗·多伊尔被判九个月徒刑，本人缴纳保证金三百镑，具结改过自新。两个保人各缴一百镑。威廉·巴克被判十八个月徒刑，罚做苦工。弗雷德里克·戴维森被判六个月徒刑，并服苦役。塞缪尔·斯科特被判八个月徒刑，本人缴纳保证金一百镑，具结改过自新。两个保人各缴五十镑。查尔斯·莫里斯被判十二个月徒刑，缴纳保证金一百镑，具结改过自新。两个保人各缴二十镑。丹尼尔·鲍尔被判处十八个月苦役，以及类似的具结。彼得·默丁罚做苦工六个月，威洛比罚做苦工三个月。

在切斯特巡回法庭上，上届巡回法庭移交下来的威廉·本鲍被传到庭，但不认罪。这位激进派改革运动中的坚强不屈的老战士向陪审团提出申辩，达十小时半之久；申辩结束后，被宣告有罪，180
并判处十六个月徒刑，审判前在押日期已有八个月了。然后，艾萨克·约翰逊因在斯托克波特发表危害治安的言论而被提审。他向陪审团提出申辩，慷慨陈词，娓娓动听，达数小时之久。他被宣告有罪，判处十二个月徒刑，本人缴纳保证金二百镑，具结两年之内不再危害治安。两个保人各缴一百镑。斯塔布斯、巴尼特、萨维奇、洛、韦弗和杰克逊先生以在麦克尔斯菲尔德阴谋叛乱和进行暴动被控。除韦弗一人外，他们都表示服罪，各自具结缴纳保证金一百镑，保释在外，宣判时随传随到。阿什顿的詹姆斯·杜克和曼彻斯特的约翰·利夫西以阴谋叛乱被控，并被宣告有罪。他们均被处以十二个月徒刑，缴纳保证金一百五十镑，具结在三年内不再扰

乱治安，倘不如期缴纳保证金，仍予还押。1840 年 5 月 11 日，星期一，奥康纳在因病一再延期出庭后，被传到高等法院的庭上听候宣判。他提出一份很长的宣誓书，主要表明他一向劝人们使用道义力量。宣判前，法官指出，根据奥康纳本人的陈述，他所指的道义力量和暴力相差无几。因此，他被判十八个月徒刑，监禁在约克的监狱中。

在德维泽斯，威廉·罗伯茨、威廉·波茨和威廉·卡里尔以危害治安被控，均被宣告有罪。罗伯茨和波茨均被处以两年徒刑。卡里尔是个工人，被判刑期与上述二人相同，另加苦役。然而，几个星期后，罗伯茨因病准予保释。扬、博尔韦尔和巴特利特先生以在汤顿危害治安被控，并被宣告有罪，扬被判三个月徒刑，博尔韦尔六个月，巴特利特九个月。7 月间，马斯登被法院出票拘捕，并押送到纽卡斯尔。他的神色十分凄惨，与前判若两人；因此，当上述新闻记者到庭作证时，一见面简直认不出他来了。巡回法庭开审时，马斯登连同休姆、德维尔和托马森先生被传到被告席；但原告律师向庭上声明，他并无证据可提，于是全体被告均经无罪开
181 释。约翰·梅森再一次以危害治安罪被控；但在他进行申辩后，陪审团宣告他无罪。

在达勒姆巡回法庭上，威廉斯和宾斯一案久悬未决的审讯终于得到了结局。他们自行辩护，非常有力，非常动听。对他们提出反证的主要见证人是《森德兰先驱报》记者 H. F. 赫瑟林顿。陪审团宣告他们有罪，但因他们都是青年，建议宽大处理。威廉斯在谈到减刑时说，他并不要求法庭考虑陪审团所提的理由，因为他的所作所为都曾经过冷静的深思熟虑。他只要求考虑他为公众所采取

的行动的效用。他们均被判六个月徒刑。伯恩和欧文也被传讯，并宣告有罪，均被判三个月徒刑。怀特和威尔逊被控使用威吓手段诈取钱财。怀特被判六个月徒刑，威尔逊四个月。政府控告宪章运动者虽然不遗余力，而且对他们的大部分领袖人物所判的不是监禁，便是流放国外，但人民要求改革的热情并未完全消失。尤其在苏格兰，鼓动工作方兴未艾。除了格拉斯哥的莫伊尔等人以及各城镇许多当地领袖人物以外，洛厄里和邓肯在苏格兰地区做了广泛的旅行，在公众集会上发表讲话；而朱利安·哈尼，像古代的使徒那样，从一个市镇徒步走到另一个市镇，甚至深入苏格兰高地，宣扬人民宪章的原则。在英格兰，无数群众集会仍照常举行，虽然这些集会主要是由各个地区的有才能的人所支持的。可怜的泰勒医生对宪章运动的结局彻底失望，身体健康又因不断的鼓动工作而受到严重的损害，终于退隐到他的妹夫——一个爱尔兰牧师的家里，病情日见沉重，不久便与世长辞了。他的逝世使一切与他在运动中相识的人们感到深切的哀悼。即使他的政敌们也不禁为失去这样一位人物而喟然叹惜。他虽有种种轻微的过错，也有一些轻率的行为，但他的心地高尚，始终满腔热情地拥护人类的事业，并支持被压迫者对压迫者的反抗。《埃尔公告》刊登了一个表示同情的讣告，这不仅使讣告的作者得到表扬，而且表明死者甚至受到他的政敌的莫大尊敬。

辉格党政府既已把宪章运动被告们掌握在手，在许多情况下， 182
给予他们的惩罚，比以前托利党对犯有同样罪行的人所受的惩处更加严厉。奥康纳最初所受的各种待遇就像是一般的重罪犯；只是在他的朋友们提出强烈的抗议之后，以及一些议会议员、甚至一

部分报刊提出了坚决的要求之后，他才获得了较好待遇。奥布赖恩所遭受的惩罚，是像他那样一个才智出众、学识渊博的人所能忍受的最大惩罚，他被剥夺了阅读权利，他能看的书籍只限于当局所核准的，这当然是极其有限的几种了。文森特在大部分时间内，吃的是重罪犯的囚粮，穿的是囚衣，而且派给他的劳役是缝纫，这是他一向不习惯的一种手艺。洛维特和柯林斯吃的是污秽不堪的食物，最后迫使他们不得不断然拒绝接受。卡里尔和波茨所受的待遇损害了他们的健康。佩迪被罚做苦工，累得他经常呕吐，显著地损害了他的体质；在全国各地的一些牢狱中，大多数宪章运动的被告们所受的待遇大致相同。政府对宪章运动者进行打击以后，一部分宪章运动的报刊从此便停办了。《职工报》由于报纸的所有人缺乏资金，无法继续经营，加上一些领袖人物在暗中活动，阻止它的销行，最后不得不宣告停刊。相继停刊者有《真苏格兰人》、《宪章》、《伦敦快讯》和《战士》——后者并入《北方解放者》——《伯明翰日报》则恢复了辉格党的色彩。然而，奥布赖恩和卡彭特先生在1839—1840年冬季创办了《南方星报》；但由于前者被监禁，因而无法长期过问编辑业务，于是该报在《职工报》停刊后，也不再出版了。格拉斯哥的民主主义者创办了一份报刊，名为《苏格兰爱国者》，另外有几份小型期刊也问世了。在西部，R. K. 菲利普刊行了《革新者》。在曼彻斯特，一份同名的报刊由 R. G. 理查森出版。《英格兰宪章运动通报》是克利夫创办的；在格拉斯哥，《苏格兰宪章通报》——一份非常有力的小型报刊——随着舆论的浪潮应运而生。因此，看来人们有决心要设法弥补报刊停刊的缺陷；而这一类期刊——尤其是上述通报——对宪章运动团体则有相当大的影响。

第九章

最后几名宪章运动被告还未被提审时，有些人已在努力对宪 183
章运动团体进行改组了。读者们已经看到，为了实现宪章而成立的协会最初都是地方性的，虽然它们的努力都集中于成立一个全国性的机构。其中许多协会现在已经解散了；1840 年 7 月 20 日，星期一，代表们在曼彻斯特开会，商讨这个问题，拟订计划，使这个团体的地位有所改善。约翰·阿伦和约瑟夫·哈特菲尔德代表约克郡的西赖丁出席；詹姆斯·利奇和詹姆斯·泰勒代表兰开夏南部；J. 迪根代表斯特利布里奇和利物浦；戴维·约翰代表默瑟尔提德维尔和蒙默斯；J. B. 汉森代表卡莱尔；W. 蒂尔曼代表曼彻斯特；乔治·霍尔顿代表普雷斯顿；塞缪尔·利斯代表斯托克波特；理查德·利特勒代表索尔福德；安德鲁先生代表格洛索普；洛先生代表博尔顿；塞缪尔·罗伊斯代表海德；威廉·摩根代表布里斯托尔、巴思和切尔特南；詹姆斯·库克代表利；乔治·布莱克代表诺丁汉；詹姆斯·威廉斯代表森德兰；托马斯·雷纳·斯马特代表莱斯特和北安普敦；詹姆斯·泰勒代表拉夫巴勒；理查德·斯珀尔代表伦敦；理查德·哈特利代表科恩——上述代表共计二十三名。代表们作出了有关被监禁的宪章运动者的妻子和家属的各项决议，然后开始讨论各种组织计划；经过几天的会议，最后决定把所有地

方组织合并为一个协会，命名为“大不列颠全国宪章协会”。协会的基础当然是人民宪章；大家一致同意，除了和平合法的方式以外，绝不采取其他手段来实现上述目标。凡声明赞同协会宗旨者，都准参加协会，缴会费两便士，领取会员证，每季度更换一次。在
184 条件许可时，会员应分成小组，每组十人，由执行委员会指派一名组长。执行委员会由七人组成，包括秘书和司库各一人，各地区分会成员以及分会秘书和司库经各地区提名，由执行委员会任命。执行委员会以及全体会议每年改选一次——前者以全国会员的多数票当选。秘书长的薪金规定为每星期两镑，执行委员会的其他成员在开会期间，每星期各支三十先令。全国募捐收入应以半数送交执行委员会，由它分配用途，在条件许可下，执行委员应当自任宣传员，并指派其他宣传员，前往各地，进行有利于实行宪章的鼓动工作。会议一致同意，下届大选时，如属可行，宪章运动者应采取奥布赖恩的计划，提出宪章派候选人，以便鼓吹他们的主义。而且宪章运动团体应参加一切政治性的公众集会，以便发表他们的见解，倘有必要，并对这种集会的目标提出修正意见。组织计划获得通过后，代表们便向全国发出宣言，提名十二人，从中选出临时执行委员会，于是会议便予以任命，以詹姆斯·利奇为第一任主席，威廉·蒂尔曼为秘书。上述组织计划，普遍地被宪章运动团体所接受，在许多城镇，相当多的人加入了全国协会。这个人数还是达不到以前在各地方协会登记的群众人数。但是现在就要发生一些使宪章运动的旧火重新烧起的事件了。部分领袖人物的刑期已满，人们以莫大的兴趣和殷切的期待心情等待着他们的获释。

1840 年 7 月 24 日，沃里克监狱的大门打开了，从这个人间地

狱里走出了威廉·洛维特和约翰·柯林斯。前者显然在幽禁中受到了很大的折磨，脸色相当憔悴，没有人搀扶，行动就不大方便。柯林斯看来比较能够忍受按照监狱纪律规定的生活待遇。这两个获释的受害者由一个代表团伴送到弗伦奇先生的寓所，在那里已给他们准备好早餐了。汤普森代表伯明翰宪章运动者，邀请洛维特和柯林斯参加该市镇的公宴，柯林斯接受了邀请，但洛维特由于 185
健康不佳，同时另有他约，便婉辞拒绝了。第二天，沃里克宪章运动者设宴款待这两位先生，仍由柯林斯一人前往参加。卡多担任主席，柯林斯和唐纳森等人即席致辞。宴会上歌声盈耳，情绪融洽，气氛活跃。

伯明翰的示威集会于 1840 年 7 月 27 日星期一举行，就参加的人数和热烈的情绪而言，一切均如预期的那么圆满。上午 10 点钟，游行队伍按照下列顺序从兰开斯特街的十字炮台出发：第一，两名骑马的司仪；第二，委员会成员，每排两人；第三，募捐员和捐款者，每排四人；第四，一面适合游行场面的大旗；第五，穿制服的联合乐队；第六，一辆由四匹灰马拉着的马车，上面坐着柯林斯和他的家属；第七，几辆载着英格兰和苏格兰各地代表团的马车；第八，几辆载着妇女政治联合会委员的马车；第九，行业代表，每排四人；第十，一面大旗；第十一，一支铜管乐队；第十二，行业代表，每排四人；第十三，邻近地区的同情者，每排四人；第十四，整个队伍由两名骑马的司仪殿后。照此顺序，游行队伍向前进发，经过兰开斯特街、斯塔福德街、峪口、高街、德里滕德、博德斯利、营房山，沿着沃里克大街，一直走到美人鱼塑像，从原路回到阿什顿街，再从那里前往戈斯塔草地；游行队伍由警察维持秩序，他们听从委员会调遣。委员会需要的马车数量很大，因此，若因其他用途用车，一辆也无法租到。正当游行队伍将要排好时，灿烂的阳光普照大地。密集的广大群众，一眼望去，确实极其壮观而又令人鼓舞。队伍连绵不断，足足有一英里长，回程时扩展成两英里长的行列；各条街道上，人山人海。路灯杆上、窗口和屋顶上都是人们的面孔，带着感兴趣的样子，眺望着眼前的情景，广大群众的欢呼震天动地，许多妇女挥舞手绢，表示欢迎。这个庞大的人群一到戈斯塔草地，大会立即宣布肃静，柯林斯在讲话中称他们为“朋友们、同乡们、奴隶兄弟们”。他回顾了过去，乐观地谈到未来，保证继续协助他们促进他们的权利。晚上，为欢迎柯林斯，举行了宴会，在座者超过了
186 八百人。市参议员法尔布拉泽·佩奇先生主持宴会，致祝酒词时，表达了惯有的激进思想感情。卡多、沃登、托马森、汤普森、查尔顿、格里夫斯和沃森先生纷纷响应；柯林斯在受到反复三次的祝酒后，发表了一篇鼓舞人心的讲话，表示答谢。第二天上午，奉派前来参加示威集会的代表们举行会议。出席者有托特内斯的霍尔曼和杰克逊先生，曼彻斯特的利奇，伦敦的斯珀尔，奥德姆和萨德尔沃思的卡特和格里夫斯，斯托克波特的查佩尔，泰恩河畔纽卡斯尔的托马森，斯托布里奇的钱斯，斯塔福特郡陶器产区的查德威克，布拉米奇西部的格里芬，达德利的库克，布里斯托尔的刘易斯，巴思的摩根，切尔特南的米尔森，爱丁堡的桑基和拉纳克郡的奥尼尔。根据伦敦和拉纳克郡代表的动议，下列决议获得一致通过：

“我们，为了庆祝约翰·柯林斯和威廉·洛维特两位同志获得自由而从英格兰和苏格兰各地来到这里的代表们，研究了以前特地在曼彻斯特召开的代表会议上所通过的组织计划，表示赞同，并

表示决心，在我们的各地区内予以十分真诚的支持。”

当晚，在一块为建造新的人民大厦而购置的基地上，举行了另一次露天大会，由查德威克、查佩尔、斯珀尔、奥尼尔、恩普森、斯莫尔伍德和芒福德等人发表讲话；一篇事先获得代表们同意的宣言在会上当众宣读，获得了一致通过，此外，还通过了其他各项决议；于是，宪章运动者为了对他们事业中首先受难的两位同志表示敬意而在伯明翰举行的规模巨大的示威集会，便宣告结束了。

伦敦的宪章运动者虽然采取的形式不如上述情况隆重，也对洛维特和柯林斯的功绩表示感谢。8 月 3 日，星期一，在白喷泉大厦举行了一次公宴，以示敬意。议会议员韦克利主持宴会，在他右侧坐着洛维特，在他左侧坐着柯林斯。另一位议会议员邓库姆也出席了宴会。韦克利严词指责官方给予洛维特和柯林斯的待遇。祝酒后，洛维特发表了一篇有力的演说，其中第一段可以表明对他的监禁是否已使迫害他的那些人所抱的目的如愿以偿。

“没有经历过监狱中那种单调而艰苦的生活的人，简直无法体 187
会自由的幸福使人多么身心愉快，精神振奋。尽管他有这样感觉，他却表示，宁愿再一次忍受沃里克监狱那种饥寒交迫的监禁生活——宁愿再一次忍受过去的一切苦难，而不愿让公众集会权变成一个疑问，不愿让人民的和平集会被身穿蓝制服手执短棍之徒所驱散，同时也不愿看到人们对压迫者毫不谴责，也不把他们的恶名丑行昭告全世界。”

柯林斯以幽默的口吻发表讲话，使参加宴会者大感高兴。克利夫介绍布赖顿的莫林和朗德塞尔，他们代表那个时髦的城镇的宪章运动者向洛维特和柯林斯面致贺词；在这以后，邓库姆在会上发表讲话，谈到政府进行迫害的具体事实，认真地痛加斥责。J.沃森先生和埃普斯医生及其他几个人，也响应了各方面人士的祝酒以及所发表的感想，然后宴会告终，大家对当晚的欢乐情景感到非常高兴。

麦克道尔医生从切斯特监狱中被释放出来，因此，便举行了与上述集会性质类似的其他示威集会。8月22日，星期六，麦克道尔和柯林斯来到曼彻斯特，一个队伍在街上游行；下星期一，约有五百人在木工大厦设宴款待他们，大厦内非常雅致地装饰着旗帜、杰出爱国志士的肖像和其他各式各样的宪章标记。宴会结束后，聚会的人们照例以祝酒和演说助兴，许多人参加了这个活动。詹姆斯·斯科菲尔德牧师被推为主持人。麦克道尔一经介绍，就受到了十分亲切的欢迎。他提到他的监禁时说：

“他已饱尝铁窗风味，体质上受到了严重的影响；但他已经忘却对他的迫害，现在已开始想起那些迫害他的人了。从现在开始，他要向他们偿还债务了；这笔债欠得很久了，他从走出监狱大门时，就在心里发誓，他一定要进行报复。可是，他所要的报复却不是人们根据这个名词的一般含义所理解的那种报复。他所念念不忘的报复是——人民宪章。他的途径是，在必要的条件下，以和平的方式争取实现宪章，他相信大家一定愿意为它任劳任怨，必要时，甚至为它牺牲自己的生命。”

麦克道尔的讲话自始至终非常有力，深深地打动人心，因而博
188 得了热烈的掌声。接着发言的是蒂尔曼，然后是柯林斯，他提到了他的朋友洛维特的病情，并为导致他们一同受到监禁处分的方针进行辩护。后来，利特勒、迪根等人相继发言，集会的气氛始终非

常热烈。此后，麦克道尔到英格兰北部的主要城镇进行访问。在有些地方，大批群众列队迎接；在所有的地方，他受到了各种方式的欢迎。

怀特刑期届满，因此，在获释的宪章运动者名单上又增加了一人，他和柯林斯和麦克道尔一起应邀前往苏格兰许多地方访问。格拉斯哥的群众举行了一次盛大的示威集会。好几万产业工人出动参加，组成一支宏大的队伍，向获释出狱的英雄们表示敬意。群众一见到他们，就报以震耳欲聋的欢呼。群众在格拉斯哥草地上排列整齐，由J.莫伊尔担任主席。柯林斯、怀特和麦克道尔先生分别在会上发表讲话。参加这次示威集会的群众估计不下二十万人。夜晚接着举行晚会，会上向这几位获释的宪章运动的鼓吹家赠送了纪念品，借以表示格拉斯哥激进分子的敬意，并表彰他们为这个事业所做的努力与所受的苦难。可是，在格拉斯哥示威集会以后，麦克道尔和他的两位同事分开活动了，他们在他之前参加露天集会，而他则继他们之后在室内发表有益的演讲，听讲者一直非常踊跃。这样，他们在苏格兰做了一次有系统的游历，不论走到哪里，他们都使鼓动工作重新生气勃勃。伯恩和欧文先生不久也从达勒姆监狱中获释出来，在邻近地区参加了好几次群众集会。纽卡斯尔的民主主义者特地组织示威集会，向上述两人和新近从苏格兰回来的怀特表示敬意。柯林斯因健康关系不能参加。一大队群众带着乐队和旗帜到火车站去迎接怀特。他被护送到广场，在那里他以惯有的尖刻口吻，向群众发表了相当长的讲话。迪根等人也发表了感想。会后，约有一百二十人在麦克唐纳旅馆举行宴会，宴会由那位对宪章运动事业忠诚可靠的朋友托马斯·道布尔

戴主持，怀特、伯恩和迪根先生在席间讲演助兴。晚上，在音乐厅举行了晚会，民主主义派的男男女女们济济一堂。女宪章运动者
189 向获释的受难者们致辞祝贺；然后由霍姆斯夫人把一条银链子套在伯恩的颈上，同时也向怀特赠送了同样的礼物，表示敬意。两人对此表示感谢，当天晚上，出席集会者发表了各种不同的感想，相互响应，散会时并为《北方解放者》、《北极星报》、出席的妇女们和主席而欢呼。

当获释出狱的宪章运动者正在重新唤起群众重视宪章时，另一个相当重要的运动也多少掌握了公众的心理。如果不是因为它对宪章运动的鼓动工作具有影响，我们不应当在这部历史中提到它。上述运动关系到帕默斯顿勋爵的对外政策。泰恩河畔纽卡斯尔是这个运动的大本营。这个事件的首要提议人是戴维·厄克特，他一直把我国的外交事务作为他的专业研究。他的努力获得了查尔斯·阿特伍德的赞助，后者是伯明翰著名议会议员的胞弟。威廉·卡吉尔也在这个运动中占有重要地位。这几位人士都指责帕默斯顿勋爵不该把本国的利益拱手让与俄罗斯；甚至进一步指责他被俄罗斯用金钱收买，以致英国卷入了对法国的战争。《北方解放者》是北部反帕默斯顿派的喉舌，道布尔戴通过演说和文章来加强他们的观点和主张。宪章运动团体是唯一可能赞同他们观点的政党，为了争取宪章运动者的赞助所做的努力获得了一定的成效。在纽卡斯尔举行了几次公众集会，厄克特、查尔斯·阿特伍德、道布尔戴和卡吉尔先生是主要演讲人，许多宪章运动领袖和他们携手合作。埃尔、梅森和洛厄里先生是其中的主要人物，有关这个问题的鼓动工作在该城镇活跃地进行着。卡多、理查兹和沃伦

都是上次全国宪章代表大会的成员，他们被聘为宣传员，在伯明翰、北安普敦、卡莱尔和其他许多地方的群众集会上发表讲话；但除了纽卡斯尔一地外，这个运动并没有获得长期的成功。这并不是由于宪章运动者对上述内阁大臣有任何信任；而是因为他们把这个运动看成是一个阴谋，其目的是要使他们背离他们自己所提倡的办法，关于这点，他们又从奥康纳那里得到了印证，因为奥康纳通过《北极星报》，用尽一切可能的方法加以反对，因此，时隔不久，几乎只有纽卡斯尔一地还对这个问题特别加以注意。关于这件事，宪章运动团体在奥康纳的影响下，显得器量狭窄。毫无疑 190
问，他们的职责应当是把宪章运动问题置于首要地位，但是，如果能获得表明他们的统治者颟顸无能的各种资料，从而为确立他们的原则提供更充足的理由，那也符合他们的利益。

1841 年冬季，辉格党激进改革家企图发起一个旨在修改人民代表制的新运动，因而计划在利兹这个重要城镇的马歇尔先生的新建工厂举行一次盛大的公众集会。他们宣扬了奥康内尔、罗巴克、汤普森上校、谢尔曼·克劳福德和约瑟夫·休姆的名字，以便加强这个运动的重要意义。即便没有其他原因，仅仅上述第一个人的名字就足以使这次集会受到谴责了。奥康内尔以前对宪章运动者满怀敌意的对抗态度，他在指责他们时所用的那种刻毒而不留情的语言，以及他的操纵曾使他们为了听取他们的一个鼓吹家的讲话而在都柏林召开的一次群众集会被用暴力解散——凡此种种都激起了这个团体的愤慨情绪。因此，在整个西赖丁，广泛地张贴公告，敦促每个宪章运动者去参加集会，向他表示公告称之为完全应该得到的欢迎。上述集会规定在 1 月 21 日星期四举行，宪章运动者决定针对着这个运动召开一次对抗性的示威集会，为此，代表们从英格兰和苏格兰各地前来助威。在举行集会的前夕，星期三晚上，在音乐厅为代表们举行了晚会，表示欢迎，由《北极星报》的编辑威廉·希尔牧师担任主席。第二天，尽管天气非常恶劣，他们仍组织了一支游行队伍，穿过各条街道后，前往霍尔贝克猎场。人们携带许多旗帜，上面照例写着格言并绘有图案。乔舒亚·霍布森主持集会，宣读代表名单，从中可以看出出席者有格拉斯哥的莫伊尔，伯明翰的柯林斯和奥尼尔，中部的约翰·梅森，曼彻斯特的詹姆斯·利奇，曼彻斯特和伦敦的威廉·蒂尔曼，曼彻斯特和首都地区的 C. 多伊尔，达勒姆郡的 J. 迪根，赫尔的 W. G. 伯恩斯、塞缪尔·希利、约翰·佩克和威廉·沃斯戴尔，哈德斯菲尔德的劳伦斯·皮特基思利和爱德华·克莱顿，斯托克波特的约翰·赖特，普
191 雷斯顿的乔治·霍尔顿，赫布登布里奇的乔布·米奇利，哈利法克斯的詹姆斯·维克曼，奥德姆的约翰·格里夫斯，伯恩利的威廉·比斯利，纽卡斯尔的罗伯特·洛尼里，科恩的托马斯·鲍德温，基思利的托马斯·诺尔斯，大霍顿的约翰·索顿，利物浦的 J. R. 贝尔斯托。集会一致通过了决议，赞成继续坚持宪章运动的鼓动工作，表示不信任新运动的倡议者，尤其因为他们邀请奥康内尔到会，而代表们则一致认为他是当代最无原则的政客。关于对费格斯·奥康纳表示信任和要求罢免内阁的决议也获得了代表们的赞同。为了后一目的，集会一致通过了向女王的陈情书。散会后，代表们前往马歇尔工厂，大批群众接踵而至，立刻把那个估计可以容纳七千人的中产阶级开会的会场挤得座无虚席。在主席座位的背后，写着各种各样的题词：例如，“人人均应享有公正待遇”；“对议

员不应有财产资格限制”;“户主选举权”;“投票选举,议会三年改选一次”,“代表名额重行分配”等等。詹姆斯·加思·马歇尔担任主席;但是宪章运动者却无法给予奥康内尔上述那种特殊的欢迎,因为这位大鼓动家十分英勇地,或者说十分小心地避不见面了。约瑟夫·休姆在一篇长达一小时的演说中提出了第一项决议;但他所得到的反应有时并不十分满意。这至少是不应当的,而且也是不公道的;因为不管休姆的政治原则怎样,他在议会内外却一直努力使工人阶级获得发言的机会。他所提的决议,措辞十分笼统,因此,宪章运动者也可以同意给予支持。决议的内容如下:

“鉴于援用修正法案来改善国内情况所作的重要尝试未能达到人民所期望的目的,因此有必要进行进一步的改革,本会议认为全国改革家应当齐心协力,争取进一步扩大选举权,以便使代表们的利益与整个国家的利益相吻合,借以使各阶级人民获得一个公正的政府。”

格拉斯哥的莫伊尔附议,接着表态的是柯林斯,他像前者一样竭力主张普选。罗巴克继起发言,在讲话过程中,痛斥政府对待被
迫害的宪章运动者的严酷手段。在他以后,奥尼尔发言,声称宪章 192
运动者绝不会放弃他们所持的崇高立场。谢尔曼·克劳福德接着发言,揭发阶级代表制的弊病,提倡把房客包括在内的户主选举权;但像休姆一样,他不时受到打扰。在他之后,洛厄里发言,对丹尼尔·奥康内尔进行了一些严厉的谴责。考文垂的议员 W.威廉斯继洛厄里之后发言,表示支持户主的选举权,虽然他本人赞同普选。其次,梅森在会上发表讲话,措辞十分有力;然后是汤普森上校,自称为一个“被人蔑视的宪章运动者”。迪根最后讲话,他发言

完毕，上述决议提付表决，在十分欢乐的呼声中获得通过。在作出向主席致谢的决定后，大会宣告结束，向费格斯·奥康纳欢呼三声，向弗罗斯特、威廉斯和琼斯也欢呼三声，最后对丹尼尔·奥康内尔表示厌恶地哼了三声。于是，这次召开集会的目的便完全落空了。实际上，这是一个宪章运动集会；看来十分明显，除非为了实现宪章，否则，至少在目前，为了促成中产阶级和工人阶级的结合而进行的一切尝试都是徒劳。

1841 年夏季来临，大选开始了。宪章运动者先前曾发誓要对辉格党进行报复，现在辉格党的任期即将届满，他们准备把恫吓变成事实。梅尔本内阁自觉威望日益低落，决心采取断然手段，以挽回公众的信任，由于这种决心，三项重要措施便产生了。他们提议废止现行的谷物法，代以每夸脱八先令的固定税率；划一自由制造的食糖和奴隶制造的食糖二者的税率；降低进口木材的税率。他们希望，提出这些措施以后，可以恢复公众的信任，因为他们长期推行的那些背信弃义的立法，已使他们失去了民心；但不论这些措施从前可能受到多大欢迎，现在政府的一番美意却没有博得多少好评。凡与辉格党和辉格党原则有关的一切事物已经在公众中间引起了一股强烈反对的情绪，因此当他们在下院提出上述措施时，立即遭到否决，结果除了解散议会外就别无他法了。这里便产生了一个问题，宪章运动者应当采取什么策略？一部分人赞成选举所谓最开明的议员，而另有一些人只想击败和撵走辉格党，甚至不惜让托利党取代他们。在奥康纳和奥布赖恩之间发生了争执，当时他们还都在监狱中。前者主张采取亲托利党的政策，后者表示
193 反对，认为除非托利党协助选出一名宪章派议员，作为交换条件，

否则，宪章运动者投票选举托利党，实际上便成为该党的工具。可是，奥布赖恩对辉格党也坚持相同的原则，指明宪章运动者的正当策略是不投票选举上述任何一党，至于对宪章派与上述任何一党相互有利的情况，应另作别论。毫无疑问，奥布赖恩在辩论中占了上风，但人们反对辉格党的情绪如此强烈，以致奥康纳的意见比奥布赖恩博得了更多的同情，因此，他的策略就被普遍地宣布为宪章派的策略。宪章派采取任何策略都不可能比这个策略带来更致命的后果；如果不是由于这个策略，辉格党也许已经永远陷于屈辱的地位，而这个步骤却为他们提供了一个可以用来与宪章运动者进行斗争的强大武器，“托利党宪章运动者”这一称号就被用来恣意辱骂宪章运动者，而且收到了显著的成效。我们在这个问题上甚至比奥布赖恩还要更进一步；我们在任何条件下绝不同上述任何一党携手合作。与它们合作，可算是自相矛盾到了极点。我们至少可以打这样的比方，你投票支持一个朋友，然后又投票支持一个可能是最凶恶的敌人，难道还有什么做法比这更可笑的吗？这种策略从来没有获得一点长远的好处。也许它会取得暂时的胜利，但这种胜利比失败还要糟。把真理与谬误，把善与恶搞到一起，这能带来任何好处吗？即使奉行正确原则的只有三个人，也应当让他们与这种原则共存亡；这至少可以使他们得到尊敬，甚至敌人的尊敬。在大选时，曾采取远比支持托利党的策略更为高明的决定，这就是提出候选人，在竞选讲坛上阐述并辩护宪章主义的原则。许多人被提名参加竞选，但其中有些人只是罗巴克之流的政客。凡是奉行宪章主义原则的人，都在费格斯·奥康纳致《北极星报》的一封长信中得到了推荐。罗巴克在巴思参加竞选，结果当选了；

汤普森上校在赫尔竞选，没有成功；奥克利和邓库姆在芬斯伯里当选，菲尔登和约翰逊在奥德姆当选。文森特在班伯里参加竞选，获得了五十一票，而任何候选人所得的最多票数为一百二十四票。麦克道尔被提名在北安普敦竞选，在那里出现了宪章派和托利党之间的公开联盟；辉格党同托利党展开了一场剧烈的竞争，但前者终于获胜，而麦克道尔在这个约有二千选民的选区中仅获得一百
194 七十票。在泰恩河畔纽卡斯尔，勃朗蒂尔·奥布赖恩被提名为宪章派候选人，虽然他尚未出狱，结果举手赞同者占有惊人的多数，大大超过了举手赞同两名获胜的候选人中的任何一人的数字，换言之，超过了后来投票时获得多数选民投票的当选者。奥布赖恩的朋友们在竞选坛上为他取得胜利后，就撤回了他的候选人资格。哈尼和皮特基思利在西赖丁的竞选坛上同莫佩思勋爵和米尔顿勋爵进行竞选，在那里赢得了同情宪章运动的舆论。W. V. 桑基是马里莱博恩那个贵族式自治城市的候选人，在力量对比悬殊的形势下，他居然有勇气参加竞选，因为他仅获得了七十票。即使在布赖顿，宪章运动者也不乏他们的候选人，即本郡的查尔斯·布鲁克，可是他在这个广大的选区中只获得了十八票。卡莱尔的宪章运动者提出一个名叫汉森的织工为候选人，在举手推选时，他所获得的票数，远在贵族竞争者之上。在英格兰和苏格兰的其他许多地方，也都提出了宪章派候选人，在竞选坛上，看来几乎每次都获得了绝大多数人的支持。甚至当他们参加投票选举，而选民使他们只占少数时，情形也复如此，这证明选民阶级与非选民阶级之间彼此很少同情。但有一个例外情况，这就在利兹自治市，在那里，即便在不享有选举权的人们中间，对中产阶级的同情也很强

烈。利奇和威廉斯是宪章派候选人，但举手表决的结果对他们不利；在朋友们宣布结果后，作为普选权的提倡者，他们顺从公众的决定，退出了竞选。如果不是由于奥康纳提出的亲托利党的策略，1841 年的大选可能给宪章运动事业带来莫大的利益。如果宪章运动者从未提出一个候选人参加正式竞选，而让辉格、托利两党互相火并，自己却袖手旁观，暂时满足于自己所提出的人选赢得多数人的举手赞同，那么，他们必然会增强自己的势力，为未来的胜利奠定基础。但当时推行的策略却给宪章运动阵营造成了无穷尽的分裂，甚至比道义、暴力两派的争执所引起的分裂更为严重；因为奥康纳的策略虽然获得了多数人的赞同，但有一个不可忽视的少数派，其中包括势力比较雄厚的成员，他们却表示反对，由于特别
厌恶相反的策略，他们走到另一极端，竟投入了辉格党的怀抱。这 195
样，整个阵营便完全分裂了，这次大选，如果明智地加以利用，本来可以大大有助于他们的事业，而实际上却推迟了宪章运动者实现瞩目的光荣目标。托利党在大选中赢得了议会多数，比他们的辉格党政敌大约多一百个席位；但除了像罗巴克原先已在下院占有席位者外，宪章派候选人一个也没有当选。即便在托利党声称愿在互利条件下和宪章运动者携手合作的地方，除了极少数以外，他们也没有投票选举宪章派候选人。这本是意料中事。辉格、托利两党之间的距离很小；而在托利党和宪章派之间，原则上存在着几乎不可估量的距离。辉格党也好，托利党也好，从他们所代表的阶级的社会地位看来，都同样是专利权的维护者；因此，希望这一党或那一党真心诚意地同必然反对一切专利权的民主主义的提倡者团结一致，究竟是否有这种可能性呢？由于观察这个问题时缺乏

这种眼光，结果招致了 1841 年的一切耻辱，如上所述，也造成了整个阵营的分裂，并给宪章运动带来了极其不幸的后果。

全国宪章协会成立不久，另一个争端随着发生；这照例又是在一个政策性问题上发生的争端。洛维特和柯林斯在狱中写了一篇文章，题名是《宪章主义》，其中提出一个计划，要把全国宪章运动者组织起来。这个计划包含着：指派宣传员；刊印并传播政治性小册子；成立流通出租图书馆；建筑公共食堂和学校，向群众灌输德育、智育、体育和政治方面的知识；创办师范学校，培养男女师资。据说明，只要在全国请愿书上签了名的人，每星期捐助不到一便士，每年就可以建造地区会堂八十个，或创办师范学校或工业学校八十所，每所经费三千镑，合计二十四万镑；流通出租图书馆七百一十所，每所二十镑，合计一万四千二百镑；延聘四名宣传员，每名每年需费两百镑，包括旅费在内，合计八百镑；政治性小册子两万份，每千份十五先令，每星期发行一次，共计七百八十镑；印刷费、邮电费、薪金等等共计七百镑；这样，为了促进群众的觉悟并加强其组织，每年支出二十五万六千二百镑。上述计划一经出现，就立刻遭到了斥责。费格斯·奥康纳及《北极星报》提出警告，谴责它
196 是中产阶级用来破坏宪章运动的一个阴谋，这个“新措施”在绝大部分宪章运动地区受到了相当直率的指责。《北极星报》上不时刊登通信和专论，说明只有以前在曼彻斯特通过的计划才值得人民采纳，把赞成洛维特和柯林斯计划的人们一律斥责为叛徒。不久，另一种争论的起因也出现了。文森特曾从奥克哈姆狱中写信给宪章运动者，劝他们一律厉行戒酒；1841 年 3 月间，他获释以后，应朋友的邀请，在主要城镇做了一次广泛的旅行，每当群众集会结束

时，他都建议成立“宪章运动者禁酒协会”，使宪章运动团体中相当多的人立誓戒酒。可是对这个计划的斥责，并不像针对洛维特和柯林斯的计划所进行的斥责那么成功。《北极星报》的编辑希尔在文森特的宣言上签了名，相当多的地方领袖们也步他的后尘；但它没有获得奥康纳的赞同，除了在曼彻斯特所通过的计划外，他对任何计划都加以斥责。

不久又出现了第三个派别，它也遭到那位领袖人物同样程度的非难。苏格兰的宪章运动者在许多地方建立起“宪章派基督教堂”，每逢安息日，在教堂内进行政治讲道，在英格兰多少也建立了一些这类教堂。阿瑟·奥尼尔便是伯明翰这样一所教堂的牧师。奥康纳在《北极星报》上发表了一封公开信，以“求知宪章主义、戒酒宪章主义和信教宪章主义”为题，断然斥责三者都是有组织的体系；而他的信更着重于指责第一种主义。这当然不会在奥康纳和各有关方面之间造成任何好感，他们认为他的举动无异企图建立独裁制，把他的恩惠只赏给一部分人，企图使他们变得符合他的特殊目的。他们得出的这个结论是十分正确的。任何人如果假定所有奉行同一原则的人们都应当遵守某一条政策路线，而任何人越出这条路线就成为他们事业的敌人，那么他确实是太狂妄了。洛维特和他的朋友们的计划，其中包含着使人民获得新生的一切因素，假如把它全面地、忠实地、真正地付诸实施的话，而且只要处理得当，它本来是可能实现的。如果这个计划得到普遍采纳，而又始 197
终防止它为了迎合单纯的中产阶级意旨而走入歧途，那是多么值得庆幸啊！这样，不需要几年，我们就可以看到人民的势力建立起来，并有足够的力量来抵制民主主义的敌人的一切冲击。但这恰

好是奥康纳最不乐意的事。他从来不想用开导宪章运动者的方式来使团体取得成功。他只希望这个团体成为一群暴徒，在每次群众集会结束时，向费格斯·奥康纳和《北极星报》欢呼三声。兴建会堂、创办学校和建立流通出租图书馆等等，一方面会使群众得到更好的教育，另一方面又会使他们不仅对参加运动，而且对维护运动产生实际的兴趣，到那时，这个运动一定不再会成为一部记录谬误、灾祸和失败的历史了。

1841年夏末，奥康纳和奥布赖恩获释出狱。当时，这事大大地推动了宪章运动。现在它已有一个正式的执行委员会，由麦克道尔、利奇、菲尔普、坎伯尔和摩根·威廉斯组成。奥康纳曾在《北极星报》上宣称，一旦他从监狱中被释放出来，他将穿一套粗布衣服，以表示他本人多么彻底地和工人阶级打成一片。于是，就做了一套这种衣料的服装送给他。他出狱那天，来自各地的许多代表聚集在约克，代表他们的选民向他致贺，总计五十六人。为了这个重大时刻，曾特制一辆凯旋车，奥康纳穿着粗布服装，坐在车上，后面跟随着成千上万群众，在约克的街道上列队游行，并不时向那个脱离樊笼的"自由雄师"欢呼示敬，在分散以前，代表们向全国发出一项宣言，号召群众组织起来，以便加速运动的发展。奥布赖恩在兰开斯特出狱时，受到了该市镇民主主义者的款待，他向他们发表讲话，照例寓意深长，口若悬河，博得最热烈的欢呼。不久以后，奥康纳和奥布赖恩应邀前往曼彻斯特，一大批群众列队欢迎，给予他们在这种情况下应有的一切荣誉。

奥康纳继续在全国各地参加示威集会；先前他虽然曾断言中产阶级和工人阶级绝无合作的可能，但在苏格兰旅行后，声称他将

使这两个阶级在短暂的三个月期间内实行合作。另一方面，奥布 198
赖恩表示决心，不再参加这一类的示威游行，因为他认为它们目前不会产生任何成效；但他应各团体的邀请，走遍全国，发表了许多雄辩滔滔、才华横溢、发人深省的讲演，这使他声誉鹊起，名噪一时。奥康纳的苏格兰之行并不一帆风顺，因为在一部分旅程中，P. 布鲁斯特牧师和他一直形影不离，在暴力问题上，向他提出反对的意见，结果收到了相当的成效。

1842 年春，宪章派阵营中出现了新的分裂根源。由于反谷物法运动的领袖人物表明他们缺乏原则，约瑟夫·斯特奇已经放弃了这个运动，而开始为普选权问题进行活动。他发表一篇宣言，坚决主张每人应有选举权。他呼吁赞助议会改革的人们在这篇宣言上签名，并邀请签名者到伯明翰去同他开会，进行协商，以便想出关于促成他们目标的最有效方法。许多宪章运动者，尤其在英国西部，对这个运动多少寄以同情。文森特和菲尔普当时住在巴思，经营《全国辩护士》，一份不贴印花、售价二便士的宪章运动刊物。如前所述，菲尔普是宪章协会执行委员会的成员。他们两人曾在斯特奇的宣言上签名，因而有资格被推选出席这次协商会议。埃奇河畔的伍顿推选勃朗蒂尔·奥布赖恩出席协商会议。利物浦派来的是麦卡特尼先生。杜赫斯特先生和其他四人代表布雷福德的宪章运动者。约翰·汉弗莱斯·帕里是伦敦派来的代表，此外，还有各地区的其他几个代表；他们大部分是中产阶级人士，从未参加过宪章运动。这个新运动的机关报是由一个非国教牧师迈尔主编的《非国教徒》，报上刊登一系列立论精辟、说理畅达的论文，阐述了工人阶级参加普选的权利。但是，不论一部分宪章运动者对斯

特奇的努力多么同情，奥康纳及其派别却谴责这种努力，当协商会议开会时，奥康纳前往伯明翰观察会议进行情况。会上提出了代表制问题，并进行了两天的讨论，在此期间，奥布赖恩和其他宪章
199 运动代表们尽力维护他们所珍视的原则。最后，会议一致承认人民宪章的六项要点；经洛维特和奥布赖恩动议，决定召开一次更具有全国性的协商会议，其成员应由公众集会推选出来，而其目的在于为一项以上述六个要点作为基础的措施制定细则。在不久出版的《北极星报》上刊登了一篇社论，谴责协商会议，特别提到奥布赖恩，对他进行严厉的批判。它指摘奥布赖恩把宪章运动团体出卖给中产阶级，并竭力使全国宪章协会陷入斯特奇的新组织中。菲尔普也被奥康纳单挑出来供宪章运动的群众咒骂，因为他曾在宣言上签名，于是，便断定他的行为与他作为执行委员会成员的职守不相称。这位著名的鼓动家采取与众不同的方法，教唆他的崇拜者撤销菲尔普的职务。他在《北极星报》上刊登了他写给利奇、麦克道尔和坎贝尔的信，在这种情况下，照例竭尽阿谀奉承之能事，向他们声明，当执行委员会改选时，他将投票选举他们。这封信产生了预期的效果，菲尔普终于被撤职，而由一个能言善辩的青年乔纳森·贝尔斯托继任，他曾长期在约克郡西赖丁和其他地区担任演讲员。

奥布赖恩下定决心，不让他的对手不经过斗争就把他打倒，于是致函《北极星报》主编，为自己所受的委屈发出不平之鸣，并向该主编和奥康纳提出挑战，要他们在发生上述事件的伯明翰的公众面前同他交锋，他将尽力证明对他所作的责难完全与事实不符；但这个挑战所得的答复是另一套颠倒黑白的谰言。奥布赖恩给上述

主编写了第二封信，可是这位大主笔拒不刊登，理由是，来函内容完全是“骂人话、下流话、狂怒者的胡言乱语”。什么话都不能比这番话更荒谬的了。奥布赖恩在反驳对他的责难时确实盛气凌人；但他那封信的措辞绝不会有损于任何公共刊物的威信。《北极星报》对协商会议进行的情况，不作公正的报道，而只满足于从其他报刊上摘录一些断章取义的言辞，因此，奥布赖恩在该报上得不到应有的申辩机会，便刊印了一本小册子自行辩护，明确地指出他所受的不公正待遇。《北极星报》的主编指责他不该反对一项表示感 200
谢的决议，提出这个决议的是一个布雷福德的代表，他建议感谢工人阶级过去对这个事业所贡献的力量；其实，奥布赖恩本来是支持这项动议的，直到后来帕里先生发现大家认为这项动议是出于党派性的动机，乃提出一项修正案，不仅对工人阶级表示感谢，而且还感谢所有提倡这个事业的人们；到了这时，奥布赖恩看到原动议不再有通过的希望，便支持修正案，它实际上包含着原动议的一切内容，却没有原来动议的排他性。关于指摘他企图把宪章运动拱手让与斯特奇及其派别的责难，奥布赖恩在答辩中明白地解释了他的立场；这就是劝导工人阶级主要依靠他们自己的力量，但同时却不阻挠愿以另一种方式鼓吹宪章原则的任何一部分中产阶级人士。一言以蔽之，奥布赖恩表明他的目的不是要使一个派别居于支配地位，而是要使正义的原则得到维护，姑且不论拥护来自哪一方面。这时，奥康纳的举动显得更加古怪，因为协商会议闭幕后，他曾在伯明翰一次公众集会上，实际支持了一项决议，盛赞协商会议的行动，并为了会议成员们所表现的情绪而向全国致贺；但这时，他把会议所取得的一切成就归功于他本人。他的意图显然是

在诋毁奥布赖恩；他虽然曾在伯明翰雇用一名采访记者，却从未刊登有关协会会议事项的公正报道，因为如果予以刊登，那就必然使他所期望的效果成为泡影。这种片面的行动使大多数的地区通过了指责奥布赖恩和协商会议的决议。奥康纳所雇用的每个奴仆（他们不在少数）感到自己必须和他的主人亦步亦趋。但是宪章运动团体中最明智的人士仍然站在正义一边，向《北极星报》提供了符合他们见解的决议，但这些决议不是全部遭到扣压，便是暂不予以发表，直到那些恶毒的诽谤在社会上生根以后。奥布赖恩为自己进行正当的申辩的途径非常狭窄；因为他没有一个发表自己见解的刊物，而《北极星报》却具有凌驾一切的无上权威。可是，虽有各种反对势力，奥布赖恩仍被邀请到一些地方去演讲；但一个有组织的体系却被用来扰乱他所参加的集会，并破坏他的声望。莱斯特是广泛感到奥康纳势力的城镇之一。1842 年春季，该城镇的工

201 人阶级陷于极大的贫困。成千上万的人失业无依，只由教区提供了一些工作机会；而从事这项工作，每人每天所得的只是两便士半的难以糊口的微薄工资。许多人被这种严酷艰苦的生活逼得几乎发疯，因此很容易对富人动火，如果领导他们的人感情非常激烈，而且又能使他自己暴躁的性情影响他的追随者的话，情形尤其如此；而具备上述特点的一个领导者正是托马斯·库珀。

我们这里扼要介绍的这个人物系出生于莱斯特；但他父亲去世时，他尚在襁褓中，他的母亲带着他迁往林肯郡的盖恩斯巴勒，在异常艰苦的环境中竭力挣扎，以求使母子俩得到温饱。但这也往往非常困难，因此为了使他的孩子能够活命，母亲不时被迫节食。她那伟大的母爱使她后来经常自动禁食，以便满足他日渐增

长的求知欲。库珀早年一贫如洗,甚至没有鞋袜,往往被迫赤足,对他来说,这并非耻辱。那时候,他身体虚弱,这当然是毫不奇怪的。十五岁时,他被送去做鞋匠,这是一种低下的职业,他从事这项手艺直到二十三岁。在库珀忍受这种单调乏味的工作期间,他并没有虚度年华,而是以其他各种知识来充实他的头脑。他开始学习语言和数学。他在拉丁文、希腊文、希伯来文和法文方面获得了相当高的造诣,在几何、代数方面也有同样的成就。后来,他又学习了一点意大利文、德文和其他语言。在这个期间,他努力使自己精通各种学识,但他当鞋匠所得的收入每星期只有十先令;当时他母亲的身体相当衰弱,为了维持他们母子俩的生活,他往往要作出十分艰苦的努力。库珀有些习惯和科贝特大致相同,而每晨早起的习惯甚至超过了后者,夏季凌晨3时就起床,一直散步到6时,他也用这段时间来进行孜孜不倦的阅读。二十三岁时,他生了一场大病,一位朋友劝他抛弃旧业,从事教师生涯。于是,他在盖恩斯巴勒创立了一所学校,办得十分兴旺。大约在三十岁那年,他迁往著名的城市林肯,在那里仍从事教学工作。库珀在林肯市担任《斯坦福德信使报》的采访记者,该报在销路方面,迄至最近时期
为止,在地方报刊中居于首位。最初,他当记者的薪金每年只有二 202
十镑;但逐渐提高,终于年薪达到了一百镑,后来他迁往斯坦福德,协助《信使报》的编辑工作,年薪达三百镑。这个局面并没有维持多久,他便迁往伦敦,有时不得不同逆境作斗争;他曾被迫出卖书籍,最后甚至典当衣服来维持生计。他有时在一些杂志社找到一些零星工作;最后担任了《格林威治日报》的编辑,然而,这份报纸不久便停刊了。刚好在摆脱上述报刊的编辑职务以前,库珀被他

家乡出版的《莱斯特郡信使报》聘为采访记者。他接受了这个职位；任职未及数月，就去参加一次群众集会，采访纽卡斯尔的约翰·梅森所作的关于宪章运动的演讲。结果是，他成为一个宪章运动者，后来开设了一家咖啡馆和专销宪章运动刊物的店铺。如前所述，1842 年春季，莱斯特市出现了严重的贫穷景象。库珀强烈谴责工人阶级所受的虐待。由于他那勇往直前的演说风格、永无静止的活力以及不屈不挠的意志，他使自己居于领导他们的地位。他给这个地区的宪章运动取名为“莱斯特宪章莎士比亚旅”，该团体的各项宣言都经他亲笔签署，所用的头衔是“将军”。在他发表的慷慨激昂的演说的大力煽动下，千千万万的失业工人跟着他在街上游行，他们的生活虽然都很艰苦，仍然大声欢呼，在各店铺门口停下来，接受店主们的施舍。当库珀不能率领这些队伍时，则由另一个身穿军装的人代替；但是对于库珀，群众始终愿意倾听他的发言，始终愿意服从他的命令。人们目睹这些半饥不饱的广大群众每天兴高采烈地游行过市，感到惊讶；如果不是因为他们衣衫褴褛，面容憔悴，则可能认为这个城市正在欢度一个重大节日哩。顺便提一下，当时对费格斯·奥康纳崇拜得五体投地的人，首推托马斯·库珀；他自鸣得意地声称他是这个偶像的崇拜者，正如他在曼彻斯特发表演说时所表明的那样。费格斯·奥康纳说什么，托马斯·库珀就信什么。任何人发表反对费格斯的言论，他一
203 定会加以斥责。总之一句话，他是奥康纳狂，他的行为也和他的心理状态相吻合。当他的伟大偶像出狱时，库珀创作了一首歌曲，题名为《自由雄狮》；不论他在什么群众集会上出现，一开始就毫无例外地先唱这首歌。他常常领唱，先哼出曲调——因为音乐是他的

特长——然后，他的“英勇的莎士比亚旅成员”便精神抖擞地跟着合唱。他在这批饥饿的群众面前，行使着一个国王的权力；只要他发出命令，他们一定会俯首听命。勃朗蒂尔·奥布赖恩在伯明翰协商会议刚结束后，正好陷入了这样一个敌兵四伏的巢穴。[①]

莱斯特另有一派宪章运动者，与库珀—奥康纳派迥然不同，其中有约翰·马卡姆。他们明智达理，不甘心屈从“莎士比亚将军”的独裁，便同主体分道扬镳了。邀请奥布赖恩前去演讲的，就是这一派，他们预订了莱斯特城镇最宽敞、最华丽的会场。为了弥补开支，征收入场费两便士；但暴力派的“莎士比亚旅成员”闯进会场，分文不付，而且在集会上占了多数，另一方面，他们的“将军”则在讲坛上设法利用他的优势地位。他已把他的士兵们训练成熟，使他们懂得他们的职责就是驯服地听从他的命令。他已教育他们，富人是他们的仇敌——这是千真万确的——约瑟夫·斯特奇是一个豪富的谷物商，因此他不可能正直无私；勃朗蒂尔·奥布赖恩既是斯特奇的爪牙，因而便成为他们伟大的领袖费格斯·奥康纳的敌人。但他忘记提醒他们，虽然一般说来，富人是穷人的仇敌，然而，在各个时代，富人队伍中也曾有过一些主持公道、富于博爱精神、能为人民事业请命的人。W. D. 泰勒主持开会，当议程进行到推选主席时，这位“将军”手下的一个名叫比达姆的副官提请由他的主子担任。争执随即发生，关键是究竟哪一派占多数；但奥布赖恩起立声明，应由库珀当选主席，于是库珀立即就座，开始进行议程，同时高唱《自由雄狮》，与其说群众在唱歌，不如说他们在乱嚎。

① 见附录中的库珀信件。

因此，库珀以讽刺的口吻为他那批可怜的盲从者有失体统的举动表示歉意，他说他们由于渴望倾听“学校教师”的讲话，而又穷得缴
204 不起入场费，所以才这样乱嚎的。接着，他介绍奥布赖恩，后者发表了任何公共讲坛上前所未有的最显示才华、最富于教育意义的演讲。他从一部分比较明智的听众那里博得了最热烈的欢呼。他对自己在协商会议所持的立场作了明晰的说明，声称他本人仍然拥护宪章，拥护它的细则，拥护它的名称，拥护它的一切。虽然这项声明博得了会上大部分听众响亮的喝彩声，而且它也是奥康纳派经常发表的声明，但是由于“将军”没有加以赞扬，“士兵们”也就默不作声了。奥布赖恩在发言中提到斯特奇运动，竭力声辩说，凡为民主主义奋斗的人们，都有权凭个人的意愿参加或自行结合任何会社，任何人也无权指令他人必须加入全国宪章协会。这个意见受到了奥布赖恩朋友们沸腾的欢呼；但是“莎士比亚旅成员”却保持沉默，直到后来，库珀认为这篇演讲无疑地正在开始令人信服，再讲下去，便不利于奥康纳主义的教理了，于是立即起立，大声叫道，“不对，不对，宪章同志们！”然后，他把帽子一挥，叫出一声倒彩，“士兵们”盲目地学样，活像孩子模仿父母一样。仔细端详这一批饱经忧患、备受蹂躏的群众的脸容，就不难看出构成奥康纳主义的主要内容究竟是什么，只是愚昧和盲从罢了。他们在倾听奥布赖恩对原则所发出的严正呼吁、阐述他的精辟论点以及道出他才华焕发的警句时，始终显得没精打采，露出一副茫然若失的呆相。只有在他们主席的指令下，他们才露出生气勃勃的样子，不过这种生气是感情上的生气，而不是理智上的。奥布赖恩讲了大约两小时，后来由于有病不得不宣告结束，因为一阵呕吐突然发作，使他

无法继续讲下去。这种情况甚至暂时消释了奥康纳主义信徒们的仇视,库珀宣称那天晚上他不应当再向奥布赖恩提出质问了。可是,第二天晚上,在奥布赖恩开讲前,库珀提出了一连串问题,例如,“奥布赖恩先生是不是全国宪章协会的会员?”以及类似性质的其他问题。奥布赖恩对这类问题的答复一点也不含糊。他回答说,他不是全国宪章协会会员;他宁愿保持自行负责的立场,因此,目前暂不属于任何协会。然后库珀提议对奥布赖恩投不信任票,尽管会上有一部分有理性的群众加以反对,但他的“莎士比亚旅成员”终于把它通过了。奥布赖恩试图发言,未能如愿;因为“将军”和他的“军队”鼓噪不休,使争取发言的一切尝试完全失败,集会在 205
极端混乱中宣告结束。

大约与此同时,文森特也应邀前往莱斯特演讲。库珀和他的“莎士比亚旅成员”也参加了,文森特想尽一切办法取得发言机会,但终究无效。库珀站在讲坛上,向文森特的朋友们大声喊道,“如果斯特奇或者斯潘塞来访问莱斯特,群众会听他们讲话的;但他们绝不会听那个矮小的叛徒讲话。”文森特被迫退出会场,终于没有发言。

库珀另一次恶作剧尤其显出他的狂妄。威廉·迪安·泰勒准备发表演讲。他曾得罪库珀,于是库珀就带着他那一帮人前去参加。“莎士比亚旅成员”当然推选他们的领袖当主席啰。上讲坛要走许多台阶。当泰勒刚走上高度适合讲话的台阶时,主席要求他再往下站。泰勒拒不听从。“宪章运动同志们,”库珀大声喊道,“泰勒先生不听你们主席的话”;因为这位演讲者不肯屈从这种蛮横无理的要求,那天晚上,他的发言就被盲从库珀的人的一片鼓噪声淹没了。这就是工人阶级队伍有史以来最伟大的天才在1842年所作的恶作剧；像多数具有同样心理的人们一样，库珀居然胆敢把奥布赖恩称为疯子。可是，菲尔普对这个独裁者库珀则采取了冷静沉着的有效办法。他前往莱斯特访问，想作一次演讲，商请库珀予以安排。可是，他遭到了刁难；库珀对他说，如果他想在莱斯特演讲，事前必须“双膝跪下”，忏悔既往。菲尔普答话时语气镇定大方；他离开库珀以后，便去同另一派宪章运动者磋商，他们安排他在他们的场所发表演讲。库珀听到这个消息后，几乎“双膝跪下”，恳求菲尔普打消原意；但这位冷静、镇定、谦和、被库珀称为“老弟”的人绝不放弃他的目的。这种盛行在莱斯特的愚蠢行动也或多或少地蔓延到一般宪章运动团体。理智遭到践踏；由蛊惑人心的宣传所煽起的感情盛极一时；谁敢背离奥康纳和《北极星报》所指出的道路，谁就绝不会有丝毫的希望。领袖人物中既然有那
206 么多的意见分歧，却要求所有的民主主义者参加一个独一无二的协会，这从当时的公众心理状态来看，难道还有什么比这更不公道、更不合理的吗？这是不折不扣的霸道。当教育尚未十分普及时，就提出团结一致的要求，未免操之过切；而纯粹的煽动家却只求达到目的，而不想取得手段。在知识的传播至少在民间已经普及以前，要想他们参加一个足以实现他们权利的组织，必然是徒劳无益。在普及知识的过程中，一个协会或一百个协会并无出入，只要它们都有同一伟大的目标。一向被认为由于在政策问题上的分歧意见和不协调的行动所造成的灾祸，事实上并非由于这个根源，而是由于宪章运动团体中一个宗派不能容忍与它自己政策不同的政策。于是便出现了倾轧和争执——因此宪章运动组织便从几个

强大的团体萎缩为一些比较无足轻重的宗派了。

这些事件发生不久，奥布赖恩成为一个名为《不列颠政治家》刊物的所有人和编辑，他在这个刊物上，十分有力地证明每个民主主义者都有权采取完全独立自主的行动，只要他始终坚定不移地恪守原则。可是，在奥康纳的雇用人员所施加的种种压力下，同时由于资金短绌，奥布赖恩很难顺利地坚守阵地，与他的对手周旋。时隔不久，《政治家》即被迫停刊。洛维特一派人创办了《全国协会报》；文森特和菲尔普继续在《全国辩护士》上发表意见；但这两份报刊的寿命都不长久。为了表明这个时期奥康纳的政策的极端矛盾起见，我们不得不提起在巴思发生的一件小事。当时，有人正在设法使这个城市的谷物法废除论者和宪章运动者结成联盟，其基础是废除谷物法，并实现一种完整、公正、自由的人民代表制。文森特以宪章派代表身份，参加了这次为促进上述目标而举行的公众集会。前面曾经提过，文森特的演讲一般是以姿态、声调、手势和热情见长，而不在于内容充实；但他有时也会使用一些庄严、优美的词句。下面就是一个实例；这无疑是我们所能选出的最精彩的一段摘录：

“全世界人民已经起来反抗贵族制度了。是呀，战斗已经在各个战场上展开了。某一天，你们可以从非国教徒为了反抗法定教会的统治而进行的斗争中看到这种战斗。另一天，你们会从为了 207
解放黑奴所作的崇高的努力中听到这种战斗。又有一次，这种战斗会从我们那些被压迫的天主教友们的奋斗中显示出来。在某一个时刻，它存在于反对谷物法的呼声中；在另一个时刻，它又表现为要求创办学校的呼吁。所有这些只不过体现了一种伟大、崇高

的精神。更高原则是行动的源泉,是对人类团结友爱的信念——一种想要实现符合基督教制度的愿望。它是对世世代代的偏见的一种精神上和道义上的反抗。先生们,你们对于预示一个新权威的征兆,为什么要害怕呢?就我来说,我感到欢欣鼓舞。我赞同钱宁的看法:我们这个时代是一个孕育着重大事件的时代。我十分高兴地看到人们精神境界的提高,民主主义的脉搏的急剧跳动。为它欢呼吧!先生们,我请求你们。不要轻视它;要鼓励它——帮它向前发展。看一看我们眼前的广大群众;上帝是他们和你们共同的天父。上帝按照他自己的形象塑造他们,正如他塑造你们一样。罪恶和贵族制度毁损了这个形象;只要群众在宗教、智力、道德、政治和社会等方面的地位获得了提高,这个形象也就会按群众提高的程度,相应地恢复原有的美观。为什么群众思考着抽象的权利,而不吵闹地要求面包,对于这一点不必感到奇怪;其中自有值得无限赞美的崇高思想。在我看来,最令人崇敬的景象之一莫过于衣衫褴褛、饥肠辘辘的群众正在仔细推敲微妙的抽象概念,他们同时说:"当然,我们也需要面包;但我们所要求的则是长期拒不给予我们的权利。这是真正高尚的行为。它表明造物主的一粒火花已经迸进他们的心灵深处。基督的真理宣称,'人活着,不是单靠食物,乃是靠神口里所出的一切话。'①"

在举行上述集会的同一天,奥康纳前往巴思访问;文森特演说的一部分内容虽然完全为了拉拢中产阶级,奥康纳在当晚举行的并有文森特在座的公众集会上,在提到这点时,大声说,"我相信,

① 《新约全书》,马太福音,第4章,第5节。——译者

亨利·文森特——我们宪章运动的本杰明·富兰克林[①]——连同他的巴思宪章派队伍，必将战胜我们的敌人，取得辉煌的胜利。”应当记住，所谓胜利就是宪章运动者和谷物法废除论者之间的联盟；宪章运动者，特别是奥康纳，认为必须要有宪章，才能使谷物法的废除有利于工人阶级；而宪章一旦实现，就必然能使人民废除谷物法。因此，根据上述观点，关于为了实现这两个目标而结成联盟的说法是很荒谬的。奥康纳明知中产阶级的谷物法废除论者只想利用宪章派的力量来实现他们自己的特殊目标，而他却把为了这个 208
目标而同中产阶级结合的政策称为“战胜我们的敌人，取得辉煌的胜利”！

可是，大约与此同时，宪章协会执行委员会发表了一项宣言，提出在宪章运动者与谷物法废除论者之间建立一个联盟，其基础比文森特所规定的更加健全。但奥康纳却威胁说，他将在宪章运动团体面前谴责他们的计划，他的编辑果然在《北极星报》上谴责了他们的计划。就在发生这些事件的那个春天，约瑟夫·斯特奇同《泰晤士报》的约翰·沃尔特在诺丁汉竞选议会议席。奥康纳曾在上届大选中支持沃尔特。现在他却出面支持斯特奇，而反对沃尔特，虽然他曾公开嘲笑斯特奇是“反谷物法联盟的一个狡猾的爪牙”。他调动了一大批宪章派演讲员为斯特奇游说，他们一连几天使这个城镇处于持续的兴奋状态。斯特奇没有当选，但他获得一千八百多票，约占他的对手所获票数的百分之八十。奥康纳后来

① 本杰明·富兰克林(Benjamin Franklin，1706－1790)，美国政治家、哲学家、科学家。——译者

给斯特奇送去一份演讲员酬金的账单，这些演讲员也同意接受酬金，而付款者恰恰就是他们大多数人一向谴责的他们事业的敌人。这就是当时宪章运动者的一些自相矛盾的行动；这些行动由于出尔反尔，不论暂时可以达到什么目的，却不能不损害整个宪章运动。

与此同时，执行委员会正在把全国的注意力引向一个问题，就是为了要求实现宪章而呈递另一份请愿书，为此他们已制定了一项草案，提请通过。可是这第二份请愿书并不局限于宪章；除申诉人民的种种疾苦外，还恳请撤销大不列颠和爱尔兰议会的合并法案。这又是一个争端。一部分苏格兰宪章运动者反对在请愿书上列入宪章以外的任何问题，关于这一点，麦克道尔医生和苏格兰最杰出、最有才能的宪章运动者约翰·邓肯发生了争论。然而，大多数人的意见是和执行委员会一致的，请愿书的签名运动进行得十分活跃。当时决定在伦敦召开一次代表大会，为期三周，以便主持呈递请愿书事宜。代表大会共有二十五名成员，姓名如下：亚伯拉罕·邓肯，E. 斯托尔伍德，詹姆斯·利奇，J. R. H. 贝尔斯托，C. 多伊尔，W. P. 罗伯茨，乔治·怀特，费格斯·奥康纳，N. 鲍威尔，R. 洛厄里，詹姆斯·莫伊尔，S. 巴特利特，威廉·比斯利，J. 麦克弗森，G. 哈里森，P. M. 麦克道尔，摩根·威廉斯，R. K. 菲尔普，

209 鲁菲·里德利，W. 伍德沃德，J. 梅森，威廉·托马森，劳伦斯·皮特基思利，J. 坎贝尔和 J. 勃朗蒂尔·奥布赖恩。可以看出，二十五人中只有六人是第一届代表大会的成员。1842 年 4 月 12 日，这个团体在伦敦集会，接受全国请愿书上的签名，据说总计有三万三千人。请愿书于 5 月 2 日由邓库姆送往下院，当时有一个庞大

的队伍从会场出发，穿过几条主要通衢大道，到达下院。政府当局事先严禁车辆在上述街道上通行，以免妨碍游行队伍，这项禁令严格地予以执行。这次聚拢围观的群众人数很多；许多外地人从乡间赶来看热闹。邓库姆呈递请愿书，请愿书被用小车推进下院，然后，他说明请愿的主要内容；他声明他将提出一项动议，要求让请愿人通过他们的律师或代理人在旁听席上发言，以便为请愿书中所列举的主张进行辩护。当邓库姆把他的动议正式提出时，下院照例是议论纷纭。麦考利[①]是这项动议的重要反对者。他说，除普选权外，他对宪章的任何其他要点均无异议，但他却把普选权说成是要没收富人的财产。他在发言中对工人阶级进行毫无根据的恶意诽谤。邓库姆的演说措辞庄重而又大胆，博得了各党派人士的热烈敬佩；但大量的直言谠论并不足以引起下院的反应，结果表决时，发现只有五十一名议员，包括检票员在内，赞同他的动议。这个下院对人民的处境所持的态度十分怯懦，或者说，十分冷酷无情，以致不愿面对受苦难的穷人的真正代表，倾听那些最适于为民请命的人们揭露穷人的疾苦。邓库姆声明，他对下院的作为极其反感，以后要是人民再提出另一份性质类似的请愿书，他绝不再去呈递，以免和他们同受耻辱。

代表大会开会期间，宪章团体的内部分歧被提出讨论。奥康纳的策略受到了罗伯茨、菲尔普和奥布赖恩的强烈谴责。奥康纳声称，他对奥布赖恩一直是热爱的；后者对此答复说，他无法报答

① 托马斯·巴宾顿·麦考利（Thomas Babington Macaulay，1800－1859），英国议会议员、历史学家、诗人。——译者

210 这种美意:他只对女性才有爱情。讨论终结时,通过了两项决议:一是反对公开指责,一是反对知名人士私人间的互相诽谤;这两项决议经奥布赖恩和奥康纳分别动议和附议。奥康纳向奥布赖恩伸出手去,奥布赖恩以公共事业为重,便与他握手了;但他声明,他对奥康纳本人及其策略的意见与以前并无二致。

代表大会闭幕后,宪章运动演讲员继续在各地区进行鼓动工作。1839 年以来,已有许多新人物开始成为鼓动家,或已从次要地位跃升到显要地位。其中有贝尔斯托,利物浦的威廉·琼斯,纽卡斯尔的约翰·梅森,W. D. 泰勒,詹姆斯·利奇和约翰·坎贝尔。在这些人中,贝尔斯托也许是公众集会上最有影响的一个演说家。他的演说大多雄辩有力,但他的叙述却言过其实。他的年龄不过二十三岁。身材高大健壮;发音坚定、清晰而又悦耳;姿态威严,落落大方。他时常喜欢玩弄辞藻,把有些听众弄得目瞪口呆,不知所云。他对矿工们和类似群众讲演时,情况尤其如此。下列摘录可以使我们对贝尔斯托惯有的风格获得一个概念。这篇演说是 1839 年在约克的群众集会上发表的,当时这位演说家只有二十岁:

"难道这就是事态的结局吗?政府保持一支庞大的常备军,并正准备建立一支农村警察部队——全国的祸害——为此,每年需要支出四百万镑,其目的及其用意是要胁迫一个自由民族沦为奴隶——支撑贵族统治的堡垒——在全国,无孔不入地到处搜刮民脂民膏——榨干人民的血汗,使他们无力起来反抗——不顾一切反对,而又违背人民的意愿,保持一个可鄙、有害、该死的党派的权势地位,使它悠闲岁月,睥睨一切,再不然,便想方设法剥夺人民还

剩有的微不足道的自由权利；他们仿佛变魔术似地把全国的财富
摄入他们的钱袋，用暴力来支持一种制度，这种制度使千千万万的
人过早地被送入坟墓——使无数寡妇心如刀割，悲痛欲绝——使
孤儿们的哀号上达天堂，要求对残忍的凶手们报仇雪恨——使上
帝的形象留在人们身上的最后痕迹被涂抹净尽——使美质在萌芽
状态中即被摧残——使工人们遭受疾病、衰老和夭折等痛苦——
使工人的臂力全部丧失——使劳动者的勇气衰退消沉——而且旋 211
风似地将不列颠最引以自豪的优秀儿女（令人崇敬的勤劳的工人
们）投入饥寒交迫的痛苦深渊。他们对这一切犹嫌不足，当人们活
着的时候，把他们驱赶到血腥的巴士底狱中等待死神的召唤，和世
上一切亲人生离死别，永不相见；甚至还打破尘世的界限，使他们
的遗体遭到解剖刀的宰割，而它自己则高高站在他们的坟墓上，张
着火山爆发似的血盆大口，高声喊着：给我！给我！给我！”

梅森是一个善于振奋人心的演说家，发言急促，声调偏高。他的雄辩十分有力，他的演说一般穿插着具体的事实和坚实的论据：他倾向于奥布赖恩的政治派别。威廉·迪安·泰勒是一个特别擅长于无中生有的演说家。他信手拈来一言半语作为题材，能够信口开河把它诌成一篇长达两三小时的演说；讲完后，人们感到这篇演说的内容无非是一些词句的堆砌，而演讲的格调既令人生厌，又浮夸得可笑。詹姆斯·利奇从来不想当一个演说家。他在公众集会上发表的讲话平易自然，如同私人间的谈话一样；至于事实和论据，当代只有少数演说家比他略高一筹。约翰·坎贝尔的演说比利奇的更具有说服力；但他主要因为受秘书职务的限制，很少以演说家的身份在公众面前出现。他之所以出名，主要因为他出版了

一本小册子，题名为《谷物法的探讨》，这是针对着反谷物法联盟而写的，当时产生了相当大的影响。威廉·琼斯无疑地是当时出现在公众面前的新一代演说家中最优秀的一个。他的演说风格流利畅达，措辞动听有力，却没有贝尔斯托言过其实的特征。我们举出下列一段摘录作为代表他的风格的一个范例；这是他在奥布赖恩从兰开斯特监狱中获释那天在利物浦的皇后戏院发表的。当时这位演说家尚未到达法定年龄：

“工人阶级中虽然也有个别道德败坏的无耻之徒，但不应当据此假设，道德败坏的恶习已使整个工人阶级的品质受到了腐蚀。大多数人民是道德高尚、性格善良的，工人阶级中曾经有过道义上
212 自我克制的范例，比起古罗马引以自豪的英雄们所炫耀的品德，并无逊色。当一个依靠自己的劳动赡养妻儿老小的工人失业赋闲，陷于贫困和难以形容的悲惨境地，为了暂图生存，正依靠一些几乎和他同样潦倒的善心朋友们的周济，或者依靠教区济贫院为了使他苟延残喘而给予的细微施舍的时候；当他从他的稚儿幼女苍白瘦削的面容上觉察到饥饿对他们的娇弱的体质所造成的摧残的时候；当他从他的爱妻的脸颊上看到大滴大滴的伤心泪悄悄地流下来，她的面容深深地刻着忧伤和贫困留下的粗糙创痕的时候；当他听到从一颗破碎的心中发出的强自抑制的叹息，从而了解这颗心里隐忍着饱经忧患的内伤的时候；当他环顾社会上的景象，看到富人们得意洋洋地夸耀他们骄奢淫逸、纸醉金迷的生活的时候；当他看到一位漂亮的贵妇手镯上镶嵌的一粒小宝石或者一位骄奢的财主指环上闪烁的一粒小宝石，不仅足以解除他目前的贫困，而且可以保证未来的享乐的时候——在这样的时候，朋友们，对于一个在

不诚实的行为的强烈诱惑下毫不动摇的人，我们怎么能够不充分地钦佩他的高尚品德呢？这个人宁愿忍受贫穷痛苦的生活，而不愿用不诚实的行为换取享乐和富裕，却被人说成不遵守社会的法律，不尊重他的邻居的财产，是一个愚昧无知、道德败坏的歹徒，不配行使人权，当我们听到这一切，怎能不感到义愤填膺、胸中燃烧怒火呢？但是如果道德成为选举人或立法者的唯一资格，那么会有多少骄奢淫逸的贵族将被迫交出政权，放弃高官厚禄所赋予的逍遥自在的享乐地位，从此离开官场，以退隐生活来掩盖他们腐败的品德呢？会有多少小店主将被剥夺他们的特权呢？这些小店主借口人民没有道德而拒不给予人民的那种特权，这些小店主一夜寻花问柳归来，清早起床，由于酒色过度，双手颤抖，两眼失神，布满血丝，走到柜台旁，照常去干他们哄骗的勾当，以便增加他们的家产；当他们听到人民要求恢复他们的权利时，却抱着小人得志的骄傲心理，翘起他那由于纵欲酗酒仍在颤动发青的上嘴唇，露出一副轻蔑鄙夷的神气，竟然对工人们说，他们道德败坏，不配享受参政权！”

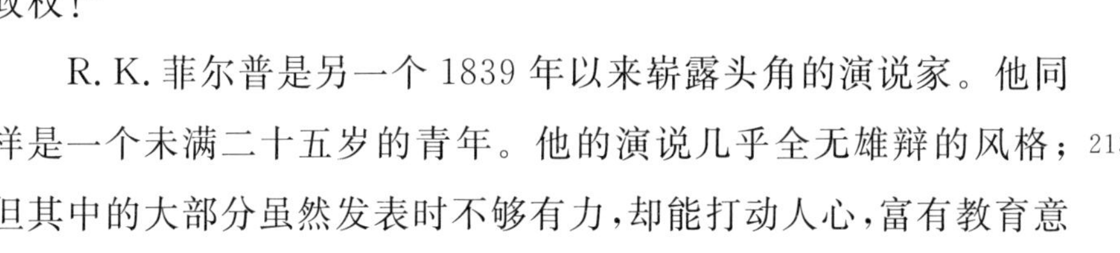

R. K. 菲尔普是另一个 1839 年以来崭露头角的演说家。他同
样是一个未满二十五岁的青年。他的演说几乎全无雄辩的风格； 213
但其中的大部分虽然发表时不够有力，却能打动人心，富有教育意义，印出来供人阅读，比许多激烈的演说家的演说高明得多。

全国宪章协会的情况从来没有像 1842 年那么兴盛的了。同该会建立联系的地区在四百处以上，会员录上的姓名达四万人。郡和区的组织在全国到处皆是，聘请的演讲员前往全国各地进行鼓动工作，动辄就是好几个月。即便在 1839 年还只不过有两三个宪章运动团体的北安普敦一个郡，现在几乎已有十几个了。这个组织能够完整地保存下来，全靠一个苏格兰人约翰·麦克法兰的努力，他是郡会秘书，本书作者初次在公众集会上露面，多承他的介绍。与北安普敦情况类似的，还有莱斯特、诺丁汉、德比、兰开夏、约克等郡；但促使这个组织瓦解的因素已在酝酿中。奥康纳派正在暗中策划对执行委员会进行打击。莱斯特的库珀首先起来为这件事公开展开活动。他提出一系列完全空洞无物的决议，对执行委员会吹毛求疵，责备他们失职。他写信给一个正在诺丁汉附近演讲的名叫米德的朋友，其中有下列一节：“你看，我们已大胆地指责那个虚伪的执行委员会了。乔治、朱利安及利兹的编辑和我们的统帅都和我意见一致。说服你的诺丁汉弟兄们同意我们的决议吧。约翰·坎贝尔已经和奥布赖恩同流合污了：必须加以制止。”

6月21日发生了另一件事，在宪章派阵营中引起了相当大的波动——这就是谢菲尔德监狱中一名罪犯塞缪尔·霍尔贝里的去世。他在过去一段时间内受尽监禁的痛苦。最初他被关押在北阿勒顿监狱中，那里的待遇非常严酷；但另一宪章运动罪犯克莱顿的死亡促使人们为霍尔贝里申请迁移。因此他就被移往约克监狱；但他还在患病，经常需要医疗护理。最后，经法医的建议，内政大臣才准他保释，所附条件是，提出保证，五年内奉公守法，缴纳保释金二百镑，两个保人各缴一百镑；但正当此事进行磋商时，可怜的
214 霍尔贝里便与世长辞了。谢菲尔德的宪章运动者轰动起来了。当时作出决定，为他举行公葬，以示敬意。霍尔贝里的遗体在6月27日星期一迁往墓穴安葬。这次又使用了乐队和旗帜。送葬队

伍从谢菲尔德出发，前往霍尔贝里遗骸安葬处阿特克利夫。在他灵柩的牌位上题着下列字样："塞缪尔·霍尔贝里，民主主义事业的殉难者，卒于1842年6月21日，终年二十七岁。"一面旗帜上引用圣经的一句话，"天主说，申冤在我，我必报应。"[①]第二面旗上题着"克莱顿和霍尔贝里，人民宪章的殉难者"；反面题着"不可杀人"。第三面旗上也是殉难者的姓名；反面题着"天主痛恨手上沾满无辜者鲜血的手"。[②] 遗体被安放在柩车上送往墓地，广大群众在后随行；当哀悼的队伍向前行进时，两旁簇拥着好几千群众，情景非常悲壮。到达城镇时，人数大大地增加了。窗户、屋顶和其他可以利用的地方都挤满了人，观看这种庄严的场面。队伍继续前进，穿过柳条巷，走上战车门、稻草市场、大街、外城门、响水塘，走下煤坑巷，直到谢菲尔德猎场，这时可以看到庞大的人群参加了送葬队伍。《谢菲尔德彩虹报》估计人数为两万，《北极星报》的记者则认为有五万。正确数字大概在这两者之间。送葬队伍经过时，店铺老板纷纷停止营业，对死者志哀。队伍从谢菲尔德猎场沿着一条新路前往墓园，墓地上早已聚集着好几百人，他们是从一条小路进去的。大门一打开，大家争先恐后地冲进墓园；然而，这仅是瞬息间的现象，当然是由于人们迫切希望走近墓穴的缘故。乐队留在大门口，但柩车、送葬马车和执绋者沿着小路继续行进，最后在礼拜堂前停下，由独立派牧师兰德尔斯主持葬礼。然后把灵柩搬下，放入墓穴，兰德尔斯牧师祷毕告退。于是S.帕克斯唱赞美

① 《新约全书》，希伯来书，第10章，第31节。——译者

② 参见《旧约全书》，以赛亚书，第1章，第16节。——译者

诗，这是当时的宪章派诗人、莱斯特郡的 J. H. 布拉姆威治创作的：

“伟大的上帝！爱国者的命运竟该如此！
他们敢于起来保护奴隶，
215 难道就该把他们打入阴森的牢狱，
使他们早进墓地？

难道爱国者就该一个接着一个受难，
惨遭统治阶级制定的严刑酷法的摧残？
主啊！制止这样的事情吧，我们向你呼唤，
庇护我们，保护我们的事业不受侵犯！

我们徒然向骄横残暴的权贵们恳求，
恳求他们打碎奄奄待毙的囚徒身上的桎梏；
主呀，只有你才有恻隐之心，
因为你已为囚徒解脱了一切痛苦。

难道这就是为争取自由而付出的代价？
难道自由的战士必须要把热血洒？
我们为了主义，死也心甘，
要么取得自由，要么统统倒下！

自由之神在为她被害的儿子哀伤欲绝，
朋友们在他的遗体之旁哭泣；

滂沱的泪水如同山洪暴发，
浇开我们事业之花的是滴滴眼泪。

啊！愿他的厄运
能使我们光荣的事业永远在我们心中扎根！
让我们齐声高呼，让我们齐声响应，
正义、纯洁而平等的法律在人间永存。”

赞美诗唱毕后，G. J. 哈尼站在墓侧，向广大群众发表演说。我们从他当时他自己记录的演词中摘录下列一段，从中可以看出，哈尼的发言寓有深意，但作为一个演说家，口才尚有不足之处：

“我们的任务不是哭泣；我们必须把眼泪留给妇女。我们的任务是立即行动；全心全意地为推翻这个可怕的制度而努力奋斗，因为霍尔贝里就是在这个制度下牺牲的。他的痛苦已成陈迹：他已长眠在这个‘恶人止息搅扰，困乏人得享安息’[①]的地方。他安息了；他的名字与在他以前为了自由事业而殉难的爱国志士一同永垂不朽。他头上的桂冠没有一点血污，那是人民以感恩崇敬的心情奉献给他的。这和套在高贵的杀人凶手和凯旋的混世魔王额上的花环岂止天渊之别！与这个劳动人民的儿子为人称颂的高风亮节相比，那些颂扬亚历山大或拿破仑威名的所谓丰功伟绩显得多么可怜，多么可耻！现已沦为一片废墟的古代帝国或那些惨遭屠杀的亿万生灵使他们的名字流传至今，幸免湮没，但在未来更美好

① 《旧约全书》，约伯记，第 3 章，第 17 节。——译者

的时代里，他们无法逃脱人们的唾骂；另一方面，霍尔贝里的名字
216 将和世界上特尔[①]和泰勒[②]一类英雄人物并列无愧，永受人们的景仰和爱戴。我们的任务就是以我们一次光荣的努力来实现国家的自由，以免自由儿女们将来再牺牲他们的生命。历代以来，世界各国的暴君们都一直力图使用迫害手段来摧毁自由，使用酷刑、镣铐和杀戮来制止人民维护‘人的权利’。看来，我们这些骄横的统治者执意要执行同样的政策，企图用同样的方法来阻挠民主主义的前进。我们决定向他们挑战！我们警告这些远比卡纽特国王[③]逊色的统治者，尽管他们仿效他妄图斥退海潮，但理智的海潮仍将汹涌澎湃地向他们袭来。现在，就在这位爱国者的墓侧，就在这阳光灿烂的苍穹之下，让我们缔结一个庄严的誓盟。让正直真诚的人们在友爱中互相拥抱，和我一道宣誓——凭我们的主义永不磨灭的真理，当着我们这位惨遭杀害的兄弟留下的遗骨宣誓——趁霍尔贝里的灵魂还在我们的头上盘旋，含笑对我们的誓言表示同情的时候宣誓——宣誓结成一支极其强大的道义之师，发挥团结所能产生的极其雄厚的力量，互相支援，互相协助，互相友爱，以粉碎那些束缚我们的桎梏。宣誓吧，像我现在这样宣誓吧：不论是迫害、嘲讽或诽谤，也不论是幽禁、牢狱、枷锁、刑台或绞架，不论是狱中临终前的折磨，也不论是断头台上的恐怖，所有这些都不能迫使我们背离原则，逃避责任，或放弃那条通往自由的康庄大道；但是，

① 特尔(William Tell)，瑞士的传奇英雄，善射。他射死了奥国总督，使祖国摆脱了奥国的统治。——译者

② 泰勒(Wat Tyler，？—1381)，英国农民起义军首领。——译者

③ 卡纽特(Canute，994—1035)，古代英格兰、丹麦和挪威国王。——译者

不论前途是祸是福，我们无限信赖永恒的正义之神，宣誓要为霍尔贝里的牺牲报仇雪恨，宣誓要实现我们的宪章，永远消灭那个血腥的专制政权，这个政权已杀害了千千万万的殉难者和更多的爱国志士，把珍视自由和真理的人们当作祭品呈献在它的神座前面。”

帕克斯接着向群众发表了十分有力的演说；然后各方面人士离开墓地，群众又结成队伍，步行返回谢菲尔德。送葬者各自回家，但大部分参观者到了天堂广场才解散，他们参加上述活动前后持续了七小时之久。

在这个时期，宪章派和反谷物法联盟之间的斗争非常剧烈。坎贝尔的小册子被当作教材，供宪章运动团体的地方领袖们学习，他们和巡回演讲员一样，在每个讲坛上都同联盟的成员对抗，力争公众的支持，有时斗争十分猛烈。不论对这种策略有什么想法，工人们在这问题上所采取的态度是相当英勇的。这是一场雇主与雇 217
工之间的斗争。老板们大吃一惊，认为工人们胆大妄为，竟敢肆无忌惮地同他们在讲坛上并肩站立，而且同他们面对面地争夺他们极其珍视的原则。工人们这样放肆，结果遭到的迫害是十分可怕的。失业时常接踵而至，但雇主们企图用饥饿来迫使他们屈服的办法全不生效：他们反抗这种压力，而且决心愈来愈大。但这时对宪章派的打击即将来临，它对宪章运动的进展产生了很大的影响，以致运动要在好几年后才能恢复过来。

1842 年工厂区的贫困情况十分严重，其范围又极广泛，因此在职工阶级中间引起了极大的不满。他们的工资已一减再减，直到成千上万的工人的收入难以糊口。大约在 7 月底，阿什顿、斯特利布里奇和海德举行了群众集会，演说家们建议停工，直到老板至少给予工人们一些公平合理的待遇。于是，8月5日，阿什顿的工人们开始罢工；8月7日，在莫特兰猎场上举行了两次群众集会，并经后一次的集会决定，非到宪章成为国家法律时，绝不复工。8月8日，又在靠近斯特利布里奇的黑格举行一次集会，参加者有两三千人。集会上举出许多标语牌，其中一个牌上写着："斯特利布里奇人看到哪里有危险，就奔向哪里！"演说家们在会上讲话完毕后，群众便前往附近几家工厂——哈里森及李氏工厂就是其中之一——根据莫特兰猎场上集会的决议，使所有职工离开工厂。第二天，好几千人组成队伍，向曼彻斯特进发，随身携带着棍棒，并举着旗帜。他们到达该城镇的关口时，被军队阻拦，领队人便同当时和军队一同在场的一位治安官进行谈判。领队人向治安官郑重声明，他们的格言是和平、法律、秩序，保证绝不会发生任何形式的骚动。治安官命令军队退下，陪同群众一道进城。群众走了一段路程以后，各自分散，组成小队，从一家工厂走到另一家工厂，从一个作场走到另一个作场，使所有职工都离开工厂，几乎使各种劳动全
218 部停顿下来。他们向某些店铺老板索取食物和金钱，老板们也就给了他们；店铺纷纷停业，一连三天，曼彻斯特呈现出的景象，也许是它有史以来从未发生过的。

8月12日，工厂区的代表们在曼彻斯特举行会议，出席代表三百五十八名。会议讨论了下列问题：群众应当仅仅为了增加工资而继续罢工呢，还是应当坚持要求实现人民宪章而继续罢工。三百二十名代表投票赞同后一内容。15日，代表们又举行了一次会议，通过一项宣言，号召全国工人阶级为了上述目标通力合作。16日，他们再次集会，但是警察来了，命令他们在十分钟内解散，

他们只得服从。这天又举行了一次代表会议。这次会议原来是为亨利·亨特纪念碑举行揭幕礼;后来决定借此机会组成一支游行队伍。然而,鉴于该区人们情绪十分激动,游行计划终于放弃了;代表们开会时,他们的注意力集中于全国瞩目的罢工问题。最后,通过决议,向罢工的工人们表示同情,赞同他们把运动范围扩大并坚持下去,直到人民宪章成为一项法案为止,同时还保证代表大会协助人民实现这个目标。这项动议没有获得一致通过。《北极星报》的编辑威廉·希尔牧师当时在场,提出一项修正案,大意是,根据代表大会所了解到的情况,代表们没有理由提出举行全国罢工或休假的建议,或把宪章运动的名义同罢工运动搞到一起,因为他认为罢工是反谷物法联盟所策动的。朱利安·哈尼支持希尔,反对上述决议。可是,修正案仅获得六票,会议一致认为少数应服从多数。于是,代表大会根据已经商定的决议,向全国发表宣言;他们在宣言中声明,作为一个整体,全国宪章协会执行委员会取得了大家的信任。执行委员会也发出一项宣言,措辞非常坚决有力,我们摘录一部分内容如下:

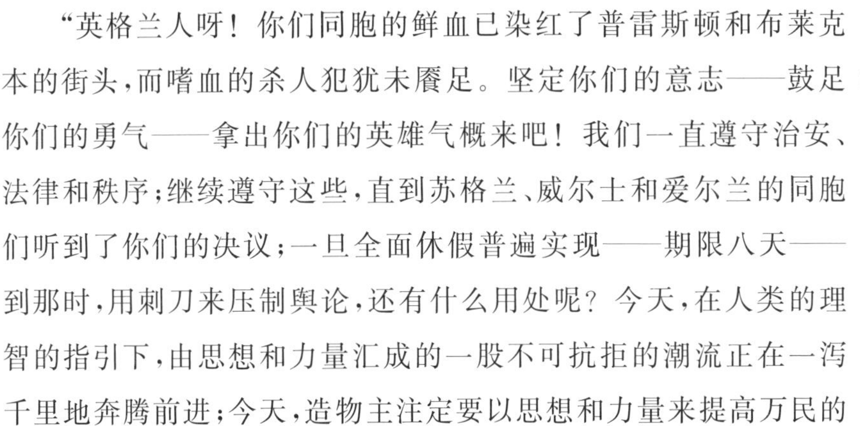

"英格兰人呀!你们同胞的鲜血已染红了普雷斯顿和布莱克
本的街头,而嗜血的杀人犯犹未餍足。坚定你们的意志——鼓足 219
你们的勇气——拿出你们的英雄气概来吧!我们一直遵守治安、法律和秩序;继续遵守这些,直到苏格兰、威尔士和爱尔兰的同胞们听到了你们的决议;一旦全面休假普遍实现——期限八天——到那时,用刺刀来压制舆论,还有什么用处呢?今天,在人类的理智的指引下,由思想和力量汇成的一股不可抗拒的潮流正在一泻千里地奔腾前进;今天,造物主注定要以思想和力量来提高万民的地位，使他们不再遭受贫困的折磨、专制的蹂躏和奴役的酷刑——在这种形势下，哪个暴君还能凌驾于这股潮流之上，生存下去呢？各行各业——一支崇高的爱国队伍——已经带头发表了拥护宪章的声明。你们应当向他们看齐。不要把用来鞭挞你们的鞭子交给统治者。我们已得到消息，罢工正在普遍展开，现在曼彻斯特方圆五十英里之内，除了磨坊里为人民造福的风车和田间支援工人的镰刀以外，所有机器都已停下来了，一切都寂静无声了。

“同胞们、弟兄们！过去经过多少世纪才出现这样一次普遍的行动，今后还要经过多少世纪才会再见到这样一次普遍的行动。我们为了自由，已经孤注一掷；我们必须以英雄气概来承担这一掷的风险。谁也不要灰心失望；大家都要冷静，都要警惕，像寓言中的伴娘们那样，使你们的灯火永不熄灭；让你们持久的决心像一座灯塔，指引着全国各地目前正在加紧学习你们不可磨灭的榜样的人们。同胞们，我们信赖你们坚强的意志。怯懦、变节以及婆婆妈妈的怕事心理会使我们的事业倒退半个世纪。我们男女老少都不应当违反这个庄严的誓言；谁若违反了，愿穷人和饥民的诅咒永远缠住他们。谁若疯狂地想奴役人，谁就应当被人做奴役。我们的机构已布置就绪，你们的事业将在三天内由我们所能召唤来给予协助的一切充满智慧的人们推动前进。因此，你们在和平宁静之时，要坚定不移；你们在遵守秩序时，要使大家都遵守秩序；你们在对法律寄予希望时，要记住你们没有立法权，因而只是雇主们的意志、法律和工价的奴隶。我们号召协会全体职员协助以和平的方式来推广这个运动，拨出一切款项，供派往全国各地的代表之用。在这个生死关头，加强我们的团结，支持你们的领袖，

集合在我们神圣事业的周围，把最后决定权托付给正义与战争之神吧。”

15日，在斯托克波特举行了盛大的群众集会，参加者约五千人左右，理查德·皮林、约翰·赖特等人发表了讲话。由于政治问题和罢工运动并作一谈，因而在会上举行了讨论。有些发言者谈到要去伦敦，另一些人则反对这类行动，提议者被指责为反谷物法 220
联盟的爪牙。有些发言者建议群众复工。13日，罗斯顿举行了群众集会。一个叫作拉德克利夫的人发表讲话，反对为实现宪章进行任何斗争；他坚决主张讨论工资问题；但他遭到了毫不留情的嘘声，一般群众心理显然赞同把注意力转移到比较广泛的宪章问题。继这次集会之后，15日在同一地点举行了另一次集会，拉德克利夫再一次坚决反对为实现宪章作任何努力，据他说，宪章永无实现的希望；但不论他怎样反对，仍决定以这个文件作为罢工的根据。17日举行了第三次集会；弗雷德里克·泰勒是那天的演讲人，另有一位霍伊尔先生也在会上发表讲话。据泰勒报告，他曾参加曼彻斯特的代表会议，代表们决心拥护宪章，别无他念。群众以沸腾的欢呼迎接了这个消息。8月12日，贝克普全镇处于相当骚动的状态。一支人数约有二千的队伍携带棍棒从罗奇代尔大道进入该镇，立刻前往几家工厂，要求工人停工离厂。在他们进镇后半小时内，二十家工厂全部停工；然后，蜂拥而来的队伍分成支队，前往四面八方的店铺。许多店门原来是锁着的，但经过劝告和威胁以后，他们终于把店门叫开，索取饮食，店主们看来不敢拒绝，只好把饮食分给大家。在斯特利布里奇，一大批群众，约有三四千人，在街上列队游行，走遍各家工厂，大声喊道，“让他们离开工厂，让他们

离开工厂”;这道命令立即得到执行。他们从斯特利布里奇向杜金菲尔德进发,在前往该镇途中和进入该镇以后,一路上要求各厂停工。后来,他们又去阿什顿进行类似活动,从一家工厂奔往另一家工厂,一边挥舞着他们的棍棒。其他地方的群众也来到阿什顿和他们会师,聚集的广大群众举行了一次露天集会,由克罗斯利、皮林和艾特金等人发表讲话,艾特金对他们的激烈行动大加申斥。会后,斯托克布里奇的群众立即离开阿什顿,前往丹顿和海德,同
221 样要求那里的工人停工,直到一天合理的工作可以换取一天合理的工资,而且宪章成为国家的法律时为止。在这些工人表示服从后,又命令他们加入队伍,他们也同意照办了;于是随着队伍逐厂奔走,把所有工人都拉出工厂。在金斯顿,他们要求艾什顿先生的工厂停工,他不敢,或者不愿违抗这道命令。不少年轻人开始恶作剧,年长者很难加以制止。11 日,约有八百名斯托利布里奇群众前往萨德尔沃思,在前进路上,沿途一切工厂停工,引起了中产阶级的极大恐慌。8 月 12 日,在普雷斯顿一个名叫果园的地方,举行了群众集会,由艾特金和查林杰先生在会上发表讲话。第二天,早在清晨 5 时就有一大群人聚集在同一地点,他们从那里出发,准备去勒令一家还在开工的工厂停工。他们从这家工厂又前往其他各厂;但在群众奔波忙碌之时,地方当局并未袖手旁观。治安官们开会商议,决定出动警察,同时还从当时驻在该镇的第七十二苏格兰高地联队调来了三十名士兵。治安官们陪同士兵沿渔夫门大街走去,迎面遇到一大批群众,便阻止他们通过这条街道。当士兵们沿渔夫门大街和弓形街向前走时,群众阵雨似地抛掷石块袭击他们,于是,他们掉转身来,想把群众解散,费了很大力气,才告成功。

郡警察局长宣布即将宣读暴动法；但一块石子立刻向他扔了过去，打落了市长手里拿着的暴动法。无数石块像一阵暴雨似的从四面八方向军队飞去。可是，市长在大小石块纷纷向他周围飞来的同时，终于读完了暴动法。接着警察局长向群众宣布，暴动法已经宣读了。妇女们往围裙里装满了石块，递给男人；他们从附近其他街道上把石块抛过屋顶，落了下来，造成极大的骚扰，使士兵们吃足了苦头。士兵们企图驱散他们，白费气力。企图单凭炫耀武力来驱散他们的一切尝试毫无效果，最后市长下令开枪。第一阵枪响，许多群众应声倒地；其余的人并不逃跑，在惊愕的状态中呆呆地站了两三分钟，好像无力从这个地点移动似的。四个人当场被击毙，
许多人受了伤。其余的群众立即溃散，士兵们回到营房。第二天，222
工厂纷纷复工。8 月 16 日，一大批群众进入斯托克波特，企图帮助扩大罢工，他们前往布雷德肖先生的工厂。许多人带着棍棒，可是，像参加多数的公众集会时一样，携带棍棒的动机与其说是将它作为进攻武器，毋宁说为了本人的方便。他们在门房遇见布雷德肖，要求进厂去把工人召唤出来。布雷德肖拒绝要求，所持理由是工人都回家吃饭去了。他们对他说，要进去搜查，接着就想冲进厂去；但厂主回答说，他们同他以及他的工人都毫无关系，当着他们的面，把门锁上了。他们对这种接待深感不满，开始打破门房的窗户，企图强行打开大门，终于成功，闯进了院子。这一回，也许因为遭受了抗拒而感到愤怒，他们用棍棒殴打布雷德肖，使他好几天不能起床。在格洛索普的附近地区，也出现了类似的骚动。一批群众前往靠近该镇的奇斯沃思，走到库珀先生的工厂，对他说，要是他不命令工人出厂，他们将把该厂的炉火全部弄灭。他们全体约

有一二百人，都带着棍棒。库珀立即答应他们的要求；工人们随同群众一道离开工厂。工人们还想回厂，而他们的雇主却不敢复工，从 11 日离厂那天起，他们每天拜访雇主，请求复工，直到 24 日才得实现。可是他们复工不久，又有一批群众来到工厂，要求他们再度停工。这第二批群众不下三四百人，他们走进院子后，派两名代表搜查厂房；然而，这两个人由于害怕后果，乘机溜走，一部分闯入工厂者当场被捕，被押到正在营房里开庭的治安官面前受审。库珀厂方人员对他们提出控诉，当厂方人员从治安官房间走出来时，被群众用石块袭击，不得不赶快奔逃，免得再挨打。这批群众又前往坐落在布鲁克菲尔德的罗德先生的工厂，到了工厂门口，就提出停工的要求。他们冲进院子，但厂主对他们说，不必动武也可以使

223 他的工人停工。可是，他们跑进该厂，用武力叫工人离开工厂，并且扬言，倘若复工，将使他们变成残废，永远做不了工。8 月 26 日，该厂工人回去复工，立刻就有一批群众把该厂团团围住，并企图闯进工厂。一次失败以后，他们再做第二次尝试，打破窗户上玻璃及窗框，最后厂方不得不请求军队到场弹压。11 日上午，约有三百名群众，分成十人或十二人的小队，在埃克尔斯附近的帕特里克罗夫特四处走动。后来他们合成一个整体，举行大集会，由一个叫作莫里森的人向他们讲话，有人提议推派一个代表团访问各厂，要求工人离厂；但后来通过的修正案认为，应由集会群众全体前去。于是，他们前往内史密斯先生的工厂，却发现工人已出去早餐；工人回厂后，双方举行会谈。罢工的一方劝对方离厂。莫里森对他们说，虽然他们也许认为目前生活还好，但最后他们必将遇到苦恼。若他们不和平地离厂，罢工工人将用武力迫使他们离厂。

“我们到这里来，”一个罢工工人说，“我们到这里来，像时钟一样先给你们一个警告，然后再采取行动；现在你们不妨认为已听到警告了。”厂里的工头对他们说，工人一定会停工。也在这一天，埃克尔斯举行了群众集会，由利物浦的麦卡特尼先生发表讲话，他竭力主张罢工，对于胜利的即将来临，寄予莫大的希望。兰开夏群众的足迹并不局限于本乡，一部分人远行到约克郡，希望扩大罢工的范围。数以千计的大批群众从伯恩利和贝克普出发，进至托德莫登，穿过那个美丽的山谷，前往哈利法克斯，使这些城镇之间各家工厂所雇用的工人全部离厂。为了使鼓动工作持续下去，在托德莫登举行了几次公众集会。在18日举行的两次集会上，由一位教师布鲁克先生发表讲话，他是一个始终不渝的老民主主义者，他劝大家坚定立场，直到宪章实现为止。8月15日，一批群众在布莱克本镇集会，上午11时，前往罗德吉特和布赖尔利工厂，有些人试图攀门而入，另一些人则用棍棒猛力敲大门。警察已严阵以待，军队也 224
已在场，准备必要时给予支援，大批围攻者当场被捕。两小时后，另一队群众约有二千人，沿着伯恩利大道而来，走到治安官们和仍在戒备的军队面前。队伍中有一人向治安官们招呼说，“喂，各位先生，该怎么办？是不是让我们安静往前走呢？不然，我们只好使用暴力了。”另外一些人开口说，“安静，不要吵，这不是我们的来意；我们只想安静地进城去把工人们召唤出来，直到我们合情合理地工作一天以后，能够得到一天合情合理的工资为止。”治安官们力劝他们离城，并向他们说明，如果继续前进，他们的一切活动必将遭到制止。可是他们拒不离开，警察便逮捕了大约四十人。其余的人越过田野，四散奔逃，然后，军警把被捕者押送到城里。另

有一大批群众先已在埃克尔斯先生的工厂门口集合；但当警察和治安官们逼近时，他们就离厂而去。第二天，一批人前往霍普伍德先生的工厂，把门房和账房的窗户打得粉碎，但军队立即逮捕了六十人，把其余的群众驱散了。18日，有好几百人在阿什顿的街道上游行，随身携带棍棒和其他武器。他们阻止正在街上工作的砌砖工人，挥舞棍棒，并使用了威胁性的语言；于是立刻向他们宣读暴动法，但这些砌砖工人最后仍不得不停止工作。他们走到休姆先生的工厂，向监工者提出停工的要求，监工者拒不听命。于是他们离开该厂，但不久重又回来，人数更多，工人们看到他们逼近，便离开工厂。他们试图强迫雇主提出保证，工人不再复工。由于目的没有达到，他们就把炉火都弄灭了，把锅炉上的塞子全部拔掉，这样便能有效地使工厂停工。接着，军队开来，群众即被驱散。在约克郡的斯基普顿，约有两三千名来自科恩的群众，前往杜赫特先生和塞奇威克先生的工厂，要求暂时闭厂。厂方拒绝，相持不下约达一小时，群众终被特警驱散；但是后援队伍立即到来，虽向他们宣读了暴动法，他们仍然拔掉锅炉上的塞子，迫使工厂停工。伯恩利的所有工厂的工人是13日被召唤离厂的，周围各地都处在十分骚动不安的状态。15日，群众企图制止哈伯厄姆伊夫斯煤井的生
225 产，却被一位治安官率领的龙骑兵驱散了。伯恩利的店铺老板们由于当时普遍的骚动情况使他们受到了极大的影响，因此也召开了公众集会，为要求实现人民宪章而向当局请愿。在曼彻斯特五十英里方圆之内，到处都是这样的骚动。一队接着一队的群众逐厂查看，召唤工人们离厂；遇有抵抗，就把厂里的门窗砸得粉碎；向工商业主索取金钱或饮食，不是要求，便是硬要，或使用其他的强

制手段。有些地方设置了委员会，在特殊情况下，准许雇主们完成生产，以免糟蹋原料。

第十章

226 当兰开夏和约克郡发生这种骚动时，其他几个地区内工人阶级的激昂情绪也大致相同。尤其在斯塔福德郡，事态的发展已达到了最高峰。“莎士比亚将军”托马斯·库珀在前往曼彻斯特参加代表会议途中，向该地区的矿工和其他行业工人发表演讲。上面我们曾经谈到这位先生的激昂演说具有的煽动性；他已把群众激发到极端仇视有钱阶级的程度。成千上万的人们前来参加他的演讲会。他在温斯伯里·比尔斯顿和沃尔弗汉普顿向矿工们发表演讲。在温斯伯里举行集会时，参加者达三万人；会上通过了关于拥护宪章和维持治安的决议。他从这些地方继续前往该郡的陶器产区，1842 年 8 月 14 日，星期日，在朗顿、芬顿和汉利举行的三次群众集会上发表讲话。第二天上午，他应邀在后一地点的另一次集会演讲，到会者是罢工矿工；当天晚上，又在乔治—德拉贡旅馆的大客厅向一次集会发表讲话。在他访问的其他地方中，还有斯塔福德——这不是一个以民主主义著称的城镇，他很可能在这里被捕。可是库珀异常机警狡黠，绝不会在斯塔福德被当局逮住。当他发觉警察正在伺机向他进行突然袭击时，他话锋一转，不再一本正经地发言，而开始改说起讽刺话了。下列一节可以使人们对他迷惑地方当局的方法获得一个概念。这一节引自他写给“亲爱的

同志们"即"莱斯特宪章派莎士比亚旅"的一封信，署名是"你们忠实的将军托马斯·库珀"。

"那天晚上，大家忐忑不安，担心我如果敢在集市上抛头露面，将有被捕的可能。可是，钟鸣七下，我已经到达那里，站在朋友们给我借来的一条挺好的长凳上。这时警察局长就在我的右侧站 227
定。托利党的老爷太太们打开窗户，倾听一个大逆不道的宪章运动者发言，等他的话触犯了当局，可以目睹那些粗鲁的虾兵蟹将向他猛扑过去，用他们肮脏的魔爪把他抓走。但是，他们的如意算盘终于落空了！我的发言表明，我们国家有一位'娇小玲珑、口齿伶俐的贵妇人'，每年花费一百二十多万镑来赡养她和她的家庭，这种光景多么妙啊！我又证明，忠心耿耿的宪章运动者非常理解，王室费用倘若不予维持，国家就会沦亡；一旦阿德莱德[①]被剥夺了她的十万镑年金，工人们就会哭肿了眼睛。我指出，任何一个衣衫褴褛的鞋匠（英勇的莎士比亚旅成员，你们知道，斯塔福德和北安普敦一样，是一个出名的制鞋城镇），如果胆敢提到他年迈的祖母正在巴士底狱中以薄粥度日，而王太后却有三座宫殿可以居住，他准是一个傻瓜。这类讽刺话把那个蓝衣警察长的气焰完全压了下去。他那硬邦邦的脸松下来了；咬紧的牙关张开了；最后，索性露齿笑起来了，而广大的店员听众全都哈哈大笑。"

整个斯塔福德郡处于十分骚动不安的状态，陶器产区的情况尤其严重。在汉利的王冠堤岸上举行集会的次晚，矿工们开始暴动，不久就发展到可怕的程度。在朗顿，一批矿工袭击牧师维尔博

① 阿德莱德（Adelaide，1792—1849），英国王后。——译者

士的住宅。他们闯进酒窖，发现有酒；许多人开始狂饮，喝得酩酊大醉，在这种情况下，把牧师住宅付之一炬，火势蔓延到其他房屋，立刻成为一片火海。有钱阶级恐慌万状。广大群众在街上横冲直撞；在朗顿、芬顿、汉利、伯斯伦以及周围地区，骚动景象触目皆是。地方当局立即逮捕被他们认为与这些活动有关的某些人士。在斯塔福德城，商业完全停顿，好像工人们都举行了罢工；这就是其他地区的罢工对它所产生的影响。库珀初到该城时，至少有一百五十名矿工因在运动中犯法而被监禁。J. 梅森和其他几人也因参加了一次被那些糊涂的治安官称为非法的集会而入狱，尽管这次集会是在与罢工有关的骚动发生以前举行的。库珀深知留在陶器产区必遭逮捕，因此在发生暴动的当天深夜 12 时半，偕同两个青年启程，徒步而行，以便次日及时参加曼彻斯特的代表会议。可是，
228 他还未走出伯斯伦，即被逮捕，押到一位治安官面前，这位推事虽已就寝，还对他进行讯问；但稍事耽搁，即予释放。他便重新赶路，按原定计划完成了他的旅程。可是，除了兰开夏、约克郡、斯塔福德郡和其他几处外，工人阶级并未实行罢工，虽然在所有的工业区，群众的激愤情绪十分高涨，以致政府不得不发布公告，指责鼓动活动，告诫人们不要参加正在发生的暴动；然而，发生暴动时，除停工造成的损失外，并未使财产蒙受其他严重损失，而且，正如我们早已提到的，许多实例表明，罢工工人即使对这种损失也严加防范。

执行委员会的宣言一发表，政府当局就开始逮捕宪章运动团体的领袖人物。奥康纳、利奇、坎贝尔、贝尔斯托和其他一大批人遭到逮捕，被提交审讯；但对他们准予交保，听候传讯。政府看来

蓄意想要抓到麦克道尔，因为它充分了解他是执行委员会宣言的起草人。于是悬赏五十镑，拟将他缉捕归案，他的画像，连同一份印就的说明他外貌特征的传单，在全国各地的公共场所张贴，但某些描述与实际情况颇有出入。这位医生三番五次间不容发地逃脱了警察的追捕。有一次他在利兹车站下车时，看见一名警察正仔细地打量着他；他若无其事地走到警察面前，请他带路并介绍一家旅馆，这名警察答应了他的要求。他邀请这位向导一同进入旅馆，给他叫了一杯白兰地；但趁这位公职伙伴冷不防时，立刻溜之大吉。然而，他暂时还留在利兹，不过，经过巧妙的化妆，完全躲避了追捕者的耳目。另一次，当他前往曼彻斯特时，途中在一家人家憩息，看见墙上挂着《北极星报》从前刊登的他的画像；这时他穿着一件肮脏的短工装，戴着一顶便帽，而他那一头漂亮的鬈发拢到头顶，用帽子盖住，完全看不见了。他问女主人怎敢把这样一个人的画像挂在家里。她的回答使他非常放心。于是他把便帽一脱，鬈发垂了下来，这个女人立刻认出了他。为了更安全地继续旅行起见，他说服这个穿着工装的女人送他一程；可是，这一次，他逃不脱路上遇到的一名警察的注意。当他从警察身旁走过去后，这个女人回头张望，警察以手势示意她回去，劝她尽快把他的同伴引走，229
因为再要遇到警察，就不可能像他那样客气了。经过多次的东藏西躲，麦克道尔医生终于逃到了布赖顿，偕同一个朋友去观看该城的赛马了。说来奇怪，他们无意中碰巧同一个警察局长站在一起，而局长对他的朋友说，他随身带着麦克道尔的画像及通缉公告，正在搜捕他。可是，麦克道尔想出妙计，逃往法国，在流亡中度过了两年；他采取这个行动是由于他的政治同僚们的劝告。然而，正当

他处在这个危急关头时,《北极星报》的编辑部恣意对他的人格进行了十分刻毒的攻击。当时需要金钱来帮助他维持生活。关于这件事,这位编辑竟然会说:凡有一分血气的人,与其吊在别人的衣带上,靠乞讨过活,倒不如自己吊死在树上。这篇恶意诽谤的文章发表的那天,奥康纳恰好在曼彻斯特,他在和利奇会谈时,向利奇探询宪章运动者对他的编辑的攻击作何感想。他知道人们一般都同情麦克道尔后,当晚向公众集会发表讲话时,声色俱厉地斥责对麦克道尔的攻击。在财务方面,执行委员会予人以攻击的口实,因为他们动用的公款比规定应得的数额大约超过了八镑。这位编辑绝不放过任何一个机会,而把每一笔略有出入的账目都明白地指了出来。在这方面,他遭到奥康纳人们的反对,终于辞去了《北极星报》编辑的职务,遗下的空缺由朱利安·哈尼接任,先当副编辑,最后任该报主编。

库珀除了参加曼彻斯特代表会议曾经被捕外,又因被控在陶器产区的暴动期间犯有纵火罪而被斯塔福德地方当局逮捕。这并不是说他积极地参加了那晚的具体行动,而是认为他的演说是造成这场祸害的根源。库珀自作辩护,向陪审团发出了极其有力的呼吁,当经宣告无罪。因同一罪状受审的威廉·埃利斯就不如库珀侥幸;他被宣告有罪,并被判处流放国外二十年,虽然他曾提出当时不在现场的证明。埃利斯是某些方面所厌恶的人,因此陪审团毫不迟疑地将他裁决有罪。在其他许多地方,宪章运动领袖们
230 也因危害治安而被捕。威廉·琼斯因发表危害治安的演说在莱斯特就逮;而在德比,另一名演讲员约翰·韦斯特也遭到了同样的命运。比尔斯顿的约瑟夫·林尼也被逮捕,同样还有伯明翰的乔

治·怀特和阿瑟·奥尼尔。后来，韦斯特在奥尔德森男爵面前受审，自作辩护；他的答辩极有机智，因案情既站不住脚，而法官对他的明智劝告，他又愿意接受，所以陪审团宣告他无罪开释。林尼被提交审讯，宣判有罪，处以两年监禁。阿瑟·奥尼尔虽是和平促进会会员，并不因此而被认为不该受到相同的裁决，结果被判处在斯塔福德监狱内监禁十二个月。乔治·怀特也被提审。他被捕时对警察十分蛮横，但最后当然还是被判刑了。怀特受审时，使治安官们领教了他特有的那种傲慢无礼的态度。他与一些证人进行了十分详尽的对质，在对质过程中，他忽然坐下，要求给他一盘三明治和一瓶酒。法官对他说，他不能如此放肆；但他回答说，除非法庭满足他的要求，否则他就无法继续向证人对质下去。法官再一次警告他不得提出无理要求，因为这是违反法庭规章的。他答复说，他不知道什么是法庭规章，只知道他所要的酒食如果不予供应，他就无法继续对质下去。治安官对他讲道理毫无效果；乔治硬是不干，最后他们出于无奈，只好迁就了。审讯的结果，怀特被宣告有罪，后来经高等法院判处八个月徒刑。他在狱中时常接见宾客，首都主要的民主主义者都来拜访。琼斯被提交巡回法庭在格尼男爵面前受审；和许多人一样，他自作辩护。他被指控的危害治安罪，就其性质而言，任何一个公正的陪审团绝不会认为可以成立；而他偏偏罪上加罪，在陪审团面前，发表了一篇被认为是历来最出色的答辩；答辩持续四小时之久，他慷慨陈词，雄辩滔滔，甚至博得了《每日时报》的赞扬。格尼男爵这次的行为不应当不予以批评；它使我们联想到那个臭名昭著的酷吏杰弗里斯的做法，就是，当一个受害者落入他的魔掌，他就会不顾体统，粗暴地打断被告的申辩。

琼斯与一个证人对质时提出的问题之一是，“你是否认为道义上站得住……”格尼男爵打断他说：“住口，住口；这个说法与我们有什
231 么相干？”琼斯说：“勋爵，我认为……”格尼男爵说：“你爱怎么认为，随你的便，但我们这里用不着什么‘道义上站得住’那一套谬论。”法官在这种无聊的技术细节方面占了上风，自鸣得意。然后，琼斯再向证人进行盘问，证人回答说，对伦敦警察造成的伤害是在琼斯到达以前，而不是在他到达以后，格尼男爵对琼斯说：“嗯，那时候他们已把你逮住了，是不是？这才使你安静下来了。要是你把一条狗放到街上，喊一声‘疯狗’，那就用不着再叫人猛打它的头了；因为没有必要，不用费事，人们必然会这样做的。”琼斯说：“勋爵，这一点我很清楚；我和像我这样的人，都已经从惨痛的经验中认识了这一点。”琼斯有两个朋友在庭上帮他整理答辩。格尼男爵说，如果他们继续在暗中指点，他将命令他们退出法庭。琼斯对这种干涉深感不平。“勋爵，”他说，“请你别再打扰我了，让我按自己原定方式尽力答辩吧。”格尼男爵说：“这就要看你是否把自己约束在正当的范围以内，而且只涉及你应当答复的控告。”琼斯说，“既然如此，我觉得不必再申诉了。”上述这些情况还不是他从那个残酷的迫害者那里所受到的唯一打扰。此外，他曾表示，“他一向提倡维持治安和秩序，但也确实谴责政府专横暴虐。”格尼男爵大发雷霆说，“那你的行为就大错特错了；我们不知道你究竟是一个什么样的人物，先生。”琼斯说：“勋爵，这是我的信念。”格尼男爵说：“先生，你爱有什么信念，完全听便，但你无权向群众提出政府专横暴虐的说法，这是犯罪行为。你不必自贬人格——我们不知道你是一个什么样的人物，先生，我们所要查问的是这一次你究竟说了

些什么,做了些什么。不要越出目前指控的范围。”对于这种粗暴的审讯方式,《晨间纪事报》提出质问:“究竟谁是法官,谁是罪犯?”该报又称,“即使琼斯是一个最无原则的鼓动家,甚至是一个骚扰社会的最凶恶的叛逆,他在格尼男爵手下所受的待遇也会严重地动摇人们对司法礼仪公认的一切概念持有的看法。”一个奴性十足的陪审团对于这位专横的法官喜怒无常的暴躁性格曲意奉承,作出了被告有罪的裁决;琼斯被判六个月徒刑,而他实际上曾协助恢复莱斯特的治安。

1843 年 3 月,在兰开斯特巡回法庭上,费格斯·奥康纳和其他五十八人被提交审讯。他们都在一份所谓“庞大的起诉书”中被 232
指控,所列九条罪状大部分当然是大同小异的。其要点是,上述五十九人曾“非法接济、教唆、协助、鼓励、支援并怂恿某些心怀叵测的人,使他们继续并坚持举行非法的集会,施展威胁、恫吓和暴力手段;妨碍并阻止某些行业、工厂和商店所经营的事业,蓄意借此在国内和平臣民的心理上造成恐惧和惊慌,并利用这种恐惧和惊慌,以便对我国依法制定的宪法强暴地、非法地引起并造成某些重大改革”。这是第四条罪状。第五条罪状指控他们“采取非法手段,力图激起女王陛下的忠义臣民对法律产生不满和憎恨,而且又非法地竭力诱惑并怂恿上述忠义臣民,使他们互相勾结,合伙同谋,商定各自舍弃原有工作,使全国大部分地区产生停工现象,蓄意借此对我国的法律和宪法促成并实行改革”。这次审讯由罗尔夫男爵主持,于 3 月 21 日,星期三开庭。原告代理人是检察长 F. 波洛克爵士、J. S. 沃特利勋爵、格雷戈里·卢因爵士、希尔德亚德和波洛克先生。被告代理人是邓达斯、艾瑟顿、贝恩斯、科贝特、墨

菲律师和麦克奥布雷。然而，多数被告自作辩护。审讯时所传见证人有七十二名之多，大部分是原告方面的。内政大臣詹姆斯·格雷厄姆爵士经奥康纳的申请，被传到庭候讯，在庭上待了好几天，由于另一见证人已先出面，奥康纳便声明不再需要向他查问，于是，他向庭上欠身告别，返回伦敦。审讯持续了八天，但就证人和被告的人数而言，它结束得如此迅速，使很多人感到惊奇。F.波洛克爵士在开审时，发表了一篇十分温和的讲话，与上届辉格党政府的原告律师所作的一些演说大不相同。看来他不愿利用被告们的处境，而是始终采取十分公正的态度来对待与该案有关的每
233 一个人。单是对原告见证人的讯问就持续了几乎五天之久。原告方面的两个主要见证人是卡特利奇和格里芬，他们都曾积极地参与宪章运动。前者原是一名被告，但因被诱供出共犯的罪证，便从被告席转到见证席。他们两人向陪审团提出一个报告，列举了据称在代表会议期间发生的各种事项；卡特利奇曾是会议代表之一，而格里芬则以《晚星报》记者身份参加了会议。卡特利奇是两人中首先被查问的，他供述了代表会议的情况以及代表们在会上的活动。对他的盘问冗长乏味，但很严密彻底，而奥康纳的盘诘尤其如此，他这样开始问道："那么，卡特利奇，我要问你一句话。你什么时候到兰开斯特来的？""星期二。""同谁一起来的？""同欧文先生和格里芬先生。""怎样来的？""乘火车。""乘的是三等车？""不是。""二等车？""不是。""头等车？""是的。""你穿的是工装吗？""是的。""你有没有比工装更好的衣服？""没有，我没有更好的。""你愿意为此宣誓吗？""我愿意。""你不是有一件漂亮的背心吗？""我想我有一件比这更好的背心。""花多少钱买的？""三先令。""最近你是否

花了一镑十五先令买过什么？”“没有。”“你那件背心是在哪里买的？”“记不起来了，大概在曼彻斯特的一家店铺。”“你记不起在哪里，真的吗？”“在曼彻斯特。”“哪一家店铺？”“记不起来了。”“你愿意为此宣誓吗？”“愿意。”“你付过钱吗？”“记不得了。”“你不能肯定，是吗？”“是的，但付钱的不是我便是我的妻子。”“你付过钱吗？”“付过。”“你认识诺尔斯太太吗？”“认识。”“你向她定制过一件上装和一件背心吗？”“是的。”“什么时候？”“几个星期以前。”“上装什么时候取来的？”“大概两个星期以前。”“付过钱吗？”“没有，因此它不是我的。”“你是预先声明你准备离开住所，还是在慌忙中离开的？”“慌忙中离开的。我一收到上装和背心，就把它们送进当铺，我要这些衣服，就是为了典当，以便自己能到这里来。”“你从诺尔斯太太那里收到这些东西后，就收拾行李了吗？”“是的，专为能到这里来。”“你付过火车费吗？”“付过。”“是你去当上装和背心的吗？”“我想是我妻子去当的。”“当了多少钱？”“我不知道。”“你从来没听说过吗？”“没有。”“真记不清了？”“的确不知道。”“你收到诺尔斯太太的东西后，隔了多久才离开住所的？”“记不得了，我把我的妻子留在那里。”“你是不是区合作商店的所谓伙食供应员兼秘书？”“是的。”“哪一区的？”“曼彻斯特。”“那是一个大区；在曼彻斯特的哪一 234
区？”“安科茨。”“你在布朗街一区中担任过重要职位吗？”“担任过。”“你是不是协会的伙食供应员兼配货员？”“是的。”“还兼秘书？”“不兼。”“你经手的账目都已结算清楚了吗？”“与我有关的，都已结算了。”“有没有应当补给你的差额？”“没有。”“有没有相反的差额？”“我不懂你问话的意思。”“有没有你该偿还的差额？”“没有，经过解释以后没有差额。”“他们是否责备你亏空公款？”“我想不会

的。""那么,有什么解释的必要呢?""我承担销售《北极星报》,利润归于协会,大家都是这样做的,但有些经手人闹了亏空。新的委员会就职后,说我应当对其他经手人的债务负责,就把这些债务记在我的名下了。""你亏欠多少?""我什么也不亏欠。""在合作商店那里,你欠款吗?""我记不起那里的情况了。""你欠不欠他们的钱?""不欠。""那么,他们欠不欠你的钱?""也不欠。""既然如此,怎能说你记不起那里的情况呢?""记不起来了。""你说,你妻子在切斯特时,宪章运动者对她很不礼貌,真的吗?""真的。""她到切斯特去了吗?""是的。""谁送她去的?""宪章运动者。""他们给过她钱吗?""给过。""那么,在切斯特,你才初次打定主意到这里来作证的?""是的。""你是因为宪章运动者对你妻子不礼貌才到这里来的吗?""是的。""你认为把你妻子送到你那里就是不礼貌的待遇,是吗?""我认为如此。""把你的妻子送到你那里,竟然会被你看成是对你不礼貌!那么,先生,我记得你答复检察长的问话时说过,你在8月14日还是个宪章运动者,是吗?""是的。""多久以后,你才宣布改变立场的?""我至今没有改变立场。""你还是宪章运动者吗?""我仍然赞同宪章的各项原则。""你还是不是宪章运动者?""是的。""你是否赞成议会每年改选一次?""是的。""你是否赞成普选权?""是的。""你是否赞成投票选举?""是的。""你是否赞成选举区平均分配?""是的。""你是否赞成议员不受财产资格限制?""是的。""你是否也赞成议员为国家服务应支薪俸?""是的。""如此说来,你是个忠实的宪章运动者了。"在审讯的另一段时间内,康奥纳问道:"卡特利奇,最近三个星期,你在哪里?""在曼彻斯特。""全部时间?""两星期以前,我到过柴郡的莱姆。""你在那里待了多久?"

“我头一天去，第二天就回来了。”“最近三星期，你一直没有见到格
里芬吗？”“直到上星期天晚上，始终没有见过。”“你几时到这里来
的，从哪里来的？”“从莱姆来的，两个星期以前。”“我知道你在莱姆
待了一天，第二天就回来了，是吗？”“我到过莱姆两次。”“啊！先 235
生，你原来是个人家的爪牙！”这样，奥康纳在进行对质时，使整个
法庭上的人们始终兴致勃勃，同时从卡特利奇得到了许多有利于
被告的口供。

在与格里芬进行对质时，奥康纳同样也引出了一些重要的答话。“你是否写过信向我要钱到美洲去，以便躲开欧文？”“没有。”“你说你从来没有因为欧文同你缠扰不清，而写信要钱作出国的路费，你愿意明确地为此宣誓吗？”“我愿意。”“你到底写信要过钱没有？”“写信要过，因为这是欠我的钱；你曾写信对我说，我应当和希尔先生接洽。”“噢，你知道我和《北极星报》的财务部门无关吗？”“是你要我写信给希尔的。”“你为他们服务，每星期都付你报酬吗？”“我在你手下服务时是有报酬的。”“你没有写信要钱，使你出国吗？”接着，奥康纳向法官陈述说，“勋爵，你已听到够多的了；他没有否认写信向我要钱作路费，前往美洲，以便躲开欧文。”除了奥康纳以外，格里芬还被一些辩护人和几名被告毫不容情地反复盘问，因此他站得相当久。

见证人的作证以后，邓达斯代表托德莫登的罗伯特·布鲁克向陪审团答辩，发表了一篇非常有力的辩词。接着，贝恩斯代表非国教派的詹姆斯·斯科菲尔德牧师申辩，因为代表会议就是在这位牧师的礼拜堂内举行的。墨菲律师代表麦克道尔、托马斯·雷尔顿和约翰·德拉姆向陪审团答辩。接着，艾瑟顿代表詹姆斯和

威廉·斯蒂芬森。麦克奥布雷是被告律师中的最后一人；他为詹姆斯·穆尼和威廉·艾特肯辩护。然后乔治·朱利安·哈尼向陪审团答辩。他从《谢菲尔德独立报》上引证了一篇他在代表会议后在谢菲尔德发表的演说，其中谈到反对罢工。为了对他公道起见，我们应当举出下列一段精辟而真实的摘要：

“他不相信大多数行业是宪章运动者。他们可能在这里通过一项停工的决议，而且会有成百上千的工人停工；但是，没有出席的人们会受决议的约束吗？他敢断言他们不会；可是，明天早晨，大多数车间又会复工，机轮也会重新旋转。罢工者可能聚集在一起，把他们驱赶出来；但这会使他们变成宪章运动者吗？他们出厂以后，会坚持到底吗？离开工厂的工人，不是为了宪章，而是害怕脑袋被砸碎，因此，一旦罢工者离开了他们，或者他们有了军警的

236 保护，他们就会不顾罢工者而去复工的。甚至《北极星报》也老实告诉他们，其他城镇的许多被驱赶出来的工人都已复工了。在哈利法克斯，星期一他们被驱赶出来，星期二酿成流血事件，星期四他们就回去复工了。谢菲尔德的人们是否要自贻笑柄，通过了罢工决议，然后像哈利法克斯的人们一样行动？他们如果要罢工，难道不值得花几小时把问题研究一下吗？有些胆大、性格暴躁的家伙对他啧有烦言，他希望他们站出来，说明理由。在他同意罢工以前，必须明确两件事：第一，谢菲尔德各行业都是宪章派；第二，他们自愿为宪章罢工，而不是出于强迫。”

然后，哈尼向陪审团说明，他为防止罢工所做的努力确有成效；他提到了卡特利奇和格里芬，然后说：

“当然，各位先生，你们绝不会根据他们那样卑鄙的人所提的

证据给我定罪。但是，如果你们宣告我有罪，结果无非是把我打入
阴森冷酷的牢房，投入罪恶苦难的活地狱，但是，请各位先生相信，
当我向你们声明，我绝不会为了逃避可能加在我身上的苦刑而改
变我目前的立场，转而采取告发人给我安排的立场，我说这些，绝
不是吹牛皮，说空话，说傻话，或大言不惭。虽然我将从法庭走上
断头台，我在那里将以友爱的拥抱换取刽子手一双殷红腥臭血手
的冷酷的紧握，我在那里将捐弃生命，连同我的一生中刺心的忧伤
以及希望和欢乐——天啊，欢乐实在太少了！——去换取身后那
个虚无缥缈的未来，我也绝不会——我的话是经过深思熟虑说出
来的——我也绝不会以我的这种命运，去换取告发人给我安排的
命运。让他们怕见天日之光吧；让他们从人们足迹常到之处逃向
他方吧；让他们与人类的同情和同胞的友爱一刀两断，形单影吊，
去靠叛卖得到的酬劳宴饮作乐，靠诈骗得来的金钱恣情纵欲吧；让
他们不要忘记他们所背弃的诺言和违反的誓约——就是对那个被
他们丧尽廉耻地予以背叛的事业表示效忠的誓约；他们现在想起
了这些也许会增添他们享乐的滋味和寻欢的兴趣，但是，各位先
生，总有一天，他们会得到报应。反省的痛苦将会破坏这一切欢
乐；回忆的谴责将会咬痛他们的良心，像普罗米修斯神话中的兀鹰
那样，啄食他的肝脏，直到这些丧尽天良的人将在自感有罪的痛苦
中逐渐衰老走向死亡，进坟墓时，也得不到妻子儿女和朋友同胞的 237
怜惜，为他们一洒哀悼之泪。人们将来忆及他们，只是为了咒骂，
想起他们，也只会抱着极端憎恨的情绪。”

哈尼发表了一篇很长的答辩，获得了良好的反应。塞缪尔·帕克斯接着向陪审团答辩。他申诉相当时间以后，正要表明我们

的社会制度与上帝的意旨相抵触的时候，法官颇有礼貌地加以制止，劝他着重考虑证据，而不要离题太远，于是，他在后半段答辩中便照办了。其次，理查德·奥特利开始自行辩护。他的发言并不太长；但在结束前，身旁的几名被告劝他使用比较温和的语言，因为当时他们采取的方式既对他本人不利，也对他们案件有害。然后，理查德·皮林向陪审团答辩；他在辩护中说明了有关工人阶级社会地位贬低的亲身经历。他的言论虽然平易却很有力，他讲话时，许多旁听者被感动得落泪。接着答辩的是乔治·约翰逊，但他没有多久就被法官打断，认为控告他的证据不够具体，无法使他将此案提交陪审团，于是在原告律师的同意下，当堂将他开释。然后托马斯·斯托拉起立，发表了一篇简短的答辩。接着是伯纳德·麦卡特尼，他专就控告他的证据进行申辩；始终表示他的一举一动都是和平性质的。他处理原告所提证据的方法十分有力。约翰·阿林森正待向陪审团答辩时，检察长撤销了对他的控诉。于是那个被宪章派亲密地称为"北兰开夏雄狮"的威廉·比斯利开始自作辩护，向陪审团说明他一向反对罢工，因为他认为把罢工和宪章运动混淆在一起，对于宪章运动是有害的。他向告发人说：如果他们指望用他们所采取的办法来粉碎宪章主义，他们将会感到自己大错特错。他最后说：

"你们的裁决会把我暂时打入牢狱，但是这段时间不久就会消逝；一旦牢门重行开放，又准许我在天地间自由的空气中重新出现的时候，我还将和过去一样。纵有千万件控诉案也无法改变我的宗旨；因为只要我一息尚存，我就决心吹响宪章运动的号角，作为暴政和党同伐异现象的丧钟。即使有千万条罪状加在我的身上，我仍然是一个宪章运动者。”

接着讲话的是多伊尔。在提到有些被告对于侵占陪审团的时间而道歉时，他说，“我不会因为侵占了你们的时间而道歉。我侵 238
占你们的时间是有充分理由的。事实上，我认为这并不是什么‘侵占’。我的自由危在旦夕，因此，我想你们应当忍耐一下，耐心地听我发言。”接着，他开始说明他绝不是人们所称的阴谋家，并为他应当有公开发表意见的权利而进行辩护。他表明，许多大人物和他一样，也提倡相同的原则，最后要求陪审团对他主持公道。在他讲完后，乔纳森·贝尔斯托起立，十分有力地进行辩护。他对法官和检察长在审讯中所表现的严肃而公正的态度表示钦佩。艾伯特·沃尔兹登发表了一篇简短的答辩，继起发言的是詹姆斯·利奇，他对工人阶级的社会地位作了清晰而又精辟的陈述，表明在短短五年的时间内这种地位已每况愈下了。他把最近的骚动追溯到这一根源，同时还归咎于反谷物法联盟的阴谋。费格斯·奥康纳是向陪审团提出答辩的最后一名被告。他对起诉人的态度感到极其满意，因而向陪审团表示，他不把这次起诉看成是一种司法行为，或一种仅仅出于怜悯的宽贷；就他本人而言，他把它看成是一种特殊的恩典。他以十足的法学家的风度对原告方面所提的证据作了分析，然后把政府对待宪章运动者与对待奥康内尔的态度作了对比。他引用布鲁厄姆勋爵的话来证明反谷物法联盟是罢工运动的主要根源；同时举出《泰晤士报》的沃尔特来证明它起因于新济贫法；又举出该联盟和科布登来证明它应归咎于地主阶级；他声称，有些人还把责任推在兰开夏的保守派身上。他接着说，提起公诉的那位先生使他联想起一匹上好的猎马，这匹马需要的鞍子，在颈脖部位

要宽松，座位要宽大，而且骑在上面要舒适。后来，这匹马死了，但由于马鞍十分讲究，打猎的绅士便带着它到市场去物色一匹能与之相配的马。上述那位提出控诉的先生的做法正是如此。他带着马鞍到工业区去物色合适的人选。他给联盟试了一下；但发现宪章派的肩膀最宽，马鞍对他们最合适，于是就把它搁在他们的背上，并把腹带紧紧勒住。他审查了证据中的主要部分，证明控诉的
239 理由不足；他还详细阐述了各种政治论点，用许多奇闻轶事作例来说明他的看法，不时引起哄堂大笑。他向陪审团作了长达两小时又二十分钟的答辩后，才坐了下来。

几名被告见证人受到了讯问，然后检察长详尽地作了回答，但措辞却温和适度。人们难免产生这种感想，即政府倘有办法能够撤销控诉，并把被告们予以开释的话，则一定会欣然利用这种机会。法庭对任何一点都不企图作牵强附会的解释；作为一个检察官，他尽最大的可能，对被告们做了一切有利的让步。第二天，罗尔夫男爵总结了见证人的证词，费劲地审阅摆在他面前一大堆记录，他所表现的耐心和克制竟像是一个殉难者似的。他始终流露出一种愿望，即给予被告们一切与他本人地位相称的有利条件；只要有可能为他们提供有利的解释，他好像总是乐于成全。陪审团退庭去研究裁决，半小时内回到座上。他们宣告二十一名被告无罪。十六名犯有第四条罪状，十五名犯了第五条，另有七名在审讯过程中已经予以开释。所有这些人的名字将列举在本书的附录中。决庭决定延期判决，被告律师申请复审。政府从未表示要把各项控诉案件追究到底，不过，他们当然也要完成一些必要的程序。当被告们被带到庭上听候裁决时，被告律师即席声明，起诉书

采取这样写法，必然会使指控被告们的整个审判程序完全落空；因为起诉书虽然指出所犯罪行的性质，却没有指出罪行发生的地点。当庭决定，该案留待进一步研究，被告们准予先行保释，各缴一百镑，自行具结交保，随传随到。检察长并且暗示，将来该案进行辩论时，他不再需要被告们出庭。诉讼程序到此结束。被告们后来也从未被传出庭听候定判；政府发觉反对的气氛十分明显，不再有辩论的余地了。真的，从诉讼程序的全局来看，人们不能不感到整个审判是一出闹剧；不能不感到政府从无监禁被告们的意愿，政府故意在起诉书中留出一个漏洞，使那些假想中的受害者不难在引用大量惯常的法律术语后逃脱法网，政府的目的只为保全自己的体面罢了。

地方当局对告发库珀犯有纵火罪的严重指控已不再追究，但 240
他却因两起危害治安的控诉案，在 3 月间的斯塔福德巡回法庭上受审，这一回，他使起诉人感到非常棘手。在近代，以这样的审判来对待这样的罪行，还从未见过。库珀与见证人对质时追根究底，十分详细，以致使庭上的全体法官勃然大怒，无法加以掩饰。他不管所提的问题是否重要，因此在庭上占了很长时间，使起诉人感到烦恼。见证人作证结束以后，他又向陪审团答辩，长达十小时之久。全部审讯历时十天，使斯塔福德郡、希罗普郡和赫里福德郡的整个巡回审判事项陷入一片混乱。正如人们所料，陪审团宣告有利于原告的裁决，命令被告出庭高等法院，听候宣判，当时他为了要求减轻处分又使恼怒的听众忍受了一篇长达八小时的声辩，要不是因为法官宣布决定在当晚结束审讯的话，还会继续下去。结果是，库珀被判两年徒刑——正好是他所预料的处分。这次监禁

不是没有成果的,其中之一就是他写成了一首壮丽的诗,题名为《自杀者的炼狱》,许多文学刊物公认它可以同任何近代的诗作相媲美。另一个结果是,库珀彻底治好了他的奥康纳狂热病,出狱前,他从前所崇拜的偶像在《北极星报》上已经指责他了。

约翰·理查兹也在斯塔福德的巡回法庭上受审,被宣告有罪,判处十二个月徒刑;汉利的杰里迈亚·耶茨得到了相似的判决。我们在这里不能不提一下库珀对上述第一人所做的一件好事。他在狱中对理查兹表示衷心爱慕,由于这个老人已年逾古稀,体质又十分衰弱,因此不能承担任何一种劳役;库珀每星期给他一笔津贴,据我们所知,一直继续到理查兹去世为止;这种周济从不出于勉强,往往还同时热情地祝愿受惠者长寿。

在利物浦和切斯特,许多人因犯了与罢工有关的罪被提交审讯。阿宾杰勋爵主持了这些审讯,他向大陪审团提出对被告的控诉时,一反常规,针对民主主义的原则和一切同情民主原则的人
241 们,发表了一篇十分粗暴的演说。他痛斥美国的民主制度,用尽可能想到的一切言辞来煽动听众对被告们产生偏见,并且对制裁上述一类犯罪者的法律不够严峻表示莫大的遗憾。他在判处某些被告时说,他对他们只有痛恨和鄙夷的感情。他还向他们声明,下院绝不容许没有财产资格的人占有席位。他好像茫然不知没有上述资格的苏格兰议员早已在下院占有席位了。一言以蔽之,这个粗暴的政客法官竭尽一切力量恣意谩骂职工阶级和拥护这个阶级的事业的人们。他公开宣称社会上大多数人注定永远是少数人的奴隶。这种谰言激起了全国人民的极大公愤。甚至中产阶级的报刊也加以谴责;而且在下院,它也成为一个议题,邓库姆为此提出了

一项动议；动议虽告失败，却赢得了相当多的支持者，对阿宾杰勋爵的蛮横态度提出了十分强烈的抗议，勋爵不久去世，据我们所知，除了私交以外，无人对他表示惋惜。

几乎就在3月间举行的巡回法庭审讯结束后，邓库姆又提出一项动议，要求任命一个特种委员会，对怀特、哈尼、布鲁克、利奇、莫里森、斯基文顿等共约二十二人所诉的委屈进行调查。他们的请愿书列举了大量的控诉，例如官方勒索过多的保释金，他们被捕时遭到了粗暴的待遇，在狱中受到了困扰以及其他类似情况。邓库姆在一篇十分详尽的演说中表明了他坚决反对政府当局的立场，他的动议当然遭到了否决；赞成者仅三十二票，而反对者却有一百九十六票。

这里，我们必须重新提到1842年后半年的情况，因为在这个
值得纪念的时期内，在约瑟夫·斯特奇的主持下，企图实现中产阶
级和工人阶级的联盟。为了这个目的，全民普选联合会原来准备
在这年秋季举行一次协商会议；但《北极星报》的编辑威廉·希尔
牧师在写给斯特奇的一封公开信中，要求把协商会议推迟到较晚
时期，因为许多人最近被捕，使宪章运动团体陷入了混乱状态。斯
特奇和联合会立刻答应了他的要求，协商会议就定在12月下旬举 242
行。当时商定，有选举权和无选举权者各自推选同等数额的代表，
但双方同意选举同一人的特殊情况除外。城镇人口少于五千者推
选代表两名；多于此数者推选四名；而伦敦、曼彻斯特、利物浦、伯
明翰、爱丁堡和格拉斯哥则各推选六名。全民普选派与宪章派，现
在在推选代表的过程中展开了一场激烈的斗争。宪章派渴望本团
体的人尽可能地在全民普选派的集会上当选，以免选举费用完全

落到自己身上,在许多情况下,他们这样做取得了成功。在莱斯特,有选举权的人单独举行集会,但那个勇不可当的库珀和他的"莎士比亚旅成员"却执行他们的职责,设法挤入会场,使参加集会者感到十分狼狈。在这两派改革家之间普遍存在的强烈的敌对情绪预示它们很难在协商会议上结成联盟。各派宪章运动者都派代表前来参加。洛维特、柯林斯、帕里(高等法庭律师)、奥布赖恩和许多其他人士被推为代表。12月27日,协商会议在伯明翰开会。各方面派来的出席代表不下四五百人。斯特奇被选为协商会议的主席,工作就立刻十分认真地展开了。一个全民普选联合会会员动议,该会所草拟的民权条例应作为讨论的基础。该项条例包含《权利法案》[①]的六大要点;但是,他所提出的并得到赞助者支持的这项动议,至少说是非常失策的。宪章团体在人民宪章的旗帜下已作过长期的斗争。由于成千上万的宪章运动者所经历的苦难,由于为数更多的宪章运动者当时正以殉难者的精神对待种种迫害,宪章的名称已获得他们的衷心珍爱;事实上,它已成为家喻户晓的用语了。因此,企图一下子把这个名称撇开不谈,就是想要一笔抹杀关于过去的全部回忆。过去的一段历程显示出许多方面的愚蠢行动,同时,在其他一些方面也有不正当行为;但尽管有种种缺点,却并非全无值得称颂的功绩。宪章团体中许多人士在贯彻他们的目标时,曾表现出一种勇气,说明他们具有永放光彩的真正高贵品质。在这些人看来,舍弃宪章的名称就是一种政治上渎圣

① 《权利法案》(*Bill of Rights*),1689年颁布的英国资产阶级确立君主立宪制的一个宪法性文件。——译者

行为，而千千万万的人们也持有相同的看法，他们迄今虽然没有痛苦地尝过遭受迫害的辛酸滋味，但对他们比较不幸的同胞们的忠贞态度却表示钦佩。洛维特毅然出面代表这一类人。这种做法是 243
再恰当不过了。洛维特是宪章运动的元老之一；现在时机来到，他应当出来卫护他的后辈了。他接着站了起来，这个举动引起了宪章派代表们的好奇心，因为他们曾预料他将利用他的重大声望来加强斯特奇派的势力，但在这一点上，他们既失望而又高兴，因为洛维特宣称，《权利法案》的赞助者既然感到他们的职责是只提出上述文件供协商会议商榷，那么，他感到他的职责是提出人民宪章。出席会议的人们大吃一惊。双方显得惊惶失措——一方由于喜出望外，另一方则由于懊丧。只有主席和少数人士保持镇静。在场的宪章派代表们欢声雷动，热情高涨，好像发疯似的。奥康纳忍耐不住，立即站起来向与会者发表讲话。不久前，他曾说过，据可靠消息，有一派人利用宪章运动为中产阶级服务，而洛维特则是其中的一分子；这不仅是一种看法，而且是千真万确的事实。这时，他对自己过去竟然在短暂的时期内怀疑过洛维特的政治忠实性而表示奇怪，于是令人作呕地将洛维特大大地恭维了一番。但是如果奥康纳想用这种庸俗的谄媚来争取洛维特归附于他，那么，他所犯的错误没有比这更可悲了。他站着讲话时，洛维特一直翘起嘴唇表示鄙夷。他回想奥康纳以往的所作所为，而他的回忆首先只引起了他蔑视奥康纳的感情。接着进行了长时间的讨论。米阿尔先生、劳伦斯·海沃斯先生和T.斯潘塞牧师等人有力地鼓吹权利法案，而宪章派领袖们也同样有力地鼓吹人民宪章。双方展开争辩，舌剑唇枪，往往十分激烈，敌对双方彼此以倒彩声和欢呼

声相呼应。海沃斯对奥康纳派高声说，"我们厌恶的不是你们的原则，而是你们的领导者，"因而激起了他们的愤怒。萨默斯以附加条款的形式，提出了一项最适当、最公正的动议，其主要内容是主张把双方提案一同作为讨论的基础；但除极少数人外，整个会议现已不可挽回地分成两派，各自坚持它们主张的决议。如果斯特奇派先前曾提出和萨默斯相似的动议，即使不能成功地获得多数，至少也可以博得大量支持，但这时已经来不及了；各自偏袒己方的局面早已出现，彼此对垒的形势也几乎形成，因此，上述附加条款遭
244 到了几乎一致的否决。接着举行重要的表决。主席终于不得不宣布权利法案已被击败，而人民宪章则以压倒的多数获得通过。斯特奇当即起立，说明他和他的朋友们鉴于代表们表决的结果，觉得必须退出会议，作为一个独立团体，另行开会；双方的政策虽有差异，但本可殊途同归，或者最低限度也可以并行不悖。于是，斯特奇和他的朋友们退出会场，在另一地点复会，经过讨论，通过了他们的《权利法案》，订出了各项计划，期望借此使它的原则举国皆知。

然而，斯特奇的朋友中有几个人认为应当服从多数，不愿退席。其中有来自怀特岛上新港的教友派教徒皮尔斯以及来自尤维尔的 H. 索利牧师，他们那种不愿追随同党的坚决意志为他们博得了宪章派代表们的热烈赞扬。于是，会议的主要成员开始讨论宪章条款，作了一些细微的修改，进而讨论联合王国境内的宪章运动者统一组织的计划。库珀提出一项计划，它的主要内容是成立一个年度的代表大会，这个代表大会任命主席、副主席、司库、秘书、副秘书各一人，组成协会的执行机构，其任期自任命之日起，至

下届年会时止。出席大会的代表由各地区的公众集会自行遴选。前后两届年会期间，执行委员会应在不同地点举行季度会议，处理协会日常事务。大会秘书是领受固定薪给的唯一职员，其他职员和大会代表只在开会期间领取薪金。分会秘书、分会司库和一般评议员由各个地区的会员推选决定。年度的代表大会有权选派一般演讲员，宣扬协会的原则，并且将同等的权力也授予执行委员会。任何协会职员一旦被发现非法参加任何其他组织，而其宗旨远不如人民宪章的正义方案，则由他所在地方的会员撤销其职务。为了筹募共同基金，凡有财力的会员每星期应捐助一便士，每年缴 245
费一便士换领会员证，并作其他自愿的捐赠。在年度代表大会开会期间，秘书每星期可以从共同基金中支领三镑，副秘书、司库、主席、副主席每星期各支五十先令，代表大会其他成员每星期各支两镑。在主席联席会议期间，秘书每星期可以在同一基金项下支领五十先令，其他职员各支两镑，在全年其他时期，秘书每星期得支薪两镑。全国宪章协会的会员应当互相口头告诫，并且以身作则，厉行克己自制和正直无私的原则，增长知识，加强道德观念，并实践“己所不欲，勿施于人”这句金玉良言，互通有无，遇有疾病、患难或在谋生时，互相提携协助。这是提交代表们讨论的计划大纲，当经他们同意将计划提交给各地区，建议在来年 4 月间伦敦召开第一次代表大会前作出决定。然而，我们不应假想这次会议是完全和衷共济、风平浪静的。斯特奇和他的一派退席后，被托马斯·库珀称为会上最杰出演说家的帕里律师提出了一项决议，主张同一切愿意赞助宪章原则的人们言归于好，而不予以反对，即使他们所采取的提倡方式不同于宪章团体。帕里是举行表决前宪章运动赞

助者中最坚强的一员。乔治·怀特反对帕里的决议，另提一项修正案，接着发生了长时间的激烈辩论，最后因奥康纳起立发言才告终结，据他说，他准备调停争端。他提出了一项附加条款，无论从哪一方面看来，和帕里的提议完全相同，于是，后者就自动撤销原议，而给它热烈支持。奥康纳的附加条款获得一致通过，它所以胜过帕里决议的唯一原因是，它是奥康纳所提出的。然而，这种宗派情绪无法弥补宪章团体的裂痕。洛维特一派人不久就退出会议，虽然这个团体刚开始开会时，出席代表达三四百名之多，但到了同
246 意把组织计划提交给各地区时，人数已缩减到三十七名。还在代表们开会期间，部分领袖间的分歧已在他们面前出现；攻击和反击的言论不断地此起彼落。我们不想把这类言论一一枚举，但觉得有必要提起一件事：奥康纳要求库珀说明，究竟他或利兹的编辑是否像库珀给米德的信中所说，曾经对执行委员会搞过阴谋；库珀承认，他们从未搞过这种阴谋，因此他那样写法是毫无根据的。怀特和哈尼先前也曾否认参与任何类似性质的阴谋。哈尼提出否认时，对坎贝尔表示刻骨的仇恨，在信尾写着，“滚你妈的蛋，你这个地狱里的恶鬼！”我们深深感到，他的恶毒语言并未击中真正的对象，如果有人应当受到他的怒骂，那就是库珀，因为库珀曾提出充分的理由来假想这种阴谋的存在。我们还应当注意到，当时对于执行委员会虽然不见得有任何直接的阴谋，但不论奥康纳本人或他所豢养的仆从，对委员会都没有表示好感。委员会不让奥康纳的势力充分把持，因而不能迎合《北极星报》集团的意旨；虽然委员会没有遭到分开的反对，但暗中却对它窃窃私议，企图使它声名狼藉，从而破坏它所能发挥的作用。对它进行的任何攻击，奥康纳从

不加以阻止，除非他发觉公众有意给它支持的时候。这几乎一向是他用来鉴别是非曲直的公开标准。而且，一般地说，他要谴责一个人，事先必然对他大事吹捧；这就使缺乏考虑的人推想，他的谴责是出于他对公众负责的一番苦心。当他的仆从们对某人散布流言飞语，进行诽谤时，奥康纳却在《北极星报》上对此人阿谀奉承。一旦他们公然发动攻击，奥康纳就停止赞扬，以后他采取什么策略就以公众的意旨为转移了。也许有人会问——一个人采取这种做法，能说他是公正的吗？这个问题的答案应取决于公正一词的含义。奥康纳的愿望是要使人民能享受更大的幸福，这是绝对没有争论余地的。他愿意为这个目标贡献一切力量；但是他同意为人民尽力，却有一个唯一的条件——这就是，他必须居于领导地位；为了造成这种地位，他不惜曲意迎合毫不足取的偏见，他一面指示他们应当完全依赖他的判断，而同时又向他们表明，不是他把知识传授给他们，相反地，他所具有的知识却是他们授予他的。任何人也不会像他对他们那么曲意奉承。这是他博得巨大声望的一个秘 247
诀；但是这种声望就如波涛那样起伏不定。它一时之间，浪涛高涨，汹涌澎湃，但转瞬间又一落千丈，终至在原来有此声望的人身上荡然无存。他懂得人们的心理，不过，也只是一知半解。他知道，对人们（不论他们是对是错）阿谀奉承总是会赢得他们好感的最可靠的途径；但他忘记了一知半解的人们始终是不足为恃的；他们今天会对他们所崇拜的偶像欢呼，明天又会谴责他，或冷漠地报以白眼。过分醉心声望，而且绝不计较需要付出多大的代价，这是奥康纳一生中铸成的大错。只要时机来到，他就会利用他的势力去打倒一切有希望同他争取群众爱戴的人。这种手段本已十分恶

劣，但还有更加严重的，因为他所破坏的不仅是别人的势力，甚至是别人所提的方案，而有些方案比他本人所提的要高明千百倍。这种策略造成的后果是，比较明智的人们对这种卑劣的伎俩和不公道的行为产生厌恶心理，退出宪章运动，从而削弱这个运动能够引以自豪的实力。这些人发觉自己没有保持正直与独立的余地，终于心灰意冷，消沉下去了。

库珀的计划提交全国各地讨论后不久，奥康纳也提出了一项组织计划，它的要点是：首都宪章运动者应有一个宏大的会堂；应像从前那样选出一个执行委员会，其成员应在伦敦举行会议；应由公众集会任命一个由十三人组成的评议会，执行委员会对公众发布的一切文件，应先送请评议会审议。在意见发生分歧时，所有这类事项应提付表决，执行委员会成员和评议会成员一样，也有表决权。执行委员会如果愿意，同样可以参加评议的一切会议，并参加辩论，但没有表决权。执行委员会的账目应由评议会推选的十名成员加以审核。每月应举行一次宪章运动公众集会，执行委员会和评议会的议事记录均应提交给集会审议。奥康纳的计划在《北极星报》上发表后，该刊接着登载了许多有关组织问题的读者来信。唯一抨击奥康纳的计划原则的来信，是 R. G. 甘米奇写的，他
248 力图扼要地指出这项计划所能造成的祸害；执行委员会和由十三人组成的伦敦评议会这样两个机构同时并存，由于后者对前者的自由行动起着掣肘作用，而人数方面的优势又使它掌握着较大权力，加上两者之间一定会产生猜疑嫉妒，最后必得引起无穷尽的明争暗斗。当时在伦敦的领袖们，除少数人外，他们的共同看法加强了这种见解。但甘米奇的眼光并不局限于两个独立团体之间可能

因嫉妒而造成的分歧；他还看出这正是提议人的一个煞费苦心的计策，要使执行委员会听命于他个人的意志；提议人想利用一切权势，使评议会中的多数成员，即便不是全体，都成为他所安插的人，在这种情况下，执行委员会就成为他自己的机构，仿佛权力已经集中在他身上一样。

然而，前经伯明翰协商会议建议在 1843 年 4 月间举行的代表大会延期至同年 9 月 5 日才举行，地点不在伦敦，而像以前一样，仍在伯明翰。到这时，奥康纳已放弃了他前一时期所提出的组织计划，而向他的编辑和发行人乔舒亚·霍布森先生让步。霍布森和莫里森先生一同提出了一项庞大计划，要使工人阶级定居在土地上，从而恢复他们的社会地位。计划的主要内容，当然是奥康纳和他发行人的共同作品；这是人们的才智，或者说，人们的愚蠢所能想出的旨在分裂和瓦解宪章运动的无上妙策。其他种种考虑目前姑且不论，这项计划从各种意义来说都是不合法的。第一，组织的名称是“全国宪章协会”，其目的在于实行一种政治改革。但法律绝不承认所谓政治协会这类组织。第二，协会由分支机构组成，在这种情况下，即使对政治方面完全不予考虑，任何组织也都不是合法的。这些情况，奥康纳了若指掌。作为一个法律家，他必然理解；然而，尽管具有这种知识，他仍然施展骗人的行当。宪章运动有一些领袖，他们好像一心想要用尽一切方法使他们的主义惹人厌恶似的，人们对这些主义的本质不够熟悉，因此，只有从提倡者的行为方面来认识它们。他们在最近的罢工中的表现至少证明了他们的极端愚蠢；因为罢工虽然范围很广，但大部分由于强迫命令，因此，即使在为了工资而举行罢工的地区内，也不能获得成功。249

如果工人阶级只因为受到若干同行的威胁才罢工，那么，有钱阶级只要集中他们的力量，被迫罢工的工人在一旦获得优势力量保证他们能安全地工作时，就会及早地复工。但是，尽管1842年所有的罢工工人完全是自动罢工，这一点仍不足以测验一般工人阶级的情绪。为了一个全国性目标而举行的罢工必须普及全国，才有成功的希望。从审讯得出的证据来看，事实也很明显，大部分极愿举行罢工的工人也反对把罢工和政治运动混淆起来。居住在罢工地区的全部人口充其量不到三百五十万。假定他们全都愿意参加这个斗争，人数仍然不到全国总人口的七分之一；而且，如果我们考虑到绝大多数人不是反对罢工，便是对罢工不感多大兴趣，我们就会立刻看出，当时的领袖们对于承担向人民指出争取独立自由的光明道路这一任务是多么不能胜任。正如人们可能预料到的那样，结果是宪章运动者由于罢工期间出现的一切愚蠢行为而受到指责；而参加罢工的大部分人也因为罢工归于失败而受到责备，却未得到丝毫的好处。土地计划从根本上来说是不合法的，因此，就缺乏进行大量投资的唯一必要条件——安全保障，它的获得通过又是一件天大的蠢事，给宪章运动增添了耻辱。这项计划在伯明翰的协商会议上获得了支持，当时出席会议的有下列地区的三十名代表：莱斯特的贝尔斯托；柴郡的托马斯·克拉克；温斯伯里的J. 克卢尔；约克郡西赖丁的J. 杜赫斯特；兰开夏南部的C. 多伊尔和威廉·狄克逊；沃里克的H. 唐纳森；阿伯加文尼的D. 埃利斯；伯明翰的J. 伊姆斯和J. 梅森；利兹的法勒和乔舒亚·霍布森；考文垂的威廉·霍西厄；谢菲尔德的G. J. 哈尼；约克郡东赖丁的J. 林顿；马里尔本的S. 拉奇；诺丁汉的R. T. 莫里森；塞尔登、科恩和

克利瑟罗的 R. 马斯登；伦敦的 P. 麦格拉斯和 F. 奥康纳；伯恩利的约翰·普莱斯；北安普敦的 J. 罗宾斯；萨里和肯特的亨利·罗斯；巴思的 W. P. 罗伯茨；斯塔福德郡陶器产区的 W. 塞尔；科吉歇 250
尔的 J. 肖；约克郡西赖丁的 J. W. 史密斯；布赖顿的乔治·弗戈；伦敦的 T. M. 惠勒；布里斯托尔的 R. H. 威廉斯。使情况更糟的是，会上除奥康纳外，还有一位律师，就是罗伯茨，他对法律一定也很熟悉，而他竟然支持这项土地计划。代表们通过下列决议时，对这项计划的合法性好像也有所疑虑："如果检定律师对本会议所通过的组织条例的全部或一部不准注册时，莫里森·霍尔森和惠勒应向奥康纳和罗伯茨征询有关法律方面的意见，倘有必要，并应与代表们保持联系。"上述二人若不是对法律茫无所知，便是明知故犯地支持一项非法计划，而决议竟表示要向他们征询法律方面的意见，这个主意简直是向公众开了一个荒唐透顶的玩笑，同时表明多数代表究竟是一帮什么角色。协商会议散会前，费格斯·奥康纳、托马斯·克拉克、P. 麦格拉斯、C. 多伊尔和 T. M. 惠勒被选为全会执行委员，其任期直到次年 4 月间协商会议复会时止，并经同意，在供职期间，秘书每星期得支薪两镑，其他执行委员各支三十先令，另加前往各地演讲的旅费。

在此以前，奥康纳曾拒绝担任执行委员，但形势的发展使他改变了主意。他为自己打消原意所提出的理由是，由于人们对协会是否是一个合法组织议论纷纭，万一真不合法的话，他愿意承担一部分责任。代表人数既然有限，而群众对多数代表又不太熟悉，因此他认为，如果任命一个机构，其中一部分成员不是知名人士，另一部分成员又是大家不可能绝对信任的，那么，这个机构绝不会使全国人民满意；而据他说，他敢于自信，如果他被选为司库，在委员会中占有一席，大家就会相信他一定会保证使基金调度得宜，执行委员们忠实地执行职责。这几乎是说，全国皆知他的同事们尽是一些无赖，而必须有他参与其事，才能使他们至少保持行为正派，姑且不论他们心里究竟有何打算；而这些人在听到他对他们的操守作了这样一番“恭维”后，竟然还会厚颜无耻地和他共事一堂哩。他愿意出来任职的另一理由是，作为一个不接受报酬的人员，他可
251 以使协会每星期节省三十先令。奥康纳在陈述他就职理由的同一声明中指出，只要有二万五千名会员向协会经常交费，则所交会费总额每星期就有一百零八镑六先令八便士，而执行委员和二十六名演讲员所支薪金以及其他零星开支仅需四十六镑十先令；这使协会每星期可以积余六十一镑十六先令八便士，换言之，每年可积余一千八百五十五镑。他提议，就中拨出六百镑充作代表大会在伦敦举行为期一个月的会议所需的经费外（至于为何开会，他未说明），手头尚余一千二百五十五镑，可用于法律基金、受难基金、宪章实施基金等项开支。执行委员会任职不久，就派出九名演讲员到各地去进行鼓动；但是非但这些项目所需的经费没有源源而来，甚至偿付执行委员会本身的开支犹感拮据，于是，他们只得心甘情愿地仰给于奥康纳的私囊。后者在《北极星报》上啧有烦言，他的同事们最后也因为自己处在仰人鼻息的地位而自感到惭愧，声称不愿再为宪章团体继续服务，除非他们能够摆脱这种屈辱地位。但是，不论作了多少次讨价还价，也无法开辟财源。很明显，奥康纳虽然自信全国对他本人怀着莫大的信任，但大家却认为他既担任司库，又自夸要充当督促同事们奉公守法的监护人，就应当为这

种荣誉付出代价；所以他们虽然提出抗议，还是继续为公众服务，所需费用大半由奥康纳负担。协商会议所认可的组织计划已送交给蒂德·普拉特；但是正如人们可能预料而且也确实预料到的，他的意见认为，这项计划不能包含在国家法令范围以内，因而是非法的。于是，为了权宜应变起见，对计划加以修正，但仍不能使它受到法律的保护；可是，后来却把有关土地和建筑基金那一部分内容与政治部分完全划分开来了。

1843年秋季，奥康纳和邓库姆开始做鼓动旅行，主要访问英格兰北部和苏格兰。前者借这次旅行作为加强协会实力的一个重要措施，无论他们游历到那里，他总是为协会招收会员。这两位宪章运动领袖足迹踏遍纽卡斯尔、格拉斯哥、阿伯丁和其他许多地方。在上述最后一处，邓库姆掏出他的会员证，登记为阿伯丁地区的会员。当时，在这个景色优美的城市举行了一次盛大的示威游行。各行业组成一支游行队伍，由威仪堂堂的面包工人联合会会 252
员们领先，他们穿着鲜艳的淡红细布棉制服，戴着绚丽夺目的头巾。在他们前面是三个骑马的司仪，其中两个穿着红丝绒服装，一个穿着黑丝绒服装，都佩带着光泽鉴人的大腰刀，他们的乘马也披着华丽的鞍辔。一个穿着全套法衣、戴着搽粉假发的牧师，几个步行的司仪，几个执着权杖的典礼官，一个衣着华丽的长老，他的衣裙由五个眉清目秀、装束漂亮的小随从提挈着；上述穿着祭司长袍的牧师，随身带着一本圣经，放在从他颈脖一直垂到下面的深红垫座上。这就是举行这次民主活动的一部分仪仗；我们不禁要问，贵族阶层，甚至王室本身，能想出比这种过分华饰的行列更可笑的排场吗？他们竟能为这种绚丽的装饰浪费不赀，同时却又惯于指责

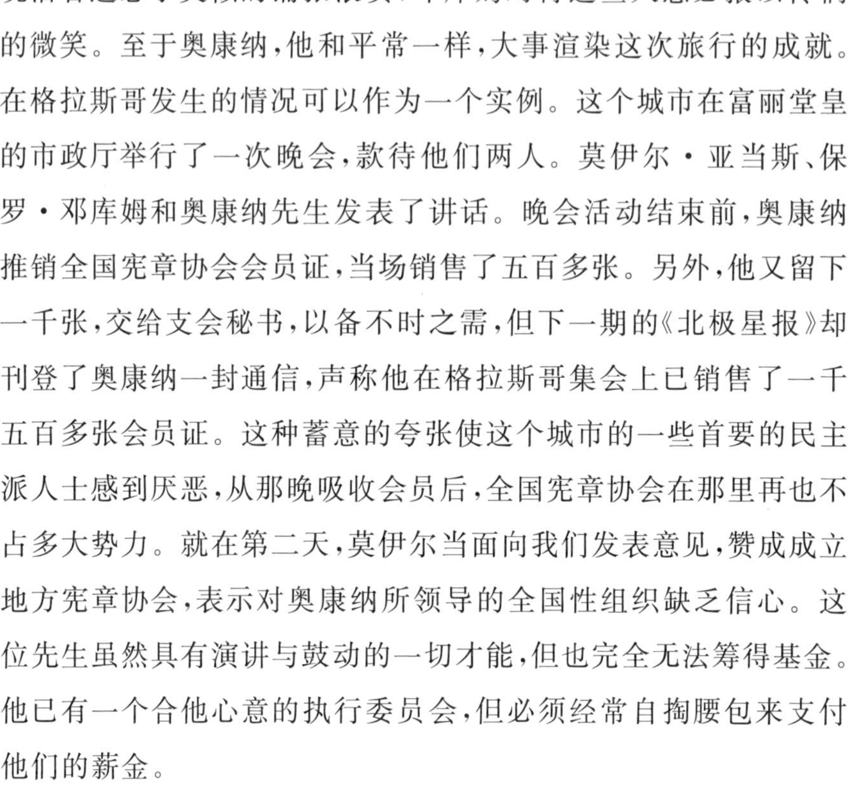

统治者迷恋于类似的铺张浪费，邓库姆对待这些人想必报以怜悯的微笑。至于奥康纳，他和平常一样，大事渲染这次旅行的成就。在格拉斯哥发生的情况可以作为一个实例。这个城市在富丽堂皇的市政厅举行了一次晚会，款待他们两人。莫伊尔·亚当斯、保罗·邓库姆和奥康纳先生发表了讲话。晚会活动结束前，奥康纳推销全国宪章协会会员证，当场销售了五百多张。另外，他又留下一千张，交给支会秘书，以备不时之需，但下一期的《北极星报》却刊登了奥康纳一封通信，声称他在格拉斯哥集会上已销售了一千五百多张会员证。这种蓄意的夸张使这个城市的一些首要的民主派人士感到厌恶，从那晚吸收会员后，全国宪章协会在那里再也不占多大势力。就在第二天，莫伊尔当面向我们发表意见，赞成成立地方宪章协会，表示对奥康纳所领导的全国性组织缺乏信心。这位先生虽然具有演讲与鼓动的一切才能，但也完全无法筹得基金。他已有一个合他心意的执行委员会，但必须经常自掏腰包来支付他们的薪金。

1844 年 1 月 8 日和 9 日，为了庆祝乔治·怀特获释出狱，在伦敦举行了两次盛大宴会，部分执行委员和首都许多民主派人士出席参加。在后一宴会上，有人提议为费格斯·奥康纳干杯，怀特说，先前曾有流言飞语，说他有意要在出狱后谴责费格斯·奥康
253 纳。那么，现在他就把这些责难说出来："他庄严地声明，按照他的意见，奥康纳是一个正人君子、百折不挠的爱国者。他相信，奥康纳倘有罗思柴尔德[1]的百万家财，他一定会把它用于促进人类大

① 罗思柴尔德(Rothschild，1743－1812)，德籍犹太银行家。——译者

家庭的幸福。""是的,"他重复说,"费格斯·奥康纳是一个善良、正直的人;如果他真谴责奥康纳,这就将证明他自己是一个狼心狗肺的坏蛋——但他自信绝不是这样的人。"可是,尽管有此声明,隔了几年,怀特却真的谴责他如此热烈颂扬的人了。

1843 年年底,罗奇代尔的激进派议员沙曼·克劳福德在《北极星报》和《非国教徒报》上发表了一封致激进改革家的公开信。他在信中拟订了一个关于在议会中成立一个激进党派的计划,这个党派应不断地提出动议,发表演说,以阻挠议会的一切正常事务,从而使政府机构瘫痪不灵,直到普选权遍及全民为止。约翰·梅森和其他几个宪章运动领袖对这个计划表示赞同,但它遭到了奥康纳的反对。他所持的理由是,沙曼·克劳福德虽然正直,却缺乏毅力和气魄,如果要成立这样一个党派,则必须由邓库姆来领导,因为他的才能无可非议,而且又是人民一致公认的领袖。克劳福德的计划没有获得多大成功。宪章团体一般认为奥康纳的理由是不容置辩的。克劳福德的支持者在伦敦召开公众集会,邓库姆和奥康纳都去参加,这项计划在会上被多数人否决。看来,奥康纳的计划是要在议会内建立一个激进派的独裁体制,正如他在议会外已经相当成功地建立的一样。

1844 年夏季,有人提出计划,准备筹款购置一个纪念品来酬谢邓库姆对工人阶级的贡献。奥康纳主张筹募一笔巨款,购置一份地产;但邓库姆拒不接受任何形式的金钱报酬,因此,所赠的礼物是一套价值七百镑左右的华贵餐具。在过去一段时期,反谷物法联盟的声势已超过了它的敌对者。奥康纳屡次向科布登挑战,要求同他就这个问题进行辩论,可是后者始终拒不应允。但有一

次，科布登在布雷德福偶尔以十分自负的口吻发问，“有人愿意同我进行辩论，继续强调谷物法是一项公正的法律吗?”奥康纳立刻
254 接受了这个挑战；而科布登仍然不敢交锋。但事态迅速演变，最后使这两个首脑人物出现在同一讲坛。北安普敦的部分居民向科布登和布赖特先生提出一份申请书，邀请他们对这个城镇在集市广场上举行的公众集会讲话。这份申请书是由一千二百人签名的。宪章运动者立即奋起行动。他们写成了一份申请书，送交奥康纳，实际签名者有一千三百五十三人，敦请他同科布登和布赖特就他们所关心的问题展开辩论。奥康纳欣然接受，双方积极开展工作，组织群众参加集会。辩论前夕和当天，奥康纳好像自信可操胜券，因为能有机会同联盟的两个大人物决一雌雄而感到得意忘形。他向朋友们嚷道，“今天我将全力以赴。”将近开会时，大批群众从四乡来到城镇。联盟中人力图阻止宪章派领袖登坛发言，发给他们的入场券只有六张。在挤满敌方人士的宽敞的演说坛上，这个人数当然相形见绌了。宪章运动者也不是容易挫败的。他们的秘书克里斯托弗·哈里森是一个有坚强毅力的人，曾在讲坛上同联盟派打过多次交道，他出言粗鲁，常使他们畏缩不前，这时候，他就同几个人在敌方讲坛的旁侧设法另架起一座演讲坛。联盟派人士看到宪章运动者的决心，便表示让步，发给他们数目比较合理的入场券，他们也就停止搭坛了。下午1时，科布登和布赖特由朋友们簇拥着，在联盟支持者的欢呼声中登上演说坛。他们正想在奥康纳和其他宪章派领袖到场前推定主席，但参加集会的多数群众劝他们暂勿进行。未隔多久，奥康纳、惠勒、克拉克、麦格拉斯和一些当地宪章派领袖在宪章派听众的掌声中一同来临。会上大多数人看

来并不偏袒任何一方，一心只想听取双方的意见，自作判断。翻砂厂主格伦迪被推选为主席；宪章运动者非但不反对，而且还投票赞成。科布登首先发言，他竭力地把联盟说成是一个正当的事业。但大家却感到他的见解软弱无力，不久将被奥康纳以比较可靠的事实和道理驳得体无完肤；但抱着这种期望的人们却是注定要失望的。如果说奥康纳所发表的是一篇雄辩演说，而且确是他生平 255
所发表的最能打动人心的一篇，谁也不会有片刻的怀疑；但作为对科布登的答复，这篇演说却彻底地失败了。他对每个问题只是轻描淡写地一带而过，始终没有勇气透过表面探究下去。在他讲话期间，朋友们一直猜想他只是在引出问题，但等他讲了三刻钟坐下时，大家才露出茫然若失的神色。当他起立讲话时，群众的欢呼响亮而又持久，但当他回到原位时，欢呼声相当微弱，而且迅即停息。更糟的是，这篇演说看来在事前曾经过充分的准备。他讲完后，联盟派中主要人物的脸上露出了得意扬扬的笑容；他们觉得，就奥康纳而言，他们已经获胜了。麦格拉斯继奥康纳之后发言，这显然使联盟派人士大为高兴，因为按此程序，布赖特保证取得最后发言的机会。奥康纳所提的修正案主张，为了使自由贸易对各方面无所偏袒起见，应在全国各个利害关系集团之间作一次公平合理的调整，哈里森表示附议。他采取这一步骤，就是为了给麦格拉斯一个喘息机会，以便应付布赖特；但在奥康纳的吩咐下，麦格拉斯在他的首领讲话结束后，立刻走上前去。他的讲词比奥康纳高明得多，但他缺乏后者洪亮的声音，加上会场群众早已感到失望，因此，他的讲话显得索然无味。布赖特继麦格拉斯之后发言，对奥康纳进行了十分尖锐、辛辣的嘲讽，而且起了效果。克拉克想要发言，但

群众已经意兴阑珊，于是主席便把修正案和原动议交付表决，随即作出决定，后者获得通过。奥康纳的演说虽告失败，我们仍坚信他的修正案已获得了多数支持；但是即使如此，这个多数也很有限。这个问题如果处理得宜，它必然会获得压倒的优势。主席既是联盟派的成员，一发觉双方人数大致相等，便作出有利于他的朋友们的决定。这样，奥康纳就在 1844 年 8 月 5 日给联盟造成了一次空前未有的巨大胜利。

仅仅在一个月以前，奥康纳已采取另一策略，这个策略足以使宪章派在敌人的心目中显得笨拙可笑。伯明翰正准备举行选举，约瑟夫·斯特奇是敌对双方竞选人之一；伯明翰协商会议后，奥康

256 纳虽然宣称，斯特奇倘再提出要竞选诺丁汉自治市的下院议员席位，他就一定到当地去反对，斯特奇虽然丝毫没有改变他的原则或策略，但他的竞选宣言一发表，奥康纳立即前往伯明翰，自愿助他一臂之力，以便使他当选。在诺丁汉反对斯特奇，而在伯明翰却又给予支持，这是否符合于前后一致的原则，使人不解；不论怎样，我们很难想象他会弄清这种关系；他在上述两种情况下的行动都凭他一时莫名其妙的感情冲动，这始终是导致他的政治活动失败的根源。

同年秋季，宪章运动团体作了巨大的努力，企图使弗罗斯特、威廉斯和琼斯获释返国。他们在采取这一步骤中，特别受到下列事实的鼓励：奥康内尔和他的同党在审判定罪后，通过一道再审命令已经设法突破政府的法网，在服刑三个月后，就获释出狱。这种努力是宪章运动者历来采取的最明智的行动之一。因此，他们现在在所有的主要城镇，向地方当局呈递他们写就的申请书，要求召

开群众集会，为上述目标进行声援；在诺丁汉、北安普敦和其他许多城镇，这些申请书获得批准。群众集会纷纷举行，通过了致议会和女王陛下的请愿书。所有这些努力并不是徒劳的，因为当邓库姆根据请愿书的精神，提出动议呼吁女王陛下对上述诸人予以赦免时，詹姆斯·格雷厄姆爵士虽然代表政府表示异议，却暗示，将来可能答应请愿人的请求。可是，在这以后，宪章运动团体没有再为那些流放者尽过多少力量，直到 1850 年，政府才对他们赦免，但附有条件，即不准进入大不列颠国境。[①]

我们不禁要在这里举出一个例子，表明有时推动政党采取行动的，究竟是什么动机。巴斯和甘米奇拜访北安普敦市长，向他呈递了一份由四百六十三家户主签名的申请书。这位市长——他是半托利党、半辉格党，后者的成分多于前者——对召开群众集会极表赞同，本人对这个目标又愿意支持；但在答应申请人的要求前，必须征得市议会多数议员的同意。于是，他们便去拜访市议会最
民主的一位议员，他不肯在申请书上签名，理由是，向政府呼吁毫 257
无作用。接着，他们去会见辉格党议员，经过往返奔波，其中有三人附签了他们的名字——一个毫未犹豫，另一个认为那些流放者已经惩罚有余。第三个口里嘟嘟囔囔，却不说明赞成还是反对；结果签了名，大概由于市议会选举即将来临。他们离开这些辉格党员以后又走访托利党领袖，因为还缺少七个人的签名，但托利党是一个少数党。这位领袖不愿抛开他们同事单独签名，因为该党向

① 1856 年 5 月 3 日，宪章运动罪犯们受到特赦，弗罗斯特返回英国，于 1877 年 7 月 29 日逝世，终年九十六岁。

来是一致行动的。他认为市长早就该立即答应申请人的要求。他极愿支持这个目标，作为一个律师，相信这些流放者一开始就应当得到赦免。那天晚上，市议会的保守派议员举行会议；他不能前往参加，但劝他们最好去看看有无办法。于是，他们又去访晤其他托利党议员；这些议员表示，只要他们的领袖签名，他们也都愿签名。晚上，巴斯和甘米奇参加在乔治旅馆内举行的会议。旅馆主人是一个市议员，从未在这类文件上签过名。其余诸人抱怨市长不该使他们受到这种尴尬的考验；但其中两人终于签了名，所持理由是，奥康内尔已被释放了。同时，他们却又认为弗罗斯特、威廉斯和琼斯早就应当绞死。然后，巴斯和甘米奇再去拜访保守派领袖，对他说，“好啦，先生，所有你的同事都愿签名，只要你以身作则的话。”他笑容可掬地签了名，他的朋友们随后也签名了。现在只少一个人的签名了。他们赶紧再去拜访上述那位民主议员，对他说，“好啦，先生，现在集会能否举行全在你一人身上了：只要再有一个人签名，就够多数了。”“好吧，既然如此，我签名就是了。”他真的签了名。这次会议是用通告方式召集的，在通告上申请书的后面列举了十位市议员的大名，作为这次运动的主要倡议人；因为市长同代表团取得协议，为了便利起见，申请书最好这样写法：“下列签署的市议员，连同四百六十三家户主，等等。”这份申请书一出现，辉格、托利两党报刊都大吃一惊；它们很难识破其中的奥妙。在会上，市长因病不能参加，由首席参议员夏普先生担任主席；他的作风极其民主，直到甘米奇了解与会者的总的意见以后，才允就职。
258 接着几名市议员对他们在申请书上签名作了解释；托利党赞助人马克姆首先发表了一篇十分出色的演说，从法律观点对集会的目标表示赞同。继起发言的是马歇尔、杰弗里、甘米奇、汉利、霍洛韦尔、芒德等人，所有决议均经一致通过；但下星期六，当地各报竟厚颜无耻、居心叵测地在社论中对如此众多的市民开会倡议的目标进行攻击。

1845年初发生了另一次不幸的分裂，这类分裂本已削弱了宪章运动的声势。麦克道尔感到他返回英国不再会危及他本人及其同谋者的安全，便在阔别两年后，重返祖国，几乎立即开始做全国旅行。他在苏格兰时，发现他所到之处，人们对全国宪章协会都表不满，希望为苏格兰单独成立一个协会，于是便在格拉斯哥建议采取后一办法，认为它一定会使宪章运动事业大受裨益。这引起了格拉斯哥协会秘书的不快，此人向执行委员会提出书面报告，执行委员会一反就职时明白宣布的决定，没有把控告信件在公开披露以前送交被控告人先行审阅，立即在《北极星报》上发表，并且不是全文，而是摘要，同时也根本没有通知麦克道尔本人。大约与此同时，利奇和麦克道尔发生了龃龉；在后者离国期间，人们为他筹集一笔基金，由利奇保管。麦克道尔因捐款未按时寄去，就在《北极星报》上发出怨言，于是双方进行了笔战。同时，麦克道尔还间接地同奥康纳发生了冲突。当捐款问题在曼彻斯特地方宪章协会提出讨论时，利奇向该会发表声明，大意说，麦克道尔曾私下责备奥康纳在兰开斯特的审讯中对他处理不公。奥康纳在下一周出版的《北极星报》上致函曼彻斯特地方协会，指定该会审理麦克道尔和他本人之间的争执；然而，他指定这个法庭时并未征求麦克道尔的同意，在他看来，麦克道尔对这件事好像是无权过问似的。他这次利用《北极星报》的篇幅致函曼彻斯特地方协会，其用意是要使各

地方在审理这项争执以前通过不利于麦克道尔的决议。这种做法至少表面上产生了预期的效果，因为这类的决议下星期就纷纷出
259 现了。麦克道尔不承认曼彻斯特地方协会是审理这项争执的适当法庭，那样奥康纳就可以独断独行、畅所欲为了。R. G. 甘米奇也没有摆脱这场纠葛——并非因他自愿卷入旋涡，而是由于他迫切希望使双方获得公平处理。他是全国宪章协会北安普敦分会的秘书。W. 霍洛韦尔是宪章运动团体中资格最老、眼光最远、言行始终如一的会员，他提出了一项决议，谴责执行委员会在对待麦克道尔事件中所持的态度。甘米奇附议，接着展开了长时间的辩论。奥康纳一派人的演说非常有趣；他们的逻辑可以归纳在他们之中有一个人所提的一项修正案中："本会议认为执行委员会无可訾议；但希望该委员会以后不再采取同样措施。"凭着这套逻辑，他们以三票的多数成功地否决了上述动议。甘米奇在《北极星报》上见到反对麦克道尔而偏袒奥康纳的各项决议时，对双方的争执作出这样过早的决定甚感遗憾。其中一项决议据说是凯特林的宪章运动者作出的。在决议出现后的星期一，甘米奇有机会到该镇去，在同当地秘书的谈话中，借此机会责怪这个地区在审理前就给这项争执作出决定殊不公道。秘书微微一笑，掏出议事录，表明当时所通过并抄送给《北极星报》的决议与后来该报所披露的迥然不同。前一决议要求给予双方以公平的审理，而后一决议却主张不经审理即予定罪。这样，甘米奇知道《北极星报》集团是怎样处理事务了；凡决议与奥康纳的观点和利益发生抵触时，就予以篡改，以适应他的口味。甘米奇就这件事向曼彻斯特地方协会提出报告，但他们非但不像一个正派的团体应当做的那样对他表示感谢，而且

对他们的一片苦心痛加谴责，因为他们决心不惜任何代价来表明他们的主子是对的，而对方却是错的。对此，甘米奇以他那犀利的文笔痛加驳斥，毫不容情地指责他们卑鄙龌龊的不正当行为，以致竟然承认伪造出来的决议。麦克道尔在给甘米奇的信中转抄了据说是格拉斯哥秘书史密斯来信的一段摘录，执行委员会就是根据这封信来对麦克道尔找碴的。据史密斯在这段摘录中的说法，《北极星报》上所披露的信件与他寄给该报的原信完全不同。甘米奇等写信给史密斯，询问真相。他在复信中又说，《北极星报》上的信件是真实的。他的复信极长，甘米奇抄了一份副本寄给《北极星 260
报》。该报编辑选登了部分摘录，以奚落的口吻写道，“甘米奇先生是不喜欢私人间的通信的；那么他是否愿意把他据以质问史密斯先生的那封私人信件公之于众呢？”甘米奇就把上述摘录寄给该报，而这位追根穷底的编辑先生却始终没有把它披露出来；这样就使人们推想，北安普敦分会秘书本人对自己的行为感到惭愧了。这就是这个时期的奥康纳式的公道，因为我们只能把这位编辑看作是奥康纳手下的一个工具。大约与此同时，《北极星报》从利兹迁到伦敦，奥康纳把他的出版印刷设备转让于人。该报现由大风车街的麦高恩承印，售价从四个半便士提高到五便士。为了庆祝这次搬迁，在伦敦举行了一次公开招待会，由刀具街宪章俱乐部的W.克拉克主持，他是首都最诚挚、最积极的民主主义者，同时又是奥康纳的热烈赞美者。

此时出现了另一民主刊物，名为《全国改革者》，奥布赖恩是该刊的所有人并自任编辑。这份报刊只经营了两年多时间。除了提倡人民宪章所规定的各项政治改革外，它还制订了土地国有化计划，原则是对原土地持有人作价补偿。它竭力主张彻底改革币制，谴责那些规定金价并使我国货币以这种金属的多寡为转移的法令。它提倡信用货币，以全国实际可消费的财富作为基础。信贷银行应对各个阶级一视同仁，从而使勤劳稳重的人以及工人通过贷款方式，能有机会变成资本家，这是它所提出的另一项改革；它所主张的第四项重大措施是公平交易，通过国有市场或商店的中间作用促其实现，生产者可用他们的财富换取积存在那里的别种财富，或者换取相当于他们出售的财富价值的信用货币，这种货币并应作为全国通行的法币。凡此种种就是《全国改革者》在它篇幅上所阐述的根本性的重大改革；但是该报编辑始终特别注意使读者深刻认识到，这些改革只有依靠政权才能如愿以偿。他反对奥
261 康纳正在不遗余力地使公众在思想上牢记一种见解，即认为后者的土地合作计划将会实现劳动人民的社会解放。一星期接着一星期，他企图利用人们所能利用的各种论据来证明这类方案是绝对荒谬的，尽管不能曲解法律来对它们进行制裁；但当他看到可以引用这些法律来推翻这些方案时，他便谴责这些是邪恶伪诈的方法，是用来激起永远无法实现的希望的方法，他预料整个计划必将彻底失败，民主主义的事业必将因而推迟。奥布赖恩由于对待这个问题的态度而受到了奥康纳及执行委员会中奥康纳同党的指责。奥康纳对他自己的能力作了十分狂妄的估计，因为他认为自己能够在难以置信的短时期内，把全体会员安置在他们自己土地上的村舍。他所确定的最大时限是六年，希望在此期间使他“亲爱的孩子们”的社会地位发生这样一个重大的变革。

这时候，奥康纳还有一个敌对者J. 沃特金斯，他从前曾是他

的一个十分忠实的信徒。沃特金斯曾经谴责所有反对奥康纳的人；洛维特、文森特、菲尔普和上届执行委员会都遭到他的怒斥。现在他却谴责奥康纳本人了。伦敦宪章运动者创办了一个月刊，请他担任编辑。他在这个刊物上对奥康纳进行了猛烈的抨击，但这个月刊不久便停刊了。以后他就在《全国改革者》上发表公开信，攻击奥康纳和执行委员会；但因奥布赖恩给予被攻击的当事人以答辩的权利，使沃特金斯大感不快，不久对奥布赖恩也加以斥责了。奥康纳为了打击奥布赖恩在公众中的声望，竟指责后者接受斯波蒂斯伍德及其一伙的津贴，这一伙人有一个团体，自称是为了解放工业生产而建立的，企图以改革币制作为实现这个目标的途径。由于奥布赖恩准许这个团体的宣言在他的报上发表，并促使人们注意它所提出的问题，奥康纳就立即轻率地作出结论，说他接受了这个团体的津贴。奥布赖恩对这种指责给予应得的回击。他把《北极星报》刊登的奥康纳的全文抄录下来，加上一些讽刺性的评语，重述了奥康纳所坚持的许多主张、所提的许多保证以及所作的一些预言，而且据他本人说，所有这些都已经实现了；根据这些被奥布赖恩讽刺地称为已经实现的事实，人们在听到奥康纳说他（奥布赖恩）曾接受斯波蒂斯伍德及其一伙的津贴时，就应当信以为真。奥康纳的荒谬言论被列成这样一份清单，使他处于狼狈不堪的境地。如果奥布赖恩始终采取类似这样的做法对待他的敌
人，就对他自己和人民的事业都一定会有好处。奥康纳和他的同 262
事们非但用尽方法来损害奥布赖恩本人，而且还设法毁坏他的朋友的人格。举个例子，据奥康纳说，利兹有一个叫作莫泽利的人，1839 年曾充当约翰·拉塞尔勋爵的密探，其目的是要煽动群众进

行暴动，诱使他们犯罪，然后向警察告密，出卖他们。据说，莫泽利因此领到了七十二镑。奥布赖恩在利兹有一个朋友，名叫莫斯利，这个名字在利兹是和莫泽利是同音的；他是宪章运动者中唯一有此名字的人，奥布赖恩认为这种指责是对他本人的攻击，便写信要求《北极星报》的编辑声明他所指的不是莫斯利，否则就得提供莫斯利犯罪的证据。《北极星报》既不声明，也不提供罪证。由于编辑霍布森先生与上述指责有关，而且又是利兹市议会议员，莫斯利就向该会提出这个问题，当时这位诚实可靠的编辑竭力把责任从自己肩上推卸给该议会的另一议员。但是，就连霍布森对这件事的说法和奥康纳所说的情况也有出入，因为霍布森指控上述市议员曾告诉他，这七十二镑是用来镇压1842年的“矿工暴动”的，而奥康纳却把这件事的日期确定在1839年。但上述市议员当面拆穿了霍布森的谎话，声称他所说的是，这七十二镑是当时给予警察额外工作的酬报。对莫斯利的指控并无事实证明，只因他支持奥布赖恩才被凭空捏造出来，但它却带来了也许不是原捏造者始料所及的报复；而且这种报复看来是有充分依据的。这就是对奥康纳的指责，怪他不该对弗罗斯特和其他同志遭到政府的迫害坐视不救。这种指责是巴恩斯利的威廉·艾什顿提出的，他曾为宪章运动事业坐过两年监牢，毕生同劳动人民和民主主义的赞助者保持联系，而且在工人们的自相结合被看作十分危险的行动时期，一度被流放到国外几年。艾什顿是一个实事求是、英勇果断的民主主义者，愿为民主事业作出任何牺牲；他过去的经历是他愿意忍受苦难的一个保证。艾什顿和莫斯利熟识，深知他的品德，看到奥康
263 纳对待莫斯利的行为感到十分厌恶，便写信给他的朋友，据他说是

为了使莫斯利明了指控他的人的品格。莫斯利把这封信寄给《全国改革者》的编辑。按照艾什顿的说法,看来当时宪章派的部分领袖正在策划一次宪章运动者的示威游行,而他们在伦敦聚会就是为了进行布置。新港发生的不幸事件就是这种布置的结果。当时威廉·艾什顿正在伦敦,遇到了这些人士;但他从同其中一人的私人谈话中,不久便认识到,他们对他执行这项任务不予信任。有鉴于此,他决意在可能的情况下营救弗罗斯特,使他不致堕入为他设下的陷阱;但艾什顿为了逃脱政府的魔掌,不得不在赫尔乘船前往法国。威廉·希尔牧师伴送他到上述港口,于是他就把他对弗罗斯特被陷害的疑虑告诉了这位牧师,竭力敦促牧师去会见奥康纳,并要求奥康纳设法制止正在策划的轻率行动。这一点,希尔答应切实履行。艾什顿从法国回来时,新港事件早已发生,事态的演变正如他预料所及。他到哈默史密斯去拜访奥康纳,质问他当时为什么不设法营救弗罗斯特;奥康纳否认在事件发生前了解任何情况。不久以后,艾什顿到利兹去拜访希尔,希尔郑重声明,他和艾什顿在赫尔分别后四五天,就把消息告诉了奥康纳,会晤的地点在利兹的布尔和穆斯旅店。嗣后乔治·怀特偕同艾什顿访问希尔,希尔重述了以前的话,并且补充说,奥康纳和他会晤后不久便前往爱尔兰,在那里一直待到那场大祸发生以后。艾什顿还说,这些事情发生以后,在伦敦举行了一次全国代表大会,商讨如何拯救弗罗斯特,使他免遭政府的毒手。奥康纳被选为大会的代表,但他从未出席会议。然而,大会却派了一个代表团到塔维斯托克饭店去拜访他,当时他正和律师吉奇在一起,读者们一定记得,吉奇是弗罗斯特的亲戚。代表团请奥康纳表示意见。他对他们说,万一弗罗

斯特和他的同伴们被判有罪，生命发生危险，他将亲自率领英格兰人民发动一次流血革命来营救他们；吉奇保证率领威尔士人民采
264 取同样行动。奥康纳和吉奇都竭力敦促代表团必须使人民做好准备。代表团在全国代表大会的秘密会议上，就上述情况作了报告，当时艾什顿也在场。大约与此同时，在杜斯伯里也为同一目标举行了代表会议，会议派遣使者到全国代表大会去探询大会和奥康纳所作的决定。使者带回的答复是，全国代表大会决心发起暴动来营救受难者；奥康纳保证率领他们，而吉奇则保证率领威尔士人民。使者又奉派向全国代表大会声明，杜斯伯里的代表们也已作出同样决定，并规定 1 月 12 日为暴动的日期。全国代表大会的成员如果赞同这项决定，应即回到各个地区，并责成奥康纳履行他的诺言。奥康纳头一天曾从蒙默斯给克利夫送来一张为数二十五镑的汇票，作为全国代表大会推行任何计划的费用。全国代表大会的成员们纷纷回去发动民众；因此发生了谢菲尔德和其他地方的暴动。但是经过这种发动而参加暴动的人们感到吃惊的是，下一期的《北极星报》刊登了一篇指责整个计划的文章；再过一星期，奥康纳在同一刊物上也加以指责。凡此种种就是艾什顿给莫斯利的信中所说的情况；这里不妨再附带说明一句，这封信的头一部分有关主要事实的陈述，都由奥布赖恩予以证实。奥布赖恩断言，奥康纳充分了解预定在新港发生的暴动；这是他们两人之间的谈话内容；奥布赖恩还曾央求奥康纳用他的声望加以制止，因为在全国既无武装又无组织的情况下，举行暴动所造成的无法避免的后果，必然是弗罗斯特和他的同伴遭到牺牲。奥布赖恩又曾在私下向我们重复提到这些话。据他说，他曾表示愿意凭他所享有的一点声望

防止这次预定的暴动，如果奥康纳不愿意这样做的话；但他仍请奥康纳承担这项任务，因为奥康纳的声望较高，势力也较大，能够实现这个目标。奥康纳郑重声明愿意履行这项任务。“他将尽力予以防止；绝不让暴动发生”，奥布赖恩对这个诺言深信不疑，就把这件事付托给他了。然而，当这些话公之于众时，奥康纳矢口否认；他拒不承认他知道预定在新港举行的示威活动；他初次知道这个事件，是在事件发生以后。让我们作为公正的裁判者来探讨一下 265
各有关方面可能的真实情况吧。

我们首先要问——奥康纳既是宪章运动的主要人物，他的耳目到处皆是，还有可以自由支配的钱财，手中掌握这些条件，就比大多数宪章派人士有更多的便利来了解他的同党所采取的每一重要措施。根据这些情况，在这个问题进行讨论的几周中，却对整个事件一无所知，难道可能吗？再没有什么比这个更少可能性的了。况且，预定在新港举行的示威游行不仅全国代表大会每个领袖人物几乎全都知道，即使许多在宪章运动中声望较逊的人们也有所闻；而在这些事实面前，我们偏偏要假想，几乎只有那个比谁的声望都高的人却对这件事一无所知。持有这种看法的人，一定是盲目轻信，这将使他们永远在黑暗中摸索。奥康纳对当时正在酝酿的事态发展充分知情的说法，还有一个重要的事实可资证明，这就是正好在紧要关头，他离开危险地带，乘船前往爱尔兰。但是，据说他到爱尔兰去，是另有目的的。他本人所说的目的究竟何在呢？对啦，目的是要说服一个郡——科克郡——的选民，预先登记他们的选票，以便在将来不论什么时候举行大选时，选出一个自由党的议员。我们在对奥康纳公平对待的同时，还确实有这样的看法：一

个人如果有丝毫值得受人重视的判断力的话，就会毫不迟疑地承认这个借口大概是人们所能设想的最站不住脚的一种——事实上，就当时民主党派的情况而言，这是对公众的认识的一个极其恶毒的侮辱。他的爱尔兰之行以及为这次旅行所作的借口，其本身几乎就是一个铁证——如果这种措辞可以被接受的话——证明他对整个事件是彻底知情的。假如这是事实，那么，用最宽厚的措辞来说，奥康纳的行为确实难以宽恕；从他对奥布赖恩所作的诺言来看，这是一个极其严重的背信弃义的行为。奥康纳对于这次策划的暴动，要么具有信心，要么没有信心，两者必居其一。如果他有信心的话，他作为人民的领袖——他自以为是人民的领袖——就有亲自领导这一次运动的责任，无论如何，也应亲自参加。如果他对成功缺乏信心，那他就不该不尽一切力量来加以防止。他既没有这样做，也没有那样做；这就表明他对这些被他称作朋友的人不是采取卑怯的做法，便是背信弃义，虽然他自认自己的行动完全不
266 是这样。但是，也许有人要问——奥康纳有无可能想要毁灭弗罗斯特？我们猜想他还不至于如此，倘若不采取这种做法就可以使他（奥康纳）达到目的的话，那是最好不过的。但是，正如当时的人们所记得的，弗罗斯特的声望几乎与奥康纳不相上下。名望欲是奥康纳根深蒂固的老毛病。凭良心说，我们相信，在奥康纳看来，为了攫取并保持声望，一切手段都是正当的；他虽然没有积极参与威尔士运动的布置事宜，却不动声色地任其演变，借此使他的敌对者被清除掉。奥康纳自诩其功匪浅，为了营救弗罗斯特的生命，在金钱和其他方面曾作出巨大的牺牲。如果说他并不希望弗罗斯特被绞死，我们是可以很快就相信的。他的良心迟早会受到严厉的

谴责；但是，如果说谁有义务为另一个人作出牺牲的话，那么，奥康纳就有义务为弗罗斯特作出牺牲；因为他可能，而且也只有他才有能力，防止这个危及弗罗斯特生命的危险。奥康纳对弗罗斯特不怀有多大好感，关于这点，我们可以用欧内斯特·琼斯的话来作证明。1853 年他在地方各郡旅行期间告诉我们，奥康纳曾对他说过，弗罗斯特是个无赖。“关于弗罗斯特，”琼斯说，“我完全不了解情况；但奥康纳总是对我说，他是一个该死的无赖。”这确是奥康纳对弗罗斯特的一种莫名其妙的评价，他一直公开称赞弗罗斯特是一个最善良的人，对其命运他又一直表示怜悯。在为了设法营救弗罗斯特所做的努力方面，奥康纳的行为同样也不是可宽恕的。由于他的诺言，他使许多正直热心人士落入陷阱，可能使他们像霍尔贝里和克莱顿那样丧失生命。奥康纳对这次运动成功与否如果没有把握，他并不是非参加不可的；但既已庄严保证说自己要予以领导，那他就有必要或是履行诺言，或是在受骗者陷入危险以前制止这次运动。就他这一方面来说，他公开指责他暗中所鼓励的行动，确是一种冷酷无情的伪善行为。

我们可能因为重提这些旧事而受到指责。心地淳厚但目光浅短的人也许认为最好不咎既往，不要把过去背信弃义的行为和蠢事揭露出来，生怕揭露以后有害于人民事业。那些惯于吹牛的卑劣而蹩脚的煽动家也许在力图使人民对这种谬见留下印象。但是，对于人民以其全部精力投入的一个最崇高的运动中所出现的种种背信弃义、虚伪愚妄的行为，要费力地作些回溯，当然不是什么愉快的工作；然而，不管工作如何令人生厌，也必须予以完成。267
凡是可能削弱和贬低民主运动的一切行为，其真相必须予以揭露，

否则,同样的错误就会一再重犯。我们亲眼目睹,正是这种企图抹煞真相的愿望,证明我们已堕落到严重蜕化的地步。胆大气壮的正直人士将会对我们说,“把事实和盘托出,让我们看一看,是否可以从中吸取教训,以便作为未来行动的前车之鉴。”这就是我们所要奉行的政策,成败利钝,在所不计;但是我们这样做,可以用良心来作证,我们履行我们的任务,绝不是因为对我们所谴责的对象有什么私怨,而是完全出于责任感。如果上述有关奥康纳在弗罗斯特事件发生前早有所知的证据还嫌不足——不过我们相信,对一切公正无私的人来说,这种证据已无争论的余地——我们还可以进一步引用第一届全国代表大会成员洛厄里所说的话。由于希望对这个问题搜集一切可能的证据,我们向他提出了这样一个直截了当的问题:“洛厄里先生,弗罗斯特的不幸事件发生的时候,你是积极参与行动的;你是否知道奥康纳与这个事件究竟有无关系?”洛厄里的答复是,“奥康纳与这次行动的事前布置并没有什么关系;但他对这件事是完全知道的,而且他是唯一能够加以制止的人,如果他有这种意愿的话。”读者不妨把我们所引证的各种说法仔细考虑一下,然后平心静气地自问,所有这几方面的证据是否还不足以驳倒被谴责者单方面的否认。

旧日的领袖间存在的争执在1845年夏季变得严重到了极点。奥布赖恩、沃特金斯和卡彭特与奥康纳敌对,后三人却又跟奥布赖恩处于对立地位。奥康纳尽力污蔑奥布赖恩所主张的土地所有制的重要原则,如同他诋毁后者所提倡的信用货币一样。奥布赖恩的见解始终如一,跟奥康纳称他为“教师”时毫无二致。沃特金斯也同样攻击这些原则,并指责靠鼓吹政治原则为生的人;而事实是，沃特金斯本人一向仰给于宪章运动团体，直到最近由于一个亲属的死亡使他从国家征税中得到一笔遗产后，才自命为一个独立的宪章运动者。卡彭特是当时《劳埃德新闻》的编辑，同样也对奥布赖恩的原则及其提倡者进行攻击，虽然他也曾时常提出这些原则，并在他所编的一本政治教材中加以阐述。另一方面，奥布赖恩 268
攻击这些人的前后矛盾，证明奥康纳的土地计划弊病百出。奥康纳曾作估计，如有原始资金五千镑（两千会员每人缴付两镑十先令的捐款），就可以安置五十名会员，还可以有八百七十五镑余额。他提议把这样购进的地产，连同建造的房屋，抵押四千镑，加上从上述原始资金余额中拨用一百二十五镑，又可以购进一份地产，再安置五十名会员。第二份地产以类似方式抵押出去，第三份地产再以抵押款购进，依此类推，直到第八份地产购进以后，就可以安置四百名会员。据奥康纳的估计，这几份地产三年内可以增值一倍多，而原价只需要三万三千镑，到第四年年底，至少值价六万镑，这就使协会得到两万七千镑的利润。其他的估计也是同样荒唐的。奥布赖恩予以批评说：

“这些估计假定下列各种情况均不成问题，这就是说，地产可按每英亩十八镑十五先令的市价购进；以这种价格购进的土地每亩每年增值十五先令；在它上面建造村舍平均每所需费三十镑；在城镇生长的工人（认购者简直没有一个不是工人）一定能为一所村舍和两英亩土地每年偿付五镑，而经过这笔交易后事业仍继续保持欣欣向荣；每人拥有的土地三年内可增值一倍多；一旦尽快地安置了五十家住户，有钱阶级就会贷放抵押借款，数额大致与土地和房屋的原价值相等；新的土地又可购进，另五十家住户又可用同样

方式予以安置；除了每人每年所付的两先令以外，协会并无其他管理费用；由于购置土地以及用土地抵押借款所需办的地契及转让证、印花税等项手续都不必付费；这个协会的司库、秘书、董事等都是一些廉洁正直人士，他们辛勤的服务（这种服务看来不是挂名闲差）不计报酬；尤其重要的，地主绝不会不愿把土地卖给协会会员，资本家绝不会不愿把抵押地契的钱借给他们。这些就是这份妙不可言的估计表所假想的许多异想天开的项目中的一部分；但是，如果我没有弄错的话，时间自会证明大部分项目都是空中楼阁似的
269 假想。但最妙的是，慈善为怀的费格斯一方面诱使千千万万群众跟随着他去参加火炬集会、示威游行等等，造成时间和金钱方面的极大浪费，使数以千计的人由于监禁、失业和流放而实际上家破人亡，而同时却又认为只要成立一个‘全国宪章运动者土地合作协会’，就能保证使我们全体获得社会福利，引用他本人在上星期《北极星报》上的说法，他认定‘政治平等只有通过社会福利才能实现’。而他从前曾教导我们，社会福利只能脱胎于政治平等；但是，无疑地，一旦他的土地计划化为泡影，他又会要我们奉行旧的信条，或给我们另创新的信条。”

这些争论发生不久，奥布赖恩应朋友的邀请，前往伯明翰、谢菲尔德、罗奇代尔等地游历。奥康纳一派人是不会让他通行无阻的。在伯明翰，他们对他怒不可遏，但人数有限，在集会上只能形成一个无足轻重的集团。在其他地方，他们对他的待遇则比较公道些。在谢菲尔德的公众集会上，奥布赖恩向奥康纳挑战，要求同他进行辩论，以证明他（奥布赖恩）致力于争取人民的全部权利。而费格斯·奥康纳却不是如此。然而，这次挑战始终未被接受。

奥康纳继续嘲讽奥布赖恩和一切有高度道德原则的人，并称他们为令人十分厌烦的家伙；虽然他的三个同事克拉克、麦格拉斯和多伊尔都自认为有高度道德原则的人。同时，奥布赖恩所提的警告不是没有相当效果的。

将近1845年年底，土地协会的代表们在杜斯伯里举行会议，对土地计划中的许多规定和管理人员的一些经营方式提出了强烈反对，结果通过了关于土地问题的若干决议。但《北极星报》编辑部对这次会议报告的一切重要内容都秘不宣布；尽管如此，该报编辑对代表们在会议上的情况都津津乐道，任意批评。这时候，戴维·罗斯开始在《全国改革者》上撰写宪章运动的回忆录。从1841年以来，罗斯一直是宪章运动演讲员；他是一个演说术教师，公认为当时宪章运动中最杰出的演说家之一，虽然不是因为他对政治概念有多深的理解而闻名于世。然而，在他第一篇通信遭到了奥布赖恩的批评后，他就声明自愿把这个问题暂时搁起。当宪章运动团体内部正在互相龃龉，甚至使他们政治信仰中的一些重大原则几乎全被忽视。当个人崇拜高于一切，而正直的独立性几 270
乎完全屈服于盲目悖理的无知状态时，反谷物法联盟却在大踏步地前进。他们开始在公众集会上大露头角。为了传播他们的政治经济原则，他们先筹得五万镑，后又捐到十万镑经费。他们的小册子和宣传员遍及全国各地，不久就很明显，他们正在议会中产生影响，他们的巨大努力将以胜利而告终。在这个紧要关头，奥康纳仍然本性难移——始终如一地保持着他那反复无常的立场。当时的政府首脑罗伯特·皮尔爵士是个权宜派政治家，宣布了一项措施，其性质之彻底，使他的老政敌辉格党甘拜下风。拉塞尔的最后宣

言提出了征税四先令；皮尔的方案却主张将谷物法全部废止。他立即把这项税率大大降低，三年内一定把它全部取消；保守党的这项措施还计划在其他许多部门中实行自由贸易。各方面人士（深知奥康纳底蕴的人们可能除外）感到惊讶的是皮尔的计划一经公布，奥康纳立即把它捧上了天。从来也未曾有过这样好的措施；它是一个“万能措施”，“将使人民在国内大大提高地位，因而在国外也大大提高地位”；他以邓库姆和他本人的名义向皮尔保证，人民将给他“一致的支持”。有些人惯于听到奥康纳把联盟叫作“祸害”，常听他把自由贸易者称为“海盗”，一再地听他指摘这个政党的措施只不过是一个使生产阶级沦为奴隶的阴谋，又曾听他说过这项措施是绝对不公道的，除非人民对它的实施有权过问；我们说，在这些人看来，奥康纳对皮尔“海盗式祸害”计划所持的态度简直难以理解。当联盟声名狼藉时，奥康纳预言它一旦成功必将带来毁灭。现在由于联盟使土地贬值，从而使人民能够比较自由地购买，它必将使他的土地计划获得成功。一言以蔽之，他对皮尔措施的赞扬与他在北安普敦会议上所提的修正案恰恰相反。我们不禁要问，他对联盟的所有对抗是否纯属伪装？他本人和这个团体之间究竟有没有什么默契？我们记得很清楚，北安普敦会议后，一
271 个朋友对我们说，他深信情况确实如此。我们的本性往往易于相信人们善良的一面，直到他们的行为证明他们应受谴责以后，才会使我们怀疑这种看法的正确性；但这种看法不是出于一个性情急躁的人，而是出于一个头脑冷静的计谋家（约翰·巴克），经过核对记录以后，我们发现这种看法有充分的证据作为依据。奥康纳和科布登曾乘同一班火车前往北安普敦；他们抵达布利斯沃斯时，约

有二十名宪章运动者前来迎接奥康纳。据奥康纳说，科布登进了他的车厢；但他一看到奥康纳在那里，就立刻把行李拿走，怒形于色地坐到另一节车厢去。可是，看来最奇怪的是，奥康纳既然从来没有同科布登交谈过一言半语，而且生平也从未遇见过他，那么，奥康纳怎能认识他，并且毫不费力地就将他指给朋友们看呢？还有一点也值得注意，会议结束后，奥康纳和科布登在布利斯沃斯晤谈，于是，前者就在下一期的《北极星报》上对后者大加颂扬。虽然他从前在指责这位谷物法废除论者时所用的言辞激烈得无以复加。的确，再没有比奥康纳在北安普敦的演说更有可能使科布登获胜的了。部分有关人士对奥康纳权宜多变的方针提出抗议；另一部分人则表示不满，认为他的举动未免离奇；但他已把绝大多数人训练得唯他的马首是瞻，所以他们只知对他盲目服从，反而诬说态度始终如一的人接受了保护贸易主义者的贿赂；但是一切正直的人立刻可以看出，要是有谁在这件事中受贿的话，较大可能性是那些自食前言的变节者，而不是那些对誓言信守不渝的人。如果奥康纳明白宣布他已皈依联盟派的原则，他的情况也许会好一些；但是甚至在皮尔的方案成为法律后，当他在文章中提到科布登以及他和联盟的关系时，还说科布登是好人一个，可惜受到不良制度的束缚；正是这种制度，他不仅本人给予支持，甚至在未征得宪章运动者的同意以前还以宪章运动团体的名义给予支持。皮尔的政策所造成的后果，读者全都知道了。他的方针变成了法律；但是，大约与此同时并在此以后，事态的发展却防止了这样一项改革由于降低物价和提高币值而对全国生产阶级的利益所能造成的恶果。工人阶级大批移居国外，劳工市场上的剩余劳动力暂形枯竭， 272

因而得以避免这种后果;尤其因为美国加利福尼亚州和澳大利亚发现了金矿,使我们在金本位法的规定下可以自由支配的货币数量大见增加,而利率则有所降低,这就使商人阶级在很大程度上可以保持物价稳定,防止高利贷者、包税者、享有固定收入者和一般闲散坐食的阶级攫取这些优厚利益,否则,他们一定可以牺牲勤劳的穷人的利益而取得这些好处。

在这个问题结束前,让我们再谈一点意见。我们在不久前曾提出一个疑问,即奥康纳反对联盟是否纯属伪装,也许有人会根据这个疑问认为我们的用意是在暗示:在整个这段时期他和该派是勾结在一起的。这绝不是我们的用意。我们对这个问题的看法只是如此:奥康纳名欲熏心,往往压倒了他的一切责任感。当联盟不得人心时,倘若给予支持,将使他丧失他所享有的声望,因此,他就反对他们;但他对于争论中的问题却不大关心,谁是谁非,都无所谓。当联盟得到热烈的拥护,以致迫使政府接受他们的方案时,提出这些方案的大臣就变得声望更高了。如果他再加以反对,那就会使他本人丧失一部分声望;于是,他就转变过来,不再考虑什么是原则,或言行是否一致了。奥康纳并不是一个没有先见之明的人,但是偏巧他真正预见到的事,他却很少予以揭示,而他装作看到的事,却又很少发生。他明知科布登一派不久将获得成功,但他却装作反对他们,直到他们获得胜利时为止;另一方面,我们也确有相当理由怀疑,当他们从失意转到得势时,他和他们之间即使没有直接谅解,至少存在着默契。不论继他而起的那些毫无心肝的煽动家们爱说什么,不论受骗者会怎样盲目地听信他们,过高的名欲毕竟是奥康纳最大的病根。这种欲望使他失去了一个人应予珍

视的一切——言行一致、原则、廉耻、信誉、忠实的朋友(换来的却是一些终于把他抛弃的没有灵魂的政治掮客),以及良心上的安宁。至于其他损失,我们以后会看到的。然而,在此期间,奥康纳正一帆风顺——当然是暂时性的,不过仍然算得上一帆风顺。他为他的土地计划的迅速实现所描绘的一幅绚丽夺目的图景使无数人投奔到他的麾下。他的演讲员足迹遍及全国各地。麦克道尔已和他言归于好,他又在公众面前对这位医生推崇备至了。

1846 年春,奥康纳企图拉拢托马斯·库珀同他合作,一道提
倡土地运动;但后者拒不应允,表示他坚决认为这是一种幻想,它 273
必将葬送宪章运动。奥康纳勃然大怒,接着,引起了一场口舌;于是库珀就决意同他分道扬镳。前已提及,库珀已经治愈了自己的奥康纳狂热病。这点一经发觉,他在奥康纳派宪章运动者中间的声势就立即丧失了。先前曾有人发起募捐,准备筹款购置纪念品,在他刑期届满时赠给他;但奥康纳在曼彻斯特对他进行谴责后,捐款便收回了。后来,这位谴责者消释了对他的敌意,建议重行发起募捐;但库珀十分得体地谢绝任何类似的周济,并把在罗奇代尔、诺丁汉等地募来的捐款如数退还。库珀在 1845 年 5 月 5 日获释出狱;他到伦敦后,在那个与他友谊甚笃的《北极星报》印刷厂商麦高恩的劝解下,前往拜访奥康纳,奥康纳表示自己对库珀的行为失当,向他道歉,取得了库珀的谅解。他们在谈话中提到了当时尚未出版的《自杀者的炼狱》诗集,奥康纳嘱咐麦高恩予以印刷;但后来又自食其言,让库珀自己去找出版商,并承担印刷费。诗集出版前,他答应购买两百本,但这个诺言始终没有兑现。他既未承购两百本,甚至一本也没有买。然而,由于这本书获得成功,库珀的出

版商自愿负责经手，并商定偿付印刷费的办法；于是麦高恩出面代库珀负责。可是这个出版商不久便破产了，使麦高恩受到亏损；不过，作者也未从初版中得到分文。奥康纳力图使公众相信他在这件事中曾援助过库珀，并自愿充当这笔印刷费的担保人，他要求麦高恩写出这样一篇通信，公开发表。可是，在麦高恩和出版商达成协议，从而解除了库珀的责任后，他不能再做库珀的担保人了。我们不难想象，奥康纳最初既曾答应偿付印刷费，一个精明的伦敦出版商发现他在其他方面的运气不佳，一定会请求奥康纳履行原约；而当后者感到需要和库珀翻脸，利用《自杀者的炼狱》事件来对他公开进行诽谤时，上述伦敦商人，为了希望收回这笔印刷费，可能
274 又会为他发表一篇有利于他的通信。也许有人会说服我们，这不是宪章史范围以内的事；但我们有理由把它提出来，因为这就是奥康纳一向用来打击社会活动家的独立地位的方法之一。他曾凭借金钱的作用打击奥布赖恩。当后者在兰开斯特监狱期间，未经他本人知道，奥康纳嘱咐每星期给他的家属一镑；这件事被不厌其详地传遍全国，借此防止人们给奥布赖恩捐款，而当时的情况是，捐款本来会从他的无数敬慕者方面源源而来，而且，最重要的是可以借此表示奥康纳慷慨解囊。奥布赖恩得知此事后，自愿每星期为《北极星报》撰写一篇通信，以偿付奥康纳接济的款项，好几篇通信就是由于这个原因撰写的，并且都被刊登出来了；因此，奥布赖恩每篇通信价值一镑，而先前他从同一刊物所得的稿费是每篇通信三镑。但是奥康纳一发觉奥布赖恩自有主见，不会任人宰割而不发出一声愤怒的抗议，于是，就把每星期一镑这件事在《北极星报》上大事渲染，给奥布赖恩戴上了“忘恩负义”的帽子，《北极星报》集

团还给他加封了“饥饿的毒蛇”的尊号。如前所述，奥康纳无法说服库珀赞同他的土地计划。全国宪章代表大会不久将在利兹举行；库珀是伦敦市区宪章运动者推选出席这次会议的代表。一经当选，他就在各报公开宣布，将在代表大会上提出下列各项决议：

“第一，执行委员会应将任职以来历次会议记录提请全国代表大会审查。

“第二，执行委员会应按照《会员手册》第十一页的规定将每季度征收会费时所填发的特制表格造具清册，提请全国代表大会审查，并应将各地区根据上述表格所收会费另造清册，一并提出。

“如果会议记录无法提出，如果每季度征收会费时所填发的特制表格业已散失，如果根据这些事实，查明执行委员会没有按照《会员手册》第六页的规定克尽厥职，他就动议：

“第三，全国宪章协会执行委员会应从不兼任土地协会董事的宪章协会会员中遴选充任。

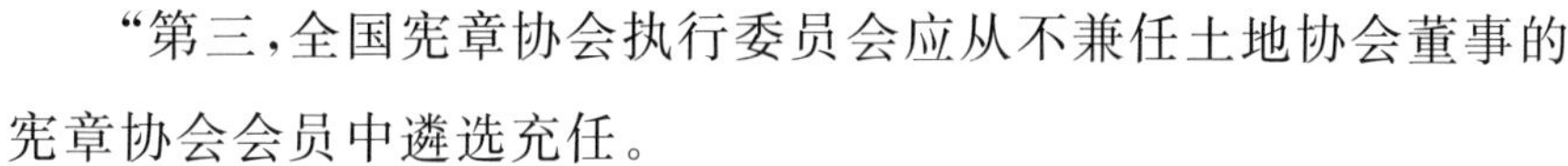

“上述动议如被否决，而大多数代表决定土地协会董事仍得兼 275
任全国宪章协会执行委员，则在此项决定被认可以前，他将动议：

“第四，T. M. 惠勒作为一个代表宪章运动团体的秘书长来说，却不是一个适当人选，其理由早经他在公开谈话中，在他给费格斯·奥康纳和莱斯特宪章运动者等人的信件中，以及在他当选为本会议代表的公众集会上，一再声明，并经他人予以证实。

“第五，本代表大会宣称，一个宪章运动地区的成员为了反对或通过某些方案，自动充当其他地区的成员，如同伦敦市区最近发生的情况，这是极不公平、极不符合民主原则的。

“第六，本代表大会遗憾地看到，暴力行为已使公众在心理上对宪章主义充满了反感，兹特声明放弃并否定暴力政策，决心只凭和平、道义、合法的方式，尽力使人民宪章成为全国的一项法规。

“第七，本代表大会宣称，它深信以教育、对别人意见的尊重以及道德人生观，作为构成宪章运动特性的要素，具有头等重要的意义，同时愤怒地抗议这种结论，即把《北极星报》上的低级下流的谩骂和粗暴斥责的习气，当作纯正的宪章主义。

“第八，本代表大会认为费格斯·奥康纳不值得宪章运动者给予信任，特此严正地警告大不列颠的全体工人注意同他结合的愚蠢性和危险性。”

库珀的意图一经宣布，对方就想尽力予以挫败，7 月 25 日的《北极星报》把宪章运动者的注意力引向这些决议。它将提议人斥责为叛徒；要求宪章运动者出来大胆讲话，责令他们的代表作出决定，把他从协商会议中清除出去，借此一劳永逸地把他“解决”。克拉克在同奥康纳的一次交谈中说：“是的，我上次遇见了你以后，又遇见了库珀，不知道他在搞些什么；他说我们都受了骗，说你不配
276 保管基金，不配经管事务。他问地产是用谁的名义购进的；经我说明在正式登记以前暂用你的名义，他就说，我的天哪！怎么你还不知道，这个家伙已经欠了一身的债了！你知道他的债务有多少吗？你知道他用土地基金来维持《北极星报》吗？至于说他已经清理曼彻斯特的账目，你可曾清点过他所交出的邮局汇单？否则这笔账又有什么保证？全国人民应该醒悟过来了。”这些话引出了 6 月 13 日《北极星报》上奥康纳的两封长信，同时还有卡费和奈特的两封，说明基金的情况。后两人是土地协会的查账员，奥康纳曾把他所经手的账目交给他们检查，向读者们说，这份账目已经两位董事

克拉克和麦格拉斯审查无讹了。奥康纳在一封信中宣称，由于决心保全个人名誉，他将辞去土地协会副司库职务；然而，他愿继续担任董事和监察员，为人民服务。库珀想在《北极星报》上占用一部分篇幅，但遭到了拒绝；于是，他就向《劳埃德新闻》求助，又遭到《北极星报》拒绝他的人们的揶揄，说他为“叛徒的避难所——《劳埃德新闻》”写文章。其中有一封信由奥康纳转载在《北极星报》上，部分内容如下：

“现在根据奥康纳自己承认，已经证实，他曾用人民的金钱，却以他本人的名义，购进赫林斯盖特地产。他不是一个法定的职员，因为章程中没有规定设立副司库，那么，他的职责从何而来？土地协会未经登记；保管委员由于从未就职，只是一些有名无实的虚衔。我既不相信他否认一身是债的声明，同时，更不怀疑他曾挪用而且还在挪用股东们所缴的土地基金来维持《北极星报》的开支。我要求他提出证据，他迟早是要同我见面的。星期一，我将出发旅行，为可怜的弗罗斯特募捐。我将在各地向工人们说明我的心意，要求奥康纳在任何场所同我会见，只要他愿意，即使在曼彻斯特的木工会堂也行，因为他把那里看作是他的大本营，而我在那里简直是人地生疏；否则，要是他愿意的话，待我回来后，同他在伦敦公开见面。他为什么不召开利兹的代表大会？把会期推迟到 4 月 20 日以后，他知道这是违反章程的。我要求他召开那个代表大会。我提请土地协会的股东们注意章程第七条有关保管委员每年改选一次的规定，然后，请问他们是否能够暂时设想，奥康纳真正存心 277
要保管委员为股东们掌握地产。他知道协会绝不会每年更换委托代管书，因此，一开始就有意只用他的名义购进的土地。”

然而，奥康纳始终没有接受库珀要求公开会见的挑战；但后者认为在举行代表大会期间总会有机会的。库珀出发旅行，由于奥康纳的势力阻挠，他这次为弗罗斯特筹款的旅行不能顺利进行，虽然其他方面为此筹募的钱不在少数。库珀在《劳埃德新闻》上披露的一封信中提到查账员的报告时说：

“这些可怜的、轻信人言的查账员被这位‘贫民的最高监护人’（费格斯自封的尊号）的银行存折等等欺骗了。如果你们真是如此愚蠢的话，你们就对这种可笑的检查方式感到满意吧；但是一旦你们开始认为时机已到，必须进行比较合情合理的审查（你们一定会有这种认识），你们怎能解决那些由于正当审查的迁延所引起的困难呢？”

在此期间，为了在代表大会召开之前造成明确有利于奥康纳的舆论所作的努力，已经达到了目的。一百多个地区的决议潮水般地涌往《北极星报》编辑部，其中大多数对奥康纳表示无限信任，对告发者表示无比愤慨。一部分人称库珀为“恶犬”；另一部分人揭露他想在政府中谋得一官半职；第三部分人指明他是一个穷极无聊的政治冒险家，一味追求名望，而且嫉妒成性、自命不凡、兴风作浪、存心不良、卑鄙下作，甚至达到了恩将仇报的地步；第四部分人称他为反复无常的小人、假装正经的伪君子、宪章运动中挑拨离间的卑贱走狗；第五部分人称他为大言不惭的笨伯；第六部分人称他为语无伦次的疯子；第七部分人称他为谗言中伤的无赖；第八部分人称他为千夫所指的说谎者；第九部分人称他为老练到家的大骗子。这些就是当时使用的一些从修辞学中精选出来的辞藻。在一次代表会议上，通过了一项决议，号召全国各地协会指令代表们把库珀从协会中清除出去，不让他在全国代表大会上占有议席。所有提到奥康纳的副司库职务的人都请他继续任职，于是，他就打消辞意了。一个地区（基思利）确实曾冒失地建议，为了杜绝类似托马斯·库珀那样的行动，就有必要使土地协会进行登记；但是对库珀表示愤怒、仇恨和斥责的浪潮那么凶猛，简直把最坚定的人也压得不敢作声了。由于库珀的旅行与道格拉斯·杰罗尔德的报纸有关，《北极星报》就说他即将在政治上控制该报，因而希望打倒奥 278
康纳和《北极星报》。这种说法招致杰罗尔德在下星期的《北极星报》上予以否认。在民主主义者联谊会的一次会议上，戴维·罗斯提议修正那个对奥康纳表示信任、对库珀加以谴责的决议案，大意是，关于谁是谁非的裁决应当暂予保留，直到上述二人公开会见以后再说，但他的修正案遭到了压倒多数的否决。库珀以大无畏的精神面对这场斥责他的大风暴。他原任“退伍军人、流放者、孤儿寡妇基金委员会”的秘书，现在抛弃这个职位，向约翰·斯克尔顿提出了下列辞职书：

“既然在曼彻斯特木工会堂集会的宪章运动者斥责我是披着羊皮的豺狼，同时又希望解除我的秘书职务，因此，本人自动辞职，希望他们能物色一头真愿任人宰割的羔羊，这头羊能像我那样欣然为受难者的利益完成任务。——托马斯·库珀。”

他又通过《劳埃德新闻》发表了两封信，一封给土地协会的成员，另一封则给崇拜奥康纳的人们。在第一封信中，他对成员们这样说：

“请记住，严格地说，所有账目都还没有提交给查账员或协商会议的代表们加以审查。你们的司库罗伯茨什么时候承认过收到了你们的会费？说他是你们的司库，有什么证明？他什么时候提出过他的账目？账目从未提交给代表们举行的协商会议审查，虽然奥康纳曾用罗伯茨先生的名义作过保证。奥康纳经手的账目，在任何情况下，不会而且也不可能使你们满意，除非罗伯茨先生宣称，作为该协会司库，他确曾收到你们的捐款。即使罗伯茨先生公开承认他曾接受司库职务（因为，如众周知，他在一次公众集会上曾予否认），即使如此，你们仍应责令审查章程中第十五条规定是否已经履行：——‘当他（司库）经管的基金数额达到二百五十镑时，他有责任将该款存入伦敦—威斯敏斯特联合股份银行，用土地协会保管委员的名义，列入保管委员的账户。’还有，章程第十六条规定是否已经履行：——‘协会基金应由司库用全体保管委员的名
279 义，存入伦敦—威斯敏斯特银行，并应由一名保管委员和协会秘书会同司库前往银行办理手续，非经董事会签署并经保管委员会副署的载明金额的支款凭单，不得向银行擅自提款。’现在请记住，没有一个保管委员（全是一些有名无实的虚衔），例如下院议员邓库姆先生、伦敦的修厄尔和德龙先生、杜斯伯里的泰特斯·布鲁克先生、曼彻斯特的詹姆斯·利奇、狄克逊和谢林顿先生，这些保管委员中没有一人曾会同罗伯茨先生前往银行为你们办理存款手续。请记住，你们的钱始终没有经你们的司库的手，用全体保管委员的名义，存入伦敦—威斯敏斯特银行。请记住，从来没有一个保管委员为了向银行提款，投资于赫林斯盖特地产，曾在支款凭单上副署。”

他在给崇拜奥康纳的人们的信中说：

“与《北极星报》报馆有关的负责人士曾宣称，该报在利兹时期

不知多少次面临完全倒闭的危险，在迁到伦敦后所以能幸免于彻底破产，只是由于奥康纳挪用了土地基金。奥康纳购进赫林斯盖特地产的整个行为，以及其中一切鬼鬼祟祟见不得人的狡猾伎俩——他诡称曾向罗伯茨先生借过五百五十镑，却闭口不谈这是否就是以他的赫林斯盖特地产向协会司库（如果就是他在担任司库的话）押借的土地基金五百五十镑；散播有关他的银行存折、邮局汇单、银行支款凭单等骗人的谎话，却只字不提司库是否收到各该款项；还有一件事实，《北极星报》的账册上登记海伍德先生的大名，作为一个欠款达一万余镑的债务人，而实际上当时他是奥康纳的债权人，这种做法的目的是要蒙蔽那些正在共同承担八百镑来维持《北极星报》的人们：我说出这些情况以及有关奥康纳行为的其他各点，证明他的处境十分狼狈，从而可以证实，从他开始政治活动时期，他就是一个一文不名的冒险家。”

在谈到赫林斯盖特地产转让未用司库名义的理由时，奥康纳解释说，罗伯茨的管账曾拜访他，对他说：“先生，我不能用罗伯茨先生的名义买进这份地产；这笔交易一直是用你的名义进行的，现在改变，看起来未免太突然了。”于是，他同董事们商量，他们劝他用他本人的名义买进。从这件事看来，罗伯茨因司库职务被奥康纳长期霸占而感到不快。至于向罗伯茨借贷的五百五十镑，据奥康纳称，这是罗伯茨委托他出售一部分铁路股票的价款，他想在平 280
纳购置小块地产，创办一个模范农场。

8 月 3 日，代表大会终于在利兹举行。读者可以相当正确地想象，库珀在这样一个集会上要使人们倾听他的发言，需要花多大力量去克服种种不利条件。代表们的证书一经宣读完毕，库珀立即起立要求听取有关宪章运动的报告，例如会员人数、基金数额等等。协会秘书惠勒无法提出这类报告；主席麦格拉斯声称他也一无所知。库珀坚持要向代表们发言，这时“流氓、无赖、说谎者、伪君子”以及许多类似的雅号暴风雨般地向他袭来。他说，他们一定十分清楚，他要提出决议，但他们仍然扰攘不休。奥康纳试图用甜言蜜语哄骗库珀放弃决议，但不生效；这时，一个几乎可以称为宪章运动的新兴人物一跃而起，恫吓说，库珀倘不退让，他将提议把库珀清除出去。这个人就是欧内斯特·琼斯。库珀回答说，一个天资聪颖的人竟宣布要采取这种措施，应当自觉惭愧。何况他参加宪章运动不过三个月，他对自己究竟正做些什么还莫名其妙哩。琼斯答话的口吻无愧于一个十足的煽动家，他说，库珀已经走入歧途，而他却走上宪章运动的康庄大道，仅仅在几天以前，他曾在布莱克斯通埃奇见到成千上万真心实意的、虽非正式登记的宪章运动者，并听到他们雷鸣似的欢呼。库珀说他言语幼稚，将来总有一天会认识到错误。琼斯以库珀负隅顽抗和蓄意捣乱会议为理由，坚决动议把他清除出去。琼斯的动议得到附议，有些代表还举手表示赞同。另一部分代表保持中立，显然出于羞愧；但是无人敢于投票反对，虽然不少代表对费格斯·奥康纳怀着严重的敌对情绪，其中有一个代表头一天甚至还表示愿同库珀采取一致行动。主席宣布把库珀开除出会，但他坚持不走。有些代表提到用武力把他撵走，但这反而使库珀增加了勇气。他向他们挑战，指着奥康纳说：“那位惯于大声恐吓别人的胆小鬼，常在私下对我谈论暴力政策，现在为什么不站出来，亲自把我撵走呢？”然而，奥康纳和他的部下都不愿以武力解决的事，他们却用计策加以解决了。下午4

时，克拉克起立，提议休会到次日上午，经一致通过。到了规定时
间，库珀前往出席，发现有三名彪形大汉拦住去路。他们出示主席
的指令，作为行使职权的凭证。库珀企图推开他们，闯入会场，但 281
力所不逮。会场外挤着一群观众，库珀向他们讲话，并对奥康纳进
行斥责。关于上述种种情况，不妨在这里略加评论。

库珀想要提出各项决议，我们并不完全赞同。在暴力政策的问题上，宪章运动者的行动是很愚蠢的，部分领袖的所作所为甚至比愚蠢的行为更糟，关于这点，我们可以直言不讳，但我们却不能接受“不惜任何代价争取和平”的原则。我们相信，这项原则倘有可能被奴役者所采纳，必将使奴隶永远保存下去；但我们坚决相信，要使它有可能得到采纳，人类的天性本身必须经过一番根本的改变。但是，无论如何，库珀有权要求人们听他为自己的观点辩护。在那些严重地影响宪章运动团体利害关系的问题上，例如有关领袖们公共道德的问题，他尤其有权发表意见；当被指控者都亲自在场，而且有充分机会进行答辩时，仅仅由于一个初出茅庐的宪章运动者的提议，就钳制他的言论自由，我们要求一切通情达理的人们秉公判断，这种做法是否正大光明，是否符合民主主义的正义感？有派系偏见的人们尽管宽恕这种怯懦的不义行为，但通情达理、正直无私的人们却永远会加以谴责。我们要问，除当事人害怕被人揭发外，公众从这种行为中还能得出什么其他结论吗？关于提议清除库珀的人物，我们在这里应当扼要地加以介绍。欧内斯特·琼斯是琼斯上校的儿子，上校是已故汉诺威国王坎伯兰公爵欧内斯特的侍从武官。据我们所知，他父母虽是威尔士人，他本人却在德国出生、受教育，并以这位王公的名字命名。汉诺威国王对

琼斯上校的儿子十分宠爱，给他一种特殊的荣誉（如果这可以称作特殊荣誉的话），即充当他的教父。还应提到一点：欧内斯特·琼斯自称是查理曼大帝的后裔。琼斯幼年已显示出诗歌天才，不到十岁，就刊行了一本诗集，在自己的朋友中流传。这些作品当然稚气十足，却表明了作者潜在的才华，这种才华在不久的将来一定会有更充分的表现，而他天赋的才能又得到了教育所能给予的一切辅助。这个青年诗人的朋友们竭力怂恿他从事律师业务，他在迁到英格兰后，终于成为中殿法学协会律师，虽然，我们相信，像多数
282 聪明人一样（作为一个有真才实学的法律家，他比谁都聪明），他所经办的讼案从来不多。然而，他的光阴并非全部用来从事律师业务，因为除了到法院出庭外，他还有机会致力于诗歌创作。他创作了《林赛勋爵》（一首最富有诗意的诗）、《我在社会之国的生活》等，此外，还有《森林中的精灵》，这是一首关于封建时代的浪漫诗，体裁优美、流利、动人。琼斯在报刊方面也获得了巨大的成功，他的作品被最贵族化刊物几乎捧上了天；齐声称颂他是伟大的诗人——当代最伟大的诗人。不知由于何种原因，琼斯除了成为一个诗人，在1846年还成为一个政治家。在此以前，他在工人阶级中并不知名，经费格斯·奥康纳的推荐，参加了他们的行列。一个贵族人士往往特别受到工人阶级甚至民主主义者的欢迎，而这个阅历不深的贵族子弟，由于像奥康纳必然会说的那样，已被擢升到民主派行列，因此也受到了热烈欢迎。他恰恰具有各种吸引群众的特长，唯一缺点就是身材矮小，这和他的提携者奥康纳完全相反；但他声音洪亮，口齿伶俐，谈吐出众，举止英武——最重要的，他胸中城府颇深，擅长于表面装作十分坦率的模样。在对人阿谀

奉承的技巧方面，没有一个煽动家胜得过他。他能够一下子把一个连五句英语都说不周全的人改变成一个绝顶聪明的家伙和造诣精湛的演说家；更可怪的是，他竟然能使这个人自己信以为真。他随时准备面对大自然的狂风暴雨，正如他敢于面对民主主义敌人的凶焰一样。他会在无情的暴风雨的呼啸声中站在旷野的荒地上当众演说，猛力推开人们为他遮蔽风雨的伞。多么侠义的骑士风度啊！实际上，他的性情非常爱好交际，能使与他交往的人们毫无拘束，十分自在——因此，穷人们惊喜地大声说，“好一个可爱的小伙子！”特别值得重视的是，他自夸在参加运动时十分富有；虽然托马斯·克拉克有一次声称，当时他“简直衣不蔽体”（这本身并不是什么丢脸的事），而且他本人无意中也几乎承认了这种说法符合事实，但许多人仍然十分天真，竟会相信他曾为了他们的事业花去了一份家产。总之，不论他想对他们说些什么，他们全都相信。作为一个推论家，琼斯从未达到高标准，而且也没有这种意图；但他有一个绝妙的方法，能使花言巧语的诡辩，在思考欠周的人们听来，像是条理分明的议论，对于克服各种困难，能提出无限保证，而且毫不羞愧地用臆断来推翻事实。这一切就足以给他造就了卓越的 283
地位。而动议把托马斯·库珀从代表大会上清除出去的，就是这样一个人。谁想要动摇宪章运动者对奥康纳的信任，则完全是枉费心机；这种信任正在日益普遍，日益增强。11 月间，土地基金项下每星期几乎有两百镑的投资。现在，“土地与宪章”已成为流行的口号。另一份请愿书已在计议中，执行委员会在许多城镇举行了公众集会。

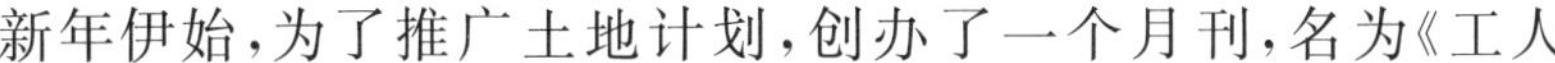

新年伊始，为了推广土地计划，创办了一个月刊，名为《工人

报》,由奥康纳和欧内斯特·琼斯担任编辑。乔舒亚·霍布森已脱离《北极星报》,由哈尼担任编辑,琼斯和 G. A. 弗莱明也向它投稿。

春季,全国各地为了促进请愿书运动,纷纷举行了群众集会。1847 年 5 月 24 日,当时已定名为奥康纳村的赫林斯盖特地产正式开放,会员们在配给的土地上安家落户。许多人从附近各地前来参观,有些徒步,有些乘车。奥康纳和董事们当然在场,还有曼彻斯特的 J. R. 库珀和威斯敏斯特的候选人科克伦。演说是当天公众集会和后来举行的大会议上的主要议程。土地计划的这种具体实践无疑地对这项运动产生了鼓舞作用。因为在 7 月份一星期内,认购的股款达三千五百镑左右,不久以后,在大致相等的期限内,五千余镑的股款潮水般地涌来。

8 月间,举行了大选,起因于辉格党和保护贸易主义派为了击败皮尔政府所提的爱尔兰军备法案而形成的联盟,为此政府不得不让位于辉格党。这时候,宪章运动表面上声势浩大。许多加入土地协会的宪章运动者无疑地希望他们一派中有人当选为议会议员。许多以宪章主义作为政纲的候选人出来竞选。邓库姆和韦克利再一次代表芬斯伯里;菲尔登和哈利德代表奥德姆;沙曼·克劳福德代表罗奇代尔;W. 威廉斯代表考文垂;D. W. 哈尼代表马里尔本;汤普森上校代表布雷德福;约瑟夫·斯特奇代表利兹;H. 文森特代表伊普斯威奇;J. 哈迪代表伍斯特;J. H. 帕里代表诺里奇;鲍林医生代表博尔顿;芒茨和斯科菲尔德代表伯明翰;J. 威廉斯代表麦克尔斯菲尔德;埃普斯医生代表北安普敦;费格斯·奥康纳代表诺丁汉;
284 W. P. 罗伯茨代表布莱克本;E. 米阿尔和欧内斯特·琼

斯代表哈利法克斯；乔治·汤普森代表托尔哈姆雷斯；P.麦格拉斯代表德比；托马斯·克拉克代表谢菲尔德；G.J.哈尼代表蒂弗顿；S.基德代表格林威治；T.迪金逊代表南希尔兹；约翰·韦斯特代表斯托克波特。有些候选人只是走上竞选坛，发表一篇演说，便得到人们的举手赞成。韦斯特就是其中之一，他向集会群众发表了一篇长达数小时而确有政治家风度的演说，博得人们的普遍赞扬和举手赞成，迪金逊也获得了类似的结果。基德在格林威治以杰出的才智为宪章事业辩护，也同样当选了。同时，W.P.罗伯茨在布莱克本的情况亦复如此。但是，博得最高声誉的演说也许要算朱利安·哈尼所发表的，因为他的对手正好是那位机智、圆滑、狡黠的帕默斯顿勋爵。后者渴望保持无懈可击的地位，就请哈尼先发言，因为他明知哈尼必将攻击他的对外政策。哈尼接受了他的请求，对这位子爵的政治生涯进行了长时间的巧妙分析。他向对方提出了不少需待答复的事项，关于这点，根据对方答复需时五小时之久的情况，便可以判断。尽管处于首先发言的不利地位，哈尼仍然赢得了举手赞成的表决，但他谢绝了正式竞选。邓库姆和韦克利均顺利地当选了。哈利德从奥德姆退出竞选。J.M.科贝特和菲尔登联合竞选。但W.J.福克斯出来对抗，由于他的一些朋友和一部分托利党员进行合作，福克斯和邓卡夫特终于当选。沙曼·克劳福德在罗奇代尔未逢敌手；但W.威廉斯在考文垂却遭到挫败。D.W.哈尼退出马里尔本，但著名的罗伯特·欧文坚持宪章原则，仅得一票。乔治·汤普森较为顺利，比对方多得两三千票。在哈利法克斯，米阿尔和琼斯两人的朋友们携手合作，查尔斯·伍德爵士的朋友们托利党员也是如此。爱德华兹获得五百十

一票，伍德五百零七票，米阿尔三百四十九票，琼斯二百八十票。在德比，麦格拉斯获得二百十六票，而高尔却获得八百五十二票，不过，高尔和斯特拉特后来都因行贿而被剥夺议席。汤普森上校在布雷德福当选，但斯特奇在利兹的运气并不如此之佳；可是，他还获得了一千九百八十票，与之相比，势力雄厚、后来正式当选的候选人马歇尔获得了二千一百八十六票。在谢菲尔德，托马斯·克拉克获得了三百二十六票，而对方则获得了一千一百一十票。在伊普斯威奇，文森特的朋友们果敢地为他奔走竞选，获得五百四十六票，对方则获得七百零八票；在伍斯特，竞争相当激烈，哈迪获得九百二十七票，而对方所获的票数为一千一百二十一票。诺威
285 奇的激进分子与对方进行英勇的竞争，结果，帕里获得一千五百七十二票，虽然对方获得了一千七百二十七票；芒茨和斯科菲尔德在伯明翰以及鲍林医生在博尔顿都胜利地当选。在北安普敦，埃普斯医生获得一百四十票，对方的票数为八百五十二票。在麦克尔斯菲尔德，选民们选出了约翰·威廉斯。但出乎众人意外，使某些方面特别高兴的是诺丁汉的竞选。当奥康纳宣布自己为候选人时，很少人抱着他有当选希望的乐观看法；因此，当竞选结果公布他击败了辉格党大臣约翰·卡姆·霍布豪斯爵士，人们多么惊奇，多么欣喜若狂啊！在这次竞选中，奥康纳获得了一千二百五十七票，而霍布豪斯仅得八百九十三票！这是奥康纳暂时性胜利的最高峰。看来一切十分可喜地顺乎他的心意，而任何反抗似乎只会增强他的力量。他在候选人提名会上，以他那爱尔兰式的诙谐嘲弄对方，曾引起了一阵阵的哄堂大笑。然而，应当记住，这次胜利得力于他的朋友们和约翰·沃尔特的朋友们的携手合作；但是，不

管合作不合作，霍布豪斯总是要碰壁的。

快到8月底的时候，在苏格兰东南部的低地地区，又举行了一次土地会议，因为公司最近购进的一份地产是与该地区相毗连的；除惠勒一人先已辞职，由威廉·狄克逊继任外，其余董事均再度当选。上述人员继续组成宪章协会的执行委员会。这时候，土地基金的总额已达五万镑左右。奥康纳充满了无限的希望；他本想发行一份名为《民主主义者》的日报，后来却打消了原意。

8月的最后一个星期一，在托尔哈姆雷斯，为乔治·汤普森举行了一次宴会。奥康纳、文森特和许多其他人士都应邀参加；前者借此机会发表了一篇十分风趣的演说。同一星期，爱丁堡举行一次盛大的公众集会，祝贺宪章派选民在最近的大选中所持的坚定立场；不久以后，为了庆祝宪章运动者最近的胜利又在伦敦掷骰场举行一次公宴，参加者有二百人，宴会后又举行了一次群众集会，挤得人山人海。但是除奥康纳外，当选者无一前来参加，只有一个未当选的中产阶级候选人埃普斯博士，在自讨没趣后，离开了会场。W.P.罗伯茨、P.麦格拉斯、欧内斯特·琼斯、费格斯·奥康纳和朱利安·哈尼是主要的演讲人。大约就在这个时期，奥康纳发起一次重大的运动，要求土地协会会员在地契上签名，据他说，目的是要给公司办理登记。

当宪章主义看来正在英格兰蓬勃发展的同时，米切尔[①]的党 286
也在爱尔兰积极活动，欧洲大陆上的事态开始呈现出一个重要局面。在意大利的教皇庇护九世所采取的路线使英国的民主主义者

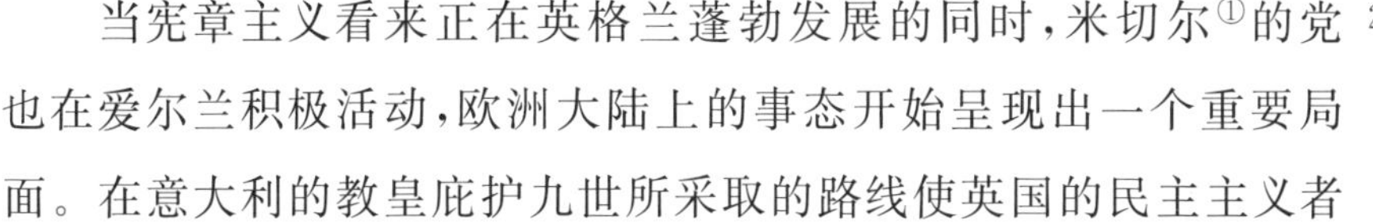

① 米切尔(John Mitchell，1815——1875)，爱尔兰革命家。——译者

充满了希望,1847 年 10 月在伦敦东方学院举行了一次公众集会,祝贺教皇所推行的颇得人心的路线;参加者有欧内斯特·琼斯、布朗蒂尔·奥布赖恩和其他主要的民主主义者。与此同时,全国请愿书的签名运动非常活跃,奥康纳宣称,到请愿书送往议会时,他将征得五百万人的签名。“土地、土地、土地”仍然是千百万人的呼声,交口传诵,直到奥康纳好像已升到永不失败的地位似的。鼓动工作的对象不仅限于职工阶级中的宪章运动者;它还深入农村教区,影响了以前从未想到提高社会地位的人们。这项计划确实令人向往;一所美观的农舍,四英亩土地,共值十镑,预付五镑四先令,就可到手,立刻登上人间天堂,多么简便啊!全家每星期靠九、十先令过着艰苦生活的人们被迷得心醉神往了。他们毕生辛勤劳动才能积攒五镑;于是一举就把这点可怜的劳动成果投入这场土地大赌局,梦想换取太平盛世的幸福。董事们向全国推广业务。麦克道尔先生、约翰·韦斯特和塞缪尔·基德担任演讲员。上述最后一人出生于苏格兰的阿布罗斯,和托马斯·库珀一样,曾从事鞋匠职业。他在公众面前初露头角,大约是在斯特奇协商会议时期的一次公众集会上,格拉斯哥的宪章运动者派他去出席协商会议。当时基德年少气盛,是奥康纳一派的人。协商会议后,他尤其显得不同凡响,因为在森德兰按照他的伟大领袖的策略,与詹姆斯·威廉斯进行公开辩论。双方都表现得非常能干,非常机智;但按照多数人看法,基德击败了对方,下一期的《北极星报》报道他获胜消息的标题是这样写的:“全部匪帮被森德兰整个宪章派队伍击败!”——乍看起来,这个标题使我们满怀希望,以为人民宪章的实现即在眉睫,但当我们读完这篇报道后,我们感到大失所望,发现

所谓“击败匪帮”无非是民主主义者的内部分裂。作为一个演讲员，基德具有旺盛的精力和流利的口才，他的演讲显示出多才多智的特色。然而，他在态度方面，露出一种拘谨生硬的样子——一种自高自大的优越感，在听众心理上留下一个不大愉快的印象。这种情况表面要比实际严重得多；因为在私人交游中，没有人比塞缪尔·基德更平易近人了。 287

但是，奥康纳推行他的土地计划并不能一帆风顺。《快讯》、《劳埃德新闻》、《曼彻斯特观察家》、《诺丁汉信使报》和《诺丁汉日报》都对他进行了猛烈的攻击。《非国教徒》上刊登了该报给一个读者的复信，因为他曾来函征询编辑对土地计划的意见。编辑的答复是，他看不出这项计划的实用性；但他报纸的篇幅可供奥康纳的朋友发表意见，如果他们认为可以证明计划是切实可行的话。这一切被奥康纳称为对他的计划的指责，于是在《北极星报》上发表一封约占十二栏篇幅的长信，对这些编辑痛加斥责。《快讯》编辑曾扬言要给奥康纳一顿鞭挞，奥康纳指名道姓地回答他说，“来吧，如果那样的话，我将抓住这个矮小的工贼牧师米阿尔的双腿，把你们一股脑儿抛到九霄云外。”但这些报刊继续把这位“贫民的监护人”作为目标，猛烈地予以抨击。一周接着一周，炮火始终不止。《曼彻斯特观察家》上刊登了一系列的通讯，作者署名为“犁田之人”，其实他是一个名叫亚历山大·萨默维尔的退伍军人，几年前他遭受鞭笞一案，曾激起很多人的同情。他在一篇通信中，曾提到《北极星报》前任编辑霍布森，指出他多少是与土地计划有关的。霍布森在《曼彻斯特观察家》上发表一篇辩白；其中还对奥康纳的品格是否正直进行攻击，并引用奥康纳本人的话来指控他“盗用公

款达五百镑”。此外，他又指控奥康纳伪造账册，使克利夫亏空两千镑，挪用土地股款，以肥私囊。据霍布森说，为了维持《北极星报》，奥康纳经常向他的办事员阿迪尔和他本人借款。奥康纳传唤霍布森去出席在曼彻斯特召开的一次公众集会。然而，霍布森不同意遵从这样一种法庭的裁决，建议在双方人士各占半数的听众面前同他会见。奥康纳对此表示不能同意，而且不论霍布森是否同意，他仍将召开公众集会。于是，集会就在科学会堂上举行了，
288 这个会堂是一所可容三四千人的大厦。会场被挤得密不通风，门外还站着几千人，由麦克道尔和韦斯特向他们发表讲话。这种法庭究竟怎样适宜于审理有关账目的案件，从《北极星报》记者的指述中可见一斑：

“他在讲坛出现时，人们对他表示欢迎的盛况，非笔墨言语所能形容。那不仅是热情，而是疯狂，一种难以形容的狂热病。”

奥康纳向集会讲话时，凡足以激起听众仇视他的诽谤者、提高他本人声望的字句，都被他想到了；他向他们说，一位高尚人士（却未说出是谁）和一个孩子都可以给他作证，《观察家》报馆内部人员和筑路工人串通一气想暗杀他，这些话引起了群众一片喊叫声，大声怒骂，“哎哟，这帮该死的家伙！”如果这种说法是真的（然而，我们绝不相信），那么，对奥康纳过去给联盟所尽的力来说，当然是一个不公道的报答。他又说，“这帮恶棍，大口大口喝你们的血汗，细细咀嚼你们的肉，同时还吸你们婴儿的血，竟然以为我也会嚼碎他们的细骨头，舐光他们新鲜的血液，靠妇女们的苦难来享乐，靠工人们的辛劳以自肥。不会的，我宁愿枵腹就寝，也绝不会让这样一顿晚餐使我梦寐不安；不仅如此，甚至会使我突然中风而亡。”奥康

纳竭尽一切力量来测验公众对他的信任。他说："现在我已把钱带来，准备偿还曼彻斯特每个股东。"（听众大声呼喊，"不要，我们不要偿还！"）"那么，好了，我会把钱全部花光。"（听众喊着，"花吧，花吧，欢迎之至！"）作为他谦虚厚道的一个实例，他又说，"据人们传说，女王到阿盖尔公爵家去访问时，把年幼的洛恩侯爵抱在怀里，亲昵地吻他一下，这个举动就被说成是她的品性中的美德。对啦，他（奥康纳）每天抱起四五十个孩子，给他们擦鼻涕，紧紧地搂抱他们。他们是否会认为像他这样的人竟会把他们的食物抢走一小块，或者妨害他们的父母给予他们适当的教养，将他们培养成人呢？不会的，他绝不是这样一种人：他爱怜这些孩子，同样也爱怜他们的母亲，绝不忍心这样做。"奥康纳在这次拥挤的、情绪激昂的公众集会上讲话达三个多小时，讲话开始前，会场已挤得水泄不通，记者们必须钻窗户才能进去。他对霍布森和阿迪尔指控他的行为不端进行反驳，宣读据他说是多少年前他从阿迪尔那里收到的一些信件，指控霍布森有舞弊行为，却未作进一步的说明。他声称，《北极星报》在上述两人经营时期，每星期销数达四万三千份，但仍然入不敷出；他说，他愈来愈穷，而他们却愈来愈富了。他反 289
驳他们指控他伪造账目，揭发事实说，霍布森的薪给每年五百二十镑，这说明他致富的来由，阿迪尔每年可得一百镑。他把威廉·赖德请了出来，给他证明上述两人曾对奥康纳犯有舞弊行为。赖德被问为什么早不向奥康纳揭发。他的理由是——第一，因为不论什么事实也无法动摇奥康纳对两人的信任；第二，因为奥康纳从不喜欢听信一个雇员对另一雇员的怨言；第三，因为他是一个属员，可能被人认为他想取代他们的职位。但是奥康纳对他们的舞弊行

为当然不需要间接的证据。像《北极星报》这样一个销数达四万三千份的报刊还不能自给，试问哪一个神志清醒的人会信以为真呢？奥康纳绝不会这样天真，竟然相信那类事实；他说他从《北极星报》的利润中分文不取，上述两人反而连累他负债，关于这种说法，我们只能认为他又在大吹法螺。即使我们承认霍布森和阿迪尔果真是他所说的那种坏蛋，他们也绝不会去干那些被人一眼看穿的坏事；而且即使干了的话，奥康纳也不会那么愚蠢地甘心忍受，竟让他的账册照旧使用了七年之久，而不查问，也不另行雇人管账。这类声明只会使集会上对他崇拜得五体投地的人们感到满意。霍布森对这件事的说法是，奥康纳时常挪用公款，而让他们去付账。这种说法有一部分真实性，我们可以用一个事实来推断，1839 年，当奥康纳提议偿付第二届代表大会的开支时，他向群众说，他们已给他提供了支付这项开销的财源。这笔财源从何而来，只有《北极星报》的利润。然而，如果他的行动果真像他本人所说的那么愚蠢，则没有一个公共团体会把大量基金付托给一个显然不适宜经管自己事务的人。但这次盛大的集会通过了对奥康纳表示信任的决议，为了证明这次表决出于诚意，当场就有一千镑土地股金送上台去交给他。霍布森的各项指控丝毫不能削弱群众对奥康纳的信任；没有等奥康纳说出一言半语的答辩，他们已把他宣告无罪了。他们来参加这次集会，不是为了充当公正的裁判，而是为了给他们所公认的凯旋英雄增加胜利的荣誉。这一点，奥康纳了如指掌，因此，他便以一个凯旋的英雄自居，高视阔步地从胜利走向胜利。他从曼彻斯特前往诺丁汉，在那里举行了一次公众集会，《诺
290 丁汉信使报》的编辑托姆·贝利被邀出席。和霍布森一样，贝利拒

不接受邀请，理由是，在这样一个集会上，他不会得到公平的对待；他同样也提议在双方群众各占半数的听众面前同他会见，但奥康纳却不同意。后者当然获得了全胜。在这次公众集会后，《曼彻斯特观察家》上刊登了霍布森的一封公开信，力图证明奥康纳创办《北极星报》以前的贫穷情况。奥康纳在自己的报刊上提出答辩，有些实例令人满意，有些却不尽然。为了表明他的一些答辩的真实性，他举出三个证人，并附有他们的姓名。这三人就是他的发行人麦高恩和他的两个编辑弗莱明和哈尼。关于上述公众集会，事实十分明显，任何人都没有丝毫的机会使集会的群众公正地听取他对奥康纳的指控，而他所受的待遇一定会和威廉·艾什顿在奥康纳访问巴恩斯利时所受到的一样。当艾什顿起立对奥康纳提出有关弗罗斯特事件的指控时，奥康纳的崇拜者使人们无法听到他的发言，这就是奥康纳经常所说的“大公无私的公众裁决”。

第十一章

291 我们怀着厌恶的心情把上述问题暂时搁下，以便叙述那些更加惊心动魄的事情。根据那种似乎正在激励着几乎所有欧洲国家的人民的新生活看来，激动人心的重大事件显然就要发生了。12月4日的《北极星报》上刊登了有关法国里尔、阿韦纳、瓦朗西安等地举行改革宴会的报道。大约与此同时，伦敦举行了一次集会，庆祝波兰革命。这类事件有助于激起英国的民主热情。爱尔兰已在警戒中。组织工作正在进行。奥康纳在下院提出英、爱两国合并问题，提议成立调查委员会，他所发表的演说虽很有力，但动议只得到二十三名议员的支持。为了有利于适当处理英、爱两国的问题，伦敦举行一次盛大的公众集会，目的在于使两国的民主主义者结成联盟。政府在下院力图通过另一项对爱尔兰的高压法案，这个活动的每一阶段都遭到奥康纳的反对；但这项法案终于获得通过，因为在法案最后一次宣读时，反对者占少数，仅有十四人。意大利的形势也在发展。意大利政府要员明托勋爵在贵族院中，因支持罗马的意大利自由运动而受到指责，他的行动是经政府默认并予以辩护的。将近1847年12月底，伦敦和许多郡举行盛大集会。在伦敦的集会上，演讲人是朱利安·哈尼、欧内斯特·琼斯、德国籍的卡尔·沙佩尔和约翰·斯克尔顿。在爱丁堡举行的一次

盛大集会决定创办《每周快讯》，这是一个专门促进民主事业的刊物。在都柏林，联盟派，或称米切尔党，开始奋勇前进。1848 年 1 292
月，詹姆斯·利奇访问这个团体，并向他们发表讲话，因此，在他们和宪章运动者之间正在开始形成一种统一的观点。这时，伦敦的考珀街、约翰街和其他宽广场所都成为宪章运动者经常集会的地点，而请愿书的签名运动也正在迅速进行。奥康纳前往伯明翰访问，该市在市政厅举行一次盛大集会，由市参议员鲍德温主持会议。这次集会的情况非常热烈。在这个时期，奥康纳似乎精神异常抖擞；他每周通过《北极星报》致函那些“衣着粗陋、胼手胝足、满脸胡须的工人们”、“老一辈的拥护者”以及“钦定的宪章运动者”，有时竟把他们当作他的臣民，在信中署名为“费格斯王”以表示他的王权。

2 月 2 日，在霍尔本的国民会堂举行了一次晚会，欢迎邓库姆、韦克利和奥康纳。前二人因病不能参加，但主席欧内斯特·琼斯和麦格拉斯、哈尼、狄克逊、奥康纳以及其他演讲人的讲话激起了听众的热情。大约就在这个期间，琼斯曾对聚集在哈利法克斯的共济会堂的广大群众发表讲话，他们大声地响应他那振奋人心的呼吁。即将来临的巴黎改革宴会注定是一次大革命的前奏，英国的民主主义者正以绝大的兴趣期待着。法国政府决心粉碎这个改革运动，它对国王演说的响应就意味着这个事实。然而，反对党势力强大，以一百八十五票对抗二百二十八票。政府党和反对党之间这场搏斗的消息引起了无限兴奋，因为斗争显然迅速地接近一个危机。几天以后，这个危机以帝位被推翻和共和国建立而告终。

法国革命的消息在各国的专制朝廷中造成了巨大的恐慌，同时使民主主义者充满了希望。奥康纳的政敌曾经请愿，以奥康纳资格不符为理由，反对他当选为议会议员。但在伦敦的约翰街，却举行了一次人数众多的集会，为他应占有议席进行辩护。休厄尔先生担任集会主席，克拉克、卡费、哈尼、斯托尔伍德和琼斯先生在这个拥挤的集会上发表讲话。为了这个目的所募得的捐款约有四百镑，于是上述请愿者迅速放弃了他们的控诉。同一星期，伦敦又举行一次盛大的集会，纪念克拉科夫的起义。麦克道尔医生行色匆匆，穿越苏格兰全境，在盛大集会上发表激昂慷慨的演说。基德的足迹踏遍约克郡，而韦斯特则在泰恩河畔纽卡斯尔的邻近地区

293 激发民主主义者的热情。全国宪章协会执行委员会、民主主义联谊会、宪章代表会议以及在德鲁里巷的德国协会会堂举行的公众集会共同通过一项联合宣言，并决定将宣言送交巴黎人民。在这以后的一周内，各报刊传来了法国人民承认共和国的消息，宪章主义运动的声势比先前越发强大了。

3 月 2 日，在兰贝思的国民浴室广场上举行了一次规模空前的巨大集会。参加者成千上万；会场拥挤万分，全体委员好不容易才走上讲坛。琼斯、格拉斯拜、哈尼、波兰人雄纳科夫斯基、克拉克、狄克逊、奥康纳先生以及其他演说人在会上发表了长篇讲话。集会通过一项决议，抗议英国政府对法兰西共和国的干涉。会上还宣读并通过一项致法国人民的宣言，推定琼斯、麦格拉斯和哈尼三人组成代表团，前往巴黎，把这项宣言面交法国临时政府。继这次集会之后，这一星期内还举行了若干次集会。室内会场已不再敷用，因为无法容纳前来参加集会的成千上万的群众。斯特普尼

草地、克拉肯韦尔草地和贝思纳尔草地成为首都人民举行盛大集会的地点，由惯常的那些演说家向他们发表讲话。

3月6日，星期一，在特拉法加广场上举行了一次公众集会，其目的是为了要求取消所得税，否则就要求内阁立即放弃执政。这是一次由查尔斯·科克伦召开的中产阶级集会。然而，这次集会被宣布为非法，科克伦乃劝告群众勿去参加；但许多群众仍往参加，把公告撕得粉碎，推请 G. W. M. 雷诺兹为主席。截至这时为止，雷诺兹从未以政治演说家著称，虽然作为几部小说的作家，他已享有盛名。然而，他对政界活动并非完全漠不关心，多年以来，一直为《快讯》撰稿，负责该报的文艺栏和国际新闻栏。当时的《快讯》读者必然记得该报“国外报道”栏内刊登的批判路易·菲利普的措辞尖锐的文章，这些文章都出自雷诺兹的手笔。它们表明作者对法国政治相当熟悉，并倾向于共和主义；早在法国大革命前一段时期，这些文章已经预示路易·菲利普即将崩溃。雷诺兹最后 294
脱离了《快讯》，因为其他投稿人所写的一些文章和他本人文章的观点完全相反，生怕它们刊登在同一刊物上会被人误认为是他的著作；因此他放弃了在该报享有的待遇优厚的职位。革命和短时期的政治动荡会驱使不少人跃登卓越的地位，而在平时他们可能会终生被埋没无闻。特拉法加广场的群众集会是雷诺兹千载难逢的机会。查尔斯·科克伦已堕落成一个抛弃职责、临阵脱逃的胆小鬼；谁敢冒政府公告的大不韪，挺身而出，谁就一定会博得在另一种情况下绝对无法博得的英勇声誉；何况谁也不知，当时正在发展中的惊心动魄的运动不仅在英国而且在整个欧洲究竟会带来什么结局。倘若英国宪章运动者步巴黎革命同志的后尘，那么，在适

当的时机占有一个英勇卓越的地位，可能会导致在国家事务中的无上尊荣的职位；而且在国内群情激愤的状态下，谁也不能预料，群众长期郁积的不满情绪最后就不会在瞬息间爆发为革命。当时民间存在的苦难十分严重——人们的生活简直没有比这个更糟的了。千千万万的人们的眼中露出饥饿的神色，他们由于贫困几乎已变成绝望了。雷诺兹当时顺利地担任主席，会上有一些人士发表演说，反对所得税，表示同情法国大革命，并拥护人民宪章；演说结束后，成千上万的集会群众发出一阵阵支持巴黎人民和拥护人民宪章的欢呼。散会时秩序井然。一大批群众伴送主席沿着河滨马路，走到他在韦林顿街的寓所，他在一片沸腾的欢呼声中，站在住宅的阳台上向他们发表讲话。然而，另一部分人则运气较差。一个吃得脑满肠肥的既得利益阶级人士忽然指责参加集会的人是在浪费光阴。这种信口胡言使被指责者勃然大怒，愤慨情绪相当高涨。这就使企图用暴力来驱散群众的警察得到一个借口，于是便使用不少蛮横手段来驱赶群众。群众竭力自卫，把警察赶回他们的营地；但这支武装力量得到其他方面的大量增援后，群众终于被压服，许多人因受伤而被送往医院。可是，晚上又有一大批群众在“到王宫去！”的呐喊声中重新聚集起来，朝着白金汉宫的方向进
295 发。正如这类集体行动的大多数情况一样，不少捣乱分子加入队伍，击毁路灯和窗户，有时甚至向面包商硬要面包，向酒店老板索取啤酒。他们后来循着原路回到特拉法加广场，平安无事地各自分散。此后两天，群众再度聚集，又同警察发生冲突，但结果并未出现多么严重的事态。

在地方各郡中，事态开始呈现险恶的景象。在格拉斯哥，人民

普遍遭受极其悲惨的苦难。3月6日发生了一次严重的暴动。失业的职工久已期待着食粮配给，然而终未实现。他们处在嗷嗷待哺的状态，在大失所望的情绪煎熬下，前往铁门街和其他主要街道，闯进食品店和枪支店。只有一些惯窃和类似的不肖之徒才会任意攫取非当前必需的物品。营业停顿了。商店关门了。群众在街道上迈步前进，一路上高呼“没有面包，就要革命!”警察几乎束手无策，于是就把军队请来弹压。当场宣读了暴动法，但与此同时，大批的其他群众正从四面八方源源而来，闯进食品铺，索取面包。骚动的情况变得十分严重，地方当局不得不向爱丁堡增调援军。第二天，群众又聚集在布里奇顿，在那里，退伍的雇佣兵已做好戒备。一个男孩向其中一人抛掷土块，立即被逮捕。当群众设法营救时，警察局长斯马特上尉下令开枪。这道轻率的命令造成的后果是，五人被枪击中，其中有几人当场毙命。军队在街道上继续巡逻，但群众仍聚集在街头不散，不过一切公共场所都经严密防守。在曼彻斯特，群众聚集在砖瓦街的救贫教区协会济贫院门前，要求把院内的贫民放出来。一支强大的警察队伍驰往出事地点，但经过四小时的冲突以后，直到晚上7时，才把群众驱散。那天晚上晚些时候，群众袭击奥德姆路的警察局，熄灭附近的路灯，拆毁史密斯菲尔德市场上的货摊，用拆下的木料当作武器，向警察进攻。军队实弹戒备，治安官们在市政厅内坐候，以便发生紧急事变时采取行动。3月6日，奥康纳来到陶器产区的汉利。一支庞大的队伍护送他进入该镇。两千人和他一同在有顶篷的市场内就座，举行茶会，然后，接待群众入场，七千多人听到了这位伟大的宪章运动领袖的讲话。在巴黎人民的鼓舞下，纽卡斯尔、邓弗里斯、

296 森德兰、巴思、诺丁汉等一大批城镇呈现出一片活跃的景象。到处举行公众集会，民主主义的光芒好像已照亮每个人的心怀。卡莱尔为了推选代表该市的议员，这时正举行选举。宪章派提名麦克道尔医生为候选人，他在选民举手表决时，以巨大的多数当选，但在正式投票选举时，只获得五十五票，而对方却获得四百十四票。这种可笑的代表制必须在此一提，以便后代可以看出在文明的十九世纪有选举权者和无选举权者之间有多大差别。约翰·米切尔在都柏林创办一份报纸，名为《爱尔兰人联合报》。它表示要向英格兰政府复仇，明确指示人民进行巷战方法，同时表明每个妇女都可以成为战士，办法是向军队投掷酒瓶和其他可供投掷的物品，甚至硫酸。宪章协会执行委员会决定于4月3日在伦敦召开代表大会。在这以后的一星期内，鼓动工作并未中断。3月13日，肯宁顿公地上举行一次盛大的群众集会，参加者约有两万人。四千名警察到场值勤；其中八十名骑马，携带着军刀和手枪，悠闲自在地在公地上策马巡逻。一部分警察穿着便衣，在会场上分散布防。特别警察应征服役。军械商奉地方当局之命，把枪支上的枪管一律拆卸，火药子弹零售商奉命在销售这类物品时必须特别慎重。在演讲人聚集的讲坛上，三色旗迎风飘扬。雷诺兹主持集会，向群众讲话的有麦格拉斯、威廉斯、克拉克、狄克逊和欧内斯特·琼斯先生，他们都发表了十分动人的演说。集会一致通过了人民宪章。同天晚上，在黑衣僧路的南伦敦会堂，举行了另一次盛大的集会，由斯托尔伍德担任主席。克拉克、狄克逊、富塞尔、罗杰斯、麦格拉斯先生和阿彻利上尉等人向听众发表了激昂慷慨的演说，和上一次的集会一样，人民宪章也获得了通过。14日，在约翰街学院举行了一次集会，会场挤得人山人海，与会者听取了派往巴黎的代表团的报告。哈尼因病留在巴黎，但琼斯和麦格拉斯却前来出席。J. 萧担任主席。琼斯在演说中对英国政府的军队揶揄备至，告诉听众说，在英国不会发生战争，因为没有作战的对象；一个人还不 297
如同自己的影子作战哩。麦格拉斯接着发表了一篇十分激动人心的演说。斯托尔伍德向与会群众说，巴克利和珀金斯已使他们手下的人应征为特别警察，准备把他们打得头破血流，因此，劝他们不要麻痹大意。他的话引起了沸腾的喝彩声，集会结束时，群众为派往法兰西共和国的代表们，为人民宪章，为《北极星报》欢呼。

3 月 15 日，在布莱克希思举行了一次群众集会，治安官们虽然用尽一切恫吓手段，而开会期间又大雨如注，但群众屹立不动，保证坚决拥护宪章。14 日，奥康纳在普雷斯顿由六百人举行茶会予以招待，他向出席茶会者讲话，主要内容涉及他的土地计划。此外，在伯明翰的市政厅也举行了一次盛大的集会，其目的是为了表示拥护宪章。鲍德温主持集会，布拉克斯兰、科肯、韦斯顿、斯特奇、柯林斯、梅森先生等发表了演说。会上充满着欢欣的气氛。12 日，星期日，在皮普草地聚集了来自约克郡西赖丁的几千名居民，由利兹的基德和萧以及其他演说家向他们发表讲话。法兰西共和国国旗公开悬挂出来，集会通过了决议，保证坚决拥护宪章。在这一周内，盛大的群众集会成为曼彻斯特、布雷德福、伊普斯威奇、巴思、南希尔兹、斯托克波特、谢菲尔德等地的主要特色。在希尔兹举行了两次群众集会，后一次参加者达一万人。韦斯特是主要演讲人。在谢菲尔德，参加集会者达一万五千人，由艾恩赛兹主持。当地的义勇骑兵队做好武装戒备，但一切平安无事，艾恩赛兹被推

选前往巴黎访问，向法国临时政府致贺。同一星期，奥康纳获准提出有关他的土地公司登记事宜的法案。

3月17日，曼彻斯特在自由贸易会堂举行了一次盛大的集会，以促进宪章派和爱尔兰取消联合派之间的联盟。虽然集会规定征收入场费一先令、四便士或两便士不等，但会堂里仍挤满着密集的群众，估计有九千人。议会议员史密斯·奥布赖恩和约翰·米切尔预期前来参加，届时却未出席；但热情洋溢的群众却听到了J.利奇、G.阿奇迪肯、F.奥康纳、W.P.罗伯茨、迈克尔·多亨尼和T.F.马尔等人的讲话，他们提出决议，支持反对英国与爱尔兰并成联合王国的运动。集会热烈地通过了致法兰西人民的贺词。继
298 这次集会之后，星期六又在市政厅举行了盛大的晚会，会场上悬挂着大小旗帜和象征民主主义的其他各种标志。与会者举行茶叙，茶会结束后，上次集会的主席邓恩被推选主持其事，罗伯茨、芬尼根、奥康纳、多亨尼等人发表了振奋人心的演说。高度的民主感情得到了反应，散会时群众为宪章运动和反对合并运动发出了震耳欲聋的欢呼。

19日，星期日，为了同一目的，在距离该城镇约莫一英里的称作奥德姆边界的一片旷野上举行了另一次群众集会。大批群众从周围各城镇蜂拥而至。奥康纳估计这次集会的参加者有二十五万人。集会刚开始，阴霾密布，狂风猛吹，雨点开始降落；但不一会儿，天气就略露晴意，理查德·皮林被选为主席。他向与会的群众说，要想实现人民宪章，他们必须准备忍受远甚于狂风暴雨的逆境。利奇、多亨尼、奥康纳、多诺万、兰金、韦布和J.R.库珀均在会上发表讲话。奥康纳说：

“这是一个神圣的日子，一项神圣的事业，请大家同他一起脱帽，对天宣誓，永不背弃这项事业，直到获得自由为止。”

于是，全体群众脱帽。奥康纳接着说：

“这不就是纪律吗？难道对命令的服从会有比这更迅速的吗？倘若从爱尔兰传来了任何不妙、不祥甚至酿成血案的消息，那么，他就不会再把捍卫爱尔兰的活动局限在下院范围以内了。”

关于拥护人民宪章和反对合并的运动的决议在会上获得了一致通过。

伦敦的鼓动工作继续活跃地进行着。21 日，又在约翰街举行了一次群众集会，会场非常拥挤，由约翰·萨维奇主持。弗农先生首先发言，表示拥护宪章，接着发言的是欧内斯特·琼斯，他主张在呈递请愿书那天各地同时举行群众集会。卡费继他之后发言，呼吁英格兰、爱尔兰、苏格兰的全体人民起来采取行动。亚历山大·坎贝尔在会上发表演说，要求把社会解放置于夺取政权之前；但他大受冷落，终于被讪笑得说不下去。麦格拉斯在群众的欢呼
声中向他作了答复。民主主义联谊会继续经常开会，参加者愈来 299
愈多。爱尔兰联盟会的俱乐部中每晚有许多人登记入会，由于传来了史密斯·奥布赖恩、马尔和米切尔被捕的消息，人数越发显得有增无已了。在这个时期，几乎所有的欧洲国家都处在革命的纷扰中；正因为每批邮件都带来了有关奥地利、普鲁士、德意志各小邦和意大利的许多邦的人民举行起义并获得胜利的消息，所以，宪章运动者和爱尔兰取消联合派对于建立他们长期向往并为之艰苦奋斗的原则的决心好像也随着增强。为了支援这项运动，各行业的代表在伦敦中央刑事法院的贝尔法系协会内进行会商，并通过

关于支持普选的决议。

3月27日，在约翰街又举行了一次十分盛大的集会。W.J.弗农在拥挤不堪的会场上担任主席。他对愚蠢而无聊的请愿行动表示遗憾，称它是一出滑稽剧。他竭力主张只给下院一小时的时间来考虑是否愿意承认人民宪章。这项意见博得了热烈的欢呼。狄克逊在一片喧闹的斥责声中对主席的发言表示异议。约翰·斯克尔顿宣读一篇书面谈话，敦劝集会采取道义力量，但他的宣读被迫中止。汉德利支持主席的观点，欧内斯特·琼斯对他的意见也表赞同，对主张道义力量的演说家表示反对。他说：

"狄克逊先生对我们说，我们不配有这种组织。为什么不配呢？难道我们的四肢都是木头做的吗？他对我们说，英国人民还未具备这种意愿。这样说来，整个英国成了一个谎话世界了。按他的说法，北安普敦人昨天对我说他们已具备这种意愿，便是在撒谎。同样地，在奥德姆边界上所说的也是谎话。今晚在这个会堂所说的当然也是谎话，因为大家表示已具备这种意愿了。对啦，整个英国为了哄骗五六个平凡之辈，想必已缔结了一个阴谋大同盟啦。我看不会，先生；我相信人民已准备宣布一道庄严的命令——要为奴隶制敲响不可避免的丧钟！如果我没有充分的信心而说出这样的话，我就是犯了罪。我就应该为可能发生的恶果负一部分责任。孤儿寡妇就有权咒骂我。但是，当着上帝宣誓，我相信我们现在已经到了赢得我们的权利的时候了。向前再走一步，即便脚上拖着铁镣，这些权利也就属于我们了。我真诚地相信，人民为了赢得宪章已做好准备了。这样，我就要说——把它拿过来；上帝会保卫我们的这种权利！"

他在结束时说：

“我们将沿着正确的路线前进。我们不要任性，不要急躁，但我们要坚定不移。如果立法者尊重我们，我们就尊重法律；如果他 300
们不这样做，那么，请看法兰西已经是一个共和国了！”

继琼斯之后发言的是麦格拉斯。他并不赞同道义力量演说家的意见，但比提倡暴力主义的极端派略见审慎一些。集会闭幕时，群众为人民宪章发出欢呼，但对内阁则异口同声地嘲骂。

关于民主活动在地方各郡发展的报道相继传来。在诺丁汉，麦克道尔医生向一万多群众发表讲话，然后他们在城内列队游行。纽瓦克、普利茅斯、蒂弗顿、默瑟尔、帕迪厄姆、布雷德福、北安普敦、威根、南安普敦、邓弗里斯、达德利、曼斯菲尔德、海伍德、贝克普、敦提、埃克塞特等地选出了出席全国代表大会的代表，通过了请愿书以及要求实现人民宪章的决议。在代表大会开会的一星期内，其他许多地方举行了公众集会并采取其他各种措施，来加强宪章运动的力量。麦格拉斯在莱斯特巨大的圆形剧场向成千上万的群众发表讲话。4 月 2 日，星期日，两万人在诺丁汉森林地区集会，由麦克道尔向他们讲话。在拉夫巴勒举行了好几次群众集会，由斯克文顿和迪安先生发表讲话；4 日，星期二，麦克道尔向四千人发表演说，他们在镇上列队游行。考文垂的宪章运动者在圣玛丽会堂举行集会，由伍德、哈托普、霍西尔、法恩、普里查德和麦格拉斯先生向他们讲话，集会并通过了全国请愿书。南安普敦每晚在日益高涨的兴奋情绪中举行露天集会。在法夫郡的圣安德鲁斯，公众集会是在市政厅举行的，会上通过了请愿书。在麦克尔斯菲尔德，为了促使正在进行中的宪章派和取消联合派之间的联盟

及早实现，在牧师住宅草地举行一次盛大的群众集会。利奇和韦斯特先生是主要演讲人，会场上的群众情绪非常热烈。在斯特利布里奇，一万人举行集会，为弗罗斯特、威廉斯和琼斯提出请愿。在斯特劳德和格洛斯特，也举行了热烈的群众集会。甚至自从上次发生不幸的暴动以后一蹶不振的新港现在又为实现人民宪章而行动起来了，当地举行了一次公众集会以促进这项目标的实现。在阿伯丁的联合会堂举行的盛大公众集会选出了出席代表大会的代表。在布莱克本，举行了一次有四千人参加的集会，基德在会上发表了十分动人的演说。支持请愿书的签名从其他许多地方源源不断地送来。集会陆续不断地举行，演说纷纷发表；为了进一步煽
301 起那种似乎正在威胁着政府命运的极大的激愤情绪，人们用尽了一切方法。

4 月 4 日，星期二，期待已久的全国宪章代表大会在约翰街学院举行，开始商讨会务，旁听席对外开放。代表们的姓名及其代表的地区列举如下：埃克塞特的 J. 普拉特·威尔金森；伊普斯威奇的塞缪尔·弗朗西斯；博尔顿的马修·史蒂文森；哈利法克斯的欧内斯特·琼斯；威根的詹姆斯·希钦斯；莱斯特的乔治·巴克贝；诺丁汉的乔治·朱利安·哈尼；伯明翰的约瑟夫·林尼和 J. A. 富塞尔；奥德姆的塞缪尔·基德；曼彻斯特的丹尼尔·多诺万和詹姆斯·利奇；利物浦的埃德蒙·琼斯和亨利·史密斯；爱丁堡的詹姆斯·卡明和亨特医生；敦提的詹姆斯·格雷厄姆；兰开斯特的 J. T. 伦德；巴恩斯利的弗兰克·米尔菲尔德；泰恩河畔纽卡斯尔的詹姆斯·沃森；北安普敦的 W. 艾什顿；伯里的托马斯·塔特索尔；斯托克波特的 J. 韦斯特；斯塔福德郡陶器产区的塞缪尔·贝

文顿和爱德华·塞尔；阿伯丁的詹姆斯·舍伦；德比的G. W. M.
雷诺兹；约克郡和东赖丁的乔治·史蒂文斯；佩斯利的罗伯特·科
克伦；格拉斯哥的詹姆斯·亚当斯；爱尔兰民主联盟会的C.麦卡
锡；巴思的查理·博尔韦尔；布雷德福的D.莱特奥勒；利兹的奥康
纳和J.萧；卡莱尔的约翰·洛厄里；默瑟尔提德维尔的戴维·托
马斯；莱恩河畔阿什顿的罗伯特·怀尔德；伍斯特郡的爱德华·沃
尔特；伦敦的威廉·卡费、亨利·蔡尔德和詹姆斯·布朗蒂尔·奥
布赖恩；普利茅斯的约翰·皮特里；诺里奇的威廉·狄克逊；哈德
斯菲尔德的墨菲；托特纳斯的W.坦纳；切尔特南的J. P.格伦尼斯
特。麦格拉斯被推选为主席，多伊尔为秘书长。首先提出的是麦
卡锡的资格问题，因为他是一个所谓爱尔兰民主联盟会的团体选
出来的。卡费和奥康纳先生反对他出席，但欧内斯特·琼斯则给
予支持。此事经提交一个委员会审查，委员会决定准予出席，这就
使这一次的代表大会成为一个非法的会议。接着讨论执行委员会
有无表决权的问题，惠勒提醒奥康纳说，他已当选为利兹的代表。
于是，奥康纳就放弃了表决权。奥布赖恩说，奥康纳既以当选代表
的身份在此出席大会，就不应当容许他逃避应尽的责任。奥康纳
声明，他绝不愿推卸丝毫的责任。然后，他宣布收到邓库姆的来
信，信中说他已逐渐恢复健康，希望下月可以同他们共聚一堂。关
于执行委员会的权利和义务问题，重又提出讨论，对此所提的动议
共有四项。奥布赖恩动议，全体当选代表应有出席和表决的权利。
韦斯特动议，地方协会的成员们也应有权出席，并应准予发言和表 302
决。赞同韦斯特动议的计十八票，赞同奥布赖恩的四票。前一项
动议获得通过。于是推定一个委员会，负责整理请愿书。在此以

后，各代表提出报告。威尔金森提出报告说，他的选区的群众反对使用暴力。马修·史蒂文森说，劝告饥饿的群众耐心忍受是毫无用处的。他说明他的选民正处于十分可怕的悲惨境地。欧内斯特·琼斯说，可能的话，他的选区的群众愿意按照道义力量的原则进行活动，但是，必要的话，却准备斗争到最后一人。必要时，他们准备从约克郡的山冈冲下来，给伦敦的爱国志士一臂之助。詹姆斯·希钦斯叙述了威根的群众正在忍受着巨大的压迫和苦难。他们准备再作一次请愿的尝试，但是倘若被驳回，那么不论结局如何，他们就要"开始行动"了。巴克贝未奉指示，也不准备作任何报告。群众曾对他说，如果可能的话，他们愿凭道义力量实现宪章；倘不可能，他们就决计用其他方法来促其实现。哈尼说，他的选区的群众已立下决心，这份请愿书将是这一届的下院提出的最后一份。不论他可能接到什么指示，他都一定尽力履行。林尼的选民对群众集会已感厌倦。沃尔弗汉普顿、比尔斯顿和达德利的群众愿意服从全国代表大会。他感到有决心在离开伦敦以前实现宪章。富塞尔说，伯明翰群众的情况比往年已有好转。中产阶级已声明赞成宪章，宪章运动者可以借用市政厅了。他们希望不要在这次代表大会上提出有关暴力和道义力量的问题，以免破坏大会的团结。基德说，奥德姆普遍存在着不满情绪。群众遭受的苦难如此持久而又连续不断，他们开始感到要铤而走险了。他们认为，长期性的饥寒交迫不如一死为快。多诺万说，曼彻斯特已有一万人失业。他们希望不用暴力来达到目的，但他们却希望，不论冒多大的风险，一定要实现宪章。商店老板们也感到有改革的必要。营业已减少一半以上，而房租和开支却与前相同：最近对欠缴济贫税的人们发出的传票已达六千份之多。埃德蒙·琼斯说，利物浦的一万名河岸搬运工人已失业二十星期之久了。在利物浦，一方 303
面可以看出破产，另一方面又可以看出革命。H. 史密斯认为，即使其他城镇不发生革命，利物浦一定会发生。大家觉得，要想使请愿书得到认可，必须使用刺刀尖才能实现。各行业中一大批人已因贫困而变成民主主义者了。詹姆斯·卡明说，在爱丁堡，他们不是贫困不堪的宪章运动者，而是坚持原则的宪章运动者，不论在战地上、牢狱中或刑场上，都愿拥护这项原则。詹姆斯·格雷厄姆虽然未奉指示，但他说他坚信敦提的群众对压制爱尔兰人的任何企图必将感到无比愤慨，而且愿用一切方法来拥护人民宪章。伦德说，兰开斯特的宪章运动者愿意采取极端措施，只要有可能获得成功的话。米尔菲尔德说，他的选区的群众曾在一次盛大的公众集会上指示他声明，如果政府放纵军队去骚扰爱尔兰，则他们在当地也会采取相应的措施来对待。请愿书倘若被驳回，他们希望全国代表大会不要解散，而把国家的政权夺取过来，把全国土地统统分成小块耕地，让每个人有机会凭自己辛勤的劳动谋生。詹姆斯·沃森说，泰恩河畔纽卡斯尔的群众决心要实现宪章，成败利钝，在所不计。

第二天上午，代表们重新聚会。艾什顿叙述北安普敦制鞋工人的贫困状况。他有充分理由足以说明工人们决心甘冒一切危险来实现宪章。他们认为，谁不愿为实现宪章作斗争，谁就不配享有宪章的利益。他奉到指示，对于能够保证在最短期间内使宪章获得通过的任何措施给予支持。詹姆斯·利奇说，他的报告跟本区另一位代表艾什顿所讲的大致相同。他对暴力和道义问题不想发表什么意见，而是让它取决于形势的演变。塔特索尔说，伯里群众的景况十分可怕，商业十分萧条，他们简直难以苟全性命。这种景况驱使群众铤而走险。宪章是大家全神贯注的议题。在以前任何时期人们的情绪都不像目前这么激昂热烈。他可以断然说，兰开夏郡人民已忍无可忍了；但他认为，他们不应当轻举妄动，把长年累月的努力尽付东流。韦斯特说，群众所得的工资不到以前的半数，难以糊口。斯托克波特的群众已坚决表示，这将是最后一份请
304 愿书。和塔特索尔一样，他反对采取急躁行动，但他同样也反对胆小怕事。贝文顿说，民间普遍存在的贫困状况已达到惊人的程度，他从没见过这种惶惶不安的情景。群众已下定决心，甘冒任何危险来实现他们的权利。塞尔跟他的同事意见一致。地方当局已不再签发催缴济贫税的传票了，而且还接受一次露天群众集会的建议，拨出了二十英亩土地，来安置贫苦无依的穷人。人们拥护宪章的激昂情绪十分高涨。詹姆斯·舍伦说，阿伯丁的群众尚无健全的组织，但遇有重大事件时，始终是踊跃参加的。他们已为请愿书征得一万人的签名。倘若这种做法仍不奏效，他们将建议采取向女王陈情的方式，而把以后的步骤留给代表大会。雷诺兹说，德比地区普遍存在着十分旺盛的情绪。他认为这次送交下院的请愿书应当是最后一份请愿书，倘被拒绝，那就不啻对劳动人民宣战。几滴鲜血不能决定胜负；道义方式如果失败，则人民群众准备采取任何手段。德比的群众完全同意他的意见。G. 史蒂文斯的选区的群众希望推派代表团拜访约翰·拉塞尔勋爵，向他申述劳动人民的情况。陆军第五十七团有一连士兵驻扎在赫尔，在他们调防开往爱尔兰以前，其中三十七人曾在请愿书上签名。赫尔的群众希

望代表大会继续开会，直到实现宪章时止。科克伦的选区群众主
张代表们拜访议会议员，在提出请愿书以前，与他们评理；住在议
员所代表的地区的人民应当写信给这些议员。请愿书倘被驳回，
他们建议全国各地同时举行群众集会，以便决定下一步采取什么
行动。亚当斯先前曾征得十万人在请愿书上签名，嗣后又交来三
万人的签名。中产阶级已开始采取亲善友好的态度了。只有酒店
老板们不肯支援他们。贫困现象严重地存在着，不满情绪随着高
涨；这种情绪十分激烈，因此，不论情况如何，他们都能将所有的士
兵掌握在自己手中。他并未奉到特殊指示，但他反对任何急躁行
动，认为这会损害他们的事业。至于格拉斯哥最近发生的暴动，宪
章运动者除了表示反对外，与它并无关系。莱特奥勒代表十万名
群众，可以为请愿书征得七万人的签名。他的选区的群众认为，目

前的生活状况是一个沉重的负担，他们决心冒一切危险来争取他 305
373
们的权利。群众处于饥饿状态，实行改革的时机已经来到了；这就
是他选区的绝大多数群众的意见。奥康纳认为这次代表大会公正
地、忠实地代表了人民。宪章主义正在蓬勃发展。他相信一定可
以为请愿书征得五百四十万人的签名。法国的事态促进了宪章运
动。欧洲大陆各国的王权正在土崩瓦解；在这种形势下，岂能指望
英国继续处于被奴役的状态！星期一，他们将前往下院。他不准
备由于急躁行为而使这个主要由他所发起的运动毁于一旦，也不
愿让人民在可以获得自由时继续在奴隶制度下多留片刻。请看目
前的爱尔兰！他认为他所要说的话和格拉斯哥代表所说的一样，
他们至少可以控制他们在那里的所有武装力量。现在他变得仿佛
一个内阁大臣了，当然一定有人会问，星期一，他们准备做些什么。

他凭代表大会的保证，作出答复，绝不会有一块窗玻璃，也不会有一便士的财产受到损害。当他们的疾苦正在讨论的时候，他们将会保持和平和良好的秩序。一位市参议员曾在下院对他说，星期一他将被一枪打死。他回答那位市参议员说，如果他真被枪杀，枪击就会在全国各地普遍展开。他将参加游行队伍，走在前队的前列，使他们便于开枪打他。请愿书倘被驳回，他建议全国各地同时举行群众集会，吁请女王罢免内阁，提拔愿把宪章作为内阁议题的人士参与阁议。如果这个建议未被采纳，他绝不畏缩，宁死也不愿使宪章落空。当大多数人民要求实行宪章准备确立他们的权利时，他就不想再迁延了。他认为现在他们已有实现宪章的能力了。奥康纳结束演说后，奥布赖恩起来发言，认为把群众说成已有准备，易于引起错觉；但奥康纳起身离会，推说要到下院去支持沙曼·克劳福德有关爱尔兰问题的议案。奥布赖恩批评说，奥康纳曾经声明，他不信任议会，内阁在极短时期内将不存在，又说他已
306 把全国宪章代表大会视为解决国家重大困难的唯一组织，既然如此，他就认为奥康纳出席代表大会应当比出席议会更为重要，而这个议会，照奥康纳本人的说法，不久就会不存在了。好几名代表对奥布赖恩的举动提出异议，一般情绪都表示反对。奥布赖恩起立准备离会，但终于被说服留下。洛厄里说，卡莱尔群众的生活情况十分可怕。他们不赞同使用暴力，认为不凭暴力也可实现宪章。威格顿、多尔斯顿等城镇的人民认为不凭暴力绝对不能实现宪章。约翰·萧的选区的群众认为他们的生活景况已经坏得无以复加了。他们准备在争取宪章的尝试中把所有的一切孤注一掷。他所奉到的指示是，在宪章没有成为国家法律以前，不必回去。D. 托

马斯的选区群众希望在请愿书由游行队伍送往下院的同时，在本区内举行示威游行。他们准备贯彻代表大会的意图。罗伯特·怀尔德代表十万名无选举权的工人，已为请愿书带来七万人的签名。该地区人民授权他说，同地方当局发生冲突尚嫌过早，可以先采取进一步的措施。他们对请愿已感厌倦，如果伦敦能尽它的责任，兰开夏郡也不会落后。M. 沃尔特认为，在任何情况下，请愿是丢脸的事；可是这次他愿一同前往。他选区的群众有些赞成暴力，有些则赞成道义力量。卡费说，伦敦的中产阶级反对他们，但是工人阶级则很积极。在威斯敏斯特区内，每晚增加三四十人。联盟会会员愿同宪章运动者合作，下星期一将在他们自己的旗帜下列队前进。各行业也将出动。他愿贯彻他所说的一切。H. 蔡尔德说，他的选区的群众已下定决心，要获得他们的权利，如果可能的话，采取和平手段，倘有必要，则使用强制办法；但在他们的请求没有被批准或未被驳回以前，群众将保持和平。雷诺兹声称政府派来两名记者采访大会进行情况，这项声明博得了热烈的掌声。波特里选区的群众倾向于和平，但希望采取有力的措施来实现宪章。亨特医生说，爱丁堡不像他所期望的那么民主。他没有接到选民们的指示。他认为只有凭道义力量才能使宪章成为法律；因为当人民说“我们决心要宪章”时，它就一定会成为法律。格伦尼斯特不能和别人一样，说他选区的群众愿做这样那样的事，但他们需要鼓 307
动工作，并将长期地、坚定地努力争取他们的权利。威廉·坦纳接到的指示是，留在这里，等请愿书呈递后再回去。马斯登已带来六万五千人的签名。他确信，如果没有什么行动的话，兰开夏郡北部很难保持安静。他们准备为采取行动再等待一段时间，但改革必

须实行。狄克逊的选区群众的情绪并不见得比马斯登所述的情况为佳。请愿书倘被驳回，他们主张全国各地在同一天的同一时间举行群众集会，不到宪章成为法律时绝不罢休。麦卡锡的选区群众决心要获得他们的自由权，他们已成立了射击俱乐部。如果有人在爱尔兰开了一枪，则伦敦的四万名爱尔兰人就准备为他们的同胞报仇雪恨。墨菲的选区群众下定决心去实现宪章，可能的话，凭道义力量，但不论采取任何途径，一定要使它实现。哈尼曾收到他选区的来信，大致说代表大会应继续开会，直到宪章成为法律时止。原定在下星期一召开群众集会，但市长不准借用市政厅，并说他曾收到乔治·格雷爵士的来信，指出诺丁汉正在制造并分发大量长枪。奥布赖恩并不认为伦敦人民一般都拥护他们，同时也不认为他们现在准备采取极端措施。只要他认为法律还会替他们主持公道的话，他不会触犯法律；但他一旦发觉法律不替他们主持公道，而人民的力量比法律更为强大时，他对法律就将嗤之以鼻。

凡此种种就是代表们提出的报告，由此立即可以看出，全国正在巨大的苦难下饱受折磨；这种苦难引起了大量的不满，加上欧洲大陆上的骚动，造成了十分险恶的形势。但是胜利完成革命的必要条件不仅限于这些。它们可能起辅助作用，但还需要另外一个条件来做它的基础。它需要一种在深思熟虑中形成的具体的、理智的公众信心——对人民的政治和社会权利的真理、正义、价值和必要性所具有的信心。多少年来的鼓动工作还没有把这种理智的信心建立起来。基德提出一项十分重要的动议，提议发表一项宣
308 言，揭露全国人民的生活情况。惠勒、怀尔德、艾什顿、卡费、麦卡锡、史蒂文斯和科克伦先生反对这项动议：有人认为时机过早，有

人认为无此必要。然而，它却得到卡明、韦斯特、富塞尔、欧内斯特·琼斯、克拉克、格伦尼斯特、希钦斯和皮特里的支持，终于获得一致通过；基德、韦斯特、亚当斯、怀尔德、格雷尼姆、马斯登和利奇被推选负责起草宣言。这一文件为起草人博得了无上荣誉；它列举大量资料，甚至受到一部分素来反对宪章的报刊的赞扬。克拉克宣读执行委员会的行动纲领。其中一款是召开国民议会，以便向女王呈递全国陈情表。雷诺兹动议修正：

“请愿书倘被驳回，代表大会应即宣布它将永不闭会，并将宣布宪章为我国法律。”

雷诺兹原来指望，在奥康纳昨天发表演说以后，他们不再会采取权宜之计了，但他们的纲领仍然是一种权宜应付的策略。卡费反对进一步的请愿或陈情，同时也反对一个仅仅代表一小部分人民的团体自称为永久性的组织。他说，他仅是伦敦两百万居民中的两千人选出来的。他动议，代表大会的职责应以呈递请愿书为限，除此以外，应另行召开国民议会。到那时，无论发生什么情况，它应宣布它的会议永久存在，并且不论前途是祸是福，应当持续下去。洛厄里附议修正案，因为他选区的群众对过激的最后措施还不表示赞同。塔特索尔动议，全国同时举行的群众集会应定在4月12日召开，这种集会应决定代表大会今后将采取什么步骤。林尼附议修正案。欧内斯特·琼斯动议请愿书万一遭到驳回，应立即召开全国同时举行的群众集会，通过陈情表，并选出新的代表大会的代表；目前的代表大会应继续会议，直至新的代表大会举行时止。詹姆斯·沃森支持欧内斯特·琼斯的修正案。他确实知道他们选区的群众不会容许他们采取急躁的步骤，而琼斯的修正案一

方面固然坚定公正，同时却又避免了急躁的行动。接着大会对各项动议进行长时间的讨论，但执行委员会终于采纳琼斯的修正案；
309 其他修正案经撤回以后，下列纲领即予以通过：

"第一，全国请愿书倘若遭到下院的驳回，本大会应即准备向女王陛下呈递全国陈情表，吁请解散目前的议会，只选拔那些愿把人民宪章作为内阁方案的大臣们参与阁议。

"第二，本大会同意召开国民议会，由公众集会推选出来的代表组成，以便向女王呈递全国陈情表，并准备永远继续会议，直到宪章成为国家法律时止。

"第三，为了通过全国陈情表与选举国民议会代表，本大会号召全国各地在 4 月 21 日星期五（耶稣受难日）同时举行群众集会。

"第四，国民议会定于 4 月 24 日在伦敦开会。

"第五，本大会将继续会议，直到国民议会开幕时为止。"

当上述决议通过时，代表们和听众们全体起立，发出热烈的欢呼。

代表大会并不局限于本身的会议。部分代表时常参加首都的公众集会。4 日，星期二，民主主义联谊会在法林顿会堂举行集会，参加者非常踊跃。欧内斯特·琼斯担任主席。哈尼、韦斯特、基德、亚当斯、卡明先生等在会上发表演讲。集会通过的决议中有一项是，请愿书倘若遭到驳回，则要求代表大会宣布本身的会议是永久性的。除此以外，在肯宁顿公地和约翰街也举行了集会。在前一集会上，由富塞尔和欧内斯特·琼斯先生发表讲话；在后一集会上则由利物浦的琼斯、克拉克、塔特索尔、利奇、博尔韦尔、林尼、多诺万、欧内斯特·琼斯和弗农发表讲话。集会上所表现的气氛非常热烈。一大批群众无法进入约翰街的会场。还有一次集会是在圣潘克拉斯教堂会议室内举行的，目的是为了营救弗罗斯特、威廉斯和琼斯。亨利·赫瑟林顿担任主席。纽卡斯尔的沃森在一篇强有力的演说中提出一项拥护宪章的决议，怀尔德予以附议。沃尔特、阿诺特、基德、韦斯特、格伦尼斯特、琼斯、富塞尔先生等发表演说，各项决议均经一致通过。代表大会决定在肯宁顿公地举行群众集会，然后从那里出发，列队护送请愿书前往下院；但政府发出公告，宣布这种队伍为非法，警告群众勿往参加。当乔治·格雷爵士宣布政府的决定时，这个问题在下院引起了辩论。奥康纳对 310
它大加谴责，但乔治爵士坚持自己的意见，在十分响亮的欢呼声中，他宣布他的意愿是请求准予提出一项法案，以保证王室和政府获得更大的安全。代表大会发表宣言，声明他们的和平意图，却是丝毫不起作用。准备工作在陆续进行中，数以千计的特警应征服役。现在奥康纳要应付十分困难的局面。在同一期的《北极星报》上刊出了他的两封信。在一封信中，他谴责那些口头爱国派谈论什么武装参加示威运动，并把引起政府发表公告的责任归咎于他们。他述及新募军警的粗犷无知，告诫群众对他们严加提防；提出他所收到邓库姆关于同一问题的来信，以资印证。在另一封信中，他说：

“如果我曾拿你们的信任去做交易，把你们诚实的信心当作买卖的商品，那么，我就可能会对你们大声疾呼——等待，等待，等待！但是你们的贫穷、匮乏和艰苦与我本人的同情心和人道主义以及我对真理和正义的热爱，绝不会让我的嘴说出欺人的话；因此，我得向你们说明，我心灵深处怀着一个信念，幸运的时刻已经

到来，我们的长期苦难和牺牲将会博得胜利的荣誉。”

星期五，游行队伍问题又由德拉蒙德在下院提了出来。奥康纳宣布他打算参加游行。好几个议员发表意见，有些议员谴责政府的干涉，另一些人则加以赞扬，力劝奥康纳勿往参加，而应尽力制止游行。乔治·格雷爵士动议准予提出他的关于王室和政府安全的法案，这项法案规定凡是公开地、故意地发表危害治安的言论应在整个联合王国境内构成一项重罪，应受流放国外的处分。它遭到奥康纳、乔治·汤普森、休姆、芒茨、布赖特等人的强烈反对。但法案一读时，获得通过，又经过嗣后的各个阶段，它终于在12日星期三在下院，13日在贵族院先后获得通过。下院表决的比数是，赞成者二百九十五票，反对者四十票。在贵族院，它获得一致通过。约翰·米切尔立即把《爱尔兰人联合报》改名为《重罪人》，所写的文章和以前同样激烈。政府并不以通过重罪法便告罢休，

311 而且还继续进行一项外侨法，它当然也和前一法律一样，在两院获得了通过，成为法律。乔治·格雷爵士在下院受到质询，议员问他肯宁顿公地的群众集会和前往下院的游行队伍是否都是非法行动？乔治爵士答复说，这要看群众集会的性质而定。政府公告一宣布，这个问题就在代表大会上被提出讨论。T. M. 惠勒动议：

“虽然政府发表荒谬的公告，而警察局又发出通知，本大会仍将发表宣言，声明它决定在下星期一举行群众集会。”

这项动议没有提到列队游行前往下院一节；但在嗣后的辩论中，卡费、韦斯特、蔡尔德、亚当斯、史蒂文森、科克伦、萧、博尔韦尔、沃森、威尔金森、奥康纳、基德、E. 琼斯、麦卡锡、弗朗西斯、雷诺兹、克拉克、艾什顿、莱特奥勒、怀尔德、狄克逊、富塞尔、多诺万、

哈尼、舍伦、巴克贝、沃尔特、卡明和塔特索尔先生都纷纷发言，一致表示决心，不论集会或游行，他们都要参加，惠勒的动议终被通过。哈尼宣读了《泰晤士报》刊登的一篇文章，大致说宪章运动者企图武装参加集会和游行。大会决定派遣一个代表团前往拜访乔治·格雷爵士，向他说明并无这种意图。为此，推定了威尔金森、雷诺兹和克拉克先生，于是三人就前往内政部。他们没有见到格雷爵士，但会见了副大臣丹尼斯·勒·马钱特爵士以及检察长。前者对他们说，他认为不论他们说些什么，也不会改变政府的决心。他们在离开以前写了一张字条，留交格雷爵士，大意说他们决意和平地列队前往下院。韦斯特提议派遣代表团分别拜访政府阁员，向他们申述国内情况；于是就委派代表团去完成这项使命。经欧内斯特·琼斯的动议，大会决定要求全国各地在 4 月 10 日举行公众集会，以保证对代表大会的支持；各该集会应将开会结果汇报代表大会主席，并应在 12 日重行开会，以便听取代表大会有关全国请愿书呈递事宜的报告。哈尼向代表大会报告，伦敦有一个人已接到制造三万支棍棒的一笔定货；这项声明引起了一片斥责声。
经哈尼的动议，任命了一个委员会，负责提出有关选区和新的代表 312
大会代表人选的报告，以便万一目前的代表大会成员在伦敦的街道上遭到杀戮，或被一网打尽投入新门监狱时，仍然有人接踵而起。星期六，奥康纳出席了代表大会；在他就王室和政府安全法案发言以后，大会决定派遣代表团分别拜访自由党议员，呼吁他们反对这项法案，阻挠它获得通过。这些尝试都无效果；因为，如前所述，该法案不久就成为法律。然而，应当说明，反对派终于使它的有效期限只是两年。哈尼建议，代表大会的成员应自行选定后继

人，以备星期二他们万一被迫不能出席时顶替。欧内斯特·琼斯附议。沃森、惠勒、雷诺兹、韦斯特、基德先生等予以支持。克拉克提出修正案，主张在发生这种意外时，应由全国同时举行的群众集会推选下届代表大会。原动议获得十四票，修正案二十八票。

9日，星期日，布朗蒂尔·奥布赖恩在兰贝思的宪章会堂，向本区选民提请辞去宪章代表大会代表的职务。所提理由是，全国各郡的代表由于各该选区内群众的疾苦，看来有可能采取比较急躁的行动，将越出慎重行事所容许的限度；有鉴于此，他不再能和他们共事一堂了。最近三天，他没有参加他们的会议。他认为他们的一切措施最好能取得一致意见，他既不能和他们持同一看法，因此，决定不在他们中间制造争端。他相信他们的动机是很纯正的；但他们的信念和他不同，而且从一开始情况便是如此。奥布赖恩受到了强烈的批评，最后被迫坐下。事先曾有人劝他不要出席这次集会，但据他说，他决心要恪守他一向公开承认、并自认始终信守不渝的那些原则。

永远难忘的4月10日来临了，政府做了大量的准备工作。除了原驻首都的正规军以外，还从温泽、亨斯洛、奇切斯特、查塔姆、温切斯特和多佛源源不绝地调来武装部队。驻在希尔内斯、查塔姆、伯肯黑德、斯皮特黑德和其他政府城镇的皇家海军陆战队和水
313 兵以及海军船坞工人都奉令武装戒备。泰晤士河的水上警察严密监视着商船，以防它们对宪章运动者表示同情。从伍尔维奇兵工厂调来重炮，安置在各个地点。海军陆战队在海军部布防。许多士兵经秘密分布各处，以防万一。骑警装备着马刀和手枪。所有公共建筑物都处于防御状态。两千套武器装备已分发给邮政总

局，以供该局员工使用，他们都已应征为特警了；其他公共场所的员工也有同样充分的装备。所有轮船奉命准备应付紧急情况，以便运输军队。伦敦塔上的大炮经过检查，城垛用一道防寨予以加强，军队整装待命，随时出动。船坞工人也都应征为特警。城内各监狱由军队防守，各礼拜堂改为兵营。公共车辆大部分从街道上撤走。城内七万人应征为特警，由军官们指挥。王室车马和其他贵重物品都已撤离王宫。武装兵力达九千人。传闻游行队伍将从肯宁顿公地出发，通过黑衣僧桥，前往下院，于是在这个地区大事戒备。宪章运动者携带着乐器和旗帜，在斯特普尼草地、芬斯伯里广场和拉塞尔广场集合，列队走上街道，前往肯宁顿公地，在那里有六千名警察和八千名特警守候着。上午 11 时前，特拉法加广场上已布满警察。在萨里这边，通往威斯敏斯特桥的各个通道由强大的警察部队防卫，桥上到处张贴着公告，宣布任何队伍不准护送请愿书前往下院。附近所有宽敞的地方都布满军队、警察或特警。炮队也出场了。各团体继续来到公地，携带着乐器和旗帜，旗上具有各式各样的题词，例如“自由、平等、博爱”、“爱尔兰人的爱尔兰”。代表大会在 9 时召开，雷诺兹担任主席。代表们经过点名。当点到布朗蒂尔·奥布赖恩的名字时，麦卡锡说，据他所知，奥布赖恩已经辞职，他很想知道他最后一次出席是哪一天。多伊尔说，他们尚未收到他辞职的正式通知，从政府发布公告的前一天起，他已不再出席了。多伊尔又声明，他曾收到警察局长的来信，答复他 314
本人关于改变游行路线的去信。这位局长声称，计划中的游行在任何条件下不准实行。奥康纳发表了一篇警告性的演说；他替政府开脱它对事前布置应负的责任，而把责任归咎于倡议武装示威

的人们。他说，他准备“以勇敢的名义，以公道的名义，以上帝的名义，要求大会不要举行游行，以免使他们的伟大事业落入小偷流氓之手，给政府以袭击他们的借口”。然后他又说，政府准备从某些窗口枪击宪章运动的领袖。这是市参议员汉弗莱在下院，以及警察局和其他人士对他说的。上午10时，代表们从代表大会的会议室出发。游行队伍由一辆马车前导，车上装饰着各种旗帜，由四匹马拉着。这辆马车载着全国请愿书。后面是一辆六马马车，载着代表们。坐在前排的是费格斯·奥康纳、多伊尔、麦格拉斯、琼斯、惠勒和哈尼。这辆马车也像前面那辆一样装饰得丰富多彩。代表们出发以后，大批群众跟随在他们后面，加入队伍，每排八人。游行队伍到达全国土地公司门口停止前进，取出请愿书。完事以后，队伍继续前进，经过霍尔本、法林登街和新桥街，到达黑衣僧桥。轮船码头上正好有两三百名雇佣兵，一经发觉，就受到游行队伍的热烈欢呼。在桥的那一端驻守着几乎同等数目的警察，再远一些，还有五十名执着短剑的骑警。沿途直到黑衣僧桥，多数店铺照常营业，但一过桥，则大部分是关着的。游行队伍终于到达公地，那里的几支队伍携带着乐器和旗帜组成了一个稠密的人群，估计人数在十五万至十七万之间，代表们的马车来到公地时，他们发出了沸腾的欢呼。

这辆马车一到目的地，奥康纳就被叫到鹿角酒馆去，警察局长梅恩先生正在等着他。消息立即传开，说奥康纳已被逮捕，但这毕竟是无稽的谣传。梅恩告诉他，政府并不干涉群众集会，但不准列队游行。政府自有制止游行的办法，并将运用这种办法，倘若发生
315 这种情况，一切后果应由奥康纳负责。奥康纳答应取消游行。他

回到车上后，受到群众热烈欢呼和挥帽示敬，这种情况持续了相当长的时间。奥康纳必须解决一个难题。他已使群众相信他将率领游行队伍到下院去，但另一方面他又曾向警察局保证要取消游行；因此，他必须审慎行事。“孩子们，”他开始说，“有人向你们不厌其烦地说，今天我不会同你们在一起：好啦，我不是来了吗！”群众发出一阵沸腾的欢呼。他告诉他们，他曾收到一百封信，劝他不要来参加，因为他的性命将被牺牲；但他回答说，“我宁愿被人一枪刺穿心脏，也不愿放弃我在我的孩子们中间固有的地位。”这时候，会场上发出一阵“好啊，好啊！”的呐喊声。“是啊，”他继续说，“你们是我的孩子。这几匹马是你们的，不是我的。这辆车也是你们的，并且是用你们的木材造的。我只是你们的家长和监护人，只是你们正直的家长和无报酬的监护人罢了！”这些话又博得了一阵欢腾的呐喊。现在他开始央求他们不要做蠢事来危害他们的事业。他愿意跪下向他们苦苦哀求，不要这样做。他指着请愿书说，这里包含着五百七十万同胞的呼声，所有这些同胞们都指望着他们这一天安分守己。他提到他在土地计划中为他们所准备的大量福利，并且说，他绝不会让任何一个孩子享受不到这种幸福。他告诉他们，医生曾禁止他到他们中间来；他已经失眠六个夜晚了，胸口烧得像一团炭火似的。然后，他对他们说，请愿书将由执行委员会护送，力劝他们不必再护送了。他号召凡有决心像审慎明智的人们那样行动并愿在短期内看到宪章成为我国法律的人们举起手来；当时举起的手多得就像一片茂密的森林似的。他说，“我对天宣誓，我一定为你们争得你们的权利，否则就死在下院的地板上。我爱你们甚于自己的生命。上星期，我已表示要把《北极星报》的利润捐

献给代表大会，以便贯彻这个运动。”他用诙谐的口吻，提到关于饲养那些运载请愿书的土地公司马匹的问题，引起了哄堂大笑，他说，他坚信它们有辨别力和智慧，以及它们及早解决争端的决心；他声称，现在他既已确知他们将审慎行事，他就可以安下心来，胸口的痛苦也消失了。“如果你们要把我弄死，”他继续说，“我的性
316 命全听你们发落；但对别人，我是绝不肯不经过斗争就屈服的。不过，还有一点，我希望你们记住——我想就在目前这个时刻，你们还不能完全不需要我。我将稳健地、和平地、坚定地和你们一致行动，今晚我将呈递你们的请愿书。星期五，下院将就请愿书展开辩论，如果群众没有因为过激的和愚蠢的行动而自我毁弃的话，任何事物也无法阻挠我们获得胜利。”他号召凡认为代表大会防止群众流血是一项明智措施的人们举起手来；举起的手再一次像森林那么茂密。他一再地祝贺他们的通情达理，反复地提到关于列队游行的告诫；最后说，“即使把我仰天绑在刑台上，我也会对恐怖行动鄙夷地一笑置之——保持现有胜利并继续去赢得胜利，直到人民宪章光荣地成为我国的法律”，讲到这里，广大群众发出热烈的欢呼。

继奥康纳之后发言的是欧内斯特·琼斯。他说，在请愿书到达下院前，它将有六百万人的签名，他重述奥康纳刚才所作的劝告。然而，他号召他们继续努力，请愿书倘被驳回，则到女王的宝座前恭顺地呈述他们的恳求。克拉克动议通过对议会的请愿，反对各项高压法案，基德附议，雷诺兹表示赞同。当奥康纳提议这项请愿时，会场上响起了一片“不必再请愿了”的喊声；但请愿的决议仍获得通过。在奥康纳对大会的主要会场讲话的同时，麦格拉斯、

怀尔德、埃德蒙·琼斯、戴利、雷诺兹、韦斯特和哈尼先生在公地的其他地段向大批群众发表讲话。大会结束后，请愿书就放在三辆马车上，由宪章协会的执行委员们护送，前往下院。各处桥梁都有警察防守，散会后一个多小时以内，禁止人们通行。有些人强要通过，警察则用棍棒制止，往往不太和气。然而，群众并没有冒险同警察冲突，从原先存在的激愤情绪看来，这一天竟平安无事地度过，却是出乎意外的。

同一天，奥康纳把请愿书送交下院，据他说，签名者有五百七十万人。此外，他又送去用意相同的一份，签名者有三万人。他动议，第一份请愿书由秘书宣读，当庭照办。据莫佩思勋爵说，乔
治·格雷爵士因有公务，不能出席；但他可以代格雷爵士声明，不 317
论他对请愿书的呼吁作何感想，他绝不至于对任何一份经多数同胞签名的请愿书不予尊重。这份请愿书从下院运走后，布赖特呈上一份曼彻斯特代表们的请愿书，代表六千群众，要求实现人民宪章的六点，废止有关限定继承权和长子继承权的法律，限制劳动时间，成立地方调整工资评议会。勒欣顿声明说，他将在下星期五质询政府，是否愿在本届会议期间提出任何有关议会改革的方案。

11 日，星期二，全国代表大会重行开会。琼斯动议，推选一个委员会，将头一天的情况写成报告，散发到首都和全国各地。卡费鉴于经费不足，表示反对，但它最后获得了通过。克拉克动议，推选一个三人委员会，撰写一份致下院的请愿书，对政府提出弹劾。伦迪认为这不会产生实际效果，因此提出建议，主张实行前一办法，卡费附议。在经过几乎每个成员都参与的详细讨论以后，这项动议即被通过，大家差不多取得了一致的意见。奥康纳曾提出把

《北极星报》的利润贡献给代表大会，他的建议虽然遭到反对和拒绝，但又通过一项决议，即奥康纳对代表大会的开支倘若愿意捐赠，不予拒绝。奥康纳发表演说，告诉代表们说，他估计在肯宁顿公地聚集的人数约在四五十万之间。哈尼动议，任命一个委员会，由它选派代表到各地区去进行访问，使群众做好准备，以便在星期五（耶稣受难日）举行群众集会，选出国民议会。动议以一票反对获得了通过，委员会当庭推定。经利奇的动议，代表大会以绝大多数的票数，反对把中产阶级作为一个整体进行攻击的任何决议。根据基德的动议，通过了一项决议，谴责兰斯多恩侯爵在贵族院中所提出的外侨法。舍伦提出一项动议，要求代表大会号召各行各业接受宪章，当即通过。

在上述三项动议通过的同一天，下院出现了一个与全国请愿
318 书问题有关的重要场面。索恩利代表有关公众请愿书委员会提出报告。据他说，在十三名诉讼用品店员工的协助下，奥康纳听说的那份由五百七十万人签名的请愿书经过审查，发现仅有一百九十七万五千四百九十六人的签名，其中有些签名是“维多利亚女王”、“韦林顿公爵”、“罗伯特·皮尔爵士”、“西布索普上校”等等。此外，还有许多是捏造的假名，例如“狮子鼻”、“长鼻子”、“扁鼻子”、“驼背翁”、“矮胖子”“拇指顶着鼻尖摇四指”等其他不堪入耳的名字，他不愿重述，以免损害下院的尊严。奥康纳不信十三名员工能在这一段时间内点清一百九十万人的签名，动议成立一个委员会进行调查。他把这些捏造的假名归咎于政府间谍。他认为他以前听说的签名人数是正确的。他自信不难征得一千五百万、即比该数多两三倍的人的签名。索恩利说，公众请愿书委员会不是专为

审查这份请愿书而设立的，它在本届议会初期早已任命，任务是审查送交下院的一切请愿书。奥康纳曾说过，请愿书分作四大捆，最大的一捆要他和另外四个人才举得起来。那天早晨，请愿书曾经称过，共计重六百四十四磅。他相信，委员会信誉卓著，不再需要作进一步的说明。约翰·拉塞尔勋爵对报告表示满意。阿伦德尔和萨里伯爵、莫里斯·奥康内尔和 R. H. 英格利斯爵士发言以后，上述委员会的一个成员克里普斯起立，证实索恩利的声明，并说，一万个签名中八千二百个是妇女。他对奥康纳进行了严厉的批评，奥康纳答复说，他绝不能为请愿书上每个签名负责。他既没有以假乱真，蒙蔽下院，也不责怪委员会存心欺骗。说完以后，他就离席而去。西布索普上校否认曾在请愿书上签名。其他几个议员发言以后，约翰·拉塞尔勋爵动议把奥康纳拘押起来，议长从克里普斯方面取得保证，他不会离开下院。奥康纳先曾委托欧内斯特·琼斯向克里普斯提出挑战。不久他就遭到逮捕，被带到下院，
在他和克里普斯之间经过一番解释和道歉以后，这件事即作罢论。319
奥康纳后来声明，在这件事发生以后，他暂时不再坚持他所预告的动议了。

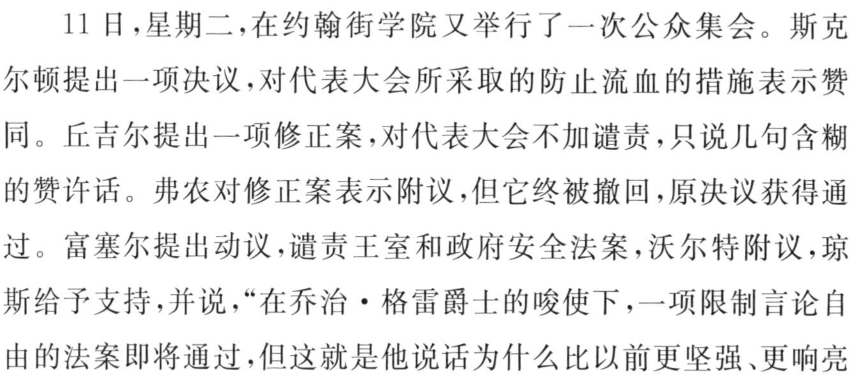

11 日，星期二，在约翰街学院又举行了一次公众集会。斯克尔顿提出一项决议，对代表大会所采取的防止流血的措施表示赞同。丘吉尔提出一项修正案，对代表大会不加谴责，只说几句含糊的赞许话。弗农对修正案表示附议，但它终被撤回，原决议获得通过。富塞尔提出动议，谴责王室和政府安全法案，沃尔特附议，琼斯给予支持，并说，“在乔治·格雷爵士的唆使下，一项限制言论自由的法案即将通过，但这就是他说话为什么比以前更坚强、更响亮

的原因。”这项声明引起了大声的欢呼。决议一经通过，聚集开会的广大群众各自散去。在14日星期五的代表大会上，奥康纳声称他暂时不想在下院提出宪章，建议进行更多次数的请愿。随即通过一项决议，对奥康纳的建议表示赞同，并对他表示感谢和同情。基德动议，每一代表应提出有关本区签名人数的报告。哈尼相信，他那一区的签名都是亲笔，但他建议诺丁汉的群众应自行组织国民警卫队，作为给予否认他们签名人数的那些人最有说服力的答复；在实现这点以前，他绝对不愿冒生命的危险。欧内斯特·琼斯认为签名人数只会估低，而不会相反。现在办公室内还搁着二十万人的签名，并已接到通知，哈利法克斯尚有四万七千人的签名，始终没有到达。亚当斯动议，代表大会应为请愿书设法征得比传说中更大数目的亲笔签名，假如政府愿意考虑把这一步骤作为对请愿书进行善意考虑的论据的话。代表大会对上述问题进行表决时，动议和修正案都被取消。欧内斯特·琼斯动议印发宣传小册子，不是为了说明宪章的内容，因为既然他们指望在短期间内可以实现宪章，这样做已经太晚了；而是为了说明它所能给予人们的好处。动议获得通过，当场就有几个局外人捐助两镑十八先令六便士，以便实施这项计划。随后，经琼斯的动议，大会同意向女王呈
320 递陈情表，并决议推派琼斯到苏格兰去，为召开国民议会铺平道路。史蒂文森动议，指责报刊进行不公正和片面性的报道。部分代表表示异议，认为唯一补救办法只有人民自办刊物；但这项动议终以极大多数获得通过。在讨论过程中，卡费说，他们应请报刊发行人和印刷商在法庭相见，正像下院所做的那样。这番议论引得哄堂大笑，当卡费在会上宣读据说是西布索普上校邀请他下星期

三赴宴的来信时，笑声又起。向女王呈递陈情表的问题一经提出，随即决定把它提交全国同时举行的群众集会，由各该集会的主席代表签署。

群众集会在全国各地继续举行。在阿伯丁，六千人通过决议，赞成组织国民警卫队。13 日，星期四，在亚当广场的大会堂内举行了一次十分拥挤的群众集会，对代表大会一致表示信任，下星期一晚上又举行一次露天集会。本来是想举行游行示威的，但由于地方当局的要求，集会终于打消原意。19 日，在格拉斯哥的市政厅举行了一次群众集会，参加者十分踊跃，它通过与爱丁堡类似的决议，并作出决议，采取一切合法措施来支持代表大会。在格里诺克和敦提，同样也举行了盛大的群众集会，通过类似的决议。17 日，琼斯来到阿伯丁，当地举行了一次有一万人参加的露天群众集会，通过各项决议，反对下院和内阁，同时赞成组织国民警卫队。麦克弗森担任主席，亨利、麦克唐纳、赖特、斯马特、林赛、芬德利和琼斯先生在会上发表演讲。9 时，群众散去，其中一部分人折往联盟会堂，把那里挤得水泄不通。亨利、赖特、斯马特和琼斯再一次在会上发表讲话，最后散会时，对奥康纳和代表大会发出欢呼。在埃尔和苏格兰许多较小城镇也举行了类似的群众集会，通过决议。在曼彻斯特，店铺老板、特别警察、行业代表和一般宪章运动者分别举行集会，支持人民宪章。星期日，在曼彻斯特的史密斯菲尔德举行群众集会，据说参加者达十万人，保证在任何紧急时刻支持代表大会。纽卡斯尔、北希尔兹、赫尔、伯里、利物浦、怀特黑文、拉夫巴勒、比尔斯顿、伍斯特、蒂弗顿、布里斯托尔、海伍德、阿什菲尔德
的萨顿等城镇也举行了盛大活跃的群众集会。在比尔斯顿，邮车 321

由骑警护送。群众集会和示威游行几乎每天都有,群众显示出高度的热情。在米切尔主办的报纸上,有关巷战的文章愈来愈起劲地继续刊登,流露出对政府挑衅的口吻。在都柏林,取消联合派在修道院街的音乐厅举行一次群众集会,参加者十分踊跃,由主席斯特里奇以及弗雷泽、奥多诺霍、巴里、史密斯·奥布赖恩、马尔、邓恩、米切尔、麦吉和多亨尼等人发表演讲。会场上悬挂着爱尔兰的三色旗,在它上方吊着一柄寒光四射的巨型利刃。集会表现出十分坚强的决心。奥康纳应邀在复活节后的星期一参加都柏林拥护宪章的集会。

17 日,星期一,代表大会复会。克拉克又提出请愿书问题,说明从利兹收到的请愿书上有五万四千人的签名,从曼彻斯特收到的有十七万人签名。他深信请愿书上的签名人数必定大有出入,因此,他们应当不齿于承认错误。于是,便任命一个委员会,对这个问题进行调查。哈尼宣读一份诺丁汉的报纸,据称那里的宪章运动者已自行组成一个生命财产武装保卫会。星期三,克拉克代表上述委员会,对请愿书上签名人数的调查情况提出报告。据他说,究竟下院的委员会所说的数字正确,还是负责起草请愿书的人所提供的数字正确,殊难断言,因此,他们无法提出任何报告。经克拉克的动议,国民议会的会期推迟到 5 月 1 日。在讨论过程中,雷诺兹以激烈的论调提到乔治·格雷爵士的法案,声称,群众倘若给予支持,他一定反抗这样一种法律,即便他可能终生被流放国外,亦所不惜。哈尼动议,致女王的陈情表与其由各地群众集会的主席代表签署,不如由所有十八岁以上的男子签名。动议在进行表决时,七票赞成,七票反对,主席投了决定性的一票,表示反对。

会上宣读了欧内斯特·琼斯的来信，信中说在阿伯丁，已组成一支拥有六千人的国民警卫队，几乎每晚举行示威游行；格拉斯哥和爱丁堡正在准备采取同样做法。

4月22日的《北极星报》上刊登了奥康纳的一封通信，信中对 322
即将召开的国民议会给予打击，称它为非法组织。他还斥责代表大会部分成员的行为愚蠢轻率，使他由于他们的行动而在下院中受尽非难侮辱，同时又为他们的开支付出了一百五十镑。他嘲笑某些人准备“卷起袖子大干”，所指的显然是朱利安·哈尼，因为这就是几年前他用过的字眼。他引证他所收到的一封来信，信是一个速记员寄来的，本人要求他的姓名不要公开，信中说，有人要求各报把10日举行的群众集会的人数定为一万五千，这就是各报登载相同数字的由来。这封信是否是捏造的呢？奥康纳从他自己的报上知道，《晨邮》断定的人数在八万至十万之间，而《太阳日报》则定为十七万。奥康纳在同一封信中说，4月8日，有一名爱尔兰便衣警察对他跟踪，并且对他说，如果他参加10日的群众集会，他就会被枪杀。

在下一星期内，群众集会盛极一时。伦敦各行业在国民会堂举行一次十分拥挤的群众集会，集会通过了拥护人民宪章和主张取消联合的决议。奥康纳到曼彻斯特访问，在科学会堂举行的一次群众集会上，他和其他几个人发表讲话，与会者十分踊跃。复活节后一日，他去诺丁汉访问他的选区的群众，在那里，一支庞大的游行队伍已经组成；奥康纳与斯威特、莫特和罗伯茨同坐在一辆四匹马拉的凯旋车上，驭者穿戴着绿丝绒短上装和帽子。他们从火车站出发，通过各街道，向集市广场行进，聚集在那里的群众估计在二万至二万五千人之间。斯威特担任主席。经罗伯茨动议和G.哈里森附议，通过了对费格斯·奥康纳表示信任的决议，于是奥康纳便向这个盛大的集会发表了相当长的讲话。晚上，七百人在交易所内举行茶会。罗伯茨宣读一篇致奥康纳的祝词，哈里森补充了几句；接着奥康纳又在会上发表讲话。在集市广场的集会上，麦克道尔医生和撒迪厄斯·奥马利牧师被选为出席国民议会的代表。在利物浦举行的一次盛大的露天群众集会上，托马斯和埃德蒙·琼斯先生被选为出席上述团体的代表。在格拉斯哥的格林草地上，举行了一次号称有十万人参加的盛大集会，由多伊尔主
323 持。保罗、邓肯、弗雷泽、默里、戴维斯、克拉夫、哈利和罗斯、代表大会的亚当斯先生向聚集的几千名群众发表讲话。会上通过决议，反对限制言论自由的法案。在前一次集会上，亚当斯、哈利和都柏林的默里先生被选为出席国民议会的代表。在敦提的贝尔街会堂举行了一次群众集会，由R.基德主持，参加者十分踊跃。在J.麦克雷提出一项决议后，欧内斯特·琼斯发表了一篇激动人心的演说，问与会的群众是否有决心来支持国民议会采取任何措施来赢得他们的权利。会场上发出了一片表示有决心的响亮回答。欧内斯特·琼斯访问爱丁堡，在那里，一次人山人海的集会在滑铁卢堂举行，由《星期天快讯》的J.格兰特主持。格拉斯哥的代表亚当斯的发言相当详尽，接着是琼斯发言，他的辩才使听众十分激动。在亨特医生发表了讲话，而群众对费格斯·奥康纳欢呼以后，大家各自散去。琼斯和亚当斯到格里诺克去访问。虽然地方当局严加禁止，宪章运动者仍然组成游行队伍去迎接上述两位代表，他们由伯勒尔和纳尔逊陪伴着从该城东端的格拉斯哥港来到这里。

队伍约有七百人。他们在德林本广场停下来;坎贝尔被选为主席,琼斯和亚当斯发表了讲话。在这以后,部分群众又列队游行,同警察发生冲突,遭到了严重的打击。

耶稣受难日星期五,在西赖丁举行了一次群众集会,地点在哈利法克斯的斯克尔科特猎场。地方当局戒备森严。特警、义勇骑兵、雇佣兵和正规军都整装待命。游行队伍携带着乐器和旗帜从布雷德福、哈德斯菲尔德等地大批涌来。广大群众汇集到猎场来。老资格的民主主义者 B.拉斯顿主持会议。利兹的哈里斯、代表大会的莱特奥勒、哈利法克斯的沙克尔顿、基思利的埃莫特、代表大会的萧、哈利法克斯的克利塞特、沃特利的约瑟夫·巴克等人在会上发表讲话。集会照例通过了一些决议。据估计,参加者达八万人。除上述各处的群众集会外,各城镇举行许多次集会,推选出席国民议会的代表。在都柏林的公主剧场举行了一次盛大的群众集会,目的为了在爱尔兰取消联合派和英国激进派之间结成联盟。
理查德·奥戈尔曼主持会议,J.米切尔、帕特里克·奥希金斯和其 324
他许多人发表了讲话,按照大会意旨,通过了各项决议。4 月 24 日又举行一次集会,由米切尔主持,利奇和基德发表了讲话;然后通过决议,拥护宪章原则。在德罗赫达和其他城镇也举行类似性质的集会。

虽然奥康纳去信劝阻,4 月 23 日举行的代表大会会议仍决定于 5 月 1 日召开国民议会。于是在 1848 年 5 月 1 日,这个议会举行了会议,下列各代表呈交证书:塔村的 J.萧,诺威奇的 W.狄克逊,伦敦西部的 W.J.弗农,谢菲尔德的 T.克拉克,斯特利布里奇的 J.克罗斯利,谢菲尔德的 T.布里格斯,伯里的 J.马修斯,塔村

的A.夏普，博尔顿的M.史蒂文森，海德的E.坎迪莱特，诺丁汉的麦克道尔医生和T.奥马利，伦敦南部的J.巴西特，林恩的T.弗茨，北安普敦的J.皮博迪，佩斯利的R.科克伦，敦提的J.麦克雷，格里诺克的J.皮科克，布里斯托尔的S.巴特利特，伦敦南部的T.M.惠勒，巴恩斯利的J.萧，罗奇代尔的H.米切尔，斯温登的J.阿克尔，利兹的W.布鲁克和J.巴克，奥德姆的S.基德，格拉斯哥的J.亚当斯和A.哈利。狄克逊被推为主席，舍伦为秘书。有鉴于出席人数已超出四十九名，当即进行有关国民议会是否合法的讨论。会议对奥康纳提出一些严厉的批评，舍伦表示，如果一个人今天对他们说国民议会是合法的而明天却又说它是不合法的，那么对这样的人所说的话不能信任。最后经欧内斯特·琼斯的动议，作出决议，凡属正式当选的代表应立即准予就座。奥布赖恩上尉代表爱尔兰联盟会前来参加，以示敬意，但并非作为正式出席代表。麦卡锡呈交他的证件；欧内斯特·琼斯虽然竭力主张准他出席，但经决定不予核准，因为他不是在按照正当手续召开的群众集会上选出来的。韦斯特代表斯托克波特出席；哈格里夫斯代表沃林顿；G.艾布斯代表朗顿；R.米尔菲尔德代表基思利；W.英索尔代表达德利；S.本托尔代表麦克尔斯菲尔德；J.霍伊代表索尔福德；H.罗登代表伯明翰；C.B.亨利代表阿伯丁；麦金托什代表泰恩河畔纽卡斯尔；卡弗代表伯明翰本区。星期一晚上，代表们开始提出报告，直到星期三上午才告结束。从这些报告看来，很明显，大多数地区反对使用暴力。北安普敦的代表是根据道义原则选出来的，虽然出席全国代表大会的代表先前曾说过该区选民愿意参加斗
325 争。利兹选出两个道义派代表。伦敦的萧、夏普、E.琼斯、麦克莱

恩、亨利、舍伦、麦金托什和T.琼斯，连同他们所代表的选民，都赞成在必要时使用暴力。麦克雷说，他那一区的选民已成立一支国民警卫队。惠勒说他的选区情况也是如此。E.琼斯说，他所代表的选民愿意遵守保护生命财产的法律，但决心要推翻那些限制自由和正义的法律。他说，一支由一千人组成的国民警卫队已在阿伯丁成立，他们愿意在国民议会宣布自己成为正式议会时给予支持。爱丁堡举行了有三万人参加的群众集会，他们已在开始议论组织国民警卫队问题了。当地的治安官已把全城的安全委托给宪章运动者了。他曾在佩斯利参加一次有三万人参加的群众集会和示威游行，队伍带着一百面旗帜和十二个乐队，沿途鸣枪，以示欢乐。在格拉斯哥市政厅举行的一次集会上，挤满了群众，他们保证不论国民议会作出什么决定都给予支持。基德提出关于他奉派前往爱尔兰考察的报告，表示相信，如果采取适当的措施，爱尔兰人民一定会接受宪章原则。巴恩斯利的皮科克和萧及爱丁堡的兰金指责奥康纳的来信。经琼斯动议，国民议会以绝大多数通过了下列纲领：设法使国民议会能为宪章运动增强力量；健全宪章团体的组织和政策；向女王呈送陈情表；采取最切实际的方法，使宪章成为国家法律。多亨尼代表索尔福德出席，T.琼斯代表利物浦，丘吉尔和麦卡锡代表芬斯伯里。于是会议费了很长时间，研究国民议会应当怎样进行工作。一般地说，代表们好像没有固定的方针。关于道义力量和暴力的问题经提出讨论，麦克道尔严厉谴责有人宣传关于群众愿意使用暴力的见解。代表们最后通过坎迪勒特的动议，认为有关道义力量和暴力的问题的一切讨论都是非常失策的，应即照此意见草拟宣言，宣告全国。会上宣读了巴恩斯利和利

物浦的来信——一封拥护奥康纳，另一封则表示反对。随即进行讨论，在讨论过程中，《北极星报》因记载失实，受到指责。没有一个代表为该报辩护。必须在此说明，欧内斯特·琼斯已不再在《北极星报》任职了。他和哈尼都曾接到奥康纳的通知，要是他们出席国民议会，就不能再在《北极星报》任职，哈尼保持编辑职务，辞去
326 了国民议会的议席；但琼斯却谢绝奥康纳的信任，参加了国民议会代表的行列。奥康纳在《北极星报》上发表致国民议会的公开信，竭力为自己的行动辩护。

6 日，星期六，会议作出决议，号召全国各地筹募一万镑捐款，充作鼓动经费。一个拥护户主选举权和其他方案的新政党已在休姆的主持下组成。麦克道尔医生提出一项决议，宪章运动者应尽量参加其他改革团体召开的集会，目的不是为了进行阻挠，或提出党派性的修正案，而是为了冷静地、理智地证明人民宪章超过其他改革方案的优越性，并在它受到攻击的时候，加以辩护。欧内斯特·琼斯认为宪章动运者应参加公众集会，对宪章以外的任何方案提出修正。他反对为了进行阻挠而去参加选民大会。麦克道尔的动议终于获得通过，布鲁克增加了一句话，即他们愿意坚持宪章。星期一，普莱斯代表布莱克本，马斯登代表普雷斯顿前来报到。萧提出报告说，他的选区的群众通过表决，对奥康纳表示信任，麦格拉斯说，在南伦敦会堂举行的盛大而热烈的群众集会也曾作出同样的表示。亚当斯说，如果这种办法继续下去，他就应当重新提起那些表示不予以信任的群众集会。麦克道尔医生代表组织委员会提出报告。这份报告建议把全国划成行政区、地方区、选区和分区。大会主席团应为本年度推选一个五人执行委员会；大小

地区的负责人应由各个地区自行推选。执行委员会每人每星期支薪两镑，旅行时支领二等川资和每天两先令六便士的零用。国民议会应另行指定十名特派员，受执行委员会的管辖，服务期间照支同等薪酬。行政区的负责人应对各地方区积极监督，每星期给执行委员会提供有关会员人数、工作概况、群众情绪和公共团体活动情况的报告。用自愿捐助的方式，筹募自由基金一万镑；执行委员会应即在伦敦设立办公处。这项计划获得通过，但关于代表们应在六星期内选出执行委员会一节除外；在此期间，由国民议会推选一个临时性的执行委员会，同时特派员由十人增为二十人。欧内斯特·琼斯表示赞同由国民议会推选一个永久性的执行委员会，327
但需要取决于群众的同意或拒绝。于是议会就选出麦克雷、琼斯、基德、利奇和麦克道尔五人为执行委员。5 月 9 日，星期二，米切尔代表罗奇代尔出席，T. 亚当斯、惠勒、布鲁克、兰金、皮林、史蒂文森、夏普、科克伦、皮科克、萧、哈利、巴西特、卡明、蔡尔德、多诺万、舍伦、亨利、莱特奥勒和韦斯特被选为特派员，任期六星期，与执行委员会相等。在这一天议程开始时，弗农等人口出怨言，认为会议一无成就，这种状况继续下去，必将使鼓动工作化为泡影。其他若干代表表示相同的意见。作为组织委员会的一个成员，蔡尔德承认该委员会未尽职责。

10 日，星期三，基德就劳工问题，对各阶级发表了一项通情达理的宣言，经过讨论后，获得一致通过。麦克道尔宣读格拉斯哥行业联合会代表们的来信，对国民议会和奥康纳之间的意见分歧，啧有烦言，认为这使他们浪费光阴，在比较无关轻重的问题上，进行无聊的辩论，玩忽正常的业务。他们竭力主张领袖间应团结一致。

为了答复这封信，当庭通过决议，大意说，作为一个整体，国民议会从未对奥康纳存在过片刻怀疑，并反对任何形式的个人攻击。在有关特派员职权的讨论中，出现相当多的敌对情绪；蔡尔德表示希望，他们出去演讲时，应以简明易懂的常识为限，不可妄自尊大，即使擅长挖苦讽刺，也应善自收敛，勿使显露。主席宣称，他曾收到一封侮辱性的来信，要求议会自行解散。经兰金动议，通过一个决议：“保持一支常备军是违反大不列颠的宪法精神，而且有害于人民的自由的。”

一个代表团奉派前往访问奥康纳，向他征询有关他在下院提出动议的意见，访问后陈述说，奥康纳的答复是，休姆已预先声明将提出一项动议，主张以三年居住期限为根据的普选权（这是假的，指的是户主选举权）；无记名投票；议会三年改选一次；选区平均划分（这最后一点也是假的）。他认为在这项动议未解决前，他的动议最好不先提出，并建议举行更多的请愿。亚当斯在一片欢呼狂笑声中说，他们曾经讲妥协政策，但这是一种令人左右为难的政策。麦克道尔说，来自各地的通信极为乐观，组织工作正在进行
328 中。他们指望纽卡斯尔一区在两三星期内可以吸收两万名会员，康沃尔的宪章派十分强大。于是会议一致同意在首都举行一次大规模的示威运动，以便通过呈递女王的陈情表。马斯登和弗农赞成游行队伍护送陈情表。欧内斯特·琼斯说，下次他如果参加游行，他就不会再向后退却了。只要群众准备就绪，他是不会逃避责任的；但他们还有充分时间，把游行问题在举行集会时提出讨论。基德虽愿同群众采取集体行动，如果他们决定游行的话，但对这个建议却发表了一些中肯的反对意见，其他几个代表也是如此。

在国民议会进行讨论的同时，地方各郡并未袖手旁观。5月8日，奥康纳访问莱斯特，一大批群众列队欢迎。当即举行两次群众集会，一次在露天，另一次在圆形大剧场，都由奥康纳发表讲话，博得了非常热烈的欢迎；一百多个地方举行了群众集会，通过决议，对费格斯·奥康纳表示信任，有些决议甚至还对他的敌对者大加谴责。阿什顿提议创办一份名为《民主主义者》的日报，由奥康纳经管其事。又建议筹募两万五千镑充作开办费。其他若干地区对这个建议表示赞同，奥康纳本人也给予鼓励。

在国民议会的下一次会议上，韦斯特所提的关于撤销大不列
颠和爱尔兰合并的动议，以及卡弗所提的关于反对政教合一的动
议，均获得通过。基德提出有关济贫法问题的决议，主张在公共土
地上安置贫民。他对这一问题作了非常有力的阐述，决议遂获得
通过。欧内斯特·琼斯提出一项决议，劝告群众实行武装，凡是发
言的代表都予以支持，但阿克尔一人除外，他认为只要坚持群众有
此权利，也就应当感到满意了。琼斯的动议获得通过。主席宣读
哈利的来信，要求辞去特派员的职位和国民议会的议席，因为格拉
斯哥的一个委员会鉴于他对奥康纳所表示的意见，要求他采取这
一行动。现在关于呈递陈情表的问题，进行了长时间的讨论。国
民议会先已致函宫廷大臣，要求了解代表团什么时候可以谒见女
王，该大臣要他们和乔治·格雷爵士接洽。亚当斯动议，盛大的集 329
会不久即将举行，以便通过陈情表，届时，群众应从会场出发，前往
白金汉宫，请求女王亲自接见，执行委员会应走在队伍的前列。这
项决议的后一部分好像是针对欧内斯特·琼斯而发的，因他在格
拉斯哥曾说，群众可以直接谒见女王。在讨论时，代表们的情绪并

不十分融洽，亚当斯的动议虽有一部分代表坚决支持，终被否决，麦金托什提出性质类似的决议，13 日星期六才展开辩论。这是一场长时间争吵不休的舌战，在进行过程中，几乎每个代表对别人都吹毛求疵，最后由科克伦提出修正案，主张把这件事留交执行委员会处理，代表们一致同意。韦斯特动议，国民议会应在闭幕时解散。皮林附议。巴恩斯利的萧动议国民议会休会六星期，经巴西特附议。欧内斯特·琼斯支持这项动议时说：

“他怀着特殊的感情采取了这个行动，因为他们现在已听到本议会的一些成员为宣告议会的死亡而唱出了挽歌。另一些成员为此目的与他们沆瀣一气，也发表了雄辩滔滔的演说：他们中间已发生了分裂。在本议会集会之初，宪章运动团体曾看到人民力量的各种因素已经汇合并且集中。就在那个时刻，这种力量本来可以被用来达到最宏伟的目标；但在朋友的背弃和敌人的侵袭下，这条导火线已被一脚踩断，而构成他们的力量的各种因素也被抛到九霄云外去了。我们从全国各地收到许多决议，但决议是怎样产生的，在哪一种集会上产生的，他却不愿说——其中一部分侮蔑国民议会的某些成员，另一部分则侮蔑整个国民议会本身。因此，在这种情况下，他内心作出决定，如果他们再要发动的话——他们是一定要发动的——他们就必须重新做起，凭新的力量、新的毅力和新的信心，重新做起；他们必须从民主主义的起点重新做起。就本议会而论，它仅有六十名代表。他们一直在等待其他地区的其余四十名代表。他们没有提出致女王的陈情表，就是因为这个缘故。现在他们所能采取的上策就是解散，各自回到本选区。这次会议并非毫无收获；他们已赢得两个胜利——第一，团结；第二，独立自

主。这些就是他们所取得的胜利，而为了取得这些胜利，开会是很值得的。”

这位演说家所说的团结究竟意味着什么，令人费解。他一开始就说内部已发生分裂，最后却又说他们这一次会议产生了团结，330
这种说法真是一个绝大的矛盾。也许他自己也不知道他说的话意味着什么。韦斯特的动议以绝大多数获得了通过。多诺万动议，向群众推荐《北极星报》，随即进行了长时间的讨论；在讨论过程中，弗农说，4 月 10 日已铸成大错，因此他对这项动议不能同意。亚当斯也不赞同，因为《北极星报》曾称他为豺狼。麦克莱恩指责《北极星报》捏造他曾说过阿尔瓦已有八百名射击手。这篇假报道激起选民对他的怨言；事实上，他从未说过这种话。好几个代表为《北极星报》多少作了一些辩护；但这项动议和亚当斯的修正案最后都被撤回。国民议会就这样宣告结束了。

第十二章

331 关于这一时期各党派的情况，恐怕没有详细介绍的必要。宪章团体内部显然缺乏和衷共济的精神。奥康纳 1848 年 4 月 10 日的策略是造成分裂的主因。暴力派和这个宪章运动领袖显然互不相容。他们力图掩藏这一点，但他们的情绪过于激烈，要长期隐忍是很难做到的。欧内斯特·琼斯虽比部分同事审慎一些，但他对奥康纳策略的厌恶也是众所共知的。然而，奥康纳采取放弃游行的方针却是正确的：群众尚未具备与政府进行武力较量的条件。他的错误不在于放弃游行，而在于长期鼓励那些大言不惭的空谈家和代表大会中热心有余而观点错误的人们，甚至几乎到了最后一刻仍在诱使他们相信他将率领游行队伍前往下院。关于这个问题所讲的一些大话及其带来的不幸后果使宪章运动蒙受永远无法治愈的创伤。在 4 月 10 日以后，全国请愿书已经公开，这时本不应当再召开国民议会。它永远也不会再有什么能力，徒事空谈，浪费光阴，只会惹人嘲笑。除了基德和少数人以外，这个议会中无政治家可言；因此，会议在某种程度上，自始至终只是一场夸夸其谈的舌战。虽然对奥康纳表示信任的大量决议从各方面纷至沓来，但从 4 月 10 日起，他的势力就已开始衰落。人们愈加深思，就愈会发觉他并不是他们先前所盲目想象的人物，因此，逐步地减少对

他的支持。根据《北极星报》的报道，在克莱肯韦尔草地，为通过陈情表而举行的群众集会，参加者不过三四千人——虽然有人说它是一次非常热烈的集会。

在布雷德福举行了一次规模空前巨大的集会。由于谣传将会 332
发生暴动，执行委员会特派麦克道尔前往该地。成千上万的群众从哈利法克斯、基思利、宾利等地前来参加。哈利法克斯的队伍中许多人挥舞枪矛。各个队伍以军队般的整齐步伐，在布雷德福的街道上游行。莱特奥勒、萧、怀特、史密斯和麦克道尔先生向他们发表讲话。麦克道尔要求广大群众保证维持和平——尊重生命财产——实行武装，但不鼓励任何过早的暴动。地方当局丝毫没有加以干涉。这一天，布雷德福完全掌握在宪章运动者的手中。

休姆的新兴运动开始在议会以外进行鼓动。在有些地方，它博得了人们的赞同；但有好几次的群众集会，宪章运动者前去参加，提出并通过了拥护宪章的修正案。奥康纳利用《北极星报》的篇幅，对休姆的方案大加指责，称它为“四足兽”。

爱尔兰传来消息，据说无法征得陪审员来给奥布赖恩和马尔定罪，而且，米切尔由于在《爱尔兰人联合报》上发表的文章已被当局根据“新重罪法”而加以逮捕，因此，目前当地群情激愤，骚动不安。几天后又传来消息，米切尔已被定罪，判处流放国外十四年。他对起诉人公然反抗，声称对他进行审判的是一个有党派偏见的法官和发假誓的陪审团；又说郡长是一个诡计多端的骗子。一经判决，米切尔几乎就立刻被流放国外。爱尔兰普遍存在着十分扰乱的状况，枪矛的制造正在活跃地进行着。在英格兰，暴力派看来仍在组织自己的力量。兰开夏郡和约克郡在 5 月 28 日举行的一次宪章代表集会上通过了决议，赞成建立一支国民警卫队。29和30日，在伦敦的克莱肯韦尔草地先后举行了群众集会，支持宪章和取消联合运动，并对米切尔表示同情。第一次集会由比泽尔、琼斯、麦克雷、麦克道尔先生等发表演讲。然后，与会的群众组成游行队伍，穿过首都的几条街道。在红十字街，群众同警察发生冲突，于是当局发布公告，禁止游行。第二次集会由威廉斯、夏普和戴利发表讲话。正当群众将散之际，警察前来干涉，把他们赶出会场。在星期三晚上，又举行了另一次集会；事前曾预料将发生骚动。特警、警察和军队到场弹压，集会被武力解散。

333 约克郡的形势看来十分险恶。民间的操练和演习在布雷德福和该地区的其他几个城镇积极进行。三千名群众在威尔斯登公开演习。他们列阵行进，以黑色旗帜为前导，旗上高悬着矛头，表示决心要用武力来反对对他们的领袖进行逮捕的任何意图。在宾利，就有这样两个领袖被两千人救了出来。布雷德福的治安官们发出布告，严禁这类行动，并企图逮捕莱特奥勒和一个名叫“沃特·泰勒”的制造大量枪矛的人。这个企图终未得逞，群众先同特警后同警察发生严重搏斗。最后军队奉命出动；宪章运动者仍用棍棒作战，但在军队面前，他们终于退却，所幸并未发生死亡。乔治·柯普利、W. 斯托特、G. 安利、W. 康纳、F. 哈斯利德、W. 贝尔斯托、W. 史密斯、J. 唐尼、H. 惠特科姆、T. 格伦南、S. 拉特克利夫、J. 希顿、F. 维卡里、W. 温特博特姆、J. 达尔文、J. 伍德、W. 萨加尔和玛丽·莫蒂默遭到逮捕，并被指控犯有从事演习以及在逮捕时以开枪对警察进行恫吓的罪行。在宾利，伊萨克·伊克斯吉尔、J. 哈林斯、T. 博顿利、H. 沙克尔登、R. 斯莱特、J. 史密斯、F. 霍恩、I.

英格兰、T. 罗斯索恩、T. 惠特克、E. 李、J. 克雷布特里、J. 泰勒、W. 史密斯、R. 阿特金森和 J. 奎因由于协助营救 T. 基尔文顿和 W. 史密斯而在厂内工作时被捕。他们被押上专车,送往约克监狱。在利兹举行了群众集会,建议实行武装,从事演习,对此,治安官们发出警告。在曼彻斯特,事前曾预告将在史蒂文森广场上召开群众集会,但被治安官所禁止。届时,警察、特警和军队都已做好武装戒备。一队宪章运动者离开奥德姆前来参加,装配着枪矛、棍棒等武器;但在听到军事部署情况并经几个领袖的劝说以后,他们就各自回家了。各厂放工后,大批群众拥上安科茨巷、天鹅街、奥德姆路和附近地带,占领人行道,向警察抛掷石子,但未发生严重事故,各街道不久便畅通无阻了。

早在 6 月间,伦敦的宪章运动者和取消联合派就曾宣布将在
贝思诺尔草地、伦敦牧场、维多利亚公园和邦纳主教的田地上举行
群众集会。地方当局做了各种戒备,上述集会都被武力解散。在
布雷德福,继续有人在练习使用武器时被捕。在莱斯特,俱乐部次
第成立,武装演习广泛进行。在纽卡斯尔的猎场举行了一次盛大 334
的群众集会,对米切尔表示声援,许多演说家所发表的言论非常激
烈。伦敦商人纷纷向女王上书陈情,请求禁止群众集会,逮捕群众
领袖。他们的愿望立即得到满足。欧内斯特·琼斯、约翰·富塞
尔、亚历山大·夏普、约瑟夫·威廉斯和 W. J. 弗农都被逮捕,并
以曾在克莱肯韦尔草地和邦纳主教的田地上发表危害治安的演说
的罪名而受到审讯。琼斯因上一晚在一次规模巨大、气氛激昂的
集会上发表演说,而在曼彻斯特被捕。他在治安官面前,对自己由
于发表那篇被作为罪证的演说而被捕表示惊讶,但治安官对他说,

这篇演说是危害治安的，因此，全体被告均被提交审讯。此外，宪章运动者又宣布将在邦纳主教的田地上举行一次大规模的示威运动，并且表明具有极大的决心。政府早作部署，加倍防范。大量兵力奉调在附近布防。麦克道尔驱车前往，在探明地方当局将用武力镇压集会以后，他劝阻群众不要集会。在克罗伊顿、曼彻斯特和拉夫巴勒等地（最后一地由奥康纳前往访问），群众集会也经劝阻；但在利物浦的海滩上却举行了集会，由麦克莱恩、T. 琼斯、史密斯、劳埃德先生和雷诺兹博士发表讲话。在伯明翰，基德在隆德街的露天集会上发表演讲，G. J. 曼特尔也讲了话。在布莱克斯通边界，天虽下雨，成千上万的群众仍举行集会，由克拉克、G. 怀特、G. 韦伯和詹姆斯·利奇先生发表讲话。一名便衣警察被人识破，受到粗暴的对待，倘若怀特不竭力替他解围，很有丧命的可能。约克郡成千上万的宪章运动者聚集在托夫特萧猎场，由利兹的哈里斯担任主席。会上通过决议，拥护宪章并谴责政府对米切尔的处分。在诺丁汉的集市场上举行了一次盛大的群众集会，由基德等人发表演讲；在谢菲尔德，一大队群众欢迎奥康纳前来访问，他先对聚集在该镇牲畜市场上的几千人、后来又向参加晚会的五百人发表讲话。在中央刑事法庭6月份开庭期间，好几个人受到审讯，因袭击警察，举行暴动等而被判有罪，处以刑期不等的监禁。

议论纷纭的陈情表终被放弃，因为关于谒见女王一事未蒙核准。执行委员和特派员已由各地区及时地推选出来。奥康纳、麦
335 克雷、麦克道尔、琼斯和基德当选为执行委员；A. 富塞尔、C. 麦卡锡、J. 利奇、J. 韦斯特、R. 皮林、T. 塔特索尔、J. 亚当斯、J. 斯威特、I. 艾恩赛德、T. 惠勒、A. 夏普、J. 舍伦、D. 莱特奥勒、W. J. 弗农、

D. 多诺万、W. 布鲁克、G. 怀特、J. 林尼、W. 卡费和 R. 伯勒尔当选为特派员。休姆在下院提出有关改革方案的动议，经过长时间的辩论，赞成者八十四票，反对者三百五十一票。在中央刑事法庭 7 月份开庭期间，富塞尔、夏普、威廉斯、弗农、琼斯和弗朗西斯·卢尼先生被提交审讯。琼斯等人被传到底以后，法庭设置种种障碍，不让他们取保。他们都由律师代为进行充分的辩护，但法官好像早已决定要给他们定罪，因此，他们全体都被宣判有罪。在对富塞尔宣判以前，被告非常愤怒地否认一个见证人归咎于他的罪名，即他曾建议进行个人暗杀。他被法官（怀尔德法官）两次打断发言，但仍坚持否认，于是被判两年零三个月徒刑，嗣后经准予交保，本人缴纳保释金一百镑，两个保人各缴五十镑，具结保证不再危害治安，为期五年。威廉斯在提到法官关于勤劳的工人不该参加群众集会的说法时指出，他是一个工人，在每天的二十四小时中辛勤劳动达二十小时之久，而每星期的收入仅有十六先令。威廉斯是一个面包厂的计日工。他被判两年零一星期徒刑，准予交保，其条件与富塞尔相同，具结保证不再闹事，为期三年。弗农被传讯时声称，倘若富塞尔像法庭指控他那样，曾要进行个人暗杀的话，那么，他早就把他（弗农）推下囚车了。弗农被判两年徒刑，在上述两案相同的条件下准予交保。夏普被判两年零三个月徒刑，交保条件大致相同。他开始对检察长的指控进行答辩；但官员们慌了手脚，不成体统地匆忙把他押下被告席。卢尼被判两年零两个月徒刑，在同等条件下准予交保，具结不再危害治安，为期两年。琼斯向庭上陈述意见，相当详尽，好几次被法官打断，结果被判两年徒刑，准予交保，本人缴纳保释金两百镑，两个保人各缴一百五十镑，并具

结保证不再危害治安,为期五年。

爱尔兰在继续进行逮捕。《重罪人报》遭到查封,在米切尔判罪
336 后继任该报编辑的约翰·马丁先生知道对他已签发拘票,立刻就投案自首了。《民族报》的加万·达菲、《论坛报》的奥多格蒂和威廉斯以及马尔和多亨尼先生也在逮捕之列,均经提交审讯。被捕者中多数人均已奉准保释在外,因此仍在公众集会上继续发表讲话;俱乐部数目增多,群众激愤情绪与日俱增。在英格兰,自由基金的进展并不很快。执行委员会秘书在1848年6月15日的《北极星报》上宣布,该会经费告竭,倘无接济,工作势必停顿。该报在同一期上向全国提供一个实例表明那些徒事叫嚣使用暴力者的言论究竟有何价值。在阿伯丁举行的集会上,现已去世的代表亨利说:

"他曾向伦敦人说,阿伯丁的宪章运动者是好样儿的,他们正在征集武器;但他难为情地说,阿伯丁人使他成为一个说谎者。为了证实这一点,他想请凡已置备武器的人举起手来。(这时,在一片喧嚣的笑声中,有一只手举了起来。)欧内斯特·琼斯曾向国民议会宣称,阿伯丁有六千名宪章运动者,他们都是善良忠实之辈,全副武装,正在等待着一决雌雄。当时他明知琼斯言过其实,但未加以驳斥,因为他想如果这样传开去,也许会有好处,也许会鼓励别人起来行动。"

7月18日,星期日,在布莱克斯通边界举行的一次代表会议通过了一项决议,说明由于宪章派只用道义力量来抵抗压迫者的暴力,因此为实现宪章所进行的一切活动都已宣告失败。8月5日的《北极星报》上刊登了阿伯丁宪章分会秘书斯马特的来信,否认他们(阿伯丁宪章运动者)曾对欧内斯特·琼斯说过他们的国民

警卫队有六千人。他们对他所说的是，他们的会员录上已有六百人登记，希望能征得三千人，到了那时候，就打算向政府申请枪械。逮捕仍在进行中。麦克道尔在阿什顿被捕；约翰·萧等人则在伦敦被捕。兰金、沃尔克和卡明先生因参加非法的集会在爱丁堡被捕。伯勒尔和尼尔森先生在格里诺克，詹姆斯·史密斯在格拉斯哥，也都遭到逮捕。议会通过一项法案，在爱尔兰暂时废止《人身保障法》，一大批人被列入可以任意逮捕的名单。这驱使史密斯·奥布赖恩、马尔等人发动起义；然而，起义归于失败，因为天主教的 337
牧师使用他们拥有的一切权势加以阻挠，起义领袖们终以叛国罪被捕。在约克郡的巡回法庭上，被告们因从事操练等罪而受审。约翰·奎因、约瑟夫·哈林斯、托马斯·博顿利、H. 沙克尔顿和其他十一人因在宾利进行暴动和营救被捕者，经判决各缴保释金五十镑，具结不再危害治安后，方准保释，其他大约三十人在类似条件下亦准予保释。J. J. 约翰逊和 W. 萨加尔因在布雷德福进行暴动和袭击被判两年徒刑，罚做苦工。W. 康诺、J. 希顿、W. 温特本、W. 史密斯、H. 惠特科姆、J. 唐尼和 F. 维卡里以同样罪名被判十八个月徒刑。一个名叫 A. 托姆林森的青年经宣告危害治安，被判十八个月徒刑，但免做苦工。J. 拉姆斯登、B. 普兰特、D. 霍尔罗伊德和 T. 费尔被判同样期限的徒刑，并罚做苦工。J. 科克拉姆、H. 巴特菲尔德、R. 布雷德利和 A. 鲍勒以同样罪名被判十二个月徒刑，并罚做苦工。J. 利明以从事操练受到同样处分。宾利的暴动者所得的处分是：I. 伊克斯吉尔六个月徒刑，罚做苦工；克雷布特里两个月徒刑；基尔文顿一个月徒刑；一个名叫 J. 布兰德的特警由于失职被科罚金十镑。逮捕仍在继续进行中。曼彻斯特及其邻近地区的地方当局接到情报，据称宪章运动者和爱尔兰联盟会会员举行秘密会议，于是詹姆斯·利奇、T. 惠特克、H. 埃利斯、G. 罗杰斯、H. 威廉斯、G. 韦伯、D. 多诺万、J. J. 芬尼根、P. 迪沃林、M. 卡里根、J. 利曼、G. 怀特、J. 道兰、S. 凯恩斯和 T. 兰金都遭逮捕，并立即提交审讯。

阿什顿发生了比较严重的事件。8 月 14 日，星期一，一群宪章运动者开会后拥出会场时，遇到几名警察，其中一名叫作布赖特的当场被击毙，其余几名受到追击，但却逃脱了。军队奉调前来，宪章运动者遭到袭击，一部分被俘，其余的人受到追击，但都逃脱了。格兰特和汉密尔顿在爱丁堡被捕，连同其他被告，均以叛逆罪被控。伦敦的警察在韦伯街的天使酒馆、橘子街的橘树酒馆和猎场街的另一家酒馆逮捕一大批人。在所有这些场所，他们都发现大量实弹手枪、长枪、匕首、矛头和大刀，有些被告穿着护胸铁甲，另一些人则携带着火药、子弹和铅弹；三千发实弹经发现窝藏在克

338 莱肯韦尔的圣詹姆斯墓地上。在比较安静的地区内，地方当局也同样忙碌。R. G. 甘米奇在白金汉、贝德福和北安普敦几个农业郡内进行鼓动工作，已有一月之久。他走到哪里，警察局长就跟到哪里，监视他的活动。最后，他在托塞斯特发表一篇阐明宪章的演讲时，由于他坚决主张人民有集会权，拒不听从警察要他停止发言的命令，因而遭到逮捕，被提交审讯；但这项控诉旋即撤销。W. 卡费和另外几人也以上述罪名被控。一个可恶透顶的坏蛋名叫鲍威尔，是主要见证人，他显然是地方当局所雇用的。他在作证时承认曾混进协会，搜集情报，向警官们提出报告。他说，“我鼓励并刺激这些人，以便告发他们。我给他们几发子弹。我把弹丸交给格尼，

我又给他半磅火药。我还铸成几发子弹，交给了他。”政府竟然利用这样一名下贱的走狗，他将为此而遗臭万年！对上述被捕的各方人士的审讯不久便开始了。乔治·谢尔、詹姆斯·马克斯韦尔·博伊桑、罗伯特·克劳和J.J.比泽都被传讯，经宣告危害治安，各判两年徒刑，缴纳巨额保释金，具结在五年中不再危害治安。在兰开夏郡的巡回法庭上，麦克道尔以危害治安、图谋不轨和进行暴动等罪受审，经宣告有罪，被判两年徒刑，在柯克德尔监狱中，罚做苦工。他对被监禁在这个监狱提出抗议，因为按当时监狱的情况看来，他的身体是受不了的；但是克雷斯韦尔法官对他说，他在受到法律制裁以前，早该考虑到这一点了。多数被告被移交给下层巡回法庭审理。

逮捕仍在进行中。约翰·韦斯特遭到逮捕，同时，那位大名鼎鼎的约瑟夫·巴克，即题名为《人民报》的一份小型刊物的编辑，也被捕了。九月中，伦敦的宪章运动者被提交审讯。约翰·萧以危害治安罪被判两年徒刑。威廉·里奇、艾尔弗雷德·艾布尔、威廉·格尼、J.谢泼德、J.斯诺鲍尔、J.理查森、G.格林斯莱德、H.斯莫尔、E.斯卡丁、W.伯恩、P.马丁、W.莱西、T.琼斯、C.扬、W.道林、H.阿格、W.卡费和法伊被控图谋不轨，准备举兵反叛女王陛下。大批证人被传到庭，主要见证人是上述那个奸细和告密者鲍威尔。被告律师有基尼利、赫德尔斯通、巴兰坦和帕里先生。卡费对他受到由中产阶级组成的陪审团的审讯提出抗议，要求按照“大 339
宪章”的规定，由他同一阶级组成的陪审团进行审讯。关于奸细鲍威尔的卑劣无耻，下列一段可作例证。被告证人R.芬内尔宣誓作证如下：

“我认识鲍威尔已有十三四年了。就我所知，他的誓言是不可信的。我在史密斯先生的店铺里，曾听到别人当面叫他‘鬼话汤姆’总有好几百次了。我曾听他说过，不要多久，他就要把女王、她那该……死的外国丈夫、她的全家以及约翰·拉塞尔勋爵和乔治·格雷爵士一股脑儿送进阴间地狱。大约在4月10日前十天，他曾拉我去和集合在卡特赖特家里的宪章运动者会面。我对他说，我不是宪章运动者，而且按照宪章派目前采取的方式，他们是不会实现这项法案的。鲍威尔说，他们在一个月内一定可以实现。他又向我提出请求，要我在他介绍我参加宪章派以后，由我提议选他为代表，这就可以使他每星期有两三镑的收入，比在史密斯老头的铺子里做木工活要强得多了。他对我说，政府是一个颟顸无能、该……死的政府，又说，瞧那个女王整天游手好闲，每年花费的金钱不计其数，而我们在这里却不得不为一小块面包而在板凳上辛勤干活。他说，如果我到他家去，他将给我看许多东西，足以在半小时内把伦敦炸成平地。”

检察长盘问他为什么不相信鲍威尔的誓言，他说：

“我曾听他发过无数的誓言，只要能有报酬，什么誓言，他都会发，对于这样一个人，我还能相信吗？我曾听他读圣经，每逢读到基督或使徒的名字时，我就看见他把那几页撕下说，‘让我们烧掉这个该……死的。这些使徒是我生平所听到的最大的无赖。’有一次我听他读到犹大的名字时说，‘他是一个顶呱呱的好汉。他得到的报酬可真不少。只要给我一半，我就会那样做。’”

其他许多证人证实了芬内尔的证词。另一个名叫戴维斯的无赖供称，他曾躲藏在格林威治的宪章运动者和联盟会会员集会的房间里。他把会议的情况报告给警察局长马拉利恩，局长对他说，不妨让这些会议照常进行下去，他会派一名警察前去参加。戴维斯说，“从此我就劝人们前去参加，那里的老板常给我五个、十个先令，答谢我的情谊。”于是，根据一个无赖的政府所雇用的这些无赖奸细所提供的证据，道林、卡费、法伊和兰西均被宣告有罪。法伊被提上 340
堂来听候宣判时说，“在座的每个人都一定很明白，鲍威尔所说的一切全是伪证。所以，我也不必多说了。”道林说“暴君们尽可以把爱国行为诬蔑为一项重罪，但他们绝不能使它真正成为重罪。”兰西声明，他从未有过使用暴力来实现宪章的丝毫意图。卡费说：

“我说你们无权将我判刑。审讯历时虽久，却不是公正的审讯，而我所要求的公正的审讯——即由与我同等地位的人组成的陪审团进行的审讯——没有获得允准。政府用尽一切办法使人们对我产生偏见，国内的报刊——我相信还有其他各国的报刊——也竭尽一切力量想用嘲骂来封住我的嘴。我不乞怜，我不求赦。我指望你们把我判罪，其他一切都置之度外。但我不希求任何怜悯。相反地，我却在怜悯政府，怜悯检察长竟会利用这些坏人来给我判罪。检察长应当称作奸细长，雇用这些家伙是政府的耻辱；但他们也只有靠这种手段才能生存下去。我是完全无辜的。我的本乡从未选派任何代表，我和头面人物素无往来。我有权控诉另一奸细戴维斯，他躲在幕后，直到最后一分钟。他指控我有一支实弹手枪——我随身带着，只是为了自卫，因为我的生命受到了威胁。然而，这一直是我所预料的。我并不急于殉难，但我在受到这一星期的折磨以后，我自觉能够骄傲地经受任何刑罚，甚至走上断头台。这项新的“议会法”是可耻的，我为我继光荣的米切尔之后成

为第一个牺牲者而感到自豪。议会中每一项明智的法令都被废止了。凡有可能为工人阶级造福的一切措施，都被抛弃或被搁置了；而一项剥夺他们各种自由权利的法案竟会在几小时内获得通过。”

接着，普拉特男爵宣判被告们终生流放国外，法伊当即大声叫嚷：“这是利用重罪法在英国进行的洗礼。”里奇自甘服罪，仍受到类似的处分。艾布尔、格尼、斯诺鲍尔、斯卡丁、马丁、温斯皮尔、普劳顿、康韦、摩根、扬、琼斯、阿格、普尔、赫伯特和艾恩斯对他们被控的不端行为自甘认罪。除普尔、赫伯特和艾恩斯被判十八个月徒刑外，其他被告均被处以两年徒刑，罚做苦工，并科罚金十镑，准予交保，具结五年内不再危害治安。谢泼德、理查森、格林斯莱德、
341 伯恩、泰勒、考克斯、吉布斯、亚历山大·哈比、塞缪尔·哈比、马丁和斯莫尔在自行具结随传随到以后，即予开释。

当对宪章运动者的审讯正在进行时，费格斯·奥康纳并未袖手旁观。他为被告们延揽最杰出的法律顾问，并为他们偿付大部分开支。每星期他在《北极星报》上发表致宪章运动者的公开信，自诩他本人的审慎行事，痛斥别人的愚蠢妄动，以致造成这种悲惨的结局。一星期接着一星期，他继续抨击那个已解散的国民议会。在9月9日的《北极星报》上，他这样写道：

“接着召开了一个国民议会，所有的代表不是人民选出来的，因为人民还没有得到思考的时间；这个议会在旁听席的恫吓下——大部分听众是政府派来的侦探和奸细——费了整整三星期的时间，[①]放肆地把我糟蹋了一顿，只因为我不愿参与摧毁我们已

① 国民议会开会仅十一天。——作者

获得的胜利，如果有充分时间把全国人民的思想统一起来，使宪章团体取得公平合理的代表权，那么，这种胜利本来会造成莫大的裨益；我必须替布朗蒂尔·奥布赖恩说句公道话，他在代表大会上一再坚持这样一个原则，即有必要使全体人民享有完整的、公认的代表权。我毫不犹豫地声明，国民议会的许多代表所说的关于他们各自的选区已有准备和决心的那一套卑劣无耻的谎言，是一种荒唐透顶的背信弃义的行为。”

9 月 18 日，奥康纳在菜市场对他选区的群众发表讲话。现在大概是他最得意的时期，因为下院的审查委员会虽然称他的土地计划不合法、不可行，登记的账目不够正确，许多资产负债表残缺不全——同时却提出报告说，经过证实，土地公司亏欠奥康诺的款数达三千四百镑。

这时候，塞缪尔·基德大概是尚未被捕的宪章运动领袖中最得力的一人。他到许多重要城镇去做旅行演讲，他的论调不再是那种习常惯见的信口雌黄，而是在有关伟大的劳工运动的问题上传播大量情报。他甚至访问牛津大学所在的城镇，在市政厅上发表演讲，牛津各报还把他的演讲词刊登出来。

爱尔兰成立一个特种法庭，对政治犯进行审讯，持续了相当长的时期。所提的证据堆积如山。奥布赖恩首先被提审。怀特赛德为他辩护，其口才使每个在场者都感动得落泪；然而，仍无法为他 342
的当事人赢得有利的裁决。麦克马纳斯、马尔和奥多诺霍也因叛逆罪受审，都被裁决有罪。当法庭宣判他们死刑的时候，所有被告的态度都十分镇静，十分庄重。他们的处分嗣后减为终生流放国外。在部分宪章运动者受审时，检察长宣布他们的新的组织计划为非法。因此，执行委员会建议放弃新计划，采用旧计划。旧的执行委员会已换上T.克拉克、W.狄克逊、H.罗斯、P.麦格拉斯、E.斯托尔伍德和G.J.哈尼，以S.基德为秘书。基德12月间在西赖丁举行大选时参加竞选；但是，尽管他处理得宜，举手表示的结果却是不赞成他，而支持自由党的候选人。奥康纳在兰开夏郡、约克郡和苏格兰游历期间，极为忙碌，到处举行盛大的集会，由他讲话。

12月间，在切斯特和利物浦举行特种巡回法庭，对宪章派被告们进行审讯。在切斯特，G.J.曼特尔因图谋不轨受审，被宣告有罪。阿莫斯·阿米塔奇、J.布朗、J.奇塔姆、J.霍尔、J.欣德尔、J.拉尔夫、J.萧尔、J.萧克罗斯、J.多恩、P.科利尔、R.马克兰、P.马特洛克斯、T.斯科菲尔德、S.萧、E.怀尔德和C.塞勒斯被控危害治安，图谋不轨。大多数被告被宣告有罪，判处期限不等的徒刑。曼特尔被判两年徒刑。在利物浦，被控图谋不轨、危害治安者共六十五人。约瑟夫·拉德克利夫和约瑟夫·康斯坦丁在阿什顿被控杀害布赖特。检察长提起公诉，波洛克为被告辩护。审讯持续两天，虽然各证人断言拉德克利夫并非谋害布赖特的凶手，他仍被宣告有罪，判处死刑。然而，由于证据十分可疑，极刑的处分终未执行。J.康斯坦丁、T.肯沃西、J.沃尔克、J.赛夫登、J.斯塔特和T.塔西克被控举兵反叛女王。除塞夫登被判十年徒刑外，其余被告都被判终生流放国外。温特博特姆、E.哈罗普、希利、博尔顿、J.哈罗普、杰森和费特罗因图谋不轨均被判刑、刑期不等，自三个月至一年。W.格罗科特、W.查德威克、E.克拉克、克罗珀、约翰·韦斯特、乔治·怀特、J.尼克松、T.兰金、M.麦克多诺、D.多
343 诺万和J.利奇被控图谋不轨、危害治安。一个名叫鲍尔的奸细是

主要证人，但他所提的证据经反诘后显得十分矛盾，结果反使起诉人受到了损失。多数被告自作辩护，仍被宣告有罪。兰金、利奇、格罗科特、克罗珀、多诺万、韦斯特和怀特各判一年徒刑，准予交保，具结不再危害治安，为期两年。克拉克被判九个月徒刑。麦克多诺和查德威克各判六个月，尼克松四个月。G. J. 克拉克、J. 道兰、帕特里克·德维伦、H. 埃利斯、J. J. 芬尼根、J. 福伊尔、M. 休姆、W. 希普、S. 凯恩斯、J. 勒尼昂、T. 罗伯茨、G. 罗杰斯、J. 拉姆斯登、F. 斯普、纳、T. 惠特克、W. 伯顿和约瑟夫·巴克在自行具结随传随到的条件下，准予保释。全体被告表示同意，只有巴克一人拒不接受，要求审讯，因他大约已有五十名证人愿意为他辩护。他的抗拒使法官发怒，指责他不应有这种变态的虚荣心，但是毫不生效，巴克坚持原意。检察长十分恼火，法官出口不逊；但他们终于放弃说服工作，巴克被无罪开释。查尔斯·鲍克因在海伍德发表一篇虚妄、诽谤、危害治安、大逆不道的演说，被宣告有罪，判处两年徒刑。

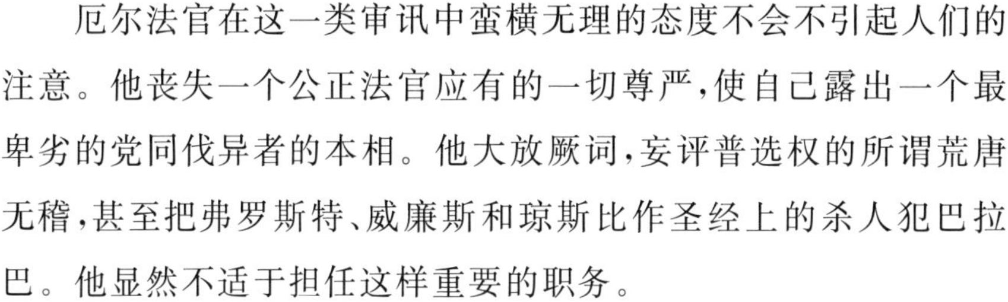

厄尔法官在这一类审讯中蛮横无理的态度不会不引起人们的注意。他丧失一个公正法官应有的一切尊严，使自己露出一个最卑劣的党同伐异者的本相。他大放厥词，妄评普选权的所谓荒唐无稽，甚至把弗罗斯特、威廉斯和琼斯比作圣经上的杀人犯巴拉巴。他显然不适于担任这样重要的职务。

在约克郡的巡回法庭上，亨利·亨特、W. 安格斯、伊萨克·杰斐逊、纳撒尼尔·弗里斯和 D. 莱特奥勒因进行演习，经分别传讯，宣告有罪，判处徒刑——亨特八个月，杰斐逊四个月，安格斯十个月，弗里斯十一个月，莱特奥勒九个月。J. R. 托姆金斯，连同其他七人——利利、克萧、法雷尔、拉德克利夫、李斯、波格森和尼尔，均系青年，被控图谋不轨。除拉德克利夫和李斯外，均被宣告有罪。D. 林登、A. 斯特拉顿、T. 威尔金森、T. 伊伯森、E. 威尔曼、J. 里德尔霍夫、J. 赫利韦尔、W. 伍德、E. 鲍尔和詹姆斯·史密斯被控图谋炸毁布雷德福煤气厂，劫持治安官，并准备把他们拘留到宪章成为法律时为止。至少有三个奸细——谢泼德、弗林和埃米特，被传
344 作证。被告们先被宣告有罪，后来才判以徒刑。对托姆金斯和同案的被告们各处一年徒刑，准予保释，具结不再危害治安，期限前后共两年。法雷尔等人各判徒刑六个月，准予保释，具结一年内不再危害治安。林登等人准予自行具结保释出外。

在这个时期，对受难与自卫基金的需要数额特别大，为此，在约翰街学院举行了会议，托马斯·库珀不顾以前对他的侮辱，担任主席，受到了十分热烈的欢迎。其他群众集会也在伦敦举行，由基德、克拉克和其他执行委员发表讲话；费格斯·奥康纳和基德继续在许多重要地区内公开演讲。在法国大革命的一周年纪念日，约翰街的会堂被挤得水泄不通。为了庆祝这个节日，举行了茶会。朱利安·哈尼担任主席，G. J. 霍利约克、J. 布朗蒂尔·奥布赖恩、T. 克拉克、沃尔特·库珀、R. 布坎南、C. 基恩、W. 狄克逊、E. 斯托尔伍德等人在会上发表了激动人心的演说。

爱丁堡审讯的结果出乎意料地对被告们有利，因为他们被控的是叛逆罪。受审者只有兰金和汉密尔顿二人，所犯罪行尽量从宽处理，最后他们所得的处分仅是四个月徒刑。他们刑满出狱时，在一次盛大的晚会上受到朋友们的欢迎，他们发表演说，拥护宪章，英勇不减往日。

现在奥康纳同他的编辑朱利安·哈尼开始发生争吵。后者在《北极星报》上发表了一系列文章，鼓吹共和主义，内容主要论述国外政治。这使奥康纳大为不悦，他在《北极星报》上发表的文章中说：

“但是，最近以来，这位作家在《北极星报》上所发表的文章的每一行非但不能保持宪章运动的特点，反而专门论述对外政策和共和主义的未来光荣。我常对你们说，用煽动性的呼吁来激起英勇受苦的群众热情奔放的想象力，是多么容易，它可能会驱使感情用事的热情英勇的人们敢于面对任何形式的死亡；而那个煽动者却可能以与我无关来掩护自己，而对他所酿成的灾害暗中窃笑。如果我披着民族主义和尚武精神的外衣，出现在热情激奋的听众面前，对他们说：‘你们下次再看见我，我将站出来公布宪章，否则，这个全国性的标志必将渗透殉难者的鲜血’，那么，你们会对我说
些什么呢？如果宪章没有公布，在促使宪章实现的斗争中也没有 345
流血，而我又没有在上述听众面前出现，那么，你们又会说些什么呢？如果我在 1839 年曾戴着自由之帽出现在你们面前，公开声明我准备‘卷起袖子大干’，而在斗争来临时，却躲得下落不明，那么，现在你们会对我说些什么呢？如果在兰开斯特审讯期间，当肆无忌惮的托利党徒和辉格党徒们正在图谋使宪章派遭受重大的牺牲时，我变成一个哭哭啼啼、以泪洗面的呆子，生怕由于我自己为了自由进行斗争而受到处分，你们现在会对我说些什么呢？如果 4 月 9 日当许多人对我说，我保准要在 10 日被人枪杀，我就召开秘密代表会议，并在会议上提议不要在肯宁顿公地举行群众集会，你们会说些什么呢？哎呀，要是那样的话，热心的民主主义者现在所

写文章中的一些责难之词，与他们那时肯定要对我进行的抨击、合理的辱骂和申斥对比起来，将会显得多么微不足道啊！"

哈尼在下星期的《北极星报》上对这种旁敲侧击的指责作出了答复，除引证比泽利和利奇的两封信来证明他在兰开斯特审讯期间的"好汉"气概外，他还引证奥康纳的下列一段文章："宪章运动的朋友们对那些图谋不轨者在整个审讯中所采取的立场，所表示的态度，感到欣慰。看起来，这样一件事的细微末节看起来可能是小事一桩，但这些小节在赢得人们的敬意和重视方面会起很大的作用，人们的敬意和重视又支持了宪章运动事业，而这项事业的成果正在于它在人性方面所起的作用。对任何一人所作的答辩特别加以重视，也许会引起反感，因为全体被告的举动都是无可非议的；但是哈尼的发言读起来尤其令人感兴趣，充分地证明他享有第一流演说家的地位是理所当然的。"哈尼本来可以对奥康纳反唇相讥，指出他曾表示决心要在 1839 年 9 月 29 日前实现宪章，否则，就把政府大臣们那天的米迦勒鹅宴推迟到 30 日，而且还表示决心，要在弗罗斯特一案中给群众带头，但这些诺言从未实现；不过，哈尼非常慎重，对这些事只字未提。

这里，我们不得不注意到 1848 年运动产生的一个后果，即它给斗争带来了一大批色彩不同的民主刊物。奥布赖恩退出代表大会后——他看清这个大会不会产生任何裨益，代表们当时夸耀他们并未掌握到手的权力，这种夸耀结果必然导致失败和耻辱，嗣后的实际情况也确是如此——在马恩岛创办一份报纸，名为《改革
346 报》。该报的篇幅嗣后扩充为两倍，最后又增加了第三部分篇幅较小的附辑。他在这类报刊上，阐述他原来对重大的社会与政治问

题所持的原则，而这些问题当时正使社会陷于动荡不安的状态。他始终不渝地尽力说明欧洲大陆各国的革命事业必将失败，民主主义的领袖人物必被牺牲，除非他们能解决重大的社会问题，结束地主和形形色色的篡权者的统治。这类事情很少受人重视，而所发生的结果正是奥布赖恩所预料的。在奥布赖恩的经营下，《改革报》的销数达到每周一万五千份。在政府废除马恩岛各种刊物的特权，禁止它们不贴印花销到岛外以后，《改革报》随即停办。《便士的权力》是奥布赖恩主编的另一份报纸，专门鼓吹同一事业。由杰拉尔德·梅西和J. B.伦诺主编、在阿克斯布里奇这个小镇创办的《自由魂》持续出版了相当时期；它充满着炽烈的热情，洋溢着共和主义的精神。在白金汉这个小镇创办的《进步论者》，由该镇的约翰·斯莫尔先生担任主编。它最初是一个月刊，后来改为周刊；主编也换了人，由R. G.甘米奇担任。最得力的投稿者是北安普敦的约翰·赖米尔先生，每星期都有他的通信，充满着对民主主义前途的热情和希望。这份刊物总共出版四十八期。在剑桥创办《职工自由报》，在威兹比奇创办《东方之声》，它们的发行时间都很短暂。《公益报》是一个月刊，根据和平的原则，提倡民主主义，由帕斯莫尔·爱德华兹主编；根据同样原则，又创办了一份名为《自由规范》的周刊，由J.卡斯尔任发行人，维持了相当长时期。后来出现了雷诺兹的《政治导师》，这是一份大型周刊，售价低廉，每期销数达五万份。它是雷诺兹所发行的刊物中最优秀的一种。它刊登塞缪尔·基德撰写的论述劳工这个重要问题的出色通讯，E. T.罗伯茨所著脍炙人口的《英国史》，出身J. B.奥布赖恩手笔的有关《人类奴隶制起因、发展和阶段》的一系列精彩文章，以及其他作家

才气洋溢的著作。托马斯·库珀发行一个周刊，名副其实地称作《直言者》，充满着这位编辑惯有的活力。当他在执行与该报有关的一项使命时，库珀又同奥康纳发生冲突。一个记者从博尔顿写信来说，库珀一直对土地计划吹毛求疵。奥康纳把这封通讯在《北极星报》上披露，附加下列评语：

347 “托姆是一个妙不可言的滑稽天才。他是新教徒、国教叛徒、异教徒；清教徒、圣使徒、无神论者；绝对禁酒者、戒酒主义者、节制饮食者，又是嗜酒如命者。他是三位一体的化身。他对各种不同的人扮出各种不同的角色，下一回究竟扮个什么人物，只有天晓得。但我诚心诚意地希望他永远不做为我歌功颂德的桂冠诗人，也不要充当我土地计划的吹鼓手，因为那样一来，我将会对自己产生怀疑，同时担心土地会变成不毛之地。宪章运动在中部各郡陷于瘫痪状态，就这点来说，这位诗人所费的气力胜过任何别人。他承认自己是一个暴力派宪章运动者，却堕入道义力量的抵抗行动；由于自白等于一半的忏悔，所以我希望这位‘自杀者’的灵魂可以逃脱‘炼狱’的痛苦。”

库珀在《北极星报》上对这封信作出答复，否认奥康纳关于他的人格所作的许多论断，唤起奥康纳对过去所发生的许多事情的回忆；声称他即将返回伦敦，想测验一下奥康纳的势力，看看那些曾经邀请他的各城镇的宪章运动者是否会再邀请他去访问。上述报刊披露奥康纳的一封来信，结尾处这样写道：

“我相信，在这项神圣的事业中，我所欢迎与之合作的，谁也不如托马斯·库珀那样使我感到满意，我去世以后，他的功业仍将存在；因此，我十分真诚地，毫无保留地把过去的一切争端埋葬掉，不再介意。我向你伸出友谊之手，坚决做你忠实的、亲密的朋友。费格斯·奥康纳。”

库珀对奥康纳不再过问；但邀他去演讲的请柬继续寄来，他访问全国各地的许多城镇，受到热烈欢迎。

现在休姆先生的派别在群众面前更公开化了；1849 年 5 月 16 日，为了庆祝这个运动的创始，在伦敦酒馆举行一次公众集会，会场十分拥挤，执行委员会的 T. 克拉克莅临参加，为宪章派和中产阶级改革家的联合迈出了第一步；但恰恰就是这份刊登有关这次集会报道的报纸，同时也刊登了费格斯·奥康纳的一封信，警告“老资格的宪章运动者”不要参加这个新兴运动。宪章运动者继续在首都各区经常举行群众集会。6 月 4 日，在米尔顿街剧院举行了一次集会，参加者十分踊跃，由雷诺兹和奥康纳发表讲话。在这次集会上，克拉克提出一项决议，拟邀请休姆派考虑人民宪章，经奥康纳附议，并获得一致通过。同一星期，休姆在下院重新提出他 348
的动议，只有八十二人给予支持。奥康纳在下院提出欧内斯特·琼斯的事件，琼斯因为不愿做填絮的苦工，被幽禁在一间宽六英尺、长四英尺的牢房里，三天三夜只靠面包和清水维持生命；他的健康状况虽然如此衰弱，他的被褥白天却被拿走，迫使他只好躺在床架的铁条上。后来由于奥康纳每星期付出五先令，使他免做填絮的苦工，这种待遇才改善。柯克德尔监狱中的犯人——利奇、怀特等人——也没有闲着无事。他们受到头等犯人的待遇，因为监狱当局准许他们置备钢笔、墨水和纸张，他们写了好几本有关宪章运动的小册子，公开发表。

1849 年 7 月 3 日，奥康纳在下院提出他那耽搁已久的有关人

民宪章的动议，经过一番辩论后，投票赞成者只有十五人，包括检票员在内。这些人的姓名是：W. J. 福克斯、J. 格林、L. 海沃思、J. 休姆、C. 勒欣登、纽金特勋爵、J. 奥康内尔、C. 皮尔逊、W. 斯科菲尔德、H. W. 坦克雷德、汤普森上校、G. 汤普森、J. 沃姆斯利爵士、F. 奥康纳和沙曼·克劳福德。这就是上述动议所取得的结果，到了这时，1848 年的一切喧嚣扰攘已归于平静，而一度曾使伦敦成为一座军事堡垒、使王室前往比较宁静的怀特岛避难的一切骚动也已成为历史陈迹了。

为了宪章派被告们的辩护费用，虽曾募得三百余镑的捐款，但奥康纳仍被他以前为欧内斯特·琼斯等宪章派被告所延聘的一位律师提起诉讼，经高等法院传讯，责令他偿付三百一十六镑律师事务费中应付未付的差额一百零一镑。

奥康纳现在同休姆派改革家逐渐接近了。他参加一次在模范剧院举行的集会，摆出一副和事佬的面孔，对集会群众说，宪章派的唯一目标是要使富人更富，穷人也富。这时候，奥康纳似乎对各方面都感到十分失望，因此，甚至宣布他有意退隐家园。宪章运动团体是否真愿他这样做，殊难断言；但当时非但没有数以百计的对他表示挽留的决议——尽管少数宪章运动者写过这样的信——而且也没有任何一个地区把有关这个问题的决议送到《北极星报》刊登。然而，奥康纳并不打算就此引退。这时候，国际问题激起人们极大的兴趣。罗马和匈牙利遭到外国军队的入侵，在英国引起对
349 被侵略者的同情。为了对匈牙利表示同情起见，在马里尔本的霍尔骑术学校举行一次群众集会。到会者人山人海。发表讲话者有休姆先生（议员）、J. 卡斯尔、蒙克顿·米尔恩斯先生（议员）、德·

莱西·伊万斯爵士(议员)、罗杰斯医生、赫达姆先生(议员)、汤普森上校(议员)、H. 赫瑟林顿、J. 威廉斯(议员)和 J. 怀尔德(议员);然而,这些人物所表示的同情也只是口头上说得好听罢了。朱利安·哈尼由与会群众指名邀请发言,在雷动般的掌声中,他鼓吹武装干涉,并就这个问题对群众作了一次测验,几乎每个人的手都举了起来,重新发出一阵掌声。谢菲尔德、格拉斯哥、曼彻斯特、埃克塞特、伯明翰、威斯敏斯特、卡莱尔和所有主要城镇都仿效伦敦的榜样,对匈牙利表示同情。

休姆派在德鲁里巷举行第一次全体会议时,奥康纳又和他们十分融洽地一同露面,托马斯·克拉克也在场给予他支持。奥康纳先前曾把那么多人一脚踢开,不是因为他们背弃原则,而是由于在政策上发生分歧,他先前甚至不愿改变宪章的名称,而且还纠集成千上万人挫败户主选举权的计划,然而,现在却对一个主张实行户主选举权的协会表示支持。纽金特勋爵是这次集会上改革派旗帜最鲜明的一员。他甚至说,要是他为一项捐税投票,而同时却又不愿为户主选举权投票,那么他将把自己看成盗贼。

在这个时期,发生了两件值得注意的事,在某些人中间引起了莫大的遗憾。一是亨利·赫瑟林顿的死于霍乱;一是约翰·梅森的移居美洲。赫瑟林顿的遗体由大批朋友伴送到墓地。五百人组成送丧队伍,守候在墓地的还不下两千人。G. J. 霍利约克在这个场合发表了一篇十分恰当的演说,此外,他最老的政治同僚詹姆斯·沃森也讲了话。梅森在伯明翰受到茶会招待,参加者有芒茨、道格拉斯、乔治·道森等人。一只装有四十镑捐款的钱袋赠给梅森,作为表示敬意的纪念品。另外,还发生了更可令人悲痛的死亡事件。死者是约瑟夫·威廉斯和亚历山大·夏普，两个被关押的宪章运动者。这两名罹难者均死于那噬人无算的霍乱症；但是，把他们的身体折磨得易于沾染这种恶疾的根源，却是辉格党政府加于他们的严酷、残忍、饥饿的待遇。参加他们葬礼的至少有两万人。克拉克和斯托尔伍德发表演说，然后竖立一座墓碑，纪念这些
350 宪章运动的殉难者。威廉斯在临终前提到他的病源时说："不是霍乱，而是饥寒。"这些事件促使人们为全体政治犯请求特赦而进行努力。为此目的，9 月 25 日在伦敦的约翰街举行一次盛大的集会，讲话者有 G. J. 霍利约克、W. 狄克逊、T. 克拉克、廷德尔、阿特金森、劳埃德·琼斯、H. 罗斯和费格斯·奥康纳，会上通过致女王的陈情表。这些事件激起很大的同情。为了这个同一目标，伦敦和地方各郡都举行了其他群众集会。奥康纳同有关财政与议会的改革家们一天比一天亲昵起来了。仅仅在几月前，在他看来，他们的运动不过是一个狡黠的花招，现在他非但赞成这个计划，而且对它的发起人抱着无限信心，并旅行到诺里奇、阿伯丁和其他边远城镇去给他们支持。

10 月 27 日的《北极星报》上披露塞缪尔·基德的来信，声明辞去执行委员职务。基德是这个团体中工作最努力的一员。苏格兰、英格兰北部、工业地区、英格兰中部以及国内几乎每个地方都通过他论述劳资问题的演讲而获得裨益。现在他抱怨说，有效的组织从未实现，又说协会欠他的款数已达六十镑；他说，执行委员会中的同事们和他意见一致，认为如果没有得到有力的支持，也就不值得保持协会的名称了。为了恢复鼓动工作，又作了一次尝试：在伦敦举行两次群众集会，参加者有奥康纳、雷诺兹、麦格拉斯、狄

克逊、哈尼、克拉克等人。当经决定召开首都代表会议,由二十八名代表出席,对上述问题进行协商。在约翰街举行的一次盛大的群众集会,由主席麦格拉斯以及G. W. M. 雷诺兹、S. 基德、F. 奥康纳、布朗蒂尔·奥布赖恩和D. W. 鲁菲等人发表讲话。奥布赖恩把过去鼓动工作的失败归咎于忽视社会权利的原则。奥康纳反对土地国有化。奥康纳、狄克逊、克拉克和厄丁当选为代表。威斯敏斯特、塔村和其他地区也举行集会,推选代表。兰贝思推选E. 米尔斯、柯林斯、帕廷森和霍布登;芬斯伯里:汤森德、奥尔纳特、李、布莱克;威斯敏斯特:哈尼、格拉斯比、阿诺特、米尔恩;塔村:雷诺兹、麦格拉斯、戴维斯、德雷克;南沃克:兰戈尔、珀西、威尔金斯、珀西;伦敦城区:斯托尔伍德、布朗、本特利、福勒。在这次协商会议
上,大家赞同一项与先前大致相同的组织计划;执行委员会成员的 351
名额从八人减至五人。在会员们尚未举行正式选举以前,先行推选临时执行委员会。哈尼、奥康纳、克拉克和雷诺兹之间发生了相当热烈的争论。后三人都曾参加议会改革家的会议,而且奥康纳是以宪章运动代表的名义去参加的。哈尼对奥康纳未经取得同意就自命为宪章运动的代表,表示异议。协商会议通过决议,不准对其他改革团体进行阻挠;但哈尼却利用《北极星报》对中产阶级政治家继续非议。

在J. 布朗蒂尔·奥布赖恩的主持下,最近出现了一个新的协会,命名为全国改革联盟。该会是在一次公众集会上宣布成立的,主席是G. W. M. 雷诺兹,发言者有奥布赖恩、劳埃德·琼斯等几个演说家。这个联盟是根据奥布赖恩长期提倡的原则而建立的。除了追求人民宪章所包括的各项政治改革外,它还尽力传播有关

人民各项社会权利的知识，规定土地、矿藏和渔业国有化作为实现这些权利的手段；发行一种货币，以全国可消费的财富为基础，而不以目前假的币制为依据；信用贷款国有化，从而通过国家贷款的方式，使穷人可以凭借辛勤劳动上升到安适独立的地位；设立国营市场，在公平合理的条件下实行财富交流。奥布赖恩每星期在约翰街学院就联盟的原则发表演讲，很快就受到伦敦民主主义中坚分子的欢迎。不久以后，这个团体租下索霍区丹麦街的折衷主义学院，奥布赖恩每星期在那里对他寄以厚望的原则作两三次演讲。

由于企图同中产阶级改革家进行合作，宪章派内部越发显得分化了。截至最近止，奥康纳一直指责科布登，现在却跟着他前往埃尔兹伯里，在郡政府会堂举行的公众集会上，令人肉麻地对他大事吹捧，正像他从前对他进行十分恶毒的辱骂一样。为了保护本国工业而在伦敦召开的一次群众集会上，基德和克拉克发生争执。克拉克对他以前始终强烈反对的自由贸易主义者表示同情。他对基德发表一些诽谤性的言论，基德向他挑战，要求同他辩论自由贸易和保护贸易的优缺点。挑战虽被接受，而辩论却始终未曾实现。

在 1850 年 1 月 14 日的一次盛大的群众集会上，不满情绪的
352 迹象越发显露出来了。这次集会是由临时执行委员会召开的。主席是奥康纳。朱利安·哈尼借此机会大肆攻击新兴的改革运动，并表示希望，一旦欧洲大陆人民对他们的暴君再取得优势，他们一定要请暴君们尝尝人民在他们手里所吃的苦头。克拉克对哈尼就上述两点发表的演说表示反对；但多数人对哈尼表示同情。在这次集会上，获释出狱的 W. J. 弗农向听众发表讲话，受到十分诚挚的欢迎。雷诺兹、麦格拉斯、奥布赖恩和狄克逊也在会上讲了话；

奥布赖恩为哈尼辩护，驳斥克拉克的攻击。后者偕同雷诺兹和奥康纳一起访问利兹、布雷德福、曼彻斯特和其他较大城镇，许多群众前来参加。雷诺兹还到陶器产区、泰恩河畔纽卡斯尔、格拉斯哥等城镇进行访问，在十分拥挤的群众集会上发表讲话。哈尼在《北极星报》上给克拉克答复，措辞极不审慎；激起对方更加恶毒的反驳，克拉克在反驳中责骂哈尼胆小如鼠，说他在代表们举行的一次秘密会议上，曾吓得面如土色，浑身发抖，倡议放弃肯宁顿公地的群众集会，虽然当时并没有人鲁莽到夸耀自己公然反抗政府的决心。哈尼承认他希望取消集会，确是事实；但是他说，这是由于他发现克拉克及其一伙没有战斗情绪的缘故，认为如果不能同时举行示威游行，那还不如干脆放弃举行集会更好。在伯明翰通过一项决议，要求克拉克辞去临时执行委员职务，他就照办了；多伊尔、麦格拉斯和狄克逊也步他的后尘。对方的基德、哈尼和格拉斯比也都引退了。

这时期，群众集会经常举行，对议会中的议事情况进行研究，由雷诺兹、哈尼、奥布赖恩和其他民主主义提倡者发表讲话。奥布赖恩把他的各项原则传播到某些人群中去，虽然他们也许并不准备接受它。在卢克·汉萨德的主持下，建立了一个组织，命名为全国革新协会，它召开公众集会来讨论各项改革方案。奥布赖恩参加这样一次集会，提出他有关土地、贷款、货币和财富交流的方案，以及其他三项建议，作为建立有关全国性改革基本特点的前奏。这三项建议是：废止新济贫法，恢复伊丽莎白时代的法律，雇用穷人在公共土地上从事有偿劳动；降低物价，使债务人和债权人之间 353
的相互关系得到合理调整；国债利息由财产持有人负责偿付，该项

国债是为他们的利益而举的。奥布赖恩以绝大多数通过这几项建议。克拉克及其一伙建立全国宪章联盟，与原有的宪章协会处于敌对地位，吁请公众给予支持。哈尼出发旅行，抵制克拉克的行动，在曼彻斯特、罗奇代尔、斯托克波特、麦克尔斯菲尔德等地盛大的群众集会上发表讲话，集会通过对他的信任案。这时候，奥布赖恩开始在公众集会上掌握更大的势力。他简直是有会必到，会会都宣扬他的原则。他每星期必在约翰街受到兴高采烈的欢迎；他还应邀前往格林威治和附近地区。

1850 年 4 月 30 日，在约翰街举行了一次群众集会，由米尔恩、基德和鲁菲发表讲话。两个获释出狱的被告比泽尔和卢尼在热烈的欢迎声中当众出现。南伦敦会堂也是多次集会的场所。4 月 28 日，星期一，奥康纳在汉利参加人民会堂的开幕典礼——这是宪章运动者和现世主义者所购置的一所华丽大厦——当时会场上挤满了人。他在发表一篇很长的演说时，受到陶器工人对他们的领袖惯常表示的热烈欢迎。普选权在法国遭到的毁灭性打击，导致 6 月 3 日在约翰街举行的一次拥挤的群众集会。当时由奥布赖恩、雷诺兹和哈尼发表振奋人心的演说。奥康纳到苏格兰去访问。在格拉斯哥，詹姆斯·亚当斯出来反对他；但在他两小时半争取发言的尝试中，会场上的景象只是一片持续不断的鼓噪，亚当斯终于被奥康纳一派人请来服务的警察拖下台去。当主席退席，而群众也正在分头散去时，经奥康纳的招呼，一部分人留了下来，由他向他们发表讲话。奥康纳还到佩斯利去访问，科克伦出来发表反对他的言论；但集会却一致通过对他的信任案。这位精力旺盛的鼓动家还访问了爱丁堡和乔治·米尔斯；在回程中，他又在卡莱

尔和泰恩河畔纽卡斯尔向盛大的群众集会发表讲话。

执行委员会——现在的成员包括托马斯·布朗、威廉·戴维斯、詹姆斯·格拉斯比、G. J. 哈尼、托马斯·迈尔斯、约翰·米尔恩、E. 斯托尔伍德、G. W. M. 雷诺兹和约翰·阿诺特——开始对社会与政治方面的权利问题表明他们的态度；6 月 18 日，他们在 354
约翰街的群众集会上提出一项决议，赞同奥布赖恩所提出的那些权利，结果获得集会通过。在同一地点举行的下一次集会上，刚从狱中获释出来的约翰·萧前来参加，受到热烈的欢迎；会上宣布，麦克道尔医生也已恢复自由。哈尼这时已和奥康纳分道扬镳，由于奥康纳不准他在《北极星报》上撰写攻击克拉克及其一伙的文章。他已创办一份小型报纸，称作《赤色共和主义者》；雷诺兹的刊物《政治导师》已被合并为一份报纸，布朗蒂尔·奥布赖恩担任该报编辑，为时不长。7 月 11 日，欧内斯特·琼斯和 J. 富塞尔在约翰街学院举行的晚会上受到了款待。茶会后，会堂里挤满了人。哈尼担任主席。沃尔特·库珀、雷诺兹、惠勒、弗农、比泽尔、萧、W. J. 林顿、奥布赖恩和斯托尔伍德在会上发表讲话——一部分人的演说非常动听，非常有力。琼斯和富塞尔博得了震耳欲聋的欢呼。琼斯说，现在必须教导群众重视他们的社会权利以及政治权利；他为哈尼的《赤色共和主义者》的问世而向他们致贺。

1850 年 7 月 11 日，奥康纳重新提出他的关于人民宪章的动议，但下院因法定人数不足而延期开会。宪章主义运动好像又在院外活跃起来了。7 月 14 日，成千上万人前往布莱克斯通边界，由奥文登的拉什顿、斯托克波特的威廉斯、哈利法克斯的沙克尔顿、利奇、乔治·怀特、麦克道尔医生、哈尼、海伍德的贝尔、罗伯茨和奥康纳向他们阐明有关拥护宪章的决议。据估计,参加者不下三万人。当天晚上,奥康纳到他的大本营曼彻斯特去访问,在人民学院内十分拥挤的群众集会上发表讲话,经狄肯森的动议,与会群众鼓掌感谢他的讲话。

7月15日,欧内斯特·琼斯在一支雄壮的群众队伍的护送下,走进哈利法克斯,这些群众是为了欢迎他再一次来到他们的镇市而聚集起来的。群众发出了响彻云霄的欢呼。沙克尔顿、哈尼和琼斯在西山公园内向广大群众发表讲话,然后集会体会到晚上,成千上万人重又聚集一堂。高克罗杰担任主席。集会向琼斯献词致敬,仍由上述诸人发表演说。第二天又举行一次群众集会,把一个装有五十金镑的钱袋赠给琼斯。欧内斯特·琼斯在《北极星报》上发表一篇通讯,否定中产阶级的运动。大约与此同时,奥康纳在

355 同一报刊上也登出一篇通讯,以轻蔑的嘲笑口吻指出那个曾在伦敦历次集会上发表演说反对他的政策的人是一个“可怜虫”。接着发表了琼斯给哈尼的另一封信,反对最近克拉克对他的勇气进行攻击,这当然也是给奥康纳的答复。9月10日,星期日,琼斯和奥康纳在莱斯特郡的蒙特索雷尔参加一次盛大的示威运动。据估计,参加者共有两万人。次晚,琼斯又在莱斯特的一次盛大的群众集会上发表讲话。琼斯在宾利,受到一大队携带着乐器的群众的欢迎。他坐在驾着灰马的车上,被护送进镇,折往菜市场,向群众发表讲话。会后,三百人在共济会堂举行茶会,听到琼斯、鲁宾逊、霍恩斯比、霍尔特和莱特奥勒的讲话。这个小城镇的宪章运动者赠给琼斯十一镑捐款。第二天上午(星期日),他在“巫师祭坛”举行的露天集会上发表讲话,这是约克郡一个最富于浪漫色彩的地

点。琼斯又到唐卡斯特、谢菲尔德、赫布登布里奇、霍尔姆弗思和布雷德福去访问;在谢菲尔德和布雷德福,比泽尔也是在场的。在布雷德福,琼斯在车站上受到欢迎,一辆马车等候着他;他在好几千群众的护送下,经过各街道,前往禁酒会堂,七百多人同他举行茶会。接着举行了一次公众集会,房间里十分拥挤,这位大演说家只得站在会堂的台阶上向群众发表讲话。

这时期,使人们的激愤情绪更加高涨的是奥地利将军海瑙的访问伦敦,由于他对英勇的匈牙利人所施加的残暴凶狠行为,他遭到巴克利和珀金斯运货马车夫的袭击,被迫钻入一个垃圾箱。鉴于这些马车夫出于个人义愤,对这个竟敢以其足迹玷污英国领土的专制魔王予以惩罚,每次集会都通过决议,对他们表示感谢。9月17日,奥康纳在考珀街会堂为前来英国的避难者所举行的一次十分拥挤的集会上发表演说,一提到这些马车夫,立即就激起非常惊人的欢呼。琼斯在利兹的商场内向人数众多的听众发表演讲,受到他们衷心的欢迎。在泰恩河畔纽卡斯尔,纳尔逊街演讲厅里挤满了人,他一出现就听到长时间热烈的喝彩声。他在南希尔兹、布里斯托尔和森德兰以及英格兰其他许多地方作演讲,同样受到了欢迎。他从英格兰越过边境,转往苏格兰游历。他在霍伊克向 356
拥挤的热心听众作演讲,后来又在柯卡尔迪演讲。琼斯到了阿伯丁,在挤满听众的联合会堂受到十分热烈的欢迎。在斯马特、迪安斯、赖特和麦克唐纳先生的动议和附议下,当时通过了关于拥护宪章以及向演讲者致敬的决议,琼斯随即起立讲话,再一次受到热烈的鼓掌。他的演说结束后,当晚举行宴会,对这位来宾表示敬意。9月28日,他在同一场所发表演讲,又很高兴地看到听讲者十分

踊跃。格拉斯哥、基尔马诺克、坎诺克、沃密尔顿、蒂利库尔特雷和其他许多地方证明琼斯的声望日盛。他在各地都受到了欢迎，这是他所遭受的苦难赋予他的应得权利。回到英格兰以后，他在斯特利布里奇、罗奇代尔、帕迪厄姆、考文垂、北安普敦、曼彻斯特、陶器产区和其他许多地方作演讲。在曼彻斯特，他在野营地向人数众多的露天集会发表讲话，后来又在人民学院的集会上讲话，听众也是十分拥挤。在陶器产区，人民会堂被挤得一无空隙，演讲人受到掌声雷动的欢迎。在所有这些场合，巴克利和珀金斯的马车夫博得了高度的赞扬。

大约就在这个时期，几个民主团体曾有合并的意图，因此，在首都举行协商会议，被邀推派代表者有：全国宪章协会、全国改革联盟、社会改革联盟、民主主义联谊会和行业委员会。哈尼、奥布赖恩、德拉福斯、桑顿·亨特、霍里约克等许多领导人物都来参加。他们开会商讨了好多次，曾试图成立一个统一机构，把各团体全部包括在内，定名为全国宪章和社会改革同盟，但结果却是一个显著的失败。怨言的产生另有新原因。奥康纳写信给宪章运动团体，建议在曼彻斯特召开协商会议，为了这个目的，该地区规定元旦为开会日期。执行委员会对此表示异议。欧内斯特·琼斯公然反对。西赖丁代表会议加以指责，指出只有执行委员会才是召开这样一种协商会议的正当权威。琼斯在《北极星报》上写信给宪章运动者，竭力敦促他们不要同意奥康纳的提议，并表示希望，少数应服从多数，而多数显然是反对这个协商会议的。尽管如此，奥康纳
357 固执己见，11 月 17 日参加在曼彻斯特人民学院举行的一次集会上，竭力为他的主张辩护。G. J. 曼特尔反对召开协商会议，但他

无法获得公道的发言机会;召开这个会议的决议几乎获得一致通过。奥康纳在这次集会上对他的中产阶级盟友——财政与议会改革家们——突然改变态度,表明相信,如果这些改革家对人民宪章拥有赞成或否决的表决权的话,他们是一定会投否决票的。鉴于奥康纳和曼彻斯特代表们所持的立场,执行委员会提请辞职,借此对宪章运动团体进行考验。琼斯又写信给宪章运动者,以强硬的口气对所提的协商会议大加指责。信中谈到这个问题时,他说,"也许还会有人企图利用群众集会、高声欢呼、强词夺理和花言巧语,来支持我们阵营中日益没落的派性;要认清这种企图的实质。"曼彻斯特分会在《北极星报》上对琼斯的信作出答复。一般情绪看来是偏袒执行委员会的,各地区对它所采取的政策表示赞同。一周复一周,琼斯在雷诺兹的报纸和《北极星报》上发表通讯,坚持他的责难。"宪章面临的危险"是他在 12 月 21 日的《北极星报》上发表的一篇通讯的标题,他在信中对曼彻斯特分会作出答复,无保留地攻击该分会人士,然而,对奥康纳却不如此,虽然奥康纳才真是造成宗派分裂的罪魁祸首。琼斯对奥康纳的评论虽然装作非常耿直,一般地说,提到他的时候,总是怀着崇高的敬意,不论他对那个惟奥康纳的马首是瞻的曼彻斯特分会责骂得多么厉害。他批评他们向群众提出的行动计划。他们自称愿为"单纯的"宪章努力,毫不考虑有关社会改革的各项问题;但是这一次协商会议的目的之一却是创办合作商店。关于这一点,琼斯这样写道:

"如果这不是'慢慢来'的制度,那就是更加不堪设想的东西。他们要实现单纯的宪章,但就在文章的下一行中,却给它添上经营杂货铺的一条。他们对我们说,当我们将人民的吃饭问题统一组织起来，我们就会发觉它将大大地有助于推进宪章运动的鼓动工作。天哪！我们还得等多少年！工资那么低，时间那么短，恐慌和苦难纷至沓来(按他们自己的说法)——我们还得等多少年，才会有几个劳动人民变成商店老板和高贵绅士，而又能降低身份来帮助我们赢得宪章？我们必须养成多少工人贵族，才会觉悟到我们
358 这样做只是在扩充敌人的队伍？朋友们啊！这项建议可能是从敌人的阵营中来的。这就是所谓彻头彻尾地保持宪章的‘单纯性’。讲到重视合作化原理的价值，没有人比得过我了。这恰恰就是我们一旦掌握了政治权利——换言之，有了宪章——所必须促其实现的；但是你们如果认为可以通过商业合作来实现宪章，那么，你们就成了笨拙的马车夫，把车子放在马的前面，本末倒置了。”

琼斯不仅满足于写作，还前往曼彻斯特旅行，闯进当地分会召开的群众集会，十分猛烈地谴责他们的举动。哈尼每星期也在他现在改称《人民之友》的小型刊物上对上述人士大肆攻击。与此同时，执行委员会的选举正在进行中。候选人共有二十一名，奥布赖恩、库珀、梅西等人已放弃竞选。选举结果如次：雷诺兹一千八百零五票，哈尼一千七百七十四票，琼斯一千七百五十七票，阿诺特一千五百零五票，奥康纳一千三百十四票，霍利约克一千零二十一票，戴维斯八百五十八票，格拉斯比八百十一票，米尔恩七百零九票，亨特七百零七票，斯托尔伍德六百三十六票，富塞尔六百十一票，迈尔斯五百十五票，勒布朗德四百五十六票，林顿四百零二票，惠勒三百五十票，萧二百五十六票，伦诺九十四票，德拉福斯八十九票，菲迪南多五十九票，芬伦四十四票。由此可以看出，以前名望最高的偶像奥康纳只得屈居当选者的第五位，比那个更孚众望

的雷诺兹短少将近五百票;他所以还能获得那么多赞成票,也许不是因为对他表示拥护,而是为了给他一点同情。得票最多的前九名当选为执行委员。

第十三章

359 我们在上面已经提到，琼斯对奥康纳公开保持着一种彬彬有礼的尊重态度；但支配他的行动的，完全是一个伪君子的精明。暗地里，他痛恨奥康纳，想用一切方法打倒他，如果这样做不会使他自己的声望遭受危险的话，但是，某种程度的克制仍然被认为是有必要的。如果他写文章痛斥曼彻斯特分会，则缺乏鉴别能力的奥康纳分子绝不会把它看作是对他们党魁的攻击；然而，它却是一种攻击——一个懦夫的攻击，不敢正面打击，而是选用迂回的方式袭击他的对手。虽然琼斯不敢公然写出或说出他的真实意见，而且在他那封毫无保留地指责曼彻斯特分会的信中还声称谁也不如他对奥康纳尊敬，但他却暗中进行阴谋，企图把他推翻。执行委员会同克拉克及其一伙发生争执时，琼斯到朗兹大院奥布赖恩的寓所去拜访他。当时奥布赖恩的朋友，爱丁堡的莱斯利也在座。他们的谈话转到克拉克、麦格拉斯等一派同哈尼和琼斯一派之间的纠纷（因为克拉克及其一伙仍以全国宪章联盟的名义参加活动，而且正竭尽全力地促成曼彻斯特协商会议的实现）。琼斯在谈话中对奥康纳表示非常愤慨，说他对宪章运动实行专制权力，与民主精神绝不相容。他说，必须不惜任何代价来推翻这种权力，否则，宪章就会被它推翻；然后，他使出他的全部说服能力——对意志薄弱的

人们说来，这种说服力绝不可轻视——继续说：

“你，奥布赖恩，是唯一有能力来推翻这种权力的人。你在宪章运动内部的力量对比方面起决定性作用。不论你把你的力量投到哪一方，哪一方就会占优势，而现在的情况尤其如此，因为争论 360
的双方几乎是势均力敌的。因此，务必请你给《北极星报》写几篇文章——写几封致群众的公开信，我将负责予以刊登；在这些文章或通信中，你既可以揭穿克拉克集团企图使宪章运动者听命于曼彻斯特派的阴谋，同时也可以揭发奥康纳狡诈地支持克拉克的阴谋，而另一方面又对群众的正直的领袖们软硬兼施地进行威逼利诱。奥康纳凭借撒谎和恐吓，已建立起一种卑鄙的专制权力，而你，奥布赖恩，不论对自己或对宪章运动事业来说，都有责任协助我们来粉碎它。”

但是奥布赖恩的意志并非薄弱使他不能识破琼斯的自私自利的阴谋。他一向反对奥康纳——没有人比他反对得更厉害了。他明知琼斯谴责的真实性——痛苦的经验教训使他懂得了这种真实性；但他却鄙视琼斯不敢公开发表他对奥康纳的真正看法，而在自认对奥康纳极端尊敬的同时，竟会在暗中以懦夫的卑劣手段对他施展阴谋。他以这种心情答复琼斯说，奥康纳是一个失势者，他从不喜欢攻击一个势力衰落或地位摇摇欲坠的人；当奥康纳势力强盛时，他曾揭发他，反对他，结果使自己蒙受损害和苦恼；但现在战场上既有比奥康纳更险恶的敌人，那么，单独选出奥康纳，而将其余的人完全放过，则未免愚蠢。至于在其余诸人中，敌对的领袖究竟谁占优势，他都不介意，因为他对谁也不信任。“举个例子，”奥布赖恩说，“我能对你信任吗，琼斯？这个星期，我发现你对奥康纳这样写法（这时候，奥布赖恩指着《北极星报》上琼斯表示对奥康纳十分尊敬的一段文章），下个星期，你又要我通过他自己的报纸，协助你把他推翻——而你本人却在这份报纸上竭力吹捧他。”谈话时在座、后来在折衷主义学院把此事公开的莱斯利对琼斯微微一笑，盯着他看了一阵，直到琼斯感到局促不安，满脸涨得通红；但是，为了尽量摆脱他自作自受的尴尬局面，他还力图用更加可耻的强辩来为他的可耻行为进行辩解。“亲爱的老兄，”他对奥布赖恩说，“有时我们也得替魔鬼拿蜡烛照个亮嘛！”对啦，这位“崇高的”奥康纳，“民主主义者应当引以自豪的一个人物”，在他的自命不凡的弟子欧内斯特·琼斯的评价中，竟成了一个“魔鬼”——而这个富于侠义精神的琼斯，却没有“不可告人的隐私”，他的全部行为都可以“公之于世”。当然，这一切，琼斯都会抵赖，因为只要合乎他的意图，没有什么是他不会抵赖的。但是却有一些旁证足以证实这个
361 隐蔽的阴谋家欧内斯特·琼斯对奥康纳所抱的这种看法。

上述谈话后不久，他发行了一份名叫《人民备忘录》的周刊，刊登着一部匠心独具的传奇小说，题名为《民主运动史，取材于一个民主主义者的日记、一个煽动家的自白和一个密探的记录》。这个煽动家的角色是由一个名叫西蒙·德·布拉西厄扮演的，他的形象大部分酷似奥康纳；对他的刻画如此逼真，只要人们一读以后，立刻就会辨认出这两人的相似之处。琼斯仍然不敢光明正大地攻击奥康纳，但他可以通过传奇小说引人发噱的字里行间，十分方便地对奥康纳进行旁敲侧击；因此，如果他感到合适，需要抵赖这个形象指的是奥康纳时，他就可以抵赖，因为谁也不能绝对断言这个艺术家所指的就是奥康纳。内心的揣测可能与事实完全相符；但

当作家毫不害臊地进行抵赖时，能拿出什么证据呢？他把这位主人公引上政治舞台时，将他描写为一个源远流长、但未封爵的望族后裔。这个名门子弟被描写为具有“贵族的形象”，“凛凛威风，堂堂的仪表中流露出一种稳重、庄严、矜持的神态，挥手之处，鸦雀无声。”他向听众表白，“他原本是个浪荡公子，与一群游手好闲的富家子弟和玷污了人类美名的恶少混在一起”。他说，“工人弟兄们，凭你们劳动的特征，你们才是天生的贵族，今天我已作出了我的选择：我愿和你们同甘共苦。”接着，他把自己描绘成“有钱的人，但是那份财产现在已奉献给你们的事业了。不错，我曾养过猎狗猎马；现在还有两匹（说着，指了指他的马），全靠你们的忍饥挨饿才把它们养肥了。愿上帝饶恕我，我一想到养肥那些马的食物本来可以用来养育我所看到的正在母亲怀抱中挨饿的小娃娃时，我就向上帝请罪。”然后，他声明他打算把那些马卖给别人。凡是记得奥康纳如何惯于夸耀他的家产以及他的猎狗猎马，如何吹嘘他的毫无意义的生活已改换成为人民服务的更有价值的生活，以及如何出卖他的马群，抛弃他的各种享受，为了献身于他们的事业——凡是记得这一切的人们一定会立刻看出这位作家的用意何在。琼斯把他的主人公描写为一个出身高贵的穷汉，从小被培养从事律师业务，但业务非常清淡；他挥霍成性，由于无法维持自己的挥霍，依赖亲友为生，终于使他们因他告贷频繁而感到厌恶，于是他就同一个名叫布卢多尔的高利贷者——一个股票经纪人——一同策划阴谋。德·布拉西厄将把群众引到革命边缘；布卢多尔就利用时局 362
的动荡在金融市场上造成的不景气，为德·布拉西厄收买股票和公债，等到后来股票和公债回升时，德·布拉西厄便出来制止他一

手造成的运动，于是，这个煽动家就由于他所造成的祸患灾难而获致巨富。然后琼斯叙述 1848 年的宪章运动，当然增加了几分渲染。德·布拉西厄在一个像要把他淹没似的伟大运动中处在领导地位，由于害怕，或是由于没有把这个运动推向成功结局的原则，他便大声疾呼："我必须制止这个运动，不让它断送我的声望，我必须改变它的特征和论调，因为对我德·布拉西厄来说，它变得过分民主了。"于是，他决定发动一系列的示威游行——即作者称之为"可笑的大检阅"；德·布拉西厄声称，"绝不应当在塔拉、克朗塔夫、克萨尔猎场或肯宁顿公地上举行大规模的群众集会，除非它最后会变成某种直接行动。"接着，小说作者假想他的主人公正在想方设法要推翻那些同他争夺声望的对手，为此而召集一次代表大会。代表大会终于开会了。两百名代表——最精选、最高尚、最英勇当然也许是最英明的民主人士——聚会一堂，德·布拉西厄在这班时髦人物的普遍掌声中，以人民议会主席的身份就座。代表们提出报告——有关公众情绪的一篇十分乐观的报告——于是，德·布拉西厄驳斥他们所作的声明，指出他们的力量很弱，终于使一部分人相信了这种看法。他在遭到反对时站起来说：

"诸位，一个可怕的阴谋正在酝酿中；这是政府策划的一个恶毒的诡计，就是要把我们消灭掉。他们渴望喝我们的鲜血。请看这个，"他扔下一封信，继续说，"这是我收到的一封警告信，是一名警察写的，警告说，只要我动一动，就会立刻被枪杀。所有的领袖都会一个个地被瞄准打死；我已得到一份名单。每支部队里都有一排精选的神枪手，他们将集中火力对准被指定的个人，而不是漫无目标地胡乱开枪。这是无法逃避的。警察局的一名密探将陪同他们，给他们指出那些献身于运动的人。我重说一遍，我有一份名单；诸位，我不愿把名字念出来；但现在环视一下座位，我的眼光就落在几个人的身上。”

这些话大部分是奥康纳曾经说过的，几乎一字不差。他时常提到从警察和其他方面收到的信，通知他将被枪杀；10日早晨，他 363
曾告诉利奇，他们两人都已被确定为暗杀对象了；关于这点，他是深信不疑的。如果我们参阅4月15日《北极星报》上刊载的奥康纳的演说，这里指的是谁，就不言而喻了。

“德·布拉西厄又站起来。‘我早已告诉你们，一个很大的阴谋正在策划中。迄今为止，我一直在保持运动的纯洁性。我防止一切暴力行为。我从来没有给政府一个把柄。我防止了一切流血——我将继续这样做。我要把运动从一些蠢材和叛徒手里挽救出来。我知道他们的底细。现在我要告诉你们，人民最信任的领袖中，有些人是政府雇用的，有些人现在就坐在这个房间里。’为了反驳运动日益衰落以及工人阶级本身对运动缺乏同情的说法，代表们借助于全国各地热烈进行的群众集会和示威游行，以及代表大会在它开会的城镇所激起的兴奋情绪——不仅如此，还有会场的拥挤情况和听众欢腾的呼声。‘那是政府雇用的密探和叛徒，’德·布拉西厄高声喊道，‘大家不要上这欢腾的呼声的当。有人穿着工装被派到这个会场来，奉命为最激烈的发言鼓掌欢呼。他们都是密探。他们在注意你们，把每个鼓掌的人都记下来。你们这些傻瓜，他们为你们欢呼，就是要你们落入圈套。’”

在4月22日的《北极星报》上，奥康纳在叙述同一名爱尔兰警察会见的情况后说：

“宪章运动的老战士们，我不需要这项声明来使我相信，密探确实已被派到约翰街来了；由于这个情况，我凭着锐利的眼光和灵敏的听力，往往发现毫无价值的演说却博得了那些披着羊皮的豺狼的欢呼，而明智的工人却频频摇首，低下头去。”

作者又使德·布拉西厄对代表大会的部分成员的正直品质产生怀疑。奥康纳在4月29日《北极星报》上的一篇通讯中说：

“有人在代表大会上能说这样一套，而在会外却又说另一套，对这种人，我是绝对瞧不起的。如果一个代表发表了一篇激昂慷慨的演说，使激奋的听众发出持久不息的欢呼以后，在回家途中却对另一位代表说——‘你可曾听到那些该死的傻瓜对我怎样欢呼吗？’这时，你们会对他说些什么呢？”作者接着说：

“派出代表的各个选区看到大会时间被浪费在争吵和十分可
364 耻的钩心斗角中。德·布拉西厄大吹大擂地向大家宣称，代表大会中布满着政府雇用的密探和叛徒；他既是这个运动的唯一救星，于是就成为代表们策划的阴谋的牺牲者；公务时间被浪费于对他私人的攻击；他号召全国抗议这些自称为代表的人们所实行的自杀政策。其结果是不难设想的：给代表们维持生活的经费不再源源而来了。于是德·布拉西厄转过身来向他们说——‘我不是对你们这样说过吗？我说，公众并不对你们抱同情态度；如果不抱同情的话，钱从哪里来？这是测量任何一个运动的标记。谁是谁非，现在你们不难看出来了。’天哪！破坏人们信念的是德·布拉西厄——采取这种手段截断经济来源的是德·布拉西厄——抑制群众热情的是德·布拉西厄——分化瓦解运动的是德·布拉西厄——播下尔诈我虞的种子，使人们相互猜忌的是德·布拉西厄：

而现在德·布拉西厄却倒果为因。他颠倒黑白，把他一手造成的灾祸说得像是那些正被他暗算的人们的无能、愚蠢、嫉妒和奸诈所造成的结果。他们抗议无效。他们无法接近群众。一切与群众沟通消息的渠道都被德·布拉西厄垄断了。他们一筹莫展。他们没有报纸来报道他们的情况；他们没有钱能像他那样遍游全国，向指责他们的群众进行解释。不久，代表们开始欠债了。全国各地既无捐款接济，代表大会不得不忍辱解散，负债累累；代表们落魄城镇，到处流浪，甚至无法返回故乡。于是，德·布拉西厄挺身而出，慷慨解囊，拨款资助；燃眉之急迫使多数代表予以接受。这位煽动家异常审慎，有意大张旗鼓地把事实公布出来，代表们如果胆敢为自己的品德辩护，就被辱骂为忘恩负义的无耻之徒，他们出于卑鄙狭隘的妒忌心理，企图破坏伟大的人民领袖的威信，而这位伟大领袖对那些居心叵测、企图中伤他的叛徒们，仍然伸出他那高贵的、无比慷慨的援助之手。”

我们必须记住，1848 年奥康纳往往惯于在他的通信中宣称一些笨伯和无赖怎样破坏这个运动，而他是怎样成为把这个运动从他们愚蠢和无赖的行为中挽救出来的唯一救星，他又是怎样指责代表们对他进行个人攻击的。同时也应当记住，当时代表大会的景况正如琼斯所描写的，债台高筑；这就是代表大会中一切纠葛的
由来，因为一部分代表由于经济上受人之惠而遭到另一部分代表 365
的嘲讽；奥康纳确曾挺身而出，清偿债务。在 4 月 22 日的《北极星报》上，他是这样提到上述问题的：

“我对上届代表大会部分成员的轻举妄动和愚蠢行为予以容忍，从无怨言，而我的报酬却是为他们偿付一百五十镑的开支，为他们每一个轻率的行为在下院受尽侮辱、谩骂和责难。”

琼斯所绘的画像究竟是谁，这就颇为明确无疑了。但是作者继续写道：

“现在德·布拉西厄行色匆匆地赶到各乡镇去；驿车、火车、轮船——无一不被利用，他的足迹几乎踏遍英伦三岛。每到一处，他就尖声喊叫——‘密探和叛徒们！我已把运动从一群无赖手中挽救过来了。我已防止了大量流血。我已使你们逃脱了歹徒的魔掌。和平、法律和秩序！要不是因为这批密探和叛徒，我们会有多么辉煌的胜利！但我们已挫败了政府，粉碎了他们的阴谋。我已把你们挽救过来了——挽救过来了！’欢乐的泪水顺着他那笑容可掬的脸颊流下来了。”

奥康纳曾在10日上午的代表大会上说：

“倘若不是由于代表大会以外一部分人和会内少数人的愚蠢行为，绝不会有人反对他们的示威游行，而这次游行示威将是英国空前未有的一次壮举。”

在下星期六的《北极星报》上，他致函“优秀的宪章运动者”说：

“当我们宣布打算在肯宁顿公地举行一次群众集会，在那里组成游行队伍，护送全国请愿书前往议会，这个声明好几个星期都未被政府注意；现在我们的道义力量既已获得胜利，我就不怕有人提出异议，而敢断言，如果不是由于自称属于我们队伍中的一部分人的愚蠢行为，一部分人的轻举妄动，一部分人的背信弃义，我们的意图绝不会受到政府的干涉。”

摘自前一章的下列一段描述颇有研究的价值。读者倘把奥康纳1839年和1848年的举动连贯起来，再同这段叙述对比一下，立刻就可以看出作者的用意何在了：

“他（德·布拉西厄）明明知道将会发生局部暴动和骚乱——将会发生流血事件——罪犯将被放逐国外——许多人将身败名 366
裂——许多人将会因此而心碎；但这些与他有什么相干呢？他将得到双重利益。一方面，最热忱、最出名、最正直的人士将被终生流放国外。他将看到他的那么多对手——他正在开始畏惧的对手——从他的前进的道路上被清除出去，然后，他又可得到一份上好的政治资本，不是议论那些光荣的流亡者，便是辱骂另一些人的急躁愚蠢，后一类人只因为不听他的劝告，于是，便为他们的专横和虚荣付出了代价。”

作者进而描写德·布拉西厄的政策所造成的各种秘密阴谋，政府指令密探们听其发展下去，直到它们达到某种程度时止；这正是政府在1848年采取的政策，从密探戴维斯的证词中一看便知。事实上，作者在这部颇具匠心与文采的传奇小说中所述的情节和事件，几乎通篇与奥康纳长期有关的情节和事件完全相同。德·布拉西厄所用的言语的大部分，即使不是绝大部分，几乎可以一字不易地在奥康纳的演说和著作中找寻出来。琼斯充分估计到他的传奇小说预期将要产生的效果，因此在序言中就慎重其事地向读者预作声明，千万不要猜测这个故事影射任何私人；这种保证，后来在奥康纳的朋友们提出尖锐的质问时，他不得不予以重申，因为奥康纳的朋友们是绝不会认不出这个形象的。

尽管执行委员会作为一个整体，反对关于在曼彻斯特举行协商会议的提议，但它仍在1851年1月26日召开。奥康纳以前的影响虽然很大，然而，也只有四个地区派来代表。那个所谓全国宪章联盟(伦敦一个小团体)推选麦格拉斯、克拉克和安布罗斯·赫斯特为代表。除此以外,奥康纳和利奇代表曼彻斯特的宪章运动者,可是,其中一部分人已分化出去,成立了一个以反对新政策为宗旨的地方组织。劳森代表下沃利;诺思代表布雷德福;曼特尔代表沃林顿。赫斯特被选为主席。经过一番有关宪章运动形势的辩论以后,麦格拉斯提出一项决议,经克拉克附议,内容是将当前的形势归咎于大部分人民权利的提倡者的愚蠢和狂妄。曼特尔动议,"鉴于协商会议所代表的只有四个地区,本会议应予解散,由群
367 众自行选择协商的时间和地点。"曼特尔和诺思赞同这项修正案,奥康纳、利奇、克拉克、麦格拉斯和劳森则赞同原动议。于是,克拉克动议,"本会议建议,嗣后宪章运动者参加其他政治团体的会议,即赞同扩大选举权或其他进步性改革的会议,其目的应当是为了给予协助和支持,"利奇表示附议。以前奥康纳虽然曾支持中产阶级的运动,现在却和他的新盟友闹翻,因此反对这项动议了。

"他要提醒他们中产阶级以前对人民所进行的欺诈。人民指望这个阶级给予公道,就像指望月球上的人会给予公道一样渺茫。人民必须完全依靠自己。财政改革家们将利用他们去实现自己的目的。他们参加会议是为了统一公众思想,他们这样做,不应当被看成是中产阶级手下的傀儡,但上述决议却证明这是事实。"

他又说:

"他要向他们说明,现在科布登和布赖特虽然可能投票赞成'小宪章',但是,如果真有希望把这个方案制成法律的话,他们仍会买通他们那一派的人来进行阻挠。这些人玩弄花招,目的是为了自己的利益。他最后向他们说,除了工人阶级以外,不要对社会

上任何阶级寄予信任。至于他本人，他绝不会信任任何阶级，也不会与它合作。他已为他们的事业花费了不下十三万镑，他永远也不会背弃他们。”

克拉克证明，奥康纳为议会改革派所尽的力比宪章协会中任何人都多，并且宣读几篇摘录，证明他曾花费二十镑，跋涉将近六百英里，前往阿伯丁参加他们的群众集会；当委员会提议修改协会章程，主张以全民普选权来代替户主选举制的时候，奥康纳表示反对，不愿在中产阶级改革家的道路上设置最小的障碍。他曾到诺里奇去给他们支持，又在《北极星报》上的通讯中表示给予支援，并劝别人采取同样做法，严厉地谴责一切反对意见。宣读这些摘录，对于人们所想象的奥康纳的行动一致性是一个沉重的打击；但克拉克只重述他在上面所发表的意见，并增加了大意相同的一些话来表示支持。克拉克同意对他的决议作一些修正；但奥康纳仍然
反对，他提出一项修正案，这个修正案本身虽很完美，其目的却在 368
于企图以间接的方式取消这项动议。他的修正案是——“对于一切愿意和他们真诚合作、共同争取制定完整的人民宪章的任何党派，人民不应当反对。”克拉克及其同伴终于同意奥康纳的修正案，并一致予以通过。克拉克的决议同样也获得通过，奥康纳、诺思和曼特尔表示反对。于是会议作出决议，主张坚持完整的、全面的、唯一的宪章；但协商会议随即自食其言，建议成立合作商店，奥康纳最初表示反对，后来却表赞同，只有曼特尔一人坚持异议。但现在协商会议遭到了一个致命的打击，否则，它的成就必然是相当大的。曼特尔提出一项决议，主张选派代表去参加执行委员会不久将在伦敦召开的协商会议。克拉克、麦格拉斯、赫斯特和利奇的一

贯表现好像把宪章协会执行委员会这个团体看作不存在似的，因此，现在他们既不能认清他们的权利，于是便对这项动议表示反对。然而，奥康纳却给予支持，声称他保证这个协商会议不会成为执行委员会的工具。他声明说，即使他思考整整一个月，他也写不出那么完善、那么及时的决议。他还断言，不管政治掮客们可能说些什么，做些什么，他绝不放弃他的政治原则。这句话触动了麦格拉斯，他说，他认为奥康纳使用“政治掮客”这一名词时，应当说清指的是谁，以便群众可以对骗子加以提防。可是，奥康纳默不作声。动议提付表决时，奥康纳、曼特尔、诺思和劳森表示同意，克拉克、麦格拉斯和利奇表示反对；在表决以后，后三人连同主席一同退场，他们都感到非常难堪；他们声明说，最后通过的这项决议使整个议程全归于无效了。后来，在曼彻斯特举行的群众集会，承认了协商会议的全部议程，但最后一项决议除外。甚至奥康纳在协商会议上给它的支持，也不能促使集会对它表示同意。在协商会议的议事过程中曾发生一场争论，起因于奥康纳暗示，哈尼被《北极星报》解雇是由于他提倡私人暗杀。这个问题经提交执行委员会审议。奥康纳力图使它不予讨论，但未生效。执行委员会通过
369 决议，宣布哈尼并无过错，后来，在约翰街学院举行的公众集会通过下列决议，承认该委员会的决定：

“本会议听取了执行委员会的报告和哈尼先生的解释后，特此决议，奥康纳先生在曼彻斯特协商会议上归之于哈尼的一切罪状和恶名，均不成立；哈尼先生在有关他退出《北极星报》这一行动的前后过程中所持的态度，始终是一个忠诚正直的民主主义者应有的态度，值得人民的敬爱，而且与新闻记者往往特有的那种奴颜婢

膝的表现迥然不同。更有进者，本会议研究了哈尼先生被其敌人据以指控他提倡私人暗杀的见解以后，特此否定这种恶意诽谤的指责，并宣布这些指责者为造谣中伤者和精神上的杀人犯，应受到所有正直人士的咒骂。”

霍利约克提出一项修正案，他的见解包含着更加严正持重的意见，博得许多人的支持。其内容如次：

“本会议听取了哈尼先生对指控他的罪状所作的答辩以后，特此表示满意，并向哈尼先生重提保证，表示对他信任。”

然而，原决议在沸腾的欢呼中以绝大多数获得通过。奥康纳先曾否认有关他在协商会议上指控哈尼的报道，但有人当场宣读一个记者给雷诺兹报纸的信，证实了这项报道的正确。欧内斯特·琼斯是这项决议最有力的支持者之一。他指责修正案“空洞无聊”，诬蔑某些张贴匿名告示反对哈尼的人为“胆小如鼠的恶棍”。奥康纳在参加协商会议期间，曾到许多工业城镇去进行访问，在斯托克波特、罗奇代尔、奥德姆、阿什顿、博尔顿等地盛大的群众集会上发表讲话，到处大受欢迎。

现在执行委员会的组成人员是奥康纳、哈尼、琼斯、雷诺兹、阿诺特、霍利约克、桑顿·亨特、格拉斯比和米尔恩，他们制定了执行委员会有关各项原则和计划的纲领，准备提交代表大会。就该委员会成员们先前所作的各项声明而言，这份纲领的内容十分贫乏。社会权利的各项重大的、基本的原则都被忽视；有关这一问题所注意的主要一点是修改合伙法，以便更有效地保护合作社社员的利
益。奥布赖恩曾参加在约翰街举行的第一次群众集会，会议提请 370
公众注意上述纲领，当时他指责这份文件的缺点，称它为十足谎言

的大杂烩。会上大部分人对他的评论表示同感。霍利约克在下次公众集会上对奥布赖恩的言论提出批评，把他比作已故的威廉·科贝特，据说科贝特手里挥舞着打谷用的连枷，在没有敌人可打时，就用来打他的朋友。本尼和佩蒂在集会上发表讲话；后者对奥布赖恩吹毛求疵地进行指责，他的话常常被群众的大声干扰所打断。D. 奥康纳力图证明这样一种谬见，即假想工人们作为一个阶级，可以单凭合作化的办法使自己摆脱受奴役的社会地位，罗杰斯为奥布赖恩辩护，指出纲领中唯一有利于人民的要点是人民宪章。芬伦向集会发表讲话，表示相信，人民在争取社会权利以前必须取得政治权利。

1851 年 3 月 31 日，星期一，代表大会在伦敦圣马丁巷的帕森尼姆公寓内召开。三十名代表来自下列各地：格林威治和肯特的雷诺兹；兰开夏北部的 J. 格雷；朴次茅斯和爱丁堡的桑顿·亨特；威斯敏斯特和马里尔本的 A. 汉尼巴尔；兰姆贝思和南沃克的 G. 谢尔；塔村的 J. 萧；伦敦城区和芬斯伯里的 J. 芬伦；布雷德福区的 A. 罗宾逊；埃克塞特和蒂弗顿的 T. M. 惠勒；曼彻斯特的 F. 奥康纳和 G. J. 曼特尔；伍斯特郡和格罗斯特郡的 G. J. 哈尼；布里斯托尔的 T. 萨维奇；哈利法克斯区的 E. 琼斯；佩斯利区的 A. 邓肯森牧师；诺丁汉郡的威廉·费尔金；斯塔福德郡陶器产区的 J. 凯普韦尔；谢菲尔德和罗瑟勒姆的 J. J. 比泽尔；柴郡的 W. 本福尔德；考文垂和伯明翰的 A. 耶茨；北安普敦的约翰·巴克；莱斯特的 G. 雷伊；南希尔兹的 D. W. 拉菲；爱丁堡的 W. 普林格尔；哈德斯菲尔德区的 T. 赫斯特；敦提的 J. 格雷厄姆；德比区的 J. 莫斯；泰恩河畔纽卡斯尔的 J. 沃森；达德利区的 D. 汤普森；格拉斯哥区的 D.

保罗。代表们提出报告以后,宪章运动团体的政策问题在大会上提出讨论。少数代表仍然赞成只为宪章进行鼓动工作,而不问其他。持这种意见的人之中有曼彻斯特、德比、陶器产区和北安普敦的代表;但绝大多数赞成既要为人民的政治解放,同时也要为人民的社会地位解放进行鼓动工作。大会又一致认为,宪章派虽不应当反对财政和议会改革派,但也不应和这一派缔结同盟。霍利约克和其他两三名代表对这项决议的后一部分提出相反意见,但决 371
议大体上一致获得通过。然后,大会决定——只有六名代表表示异议——修改宪章,使罪犯只有在刑期未满时才被剥夺选举权。这项决议的获得通过,表明人们对其所参与的活动多么缺乏全面的考察,因为决议所包含的原则在大约九年以前的伯明翰协商会议上已经通过,而宪章的这一部分已按这个原则修改过了。大会还一致同意了下列各项决议:再为实现宪章呈递一次全国请愿书,经全国同时举行的群众集会通过后,由各该集会的主席签署证明;在即将来到的大选中提出宪章派候选人;鼓励宪章运动者设法在地方政权方面占有势力,发表有关这个问题的言论;在各行业、农业区、煤矿工、开采工和铁路工人中,开展有关宪章的鼓动工作,并派特别宣传员前往爱尔兰。执行委员会的第一份纲领对社会权利的基本原则虽未加以注意,现在却日复一日地在代表大会上提出有关这些原则的建议。其中有一款经提出后获得通过,即主张通过设立一个农业委员会,使土地国有化;将瘠地、公地、教会属地和王室领地归还人民;授权国家逐渐收买其他土地,直到全部成为国有地产。另一款主张政教区分,将教会现有产业收归国有,但适当照顾既得利益。第三款规定实行全国性、非宗教性、强迫性的义务

教育的原则。第四款坚持合作社享有注册和征募权，并认为，所有合作团体应合并为全国统一组织，所得利润纳入总的基金；国家应开放信用贷款，对希望为从事企业活动而结合的工人团体贷予资金。第五款主张贫民在失业期间享有充分救济的权利，在可能时，使他们在土地上就业；年老力衰的人应有权领受救济，或住在自己家里，或住在政府兴建的特定场所，由他们自行选择。第六款声称一切税款应以土地和累积财产为征收对象。第七款规定清偿国债，以所付利息作为还本的一部分。第八款指出常备军是违反民
372 主主义原则，并危害人民自由的；但暂时还有必要维持一支常备军，陆军必须进行改革，海军也是如此。第九款声称每个个人有携带武器的权利，并应给予军事训练的机会。代表大会又通过一款，反对极刑。全部建议经过相当长时间的讨论，部分代表所说的话非常有力。而且，大体说来，代表们的讨论竭力避免尖刻激烈，几乎每个人发表的意见都是心平气和，持重得体。这一届代表大会所通过的纲领比以前历届代表大会所通过的优越得多。其中大部分内容体现了代表们卓越的政治家风度。在有关土地问题的讨论中，理论与实践相结合。只有两名代表——哈尼和芬伦——对执行委员会的条款提出异议，他们赞成土地国有化，但不同意对现有土地所有人给予补偿。然而，他们的反对并不十分坚决。代表大会虽然规定社会权利的原则，但同时由于通过有关信用贷款的条款，却造成严重的社会祸患。这一条款所以获得通过是由于在执行委员会和代表大会中都占有优势的共产主义倾向。然而，它却受到强烈的反对。格雷厄姆的反对非常有力，他坚决认为，信用贷款既属国有，就不应当强使人民加入合作团体，以便享受它的利

益；而应当让他们共享这些利益，即使他们愿意按照个体原则从事劳动，享受的利益也应当像他们加入合作计划时那么多。欧内斯特·琼斯是维护这一条款特别出力的辩护士：他肯定地说，人们通力合作，收效必大，又说，他们并不强求人们合作，尽可随意决定取舍。格雷厄姆回答说，“是的，他们尽可随意决定，正像群众给教会捐献一样。牧师们说，‘我们不强迫你们来做礼拜，但来与不来，你们都应当捐献。’琼斯先生以类似的口吻说，‘参加合作与否，悉听尊便，但是如果不参加合作社的话，你们就分不到全国基金的一份，虽然这项基金属于你们，如同属于合作社员一样。’”这个机智的苏格兰工人引用的巧妙例证使那个老于世故的律师感到惊讶，他在会场的一片笑声中频频摇头。其他代表出来圆场，这一款获得了通过；但是双方的票数几乎相等。

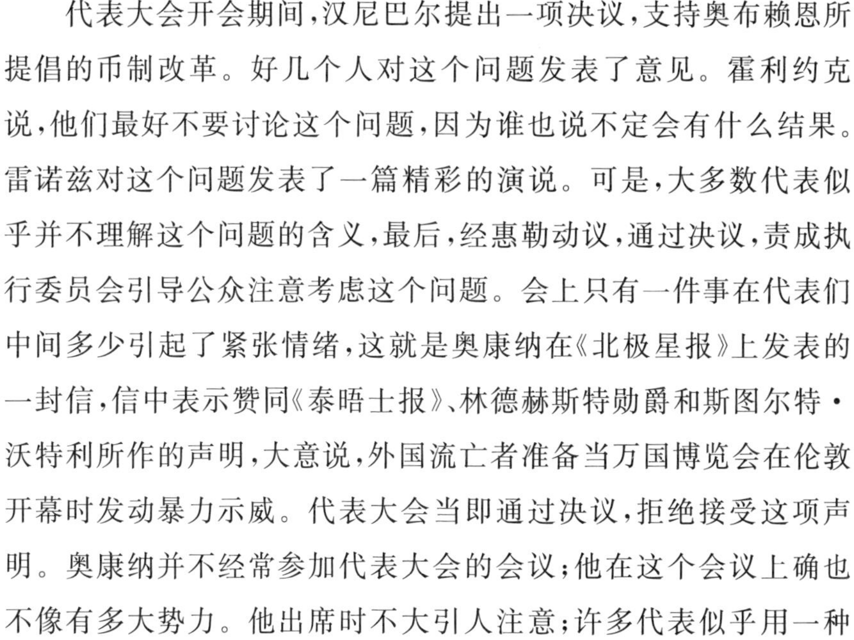

代表大会开会期间，汉尼巴尔提出一项决议，支持奥布赖恩所
提倡的币制改革。好几个人对这个问题发表了意见。霍利约克 373
说，他们最好不要讨论这个问题，因为谁也说不定会有什么结果。雷诺兹对这个问题发表了一篇精彩的演说。可是，大多数代表似乎并不理解这个问题的含义，最后，经惠勒动议，通过决议，责成执行委员会引导公众注意考虑这个问题。会上只有一件事在代表们中间多少引起了紧张情绪，这就是奥康纳在《北极星报》上发表的一封信，信中表示赞同《泰晤士报》、林德赫斯特勋爵和斯图尔特·沃特利所作的声明，大意说，外国流亡者准备当万国博览会在伦敦开幕时发动暴力示威。代表大会当即通过决议，拒绝接受这项声明。奥康纳并不经常参加代表大会的会议；他在这个会议上确也不像有多大势力。他出席时不大引人注意；许多代表似乎用一种

鄙夷的眼光看待他。这种说法适用于这样一部分人，他们在他得势时对他百般奉承，但一旦发觉他的势力已在衰落，就背弃了他的事业。可是，他却没有忘记提醒他们，他曾为这个事业花费了十三万镑，而他却从未用过人民的钱去旅行一英里路，吃过一餐饭。奥康纳在这个时期的容貌表明他的体质已发生了巨大的变化。“优秀宪章运动者”的这位伟大领袖以前所特有的活泼的精神面貌已不复存在了。在一个细心的观察家看来，这位一度精力充沛的鼓动家心理上显然已产生动摇。他的演说和通信都语无伦次，而他的眼光也不如惯常那么炯炯有神。一般看来，他精神恍惚，如在梦中。一周复一周，他在《北极星报》上发表通信，警告群众小心提防前来参观博览会的外籍人士，力劝他们绝对不要参加计划中的革命，这进一步证实他的胆怯怕事。这时候，哈尼和琼斯正在设法创办一份贴花报刊，名为《人民之友》，以便与《北极星报》相抗衡，为此发起筹募捐款，但认捐金额除去开支以外仅达二十二镑，于是，
374 这个计划便放弃了。哈尼在奥康纳全盛时期曾经常地协助他打倒许多人，而现在却一反常态，以无情的敌意反对他的旧主子。第二十四期《人民之友》上刊登了一篇文章，题名为“革命终于到来”。这篇文章提到土地公司的业务。奥康纳曾开设一家与该公司有关的银行，并曾储入好几千镑存款；银行经理发函通知存户，在议会对清理公司债务以便偿还奥康纳的垫款作出决定以前，所有存款暂停支付。经理的通信说明，这个决定是经土地公司全体董事同意后作出的。现在奥康纳发觉他那只即将沉没的孤舟已经支离破碎了。以前曾有一个时期，上述这些人中有一部分任凭他以他们的名义发表讲话，从不要他征求他们的同意；但全盛的日子已成陈

迹，惨痛的逆境就在眼前。克拉克、多伊尔、麦格拉斯和狄克逊通过《每日新闻》致函银行存户和土地公司会员，拒绝接受银行经理的通知，说明奥康纳在 1848 年开始拥有银行的全部所有权，从此，他们就不再过问它的业务经营；直到有关清理土地公司业务的法案提出以后，他们才发觉奥康纳企图用土地公司的财产偿付这项营业的一切损失，因此，他们对任何足以增加公司债务的行动提出抗议。奥康纳把这种抗议曲解为拒不偿付银行存户要求的依据。他们又表示异议说，奥康纳所称公司欠他的债务的数额是不确的。从 1849 年 8 月起，他在土地公司的财产项下动用过好几千镑，但他们和股东们都一无所知。他们还说明，土地公司欠奥康纳的款数不论多少，存户或他本人都不能动用，因为他已在 1851 年 3 月 31 日把公司的全部财产转让给一个名叫作马歇尔·特纳的律师，他们举出一份有关法律文件作为佐证。他们否认对银行的倒闭和存款的停付有任何关联。奥康纳在发表这些声明的同一报刊上力图答辩。他说，过去几个月，他曾掏私囊支付董事们的薪金，他和公司的往来账目如下：为公司付出一万一千九百二十六镑十四先 375
令十一便士，收回四千九百二十一镑十先令八便士，收支相抵后，尚欠奥康纳七千零五镑四先令三便士。但奥康纳闭口不提董事们说他曾把公司欠他的债务转让给马歇尔·特纳的指责。哈尼对这些事实进行了严厉的批判，他的文章最后说：

“现在，我们的揭发还只是刚刚开始。奥康纳自绝于一切正直人士的情谊，而让自己受到阿谀奉承的小人和政治掮客的包围，现在他正开始面临他应得的报应了。”

在下一期的同一刊物上，哈尼继续予以攻击，发表的文章题名为“一丘之貉”，后面附有《劳埃德伦敦新闻周刊》上登载的董事们来信的节录，信中对奥康纳的诚实正直进行了第二次攻击。这封信的对象也包括银行存户和土地公司会员。董事们证明，当下院委员会提出报告时，公司结存余额七千六百五十九镑十四先令二便士；嗣后奥康纳曾收进几笔款项，付出几笔开支，致使公司对他有了亏欠，数额是八百九十九镑十七先令一个半便士，而不是他本人所说的七千零五镑四先令三便士。为了要求更大的债权起见，奥康纳把他在自己的银行所亏损的三千六百零六镑，旅费二千镑以及据称他应得的四厘利息都记在账上。他们责备奥康纳没有把从1849年8月起，他们付给他的四百零九镑十八先令四便士列入他的收益账目，他们证明，据奥康纳本人在《每日新闻》上所发表的通信，他摊给公司负担他在自己的银行所亏损的三千六百零六镑，并非像他所说，掏自私囊，而是从出售属于公司的土地和其他财产的款项中拨出来的。他们进一步证明，他将属于公司的公款把持在手，其应得利息远远超过他本人所借出的数额。公司欠他的利息只有九十六镑，而他拥有的公款所欠公司的利息按同等利率计算，应为一百二十一镑二先令四便士，因此结算后的差额应属于公司。他们声明，奥康纳从1848年10月起，他所动用的五千三百三十一镑九先令中，只付出了两笔款项——一笔为二百十六镑十先令五便士，另一笔为一千镑，均用于经常开支，因此，他还必须说明四千一百十四镑十八先令七便士本息的用途，同时他们还要求他对拨给他自己的银行的三千六百零六镑偿付利息。他们表示有十
376 分可靠的理由，相信奥康纳曾不惜重大牺牲，出卖公司财产，以便维持他自己的银行。他们又说，奥康纳村的地产曾以一千三百八

十三镑十五先令七便士的代价抵押出去。承受抵押者是公司的法律顾问 W. P. 罗伯茨，关于此事，他们刚刚了解，这样一笔交易未经他们同意本不应当进行。他们对用于旅费的一项巨额开支表示异议，否认他们曾在过去十八个月中领过四分之一以上应得的薪金，而奥康纳却从出售公司财产中获得巨款，全部用于维持他自己的银行和另一摇摇欲坠的企业《北极星报》，倘若不从出售公司土地的价款中拨款支援，它们早已关门大吉了。这批长期以来对奥康纳阿谀奉承的人在声明中最后说："奥康纳所奉行的原则是'占有者在诉讼中总占上风'，既然公司的财产已全部用他本人的名义，因此付款与否都由他随心所欲；他既把一家信托公司变成一份私产，就把公司财产放进了私囊，否则，毋庸说明，不论作何用途，他都不会从他私囊中掏钱。为了主持公道，我们必须揭穿奥康纳表面慷慨的假象，正告会员们，他所发表的有关我们的言论纯属造谣。"

然而，哈尼却不甘心让董事们冒充正直君子。他在他的文章中这样评论说：

"他们不必以甜言蜜语来安慰自己的灵魂，以为只要毁掉奥康纳，就可以把自己洗刷干净了。相反地，他们污蔑他的品格越是成功，他们自身陷入不光彩的泥坑的程度也就越深。当金元滚滚而来的时候，他们和他伙同分肥；现在这些长期对他盲信的受骗者和受害者（他们终于有所觉醒）必将和他一样受到咒骂。"

克拉克在《每日新闻》和《劳埃德伦敦新闻周刊》上向奥康纳开火，犹嫌不足，而且还前往曼彻斯特召开公众集会，在会上，利奇、多诺万和他本人指责奥康纳和 W. P. 罗伯茨不诚实。奥康纳反驳说，克拉克霸占了土地公司办公室内的一座时钟。克拉克回答说，这座时钟是他出钱买的，他还保存着付款的发票。土地公司正在日渐衰败，许多接受分配者不承认奥康纳为他们的地产主人，也不缴付租金，其中有些人声称，他们的境况很困难，无力偿付。

377 执行委员会就他们有限的财力所及，继续工作。他们时常发出通报，宣扬民主主义原则。欧内斯特·琼斯在全国做了一次广泛的旅行，发表演讲。首都举行一次公众集会，由韦克利担任主席，要求对欧内斯特·琼斯在狱中所受待遇进行调查。霍利约克、奥布赖恩先生等在会上发表讲话，对上述目的表示赞同，于是一致通过一份请愿书。全国改革联盟分会在折衷主义学院召开集会，要求不仅对琼斯，而且对与他同时判决的罪犯所受的待遇，一并进行调查。会上由费格斯·奥康纳、布朗蒂尔·奥布赖恩、比泽尔、富塞尔、博伊森和格尼发表讲话，会议一致同意向议会提出请愿。

反对奥康纳的通信在各报上仍陆续刊登。他对它们作了答复，或者说，提到了它们；但他的文笔现在也不大犀利了。他那谩骂的本领好像已丧失殆尽，不论哪种文章，他都写得很少。尽管他受到上述指责，7 月 19 日，奥康纳村还为他举行了示威集会，向他献词，表示同情和谢意。8 月 7 日，解散土地公司的法案经女王批准成立。

执行委员会的会议不久就不再有许多人来参加了。琼斯正在旅行中；哈尼在苏格兰访问，发表演讲，霍利约克的情况也是如此。在 1851 年 9 月 24 日的会议上，秘书宣读雷诺兹的来信，称他由于体弱多病，不再能为执行委员会尽职。因此，他提请辞职，并把协会欠他的二十镑作为他的赠款。他以同样的理由谢绝参加布雷德福自治市的竞选，先前他曾答允担任这一区的候选人。执行委员会举行的下一次会议，阿诺特、格拉斯比、亨特、琼斯和米尔恩均出席参加，会议一致同意对雷诺兹为宪章运动事业所作的贡献致谢。现在，哈尼开始对霍利约克称颂曼彻斯特改革家一事表示不满，说他难以理解，霍利约克既然继续在执行委员会工作，这种做法如何能与他的身份相一致。勒布朗德被选为执行委员，以接替雷诺兹。

奥康纳的智力现在显然日益衰退。10 月 20 日，匈牙利的伟大领袖科苏特在南安普敦登陆。当时举行了盛大的示威运动，欢迎他踏上我国国土，接着由市自治机关设宴招待。奥康纳也出席参加，出人意外地抢步上前，紧紧握住科苏特的手，连称不胜爱慕 378
云云。他被市长劝阻；却以傲慢的神气质问，“这有什么关系?”然后，才坐下来。在伦敦工人为科苏特举行的示威集会上，委员会不让奥康纳进入汉诺威广场公寓。这件事主要是桑顿·亨特安排的，但雷诺兹的抗议使奥康纳终于入场。布朗蒂尔·奥布赖恩不会被排挤在会场之外，因为他是示威集会筹备委员会的成员，但他被拒绝与科苏特进行个人接触。欧内斯特·琼斯没有出席示威集会，因为会上的演说家都不会提到宪章。奥康纳所受的待遇使许多宪章运动地区作出决议，谴责筹备委员会的行为失检。委员会自作辩护，所持的理由是，他们希望保证示威集会能收实效而又秩序井然。但近来奥康纳的举止行动已表明他不能控制自己的行动。他们又称，科苏特表示，如果奥康纳参加活动，就不接受献词。

现在，由于宪章运动团体索然缺乏生气，对执行委员会的不满情绪，便开始产生。11 月 12 日，在考珀街公寓举行一次公众集会，由卡登担任主席。发言攻击执行委员会的有迪克、罗杰斯、斯特拉顿、布赖森、奥斯本和斯威夫特——而为这个团体辩护的是斯洛科姆和法罗。奥布赖恩在会上讲话，但只是为了揭发《地球报》对他在招待科苏特的宴会上发表的演说报道失实。他曾致函《地球报》，该报答应照登，但所发表的仅是信中无关重要的一段，同时却登载一篇冗长的答辩。集会最后结束，没有达成任何决议。11月15日的《北极星报》上刊登了欧内斯特·琼斯的通信，唤起人们注意即将来临的执行委员会选举。他对他的几个同事故意找碴儿，号召宪章运动者慎防宪章运动落入其他党派之手，如果执行委员会的多数成员同情其他运动而不同情宪章运动的话。他主张废除义务任职的九人委员会，代以领取薪金的三人委员会。23日，在约翰街举行公众集会，研究宪章协会的组织问题，当经推定委员
379 会负责研究。欧内斯特·琼斯动议恢复首都代表会议的编制，经过相当长时间的讨论——参加讨论者有奥斯本、尼科尔斯、李、伦诺、卡登、惠勒、亨特、默里、勒布朗德、迪克、比泽尔、布莱先生等——这项动议终于获得通过，表示异议的仅有二人。

执行委员会日益丧失战斗力。霍利约克、亨特和勒布朗德先生同情中产阶级改革家，他们和部分同事间的分裂已不可避免。当时正在纽卡斯尔、希尔兹等地演讲的朱利安·哈尼写信给执行委员会秘书，表示不再争取重行当选。据称原因是事务繁重和体力衰弱。他对比较稳健的同事们挑剔备至，因为他们一面继续在执行委员会任职，另一面却又支持其他运动，他谴责琼斯未经代表大会核准，就提出关于设立领取薪金的执行委员会的计划。勒布朗德在12月13日的《北极星报》上发表一封致宪章运动者的公开信，反对琼斯的意见，为自己有关中产阶级的政策路线进行辩护。

琼斯在下一期的《北极星报》上提出答辩。

法国路易·拿破仑的武装政变在我国首都引起了议论。在国民会堂举行了一次公众集会，由 G. J. 霍利约克担任主席。J. 佩蒂提出下列决议：

“本会议抗议法国的政变——抗议在实行政变时所采取的残酷无情的独裁手段，并认为它有责任为正在军事统治下深受苦难的友好的法国人民公开呼吁。同时也殷切地请求我国政府运用政治力量，使法国人民被有组织的专制政府不可容忍的侵犯行为所剥夺的各项自由权利得到恢复。”

G. 霍珀附议，塔斯纳尔给予支持，此外还有牛津的伯奇、古德费洛和埃利斯；然后，奥布赖恩提出修正案，语气更加强烈：

“本会议以憎恨厌恶的心情注视路易·拿破仑成功地篡夺了政权——为完成这一篡权行为，犯下了欧洲历史上空前未有的种种罪行，其中包括叛变、暴虐和有计划的屠杀。我们看到伟大的、富于博爱精神的法国人民经过艰苦奋斗获得的宪法权利与自由竟被用武力横加蹂躏，深表同情，我们同一切善良的人们一道，真诚地希望，欧洲不久将看到这个篡夺者的权力的终结，这是他的统治、他的罪行以及他对法国人民的忘恩负义行为应得的结果。” 380

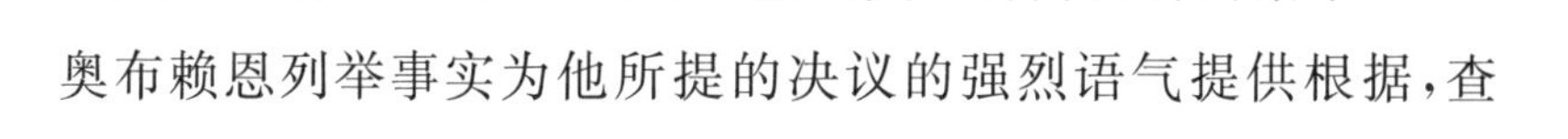

奥布赖恩列举事实为他所提的决议的强烈语气提供根据，查尔斯·默里表示附议，这项决议交付表决时以绝大多数获得通过。

1852 年 1 月 3 日，那份 1837 年年底以来一直由费格斯·奥康纳经营的《北极星报》更换了业主，由奥康纳转让给他的编辑和发行人弗莱明和麦高恩，他们以一百镑的代价收购了这个日益衰落亏蚀的产业。在转让前的一段时间，这份报纸好像完全归弗莱明一人经营，所有文章的写法似乎要把宪章运动团体拱手让予中产阶级改革家，而在各栏的篇幅中也没有多少宪章主义的气息。

与此同时，执行委员会的选举正在进行中。尽管奥康纳已一再露出精神错乱的迹象，显然已丧失甚至处理自身事务的能力，但仍有六百人投票拥护他。当选的九人是：欧内斯特·琼斯、约翰·阿诺特、费格斯·奥康纳、T. M. 惠勒、詹姆斯·格拉斯比、约翰·萧、W. J. 林顿、J. J. 比泽尔、G. J. 霍利约克。第一名仅得九百票——正好是上届雷诺兹所获票数的一半——而最后一名只有三百三十六票。这些数字表明协会的力量已经削弱。但是，造成这种衰败状况的更重要原因是由于当选的执行委员不能协调一致。奥康纳不能工作。欧内斯特·琼斯辞去职务，声称他不能担任这样一个执行委员会的委员，要求宪章运动团体立即选举代表大会。惠勒也辞职了。他的几点理由是：执行委员会无力支付秘书薪金；他曾因酗酒受到霍利约克的反对；以及谁也不愿意义务效劳。W. J. 林顿只能在某些条件下效劳。他认为宪章运动团体已无生气，老一套的政策不会使它复活。工人阶级只有通过两条道路才能实现宪章——一条是通过暴力，另一条则是通过与中产阶级的联合。关于第一条道路，他们不见得比1839年和1848年更有准备。因此，唯一出路是第二条；他力劝实行联合，目的在于实行普选权和取消财产资格限制。只有在这些条件下，他才同意为宪章运动团体效劳，他是渴望效劳的。上述诸人的辞职促使其余成员发表一
381 项声明，谴责哈尼和琼斯在任职期间使执行委员会负债三十七镑，对此，他们应负一部分责任。

为了撙节开支以免将来负债，执行委员会把原有的办公室退

租了。《北极星报》现在公然劝人们放弃宪章,建议为实现普选权和秘密投票而进行鼓动。它声称“宪章派”一词“不仅看了令人触目,而且听了腻味”。欧内斯特·琼斯参加代表会议召开的集会,看来这个团体与执行委员会处于敌对地位,正力图削弱它的势力。关于金钱问题,琼斯答复了执行委员会,说明他的辞职并没有使他推卸债务上的法律责任,他仍和以前一样承担责任。琼斯现在对《北极星报》的背弃宪章主义痛加斥责。该报编辑答复说,他的攻击出于报复心理,因为他曾想染指该报的所有权,但遭到了拒绝。在这个时期,琼斯每次提到奥康纳,必使奥康纳的崇拜者感到十分满意。他令人作呕地对奥康纳吹捧。这种举动的用意何在,十分明显。当他要求奥布赖恩与他勾结,阴谋搞垮奥康纳时,奥康纳正妨害他的领导地位。现在奥康纳不再妨害他了;而他要想自成一派,主要还得依靠奥康纳的党羽,因此,就必须捐弃前嫌,而且为了取得奥康纳派的谅解,必须对他们失势的魁首加以赞扬。琼斯责备《北极星报》的所有人把该报从奥康纳的手里强夺过去。不论《北极星报》本身在他们经营期间有多少缺点(它当然不再是一份宪章运动报刊),但在这一点上,他们当然是无可指责的;因为在他们以一百镑购进该报以前,它早已成为一项亏本企业,所以,这笔交易并没有什么不光彩之处,而且无疑地已超出它的实际价值。一个作者在 1 月 24 日的《北极星报》上提到琼斯的攻击时,这样写道:

“他谈到有人从那个‘精疲力竭的战士’那里得到不适当的好处,但把他弄得精疲力竭的,最厉害的就是他自己。多少年来,他全赖奥康纳的恩赐为生。奥康纳不得不为这位精通法律的学者偿付辩护费以及执行麦克纳马拉案的诉讼费。在他监禁期间，为了使他免做填絮苦工以及其他原因，奥康纳曾为他付出大笔款项；而他从获释以来，却一直是奥康纳最恶毒的毁谤者和污蔑者。”

382 琼斯在《人民备忘录》上对此作出答复，他说他从未依赖奥康纳的恩赐为生，所领款项仅是作为《北极星报》和《工人报》的编辑应得的薪金，他曾当着奥康纳的面向辩护委员会声明，他愿意自作辩护，如果有一个小钱来自奥康纳的私囊，他宁可不聘请律师。[①]欧内斯特·琼斯现在斥责各工人团体所采纳的合作制度，他和劳埃德·琼斯对这个问题举行了两次讨论，一次在帕迪厄姆，另一次在哈利法克斯。琼斯坚持这个主张——“合作事业绝不能顺利实现，除非人民首先取得政治权利。”为了说明欧内斯特·琼斯对人民取得参政权前的一切合作计划所持的看法，我们最好引证他在讨论期间的一篇演说；我们只是假定，即使在目前，如果合作事业按照正当的原则予以经营的话，他并不反对；虽然，即便在当时，他也显然认为合作事业必然以失败而告终。他说：

“为使少数人开始经营，他们必需多数人实行合作。他们可能合作购买土地，但多数人所购的土地只能安置少数人；其他各种生产的情况也是如此。然后，他们就想到再生产原则。哪里去找这个原则呢？让他们看一看铁工业合股公司的例子，多数人投入合作的款项为少数人购进一项产业。认股者不会全部成为这项产业的经营者。在认购一万镑股本的一万两千人中，只有两三百人被安排工作。而且，资金的再生产必将因资本家的竞争而告停顿，因

① 但他聘请了律师，而奥康纳必须付款。——作者

为对于这种竞争，必须调动合作事业的全部资源才能应付。这样，上述少数人的资金再生产就由于这个原因而遭到阻碍；他们不得不与资本家展开竞争，而资本家在与合作生产者竞争时就会降低价格。资本家强使他们的工资奴隶们少得工资，合作生产者不得不降低利润，以便与降低工资的垄断资本家展开竞争。因此，目前的合作者面临着两重无法克服的困难。一方面必须调动多数人的资金来给少数人安排工作，而少数人由于资源在富人与之竞争的情况下，已遭到沉重的打击，便不能再恢复这笔资金；另一方面，正由于这种竞争降低劳动力市场上的工资额，其余人便无法再做这种尝试。但是，倘若他们有了政权，情况会怎样呢；在尚未取得政 383
权以前试办合作事业，是舍本求末，如同把车放在马前。如果这辆合作事业的车上装载的不是利润贩卖主义，而是博爱的合作精神，那该多好啊。如果车上堆满着食糖、茶叶和咖啡，那又多好啊；但他们将陷入竞争和紊乱的泥坑。他们的事业是那辆车，而政权则是把他们从泥沼中拯救出来的那匹马。有了政权，他们就可以获得长期以来被那些贪得无厌的主教和牧师所占有的贫瘠土地。他们可能永无尽期地积聚零星小钱，而仍不能从一个肠肥脑满的主教那里挣得一份牧师会的地产；但是依靠人民的议会，他们就可以在一小时内使它实现。”

在《备忘录》上发表的一系列通信中，欧内斯特·琼斯坚持同样的观点。

琼斯和哈尼之间的关系现在发生了决裂，截至最近以前，他们一直是最亲密的朋友和政治同僚。琼斯继续强调代表大会的重要性，许多地区通过决议，赞同他的观点。他还提出创办一份人民报刊的计划，由他亲自经营，到了每星期能赚两镑以后，这笔利润由编辑和宪章运动团体平分——这个团体当然应负责筹措资金；他保证接受宪章运动团体所能选派的任何人员以同等的地位和他一道编辑该报，如果他们认为有此必要的话。哈尼在杰拉尔德·梅西的协作下，出版另一份《人民之友》，售价三便士半——他从前的那个同名报刊早已停刊了。这份新的报刊共出版了十二期。在后几期中，哈尼对宪章运动大加奚落，强调它已濒于死亡，执行旧的政策，不再能使它复兴。他影射欧内斯特·琼斯企图为他自己建立新的独裁体制，严厉地谴责宪章运动以往的政策。《北极星报》招标拍卖，琼斯投标承购；但哈尼出价较高，取得该报的所有权。于是，琼斯勃然大怒，哈尼在答复时表现出他惯有的一切报复心理——对琼斯连珠炮似地进行斥责、嘲骂和辛辣的讥讽。琼斯以他独特的风格反唇相讥；这两位人民领袖，以前互相标榜为“侠义、无私和爱国的人士”，现在彼此控诉对方是出于唯利是图的动机。哈尼把琼斯比作加利福尼亚金矿公司、南海泡沫公司、铁路泡沫公司一类为了诈财行骗而虚设的泡沫公司的发起人；一言以蔽之，称
384 他为一个十足的舞台骗子：琼斯反驳说，哈尼出于自私自利的动机，曾企图侵吞《人民之友》订户认缴的款项，拨归已用，在发出通知，宣布放弃原定出版的报纸以后，立即另发通告，声称一份由他本人和梅西经营的报刊行将问世，吁请给予支持，其目的就是要把订阅现在已经放弃出版的报刊所缴的款项据为己有。严重的不满情绪的产生，似乎是由于哈尼从弗莱明和麦高恩手中弄到了《北极星报》，而琼斯断言他们二人是宪章运动前所未有的最大敌人。他指责哈尼一再哄抬标价，同他竞争。可是，麦高恩的来信证明，他

曾两次向琼斯兜揽该报，给他充分时间予以考虑。麦高恩到了规定的时间，没有听到他的回音，才写信给哈尼，最后成交了这笔买卖。他否认他本人有过讨价还价或者哈尼有过哄抬标价事情。然而，琼斯力图否定麦高恩的声明，为了支持他自己的立场，引用了麦高恩的历次通信，但不是全文，只是其中极不重要的片断。哈尼在这次论战中，夸耀自己在与运动有关的活动中，一贯坚决主张公道与正义。当他的言论自由遭到奥康纳的攻击时，他确实曾为自己谋求公道与正义；但在奥康纳势力强盛的时期，为了阻止公道原则施与别人，谁也不如他那么卖力。

执行委员会的人数继续减少。财政和议会改革家所召集的协商会议在圣马丁会堂举行。为了对会议所提的决议提出修正案并予以支持起见，琼斯、萧和比泽尔出席参加。这一次，霍利约克发言反对他的同僚们的政策，支持中产阶级的决议。当然他对这个团体寄予同情，人们一向是十分清楚的。他在1851年的代表大会上，也曾经表现同样的同情，而且，他在一再表示对他们同情以后，重新当选为执行委员；但我们不得不这样想：如果在会上提出两项决议——一项拥护宪章，另一项拥护范围较小的改革方案——那么，一个宪章协会执行委员会的成员就有责任为宪章进行呼吁并投票赞同，如果他不能做到这点的话，至少也该引咎辞职。在协商会议以后举行的公众集会上，霍利约克也否定萧和比泽尔的政策，结果使他们两人辞去职务；现在的执行委员会只剩下霍利约克、勒布朗德、亨特、阿诺特、林顿和格拉斯比，除了最后二人外，都赞成 385
中产阶级的计划。在这种情况下，琼斯比以前更加坚决要求召开代表大会，因此，吁请曼彻斯特分会采取主动，予以召集。该会立

即响应了这项邀请。

哈尼开始担任《自由明星》——他的报纸的新名——的编辑。他的工作得到梅西、基德、林顿和亚历山大·贝尔的协助。1852年5月1日，第一期出版了。在下一个星期，欧内斯特·琼斯所编的《人民报》在经过种种波折以后也问世了。

第十四章

1852 年 5 月 17 日，协商会议在曼彻斯特开会，商讨宪章运动 386
团体的改组问题。出席者有曼彻斯特的威廉・格罗科特和 E. 克拉克・克罗珀，伦敦的欧内斯特・琼斯和詹姆斯・芬伦，奥德姆的罗伯特・贝尔，斯托克波特的查尔斯・西蒂，考文垂的威廉・霍西尔以及哈利法克斯的威廉・科克罗夫特。其他许多地方写来书面意见，未派代表。约有三十个地区宣布支持协商会议，声明反对的大概有四个地区。代表们举行了五天会议。他们通过协会会员自动捐助制度——同意任命一个付给薪金的三人执行委员会，规定他们的薪金为每周三十先令，演讲时另支旅费——执行委员会由协商会议临时任命，任期三个月，以后每隔六个月由会员们举行改选。欧内斯特・琼斯提议，威廉・科克罗夫特附议，推选 R. G. 甘米奇为临时执行委员会委员。克拉克・克罗珀证明甘米奇的政治和道德优点，于是，他就以全体一致同意当选了。西蒂动议，科克罗夫特附议，推选芬伦为执行委员会委员。琼斯在问明芬伦是否愿意以全部时间贡献给宪章运动后宣称，他和芬伦相当熟识，确知在宪章运动中没有比他更忠实的民主主义者，或者更有才干的人物了。他为罗致到这样一位鼓吹家而感到欣慰。芬伦在作出令人满意的答复以后，即经一致同意当选。芬伦提出罗伯特・克劳，经

霍西尔附议。克劳因为在1848年发表一篇演说而坐了两年牢。芬伦证明了他的优点后，他也以全体一致同意当选。威尔斯登的亚伯拉罕·罗宾逊也被提名；此外，还有欧内斯特·琼斯，然而，他本人表示反对，理由是报刊编辑另有任务，因此，他认为他们不是
387 担任执行委员会委员的适当人选；但如果当选者有人不愿承担，以致不足三人名额，他愿暂时充数，但以三个月为期。琼斯在攻击上届执行委员会时，一贯反对编辑兼任宪章协会执行委员会委员。克劳和罗宾逊拒不就职，因此，琼斯就担任了临时执行委员会委员。

R. G. 甘米奇出生于北安普敦，十二岁丧父，在慈母的教养下长大成人。由于家境贫寒，其母抚育全家五个孩子，饱尝苦辛。他曾在一家马车修配厂学徒七年。他在老板的工厂里听到工人们的谈话后，才开始接受民主主义原则；十七岁时，他成为工人协会的会员。在反对报刊贴花运动中，他是布朗蒂尔·奥布赖恩主编的几份报刊的读者，由于阅读这些报刊，他很快地奠定了他的政治信念。因此，当宪章在全国提出时，他已有了接受宪章的充分准备了。后来由于营业关系，他曾在舍尔伯恩、多塞特郡、切姆斯福居住，后又回到北安普敦，此外，还在利兹和哈罗盖特住过一个短时期——他在上述各地努力传播有关民主主义的知识。然而，不久他就感到，在他所从事的特殊职业范围内，这项工作很不适合他的个人兴趣。1842年，在他访问泰恩河畔纽卡斯尔期间，当几乎所有的宪章派领导人都已被控时，由于形势的驱使他便毛遂自荐，出任演讲员，访问英格兰和苏格兰的大部分地区，约有两年之久。旅行结束后，他在北安普敦居住一年左右，顺利地为该镇宪章运动者

建立了完善的组织；当地约有八十名纳费会员，他是该地区的秘书。一切情况都十分顺利，直到他对他一向多少尊敬的奥康纳感到有必要批判其行为时为止；但他对奥康纳的行为所进行的直率的批评，却招致不少敌意，虽然后来全体会员大会对他仍一致投票表示信任。他的朋友霍洛韦尔是这项信任案的动议者，奥康纳一派人不能直接反对；但其中一部分人希望把该案撤销，理由是，在他们看来，“对一个人的信任投票无异于对另一人的不信任投票。”然而，霍洛韦尔坚持原议，没有一人投票反对，除一人外，大家举手通过。此后，甘米奇迁往斯托尼·斯特拉特福，在那里当过短时间的小贩；后来又改行，从事卑贱的制鞋业，他宁愿制鞋，因为在这种 388
所谓“轻巧的手艺”中存在着很大程度的个人独立性，而不愿选择一个收入较丰但限制较严的行业。可是，在这个行业里，他发觉自己并不像他所希望的那样享有很大的独立性。一切都很顺利，直到 1848 年，由于他积极参加宪章运动，在一再受到警告以后，终于失业赋闲，于是他迁往白金汉，在当地首屈一指的制鞋商霍兰手下工作，享受到他特别希望的那种行动自由。他当选为执行委员会委员，就在他居住在本地期间。协商会议向他征询是否愿意被选为该团体的成员，他表示同意，但条件是，不能指望他对中产阶级改革家的任何会议进行干预，除非这种会议按最精确的意义来说具有公众性质——换言之，除非中产阶级改革家的会议向公众发出呼吁，这时候，他认为就有正当理由来阐明宪章的要求了。应当知道，他虽不一贯同意欧内斯特·琼斯的政策，当时却相信琼斯是忠实致力于民主主义事业的。这位律师狡黠阴险的策略使他忽视了其人的野心。琼斯所写的一切文章表面上十分率直，因此他和

琼斯虽然只有很浅的交情，但他相信琼斯尽管有许多缺点，还不失为一个十分正直的人士。然而，他错了，正像在他以前的许多人一样。我们还必须记住，琼斯虽然仍然忠于宪章，而其他许多人虽仍自称拥护宪章的原则，却同中产阶级改革家缔结联盟，从而削弱了宪章运动团体的势力。因此，既然甘米奇对中产阶级不以人权为基础的一切改革方案持有与琼斯相同的意见，琼斯就几乎是他能够与之合作的唯一领袖人物。甘米奇是奥布赖恩所主持的全国改革联盟的会员，全心全意地拥护这个团体；但因联盟的活动范围大体上局限于首都，他很少有机会在地方各郡推行它的原则。欧内斯特·琼斯对这些原则也表示赞同。甘米奇撰写执行委员会的第一次宣言，阐述了奥布赖恩有关土地和币制的原则，他的同事们，尤其是琼斯，称赞这个宣言写得十分出色。

新执行委员会发现它的前进道路并不是完全平坦的。萧和比泽尔在旧执行委员会中复职，呼吁全国协会支持他们。这个呼吁
389 没有得到多大响应，只是募得了若干款项来清理债务。首都代表会议举行第一次会议时，发生了轩然大波。会上提出关于承认曼彻斯特协商会议政策的决议。惠勒、斯特拉顿、梅西、比泽尔、布里斯克、菲迪南多和斯纳格斯坚决反对。表决时，对支持协商会议的决议赞同者十六票，反对者十二票。下次会议时，出席的代表有四十八人——地区代表的产生十分简易，结果有些是实际存在的，另一些则有名无实。比泽尔等人又来参加，强烈反对新执行委员会。继这次会议之后，举行了首都宪章运动者的全体大会，参加者非常踊跃。哈格斯、卢姆斯、格兰特、奥斯本、伍德、摩根、比尔宾、朗萧、琼斯、芬伦和布朗蒂尔·奥布赖恩先生支持一项拥护协商会议政

策的决议。奥布赖恩认为，只要执行委员会信守他们宣言的精神，他们就应受到十分真挚的支持。查尔斯·默里反对协商会议有权选举执行委员会，根据他的观点，提出一项修正案，获得法拉和斯特拉顿的支持；但原决议终于在热烈的掌声中获得通过，只有极少数人提出异议。在布雷德福举行了一次西赖丁代表会议，商讨协商会议所通过的政策。乔治·怀特领导一大批人表示强烈反对，接着，会场呈现一片极度混乱的景象；反对者最后离去，当即通过决议，同意协商会议的政策。大部分地区——其中的多数按人数来说，当然是很小的——同意选出的新执行委员会，而反对它的决议看来极其有限。《自由明星报》力图使会议的全部活动成为笑柄，它对整个新执行委员会，同时个别地对其中二人进行攻击。琼斯不断地遭到谴责，芬伦被比作小剧场的演员。哈尼应当回想一下他自己从前的立场再写这些文章；因为，无可否认，在宪章运动的初期，他在舞台上的滑稽表演常被一些比较严肃的人民领袖引为笑柄：但一个堕落的浪子，在过度沉湎于淫乐以后，往往幽居独处，与世隔绝，哈尼的情况也是如此，凡是他指责最力的过错，也正是他从前耽迷最深的那些。而且为了对芬伦表示公道起见，也应当说明，即使承认哈尼将他比作仅是一个演员的说法符合实际，他也是一个始终怀着巨大的同情努力工作、热心于他所提倡的事业
的演员。他的热情是事实，不是伪装——比我们认为政治舞台上 390
的某些人物所能具有的热情要多。

奥康纳的神智现已陷入可悲的状态。春间，他曾因动武殴人而被粗暴地拘留七天，当时他的精神显然是不健全的。雷诺兹向承审法官说明原委，但他的声明并未对法官的裁决产生影响。后

来奥康纳曾一度前往美洲，但又回到伦敦，在法庭上出庭辩护，发表狂妄而又诙谐的言论，妨害审判程序，致被勒令退庭。他在下院的举动同样离奇古怪。他同大部分议员攀谈搭话，逢人握手，使下院陷入一片混乱。最后他被交给下院警卫官看管，并经医生检查。由于确诊他已精神失常，就命令将他释放；几小时内，这个曾经烜赫一时，精力充沛的宪章运动领袖——这个似乎能够在逆境中承受一切沉重打击、抗拒最凶恶敌人袭击的人物，便进了疯人院。他的土地计划引起了纠纷，他毕生煞费苦心地建立起的声望，由于他以前的追随者如琼斯、哈尼、克拉克、多伊尔、狄克逊、麦格拉斯和利奇等所施展的阴谋而被彻底摧毁，凡此种种终于使他丧失了理智。唉！群众如果蒙昧无知，他们的看法是多么浅薄啊！今天，他们的欢呼响彻云霄，明天，如果发现他们的偶像不能尽如人意，这种欢呼就变为欷歔叹息，或者漠然冷遇。今天称颂他是“和散那”[①]；明天又要将他“钉死在十字架上”。奥康纳被送进图克医生的疯人院后不久，斯威特先生和诺丁汉的群众企图为他在全国发起募捐，他们为这位一败涂地的英雄所募得的捐款少得可怜，仅有三十二镑，而大部分款项还是诺丁汉一地捐助的。

新执行委员会开始工作。甘米奇几乎立即出发，前往英格兰西部和威尔士，在公众集会上发表演讲，力图扩大组织。1852 年举行大选时，他应邀充当埃克塞特选区的一名候选人；但是后来，他的朋友们放弃了这个计划。他到布里斯托尔、蒂弗顿、托尔奎、

① 和散那(Hosanna)，对上帝的赞词，见《新约全书》，马太福音，第 21 章，第 9 节。——译者

托特纳斯、阿什伯顿、普利茅斯、圣奥斯特尔、特鲁罗、雷德鲁思、彭赞斯以及英格兰西部其他许多城镇旅行演讲——此外，还访问了威尔士的默瑟尔提德维尔、拉尼德罗斯、新城和斯旺西。

芬伦向考文垂的选民和非选民发表一篇宣言，本来无疑地会在群众举手表决时获胜，但辉格党通知宪章派说，倘若宪章派在竞 391
选坛上提出候选人，他们就应当负担一部分费用，因此芬伦退出竞选。他所作的努力并不局限于考文垂；他还到汉利、曼彻斯特、斯特利布里奇、哈利法克斯、泰恩河畔纽卡斯尔和其他许多地方去进行访问和演讲。欧内斯特·琼斯再一次参加哈利法克斯自治市的竞选。出席提名大会的群众有两万人。琼斯所发表的演说被擅长此道者评为历来人们所听到的最有力、最精彩的一篇演说。他瞬息间使那些喧噪的群众屏息无声，一片寂静仿佛坟墓一样；接着，他又激起一阵疯狂似的欢呼；然后，他又使集会群众对辉格党候选人查尔斯·伍德爵士发出可怕的倒彩声。在这广大的群众中，大约只有五百人举手赞成查尔斯爵士，而另一方面，却有成千上万群众表示赞成琼斯；但投票的结果适得其反，因为琼斯仅得三十八票。这种代表制真是一出可叹的滑稽戏！

会员们选举新执行委员会的结果表明：甘米奇九百二十二票，芬伦八百三十九票，琼斯七百三十九票，布莱九十五票，麦克道尔五十一票，克罗珀二十票。执行委员会选举威廉·格罗科特为秘书，他是先经协商会议选出的。就在这次执行委员会的选举中，甘米奇开始看出琼斯的真实意图。琼斯虽然一直强调选举报刊编辑为执行委员是不适当的——虽然一周复一周地撰写文章，评论这种不适当的做法，然而他却同意充当这个职位的候选人，尽管参加竞选者另有五人。甘米奇一看到他在提名之列，就立即写信给他，坚决劝他为了言行一致起见，不要同意竞选。琼斯对此信始终未复，却向格罗科特说，“甘米奇的论点完全正确，但他却是一个拙劣的将才”——所谓拙劣的将才，其原因就在于劝他坚持言行一致的路线。民主主义者要到什么时候才会懂得言行一致是卓越的将才的真正基础呢？琼斯同意效劳，但有两个条件——一是时间由他自行支配，一是不受报酬。后一条件本无强调的必要——琼斯充分了解，为了维持《人民报》，宪章运动团体的经费已经十分拮据，因此不可能还有余钱付予报酬。第一季度所募得的宪章基金仅有二十七镑；其中十三镑支付秘书的薪金，而甘米奇三个月辛勤服务的报酬只不过相当于两星期的薪额。因此，琼斯尽可十分稳妥地

392 强调服务不受报酬的条件。他在当选后向选民们说，他虽仍然记得他从前就选举报刊编辑担任执行委员的问题所作的忠告，但是如果他们不投票表示对他拥护，他一定会感到非常烦恼懊丧，因为他深信，这样一来，他为他们效劳的大部分才干就无法施展了。他希望能发挥更大的作用，进行更多的活动，而不愿守着办公桌为别人的活动充当记录器，他要做一个发言人，而不做应声虫——做一个实际活动家，而不做记录别人活动的抄写员。但他忘记说明，他为什么会在协商会议上被提名时表示异议，当时表示只愿在未有妥人以前任职一个短时期。简单的真相是，他的反对只不过是一种伪装罢了。时隔不久，《人民报》的十三名委员，包括首都一部分资格最老的民主主义者在内，便和欧内斯特·琼斯脱离关系，责备他乱花该报的资金。他召开公众集会，在一片混乱中宣读一份有关这个争端的财务报告；后来又发表答辩，经宪章运动团体中多数

人认为满意。《人民报》的售价自第二十期起提高为四便士——它仍然是亏本的。上述退出该报委员会的十三名委员，在为听取执行委员讲话而在约翰街学院举行的公众集会上，乘机对琼斯进行攻击。他们和其他人联名发出传单，号召“真理的赞助者”前来参加。斯特雷特、帕克、鲁菲·里德利、阿索尔·伍德、杰拉尔德·梅西先生等都来参加；欧内斯特·琼斯到会时，受到不少呵斥嘲骂，虽然会上大多数人仍对他发出热烈的欢呼。查尔斯·默里被推为主席，首先介绍 R. G. 甘米奇，受到几乎全体一致的鼓掌。琼斯走上前来，又遭到一阵嘲骂和嘘声，但多数人却报以大声的欢呼。他的演说相当长。理查德·哈特提出一项决议：

“本会议认为，凡与欧内斯特·琼斯先生有关的任何民主运动，都不能令人相信它会获得成功。”

这位演说家转弯抹角地提出他的问题，发言一再遭到打断。最后他让位给奥布赖恩，因为听众高声要求他发言，于是他提出一项决议，内容大致如下：任何民主运动，如果其宗旨不是为了消灭地主阶级、高利贷制以及攫取暴利的手段，就不会获得成功——这 393
只有通过土地和信用贷款的国有化、币制的健全化和商品交易的合理化，才能实现。欧内斯特·琼斯对奥布赖恩的决议表示赞同，这项决议就在沸腾的欢呼声中获得通过，只有一票反对。奥布赖恩在演说中声称，报刊委员会无权将琼斯和他们之间的争执强加于为了另一目的而召开的集会。在与会者对主席鼓掌致谢后，这次引起不少风波的集会就结束了。

甘米奇又一次出外旅行，足迹踏遍考文垂、北威尔士、曼彻斯特、哈利法克斯及其邻近地区以及泰恩河畔纽卡斯尔，他在纽卡斯尔和欧内斯特·琼斯一起在群众集会上发表讲话，琼斯曾到爱丁堡、格拉斯哥、敦提、阿伯丁和其他许多苏格兰城镇旅行，并在回程中的希尔兹、森德兰、巴恩斯利、罗奇代尔等地发表演讲。甘米奇继琼斯之后前往苏格兰，最远到达敦提和布莱尔高里。他在苏格兰逗留一个月，在此期间，几乎每天发表演讲。重新折回纽卡斯尔后，他在这个地区的各处群众集会上发表演讲，达三星期之久，然后回到南方，沿途演讲，约在5月中旬到达伦敦。6月18日，他偕同欧内斯特·琼斯开始到各郡旅行。他们的行程主要限于北部和中部，但同时也访问了几个西部城镇。在他们出发前，执行委员会已将它向议会提出的宪章请愿书草案准备就绪，经他们所参加的各处群众集会同意通过。在这次旅程中，曾举行六次露天示威集会——在布莱克斯通边界；哈利法克斯的西山公园；纽卡斯尔的猎场；莱斯特郡的蒙特索雷尔；诺丁汉林场；肯宁顿公地。户内集会也曾在下列各地举行：曼彻斯特、斯特利布里奇、罗奇代尔、奥德姆、布雷德福、托德莫登、贝克普、纽卡斯尔、希尔兹、达林顿、莱斯特、巴恩斯利、北安普敦、考文垂、伯明翰、伍斯特、切尔特南、比尔斯顿、牛顿、拉尼德罗斯、汉利、朗顿和许多较小地方。好几处的集会是在市政厅举行的。在罗奇代尔，警察局长托马斯·利夫西担任集会主席——多少年来，他一直是宪章运动事业热心不懈的赞助者。这次旅行持续了六个星期。

琼斯和甘米奇在某些地方进行工作时，芬伦正在埃克塞特、托尔奎、切尔特南和西部其他地方作演讲旅行；他们回到伦敦后，甘米奇偕同他的兄弟托马斯前往埃克塞特和托尔奎，在群众集会上发表拥护请愿书的讲话，结果，请愿书在这些地方都获得通过。全

部请愿书由阿普斯利·佩拉特送交议会;但当时不论他或任何其 394
他议员都不愿为这个问题提出动议。只有J. M. 科贝特保证,倘若有人提出动议,他愿附议。斯科菲尔德认为,几乎只有大规模的全国性运动才会对议会产生影响。

琼斯、芬伦和甘米奇先生在首都参加几次群众集会以后,甘米奇一人出发前往苏格兰,在好几个地方发表演讲,回程中并在纽卡斯尔和英格兰北部的其他城镇作演讲;此后他又费了六星期的时间向斯塔福德郡北部的矿工们演讲。将近冬季时,欧内斯特·琼斯出外旅行,先往东部各郡,然后访问中部,最后到北部旅行。当时,工业区的成千上万工人因要求提高工资而被关闭在厂外。琼斯到处参加盛极一时的群众集会,不厌其详地发表有关劳工问题的议论,提出他曾在《劳埃德新闻周刊》上提倡的关于召开劳工议会的意见。甘米奇同意召开这个议会,另一执行委员会委员芬伦也是如此。但甘米奇以这个议会开会讨论有关政治与社会权利问题作为条件才作出这种表示,而琼斯曾向他保证这正是他的目的。因此,当琼斯提出有关土地与工业产品的合作计划,一反他和劳埃德·琼斯辩论时以及在其他几个场合所确定的观点,甘米奇既大失所望,又感到十分惊讶。琼斯以前一直认为人们关于在人民未获得政权以前也能改善社会地位的意见是荒唐可笑的;现在却仿效奥康纳提出土地计划时的做法,主张他的合作计划可以导致人们要求的政治权力。人民如果采纳这项计划,那么,“在人民还没有来得及提出要求以前,他们就会毫不费力地实现了宪章。”他用一个唯利是图的律师惯用的十分特别的辩护方式来支持他的计划。琼斯虽然前后矛盾,但在曼彻斯特集会的大约四十名代表却

通过了他的计划；上述劳工议会任命一个执行委员会，由芬伦、乔治·哈里森、亚伯拉罕·罗宾逊、詹姆斯、威廉斯和霍格斯组成，并以欧内斯特·琼斯为名誉委员。然而，人民已从过去的事件中吸取了许多教训，绝不会轻信琼斯这样一个人的计划，因为他从前一
395 向声称，只要人民尚未获得政权，这类计划是毫不足取的；很明显，他只是为了解决他本人某些问题，才“改弦易辙”的；因为这种突然的转变毕竟令人生疑。这项计划并未奏效。募得的捐款——据琼斯原来估计，每年可达五百万镑——支付执行委员们的薪金还不够，还连累他们倒找十八镑，后来全由其中一人负担了。琼斯发觉他的肥皂泡似的计划不再有多大吸引力，也就干脆打消了，他劝告群众，除捐足偿债的款项外，不必再捐赠了；他举他本人那个想把人民引向天堂的计划所遭到的失败，作为一个例子，证明他们的知识正在日益增长，因为他们比以前更加坚信夺取政权才是实现他们心目中伟大目标的唯一途径。真是无耻之尤！难道还有什么鬼把戏会比这更容易被人识破的吗？

现在甘米奇和宪章协会执行委员会的关系快要告终了。当他在纽卡斯尔时，宪章运动团体通过下列决议。当时的主席是约翰·罗布森。詹姆斯·沃森提出动议：

“本地区认为，为了使《人民报》成为一份赢利报刊，现在已经到了派一位才能卓越，深孚众望的编辑，按照相同的原则，与欧内斯特·琼斯通力合作的时候了。”

这项决议经抄送给《人民报》。安德鲁·福冈·贝恩另提一项决议，也获得通过，主要内容是，写信向奥布赖恩征询意见，看他是否愿意为《人民报》撰稿。这些决议的罪过（在欧内斯特·琼斯的

心目中，这是一项大逆不道的罪过）立即被推在甘米奇身上。这时
恰巧发生了一件事，有利于琼斯想要搞垮甘米奇的愿望。全国改
革联盟秘书约翰·戴斯曾写信给一位朋友，信中顺便提到琼斯正
保管着为了给奥布赖恩赠送纪念品而募得的几笔款项。上述友人
把戴斯的信解释为对琼斯的攻击，怀疑他是否诚实，琼斯对这件事
感到由衷的高兴，认为可以借此否定纽卡斯尔的决议。《人民报》
上刊出了一段有关这个问题的文章。当时甘米奇正在罗奇代尔，
琼斯的一个朋友向他指出了这段文章。他对琼斯的动机作了一番
揣测后，表示不相信这种说法，并说明他之所以不信，自有其特殊
理由，而知情人知道在没有充分证据以前最好不要信以为真。根
据这些言论，有人将一份捏造的毁谤性文件从罗奇代尔寄给琼斯，
他便乘机用来实现他自己的利益。这份文件由五人签署，而实际 396
上在上述谈话时只有一人在场。字里行间流露出恶意诽谤。甘米
奇写信给曾接到戴斯去信的那个人，说明只是为了满足自己的愿
望，要求借阅戴斯的信；但他的愿望始终没有得到满足。于是，一
周复一周接连发表了琼斯的一系列文章，力图使读者相信，奥布赖
恩、戴斯和甘米奇这个小集团正在阴谋败坏他的名声，借此夺取他
所经营的报刊。戴斯的一封去信被删节得残缺不全，所披露的只
限于适合这位“正直”编辑的意图的一些片断。甘米奇历次自作辩
护的信件，有些在窜改原意后才予披露，有些被扣压下来，直到这
位编辑先生的毒素有了传播的机会以后；与此同时，这位“正直”的
琼斯先生却自命他对待一切敌人始终是光明磊落的。他对甘米奇
的信所作的第一次评语是伪善是诡诈的大杂烩。据他说，他渴望
彼此间的裂痕得到弥合；但只限于一个条件，就是，被害者必须在

他手下做一个卑躬屈膝的卑鄙爪牙；当他发觉他的计划无法实现时，他的恶意中伤简直就漫无止境了。

执行委员会的选举即将举行，因此必须竭尽全力使甘米奇不能当选为委员。为此目的，他那胆大妄为的敌人费尽了心机。当他发觉甘米奇在执行委员会供职，只会单独对他的选民们负责，而不愿接受像他那样败坏其名声的一个卑鄙阴谋家所给予的不光彩的恩宠，这就别无他法，只有对他加以排斥；因此恣意诽谤，不一而足，不仅要他对别人诬赖他所说的话和所作的事负责，而且，还要他对琼斯信口雌黄地竭力诬指为奥布赖恩的一切言行负责。经琼斯的指使，决议从各地区纷至沓来，攻击其他编辑。琼斯不给他们任何选择的余地，因为他曾对他们说，如果他们同意这种办法，他就退出该报。他把其他一些人的姓名刊登在报上的显著位置使读者知道，并提议他们为执行委员候选人。他迟迟不发表执行委员候选人的提名日期，直到他散布的毒素产生深刻影响以后。但是，尽管采取了上述种种做法，拥护甘米奇的选票依然纷至沓来，反而远远超出琼斯的预料。在投票预定截止时，据《人民报》的报道，甘米奇获得了超过萧十七票的多数。于是委员会违背协会章程有关执行委员会的选举届满六个月举行一次的规定，把选举名册的截止期展延了一个星期；虽然甘米奇当然也是委员之一，却未向他征
397 求同意。然而，这仍未奏效，因为下星期发现他得到五百零一票，而萧仅得四百五十六票。但正当结算选票的时候，突然走进来一个名叫安蒂尔的伦敦鞋匠。“喂，”他说，“甘米奇失败了吗？”“没有，”琼斯说，表面上露出一副漠不关心的样子，“我想他已获得了多数。”“他多得多少票？”安蒂尔接着问。“我想大约十九票。”琼斯

回答说。“噢，那么，”安蒂尔说，“他失败了，因为我这里有女鞋匠的六十四票，都是反对他的。”他从衣袋里掏出一张纸，作为证明。此人是一个检票员。“好啦，我得承认我非常高兴，”琼斯说，“这就省去了以后的一切麻烦；因为如果他当选了，芬伦和我都会辞职的。”这六十四票看起来很像一套戏法。人们很久没听到女鞋匠和宪章运动有什么关系了。从上述情况看来，如果没有这些选票也能达到目的，那么，它们绝不会被交来。琼斯自觉这些选票与体面有关，因此，在下一期的报刊上，未将它们披露；但在再下一期的报刊上，在检票员的决定公布了一星期以后，他才把这六十四票列入据说是迟到的选票册中予以公布；而事实上，对选举起决定性作用的正是这些票数。经检票员认可的其他票数，琼斯十分谨慎，不敢予以公布；但就已公布的票数来说，在多数情况下，它们被公布两次，目的是要使读者在检点票数时弄不清真相。公布的票数和检票员判定为真实票数之间的差数如下：

	《人民报》公布的选票数	检票员判定的选票数	差数
琼斯	759	942	183
芬伦	637	829	192
甘米奇	435	501	66
萧	361	520	159
威廉斯	194	195	1
罗伊尔	28	28	0

由此可以看出最大的出入在哪儿方面。这些数字刊登在全国宪章

协会索霍区分会所印发的通报中。这个地区所任命的检票员 J. 默里深信这是欺人的花招，因此，他动议：

“我们既被任命为计算执行委员所获选票的检票员，特此提出要求，凡执行委员所获的选票数尚未公布的，应在下星期的《人民报》上公布。”

这项直截了当的决议，竟无人附议，于是默里拒不签署检票员
398 的报告；这一行动博得任命他的人们衷心的、一致的赞赏，他们拒不承认新执行委员会。切尔特南地区分会二十三人提出抗议，反对选举延期，声称他们不愿承认这个新执行委员会；同样的抗议来自里彭登地区分会的 S. 穆尔斯、H. 霍兰、J. 辛普森、C. 萨克利夫和 J. 怀特利。甘米奇对选举的延期也曾提出抗议；但琼斯答复说，这是经两位执行委员作出的决定，他的抗议最好保留。然而这却是谎言，因为芬伦声明应由他个人负责——与琼斯毫不相干。在整个事件中，琼斯扮演了一个可耻的阴谋家的角色。他对两项送请他刊登的决议所持的态度正是他爱好公道的例证！报刊事件发生以后，在折衷主义学院举行了两次有关他的信件的公众集会，奥布赖恩在会上发表了关于整个事件的讲话；下列决议获得了一致通过：

“欧内斯特·琼斯先生的行为，如最近三星期以来《人民报》所表明的，无论对该报或他本人来说，都是一个耻辱；他对戴斯、甘米奇和奥布赖恩无中生有地进行责难和暗讽，完全是无缘无故的，而且毫无事实根据——这种责难的真正用意显然是要激起对他的报刊的同情，从而扩大销路。戴斯的通信被恶毒地加以歪曲——除了他盼望琼斯予以发表的信件以外，他从未给宪章分会的秘书们

写过任何秘密信件，也从未用秘密信件或其他方式，说过琼斯什么坏话；琼斯假托有人对他的报刊进行阴谋所发表的全部言论，是一整套无耻的捏造和故意散布的谎言，伦敦的民主主义者对此洞若观火。尤有进者，本会议充分相信——不仅根据有关的报刊文章，而且根据琼斯的总的品格——整个事件纯粹是由于琼斯追求名利的动机而捏造出来的，旨在排挤他所忌惮的正直人士，以便按照他惯用的伎俩，以虚假的理由作为借口，向宪章派的公共报刊诈取更多的钱财。”

宪章协会索霍区分会的会员们通过下列决议：

“本分会以愤怒的心情在本星期的《人民报》上看到了琼斯对甘米奇和奥布赖恩先生的行为。我们知道这些说法和声明都毫无
理由，而且没有根据；因为，我们在平心静气、公正无私地研究了当 399
前的各种证据以后，坚决相信，甘米奇先生是一个无辜的受害者；至于有关奥布赖恩先生的说法，为了对这位先生公道起见，我们不得不宣称它纯属子虚——因为由于本分会和折衷主义学院近在咫尺，事实上，每逢奥布赖恩先生演讲时，总有本分会的会员在场。因此，我们可以说，而且为了主持公道起见，又必须声明，在《人民报》上对奥布赖恩先生进行的公开污蔑都是彻头彻尾的歪曲和谎言；最后我们宣称，我们认为，琼斯先生理应本着惯常的公正原则，给予上述两位先生一切机会，使他们能公开地为他们受损害的人格进行辩护，而他在第二个星期以后就决心把这样一个重要问题撇开不谈，这种做法是不合时宜、不公道而又不明智的。”

上述第一项决议完全被扣压不予刊登，第二项决议仅披露其中四行。甘米奇应索霍区民主主义者和全国改革联盟会员的邀

请，前往伦敦。在折衷主义学院举行的一次公众集会上，他在众多的听众面前，提出有关《人民报》、欧内斯特·琼斯和他本人的事件，听众中有些人是拥护琼斯的。

1854年夏季，琼斯又出外旅行，发表了不可宽恕的狂妄言论。他在泰恩河畔纽卡斯尔作过两次演讲。听众最多不过三百零七人，他向他们说，宪章简直已唾手可得——无论什么情况也无法阻碍它在不到十二个月的时间内成为法律；演讲后，他又在朋友的集会上重述同样的看法。好一个恬不知耻的妄想者！民主主义者什么时候才会知道这帮大言不惭的空谈家是他们最凶恶的敌人——他们信口雌黄的狂言和厚颜无耻的臆断把无数通情达理的人拒于千里之外！我们赞赏正直的热忱，却鄙视一个伪装的爱国者的无耻空谈。最近琼斯曾企图凭借对外籍流亡者表示同情，设法使宪章运动恢复旧观，在伦敦酒馆召开的民众集会上确实成功地通过了一项拥护宪章的修正案。此外，在圣马丁会堂又举行一次盛大的群众集会，促进人民之间的同盟，俄国人赫尔岑和其他几个流亡者各自用本国的语言发表演说，他们的演说词后来译成英文。这次集会的主席是欧内斯特·琼斯，而芬伦和G.J.霍利约克是用英语发言的演讲者。

400 全国宪章协会已名存实亡，因为它已没有正式当选的领导人。琼斯、芬伦和萧经宣布当选为执行委员以后，萧只参加过两三次会议，这并非由于他本人的过错，而是因为无钱供他作演讲的经费；但是尽管缺少经费，伦敦的宪章运动者却振振有词地责备他没有履行执行委员会成员应尽的职责，然后他们却也受到琼斯的责备，说他们没有提供鼓动工作所需的费用，这种责难来自琼斯方面，是

相当恶毒的;因为为了维持他的报刊,该会的资金才永无止境地处于枯竭的状态,不可能再有余力供作其他用途。正如该报所揭示的,截至当时止,为了使该报得以维持,捐助的款项已不下八百镑,而琼斯美其名为贷款的一切捐赠尚未计算在内。其中的六十一镑十先令是纽卡斯尔的宪章运动者借给他的,他们好不容易才取得他承认债务的收据。该报是一个谜,甚至琼斯的一部分朋友也感到真相难明。举例来说,当该报的业务提出讨论时,琼斯提到沃森出价收购事,据称甘米奇可能知道,麦高恩承印该报,几乎按成本价格收费;而在麦高恩去世以后,该报两次易手,每次实行降低印刷费两镑;因此,麦高恩承印该报,如果照成本价格计算,以后的印刷费必然在成本价格以下。该报存在将近三年,大体上自始至终收支相抵。有一次,琼斯声称,实际上,它一直是可以维持的;但他仍然叫嚷,“必须有钱来偿付欠款;除非立刻筹到款项,否则销路将会再一次减少。”他最后这句话所说的情况倒是非常可能发生的。欧内斯特·琼斯不是领导一个伟大运动的人物;他有智慧和毅力,但他野心勃勃,唯利是图。他一定要指导运动,否则就把它彻底搞垮。他可能激起人们一点短暂的激情,却永远无法发动一个实际的运动。如果他偶然在短期内聚积一股力量,那也只会使他造成人们在奥康纳掌权时期所遭受的同样灾难,而他模仿奥康纳的一举一动已达到可笑的地步。人民被鼓动起热情,又遭到迫害、监禁和流放——然后重新陷入麻木不仁的状态。我们经过这么多年的鼓动,当然应该致力于比这更实际的效果。芬伦正在全国各地作演讲,但在大城镇中,却没有得到任何重大的收获,在这些城镇的群众中间,普遍存在着一种麻木不仁的静止状态。他是唯一同琼

斯积极合作的演讲员。

401 托马斯·库珀是在1853年初加入这个团体的，然而，由于对社会权利问题的看法发生了分歧，在甘米奇以尊重的措辞而琼斯以十分激烈的语气各自表达了意见后，他便脱离了协会。全国改革联盟在首都存在期间，奥布赖恩每星期在折衷主义学院作两次演讲。一个以树立政治和社会正义为宗旨的民主协会在纽卡斯尔成立，甘米奇是该会的秘书。朱利安·哈尼是同一城镇发起的共和联谊的秘书。这时候，宪章协会执行委员会已不复存在了。

我们这项往往令人痛心的工作到此结束了。在本书的结尾，让我们把过去岁月里的一部分宪章运动领导人物的姓名扼要地列举一下，并就我们所知，说明他们的归宿。奥康纳1855年在疯人院内癫狂而死。约翰·柯林斯身体虚弱，智力衰退，据我们所知，在1850年与世长辞。阿特伍德在1839年的愚蠢行动以后，离开议会隐退了。威廉·洛维特成为霍尔本区国民会堂的所有人，于1877年去世。文森特担任有关公民自由、宗教自由和共和政体等问题的讲师。道格拉斯担任《伯明翰日报》的编辑，埃德蒙兹是伯明翰市政厅秘书。道布尔戴，《北方解放者报》的杰出作家，1870年死于纽卡斯尔，受到各阶级、各党派的景仰。威廉·希尔牧师在爱丁堡担任某一行业杂志的编辑。韦德医生在1854年以前去世。泰勒医生，前已提及，在爱尔兰去世。罗伯特·洛厄里从事于有关禁酒运动和教育事业的演讲。詹姆斯·威廉斯成为书报商，兼任森德兰市参议会议员。他那年轻、诚挚的朋友宾斯移居新西兰，死于肺病。赫瑟林顿死于霍乱症。莫伊尔在格拉斯哥经营茶叶生意，是当地市参议会议员。诗人埃比尼泽·埃利奥特死于1849

年。亚伯拉罕·邓肯移居美洲。约翰·弗雷泽以其余年致力于音
乐。J. R. 斯蒂芬斯牧师在1854年仍是阿什顿附近地区的传教
士;而那个托利党奥斯勒则住在诺伍德,虽已年迈,仍在经营一个
题名为《家庭》的刊物,所奉行的箴言是“圣坛、王位和农舍”。弗莱
彻博士在伯里开业做外科医师。R. J. 理查森在曼彻斯特经营书
报业。彼得·布西1839年移居美洲,从此就在那里定住下来。约
翰·菲尔登1847年在奥德姆的选举中失败以后,不久就与世长 402
辞。麦克道尔在1853年夏季移居澳洲,在那里去世。R. K. 菲尔
普住在伦敦,据我们所知,是几份报刊的所有人。贝尔斯托、坎贝
尔和梅森移居美洲。詹姆斯·利奇在曼彻斯特经营印刷业。多伊
尔,据我们所知,成为伯明翰一家保险公司的经纪人。威廉·比斯
利在阿克林顿经营拍卖业。利物浦的威廉·琼斯移居美洲,但又
迁回国内,据我们所知,住在本乡。约翰·韦斯特,在我们最后一
次听到他的消息时,住在曼彻斯特。阿瑟·奥尼尔是伯明翰一座
浸礼会礼拜堂的牧师。克拉克、麦格拉斯、惠勒和狄克逊,据我们
所知,都与保险公司发生关系,除最后一人住在威根外,其余都住
在伦敦。雷诺兹经营新闻事业,他的报纸每星期销路达五万份。
比泽尔1852年移居澳洲。托马斯·库珀1892年与世长辞。除此
以外,还有许多曾积极参加宪章运动的人士现在都已长眠地下了;
另外一批人则移居国外。在前已指出的原因中,这种大量的移民
无疑地使宪章运动丧失了许多领袖,从而削弱了宪章运动团体。
我们认真考虑所有这些人士以往的行动而不能不深有感触,有时
甚至感到痛心。但愿我们永不蹉跎岁月,以免耽误自己学习他们
的美德;尤其重要的,愿他们的弱点成为我们的灯塔,警告我们驶

离那些暗礁，以免像他们那样往往使自己，而且在短暂的时期内也曾使他们所赞助的崇高事业，触礁遇险。

附 录 一

赖德和库珀的来信

威廉·赖德先生曾写信给我们，信中包括一些解释和否认。他说他并未 403
在他当选的集会上发表讲话；在会上致辞的只有两名候选人——奥康纳和皮特基思利。集会结束时，他还只到达会场的外围，他虽是利兹激进协会的秘书，却从不热衷于沽名钓誉；而且在散会前，他还不知道自己已经当选，甚至不知道曾被提名。他想了解我们在第 107 页中谈到有他本人、哈尼和马斯登参加的集会究竟是指哪一次。它就是在代表大会上公开受到指责的那一次。据赖德先生说，第 113 页上所述在皮普草地举行的集会以前，他早已提请辞职，并未出席。我们特别仔细地查阅了我们的笔记，发现赖德先生的辞职书是在上述集会上宣读后才被接受的。关于暴力问题，他说：

“三十五年以来，我一直属于这一派，至今仍然相信，持有武器并学会使用是每个人应尽的职责；但是，我虽提倡这项原则，却始终不渝地反对局部的、不成熟的暴动，坚信如果缺乏团结一致的精神，就无法使我们达到我们的目的；而由于个人崇拜、自封的领袖们的变节和倾轧以及冒险家们的空谈而不务实际，我们仍缺少这种团结。我重复说，我仍坚持同一原则，即每人都有必要武装自己并进行军事训练，以便能同国内外敌人作斗争。我认为，你们的道义力量，你们的和平号角绝不会把腐败政治的堡垒夷为平地。当我看到一个英勇团结的民族，

‘举起旗帜迎风招展，
决心为自由而流血牺牲。’

这时候，也只有在这时候，我才能希望国家获得拯救。我以属于这一值得珍爱的派别而感到荣幸，即使到了饥饿的边缘，也宁愿受暴力派的敌人的枪击，而不愿听道义派的抚慰。”

404 托马斯·库珀的来信

我们收到库珀先生的来信，高兴地把它披露如下：

斯托克·纽温顿草地
德文郡街十号
1855 年 2 月 26 日

亲爱的 R. G. 甘米奇先生，

我想请你对尊著《宪章运动史》中有关我个人的部分叙述酌予更正。我并不怪你叙述失实。在我们这样一场战斗中，传说与事实有所出入，本在意料之中。你说，我在 1842 年以及在领导莱斯特宪章运动者时期得了“奥康纳狂”。我不想反驳这种说法，因为我认为当时我们大家多少都有狂病。我只想说明，我是狂而不乱；我在莱斯特的举动和我一生的行为并无任何截然不同之处，以致被人认为完全是一个恶棍的举动：因为，事实上，如果对你的说法不加抗辩，那么，尊著的大多数读者必定会留下上述那样一个印象。

1841 年初，我在离开《莱斯特信使报》的职务时，本想返回伦敦，当地的宪章运动者要我留下，为他们经营那份创办不久的小型刊物《中部各郡明灯》。我早已为他们撰稿，他们相信我真心同情他们。我同意留下；如果我对自己的内心有所了解的话，那么可以说，我的同意是完全出于对穷人和被压迫者十分纯洁、十分忠实的自我牺牲精神。这个小型刊物当时有停刊之虞，因为他们不再能筹措业务上所需的资金；但他们把它完全交给我经营，我就向人告贷来使它维持下去。我还开始在星期日晚间，以讲道的方式，在市场上发表演讲，宗教性的内容与政治性的内容各占一半，这些演讲的听众非常踊跃。1841 年大选将届时，辉格党明知宪章派必将反对伊斯索普和埃利斯的当选，便对我们这份小型刊物的承印商进行恫吓，使该报不得不停刊。我在莱斯特又找不到另一家敢于承印的商人。最后找到一家，只有一小套粗劣的铅字；我并不甘心失败，创办了一份售价半便士的小型刊物——因为在上

述《明灯》对比下，它只是一道黯淡的微光——我就称它为《宪章派微光》。这
份刊物每星期出版一次，直到举行大选，我在竞选坛上被提名为“普选权候选
人”的时候。正当我向群众发表讲话时，一个辉格党员执着一个装在竹竿上
的巨型白铁灭火器走到我面前，企图把它搁在我头上——熄灭那道微光！辉
格党员们大笑一阵，他们那个党派的人当选了；但现在，我已把那份半便士周 405
刊的名称更改了，为了表示我不愿“被人熄灭”，便称它为《灭火器》。该刊在
这种形式下维持到 1841 年底。

正当大选前夕，我经过一些周折，终于在相当适中地点找到一所带有店面的住宅，在这里发行我的小型刊物，代销《北极星报》和其他期刊，同时开咖啡馆，并开始出售面包。我仍继续在星期日晚间在市场上发表演讲，把莱斯特划成若干区，开始积极进行宪章会员的登记事宜；结果使我声望日增，在某种意义上，也许可以说势力日增了。

你在尊著中谈到（第 203 页）莱斯特的另一派宪章运动者，由于才智甚高，而不肯向我的独裁作风低头。其实宪章运动团体中最有才智的人是在我这一边的：请看约翰·布拉姆威治和威廉·琼斯这两位诗人，他们直到去世前始终是我最敬爱、最忠实的朋友。我甚至不愿重提往日的争执，更不用说想再争执下去了。我同约翰·马卡姆（你在 203 页提到他的名字）早已言归于好；但是，如果我必须说明真相的话，那么，导致这一派宪章运动者崛起的原因，不是由于他们的“才智”，而是由于他们和马卡姆的交情——他以前是他们的领袖，他们认为他是被我排挤走的。他们的人数本来有限，一直守着原来的集会地点——一个很小的房间，而我们一到冬季，当我不再能在市场上讲话时，就租赁一间附属于圆形剧院的宽敞房间，从很多年前初建时期，这个房间就一直被称为“莎士比亚室”。现在既已有了两个团体，而我又喜欢莎士比亚的名称（我相信这一点是情有可原的），我就提议称我们这个团体为“莱斯特宪章派莎士比亚旅”。因此，我们的团体是由我们集会的房间而得名的。“旅”是宪章运动者通常用来代替“团体”的名称；至于“将军”的头衔，这是对我景仰敬爱的工人弟兄们给我的尊号。我最初出于玩笑而采用了它，但后来就不容易甩掉了。

1841—1842 年仲冬时期，莱斯特开始出现极端严重的贫困景象。以前我曾见过悲惨生活；但这一次，失业者成千上万，而时间又延续数月之久，穷苦的惨状骇人听闻。你在书中（第 202 页）提到群众跟我上街，在店铺门口停留下来，接受店主们的布施。我老实对你说，这是一个绝大的错误。我从未

406 率领过一支乞丐队伍；但我免费分发面包，让许多永无偿付能力的人赊欠——最后使我亏欠面包商六十六镑。我这样做并不希求赞扬。这大概就是我"狂"的一部分表现吧。在我"慷慨解囊"以前，我就应该是这样一个人了。我知道这一点；然而，那是我毕生感到最难实行的一课；我想，现在要我改变，也未免太晚了——除非我能另换一个性格。

在那年冬季令人沮丧的环境中，我壮着胆子为成年人和青年们试办一所安息日学校。许多人前来上学，我们的教材是《新旧约全书》、钱宁的《自我修养》和他的另外两三篇论文以及坎贝尔有关《谷物法》的著作等。布拉姆威治、琼斯和我们成员中才高识广的其他几个人协助我管理校务。春季到来时，人们的不满情绪愈加普遍，该校就解散了；但是，如果我在莱斯特能再过一个冬天，我是打算恢复这个的。1842 年春季的景象十分可怕。人们还在失业；有的悲观失望，有的骂天骂地。我继续征求宪章会员，有老有少，直到会员录上有了三千人的姓名。我还开始在平常的夜晚以及星期日的上下午和晚间，向群众发表演讲。逢到天气晴朗的夜晚，我们在街道上结队游行，一路唱歌，以显示我们人数众多，同时也气气与我们对敌的中产阶级。但这绝不是你所称的"日常功课"；而且一直没有造成损害，因为我们从未使用过暴力。当我读到尊著（第 202 页）中所述"当库珀不能率领这些队伍时，则由另一个穿军装的人代替"，我感到非常困惑而又惊讶；因为我从未见过或听到过这样一个人。但在莱斯特有一位朋友提醒我，1842 年春季曾发生这样一回事：向你报告情况的一个人（不管他是谁）歪曲了真实情况，他说有一个面目可憎、骨瘦如柴的妖怪，"穿着一身军装，来代替我。"当时向救贫局申请救济的穷人越来越多，联合济贫院特设一家工厂，来测验一下他们要求工作的诚意。这家工厂的工作十分艰苦，穷人们觉得他们所以遭到屈辱，只因为他们的贫穷，因此，便组成一支队伍，领头的人有时戴着一顶破旧的军帽——一天卑贱的劳动完成以后（他们所得的报酬少得可怜），时常沿街求乞。但这并不是宪章运动范围以内的事：那些人和我们并无关系；而那个戴军帽的人从未"代替我"，况且他也不是一个宪章派。

407 我已说过，我那份称为《灭火器》的刊物维持到 1841 年底。有几个星期，我并未发行任何报刊，指望工作又会开始分配给穷人，贫苦的状况将会减轻。但我等得不耐烦了，不久就创办了《国民报》，这是一份售价三个半便士的周刊。它在短期内相当成功，但将近夏季时，被迫停刊。必须指出，这一系列的小型报刊对宪章主义与劳工事业来说，却是一个力量源泉——因为这些报刊给工人们提供了一个渠道来揭露他们在工资、停工等方面所受的损害。而且，该报常有一个“诗人园地”，布拉姆威治和琼斯经常投稿；他们所投的诗稿（经常用宪章赞美诗的格式）嗣后被编成《莎士比亚宪章赞美诗集》，在集会上演唱。

这使我想起请你更正尊著《宪章运动史》第203页中的另一节。你说，“当他的伟大偶像出狱时，库珀创作了一首歌曲，题名为《自由雄狮》”云云，我没有创作过这首歌曲，一行也没有写过，也没有给它题过名。这支歌最初刊登在《北极星报》上，据说是威尔士的一个女宪章运动者的作品。莱斯特的一个工人（瓦伦丁·伍利）首先给它谱曲（说得更确切一点，将它谱成一种和声歌曲的一节）；我们采用了这个曲谱；我在集会上经常推荐它，这确实不假——不仅如此，我走到哪里，就把它推广到哪里，不论在莱斯特郡的乡村里，或在谢菲尔德、诺丁汉等城镇。

现在关于我依附奥康纳的问题，容许我再说一两句。这种依附是群众教给我的。但我并没有教他们这样做。我确信，他们对宪章运动不抱什么希望，而将希望寄托在他身上。奥康纳通过他的书信，通过我在莱斯特居于领导地位时期他和我几次见面时的谈话，也博得了我的敬爱。后来，我有理由改变我对他的看法；但在我所指的这个时期内，我认为，团结是宪章派取得成功必不可少的条件；正因为群众依恋奥康纳，将他当作领袖，所以，我就仇视一切反对他的人，认为他们煽动不团结。因此，我反对奥布赖恩。遗憾的是，我的反对言论没有以最公正的态度表达出来。后来，我已向奥布赖恩道歉；并且已向莱斯特的群众公开表白，我认为我们对他犯了错误。关于奥布赖恩是否能原谅一个已经承认的错误，我就不敢断言了。请容许我更正你书中有关我对待奥布赖恩的一句话。你在第203页上说，“他已把他的士兵们训练 408
成熟，使他们懂得他们的职责就是驯服地听从他的命令。”请你相信，如果我曾经想使群众“懂得”这类的事的话，他们一定会在街上向我扔石头。如果像你所说，我在莱斯特掌握着“一个国王的权力”，那么，你会相信，这一定是由于我教导并实行了一种截然不同的原则。不，事实并非如此：实际上即便在同奥布赖恩等人进行激烈斗争时，我也是群众的工具，而不是他们的导演。正因为如此，在一切时代里，在每个国家中，不管规模大小，一个具有声望的领导人才能保持他的领导地位：他的品质、品性和能力，通过敏感的同情心和坚强的意志，使他适宜于做群众的代言人和助手，姑且不论其目的是好是坏。

关于斯特奇先生，我想许多人已经知道，很久以前，我已表示遗憾，不该

由于误解而说他坏话。我现在实际上已赢得他深厚的友谊；我确信他是一个最善良的人。对文森特，我始终没有道歉：我仍然认为，在当时的情况下，他是咎由自取。可惜得很，你竟让那个自称“威廉·迪安·泰勒”的人玷污了你的大作。“泰勒”不是他的真名：他冒用这个姓名，只是为了逃避法律责任，否则，他必将因所犯的罪行而受到惩罚。他是历来钻进宪章派队伍中的一个最卑鄙、最缺德的坏蛋。小菲尔普，我敢说，不妨称他为“孩子”；他的容貌那么娇嫩，因此，许多人称他为“女宪章派”。请你相信，我从未向这样一个顽童“几乎下跪”。当你提到他的“声调沉着大方”，这就使我联想到从前有人说过的“一个长舌妇的仪态”。

我这封信写得比原来打算写的长多了；虽然如此，我还希望你会在尊著的附录中给予发表的机会。我并没有提出什么特殊要求。我一生只见过你一次；但那次会见（在莱斯特，当时一切正处于骚乱状态），使我对你的才智和正直在心中留下了印象。后来通过别人有关你的报道，这个印象更加深了；我确信，你不仅愿意，而且一定渴望对你在编写大作《宪章运动史》的工作中所产生的一切无法避免的错误说法，予以更正。

托马斯·库珀敬启

库珀要求刊登上述信件，并且假定这个要求不会遭到拒绝，这种做法是
409 十分正确的。保卫自己不受别人的攻击，这是每个人的权利，如果我们自己要求享有的权利，却拒绝给予别人，我们就应当受到鄙视；但是遗憾得很，我们很难从那些以民主外衣伪装自己的无情的诽谤者手里获得这种权利，而他们所理解的真正的民主主义公道，看来与俄罗斯皇帝或那不勒斯国王所理解的不相上下。我们极愿证实库珀和莱斯特的宪章运动者之间的关系是公正无私的。至于他在该城镇居住时期所作的牺牲，除他本人提出的证明以外，我们还有其他材料足以证明。在他和宪章运动的关系中，我们从未把他看作是一个唯利是图的鼓动家；我们始终认为他是一个与此截然相反的人物。我们没有提到他所办的报刊和学校，这是一个遗漏，但也并非出于故意。关于那个时期莱斯特的游行队伍，看来我们把两个不同团体——宪章运动者和失业工人——混为一谈了，虽然在许多事例中，他们无疑地是同一批人。我们不妨简略地说明一下我们对这个问题所知道的一切。1842 年春季，我们恰巧在莱斯特，曾到库珀家去拜访，但他却把这件事忘掉了；实际上，我们和他一同步行去参加陆续举行的两次群众集会中的第一次，据预告，奥布赖恩将

在这些集会上演讲，而且当晚同他一起坐在演说坛上。当时我们和奥布赖恩尚未相识；但在晚间，我们正想对库珀进行规劝的时候，比达姆却拦住我们，不太礼貌地对我们说：“别管他；他知道应当怎样做。”当天晚上，我们在库珀家里看到一大批半饥不饱的群众来到门口，然后各自散去。这天晚上，库珀显得非常忙碌。率领这个队伍的人戴着军帽，穿着红色外套。当然，我们并不是说，这套军服不是仿造的。但停留在店铺门口接受店主们布施的，就是这些队伍；从库珀的来信看来，他和这些队伍并无关系；然而，参加我们所见到的那个队伍中的大部分人却走进库珀的家里，包括上述乔装军人的领队在内。关于《自由雄狮》问题，一般印象认为这支歌是库珀创作的。这无疑地是由于库珀把它收入他的赞美诗集中而引起的；多数歌曲和赞美诗都注明作家的姓名，而这支歌却没有，于是就得出结论，认为他是作者，尤其因为在他所参加的集会上，这支歌唱的次数特别多。我们曾说，库珀已把他的士兵们训 410
练成熟，使他们懂得他们的职责就是驯服地听从他的命令，但我们的意思并不是说，他真的对群众说过，他们必须在一切情况下听从他的命令；相反地，由于他态度威严，具有左右他们的力量，因而始终可以保证得到他们的支持。我们无意用任何评论来损害库珀。我们绝不会明知故犯地对任何人采取不公道的行动；如果我们有关某些人的言论显得严峻，这主要是由于这些人对别人采取了不公道的态度。我们对不公道行为怀有强烈的、永不消泯的愤恨，这就造成了我们表面上的严峻态度，却并非由于我们对某些个人怀有任何报复心理。一个民主人士对另一个民主人士的一切不公道行为，在我们看来，都是民主主义前进道路上的障碍；我们一定要对这种不公道行为展开无休止的斗争，且不论将来会有什么结局。我们向库珀和读者们表示祝贺，因为他的来信广泛地体现出一种令人钦佩的精神，足以向我们证实他具有宽厚的性格。

附 录 二

人民宪章

作为规定大不列颠和爱尔兰人民在议会下院中享有公平合理的代表
411 权的法案，经1842年12月在伯明翰召开的人民协商会议修正通过。

有鉴于为了保证在人类的远见和明智所能达到的范围内，使人民享有公正的政治，必须使有制定法律之权者对于那些在法律制定后有遵守义务者，承担健全而严格的责任；

有鉴于为了使这项责任得以充分实现，必须通过一个合法团体，这个团体直接产生于全体人民，直接受制于全体人民，并完全代表着人民的感情和利益；

有鉴于议会下院目前既以人民的名义，作为人民所想象的代表，行使着制定法律之权，而为了明智地、忠实地完成其承担的重大职责，必须忠实地、正确地代表人民的愿望、感情和利益；

兹规定：

自本条例获得通过时始，本国境内的每一男性居民在下列条件下享有选举议会议员之权：

(1) 在英国境内出生的公民，或在英国居住两年以上并已取得英国国籍的外国人；

(2) 年满二十一岁者；

(3) 选民册修订时经证明精神健全者；

(4) 经要求行使选举权时不因犯罪而正在服刑者；

(5) 倘选民在行使选举权时犯有行贿、冒名顶替或伪造选民证等项情事，应根据本条例处罚条款的规定，停止其选举权。

选　区 412

（1）兹规定，为了使人民在议会下院享有同等代表权，联合王国将划分为三百个选区；[①]

（2）各个选区拥有的居民人数应尽量使其接近于相等；

（3）居民人数应以上届人口普查为准，在下届十年一次的人口普查举行后，应尽快地使选区与人口相符合；

（4）各个选区应以各该区内主要城市或自治市命名；

（5）各个选区应选出一名代表担任下院议员；

（6）内政大臣应委派三名有能力者为特派员，以及必需的若干名副特派员，以便划定三百个选区中每一选区的界限，以后，每当举行十年一次的新人口普查时，随时重新予以划定；

（7）上述特派员、副特派员、办事员以及为执行职务而由他们雇用的其他人员所需的经费，均由国库支付。

选举的办事人员

兹规定，为了努力使选民登记能够精确，为了最后裁决一切关于对申请登记为选民者提出异议的案件，为了受理议会议员及负责选举的委员的提名并公布其当选，同时为了按照本条例的规定，主持并监督一切与登记、提名和选举有关的事项，应委派下列办事人员：

（1）每一选区应有选举委员若干人；

（2）每一选区应有副选举委员若干人；

（3）凡有相当数目居民的教区，或每两个或两个以上为实施本条例而合并的教区，应各有一名登记员。

---

① 譬如说，享有选举权者共六百万人。将这个数字除以三百，则每个议员代表二万人。——作者

选举委员及其职责

(1) 兹规定，在本条例通过后的第一届大选时，全国每一选区应各推选
413 一名选举委员，以后在每年年底同样推选一次；

(2) 上述期限届满时，各区选举委员的提名应按照议会议员提名的同一方式，并应在选举议会议员的同时进行选举；连选得连任；

(3) 选举委员在年度任期未届满前，倘因死亡、迁徙或辞职而出缺时，应按照关于议会议员出缺时的同样规定，递补足额；

(4) 每一选举委员应在选举日委派一名副委员处理本区内各投票所的各项事务，并在一切情况下，负责使副委员公正地完成其职务；

(5) 选举委员应在本区拥有相当数目居民的每一教区，或在两个或两个以上为实施本条例而合并的教区内，委派一名登记员，并在一切情况下，负责使登记员公正地完成其职务；

(6) 选举委员务必使每一教区(或任何数目合并的教区)提供适当的投票所和其他必需的房屋，并准备按本条例规定所制造的投票箱；

(7) 选举委员应受理本区内各教区的选民册，并将经登记员或任何其他人提出异议的人名，在选民册上分别注明；

(8) 选举委员应从每年4月1日至5月1日的一个月内，在本区经其认为必要的若干地点，公开举行裁判法庭，将开庭的时间和地点在本区每一教区正式公布，同时应邀请提出异议者和被提异议者一体参加。选举委员在听取双方陈述意见后，对选民的姓名是否应予登记，应作最后决定；

(9) 选举委员然后应将本区内各教区的全部登记的选民姓名按照字母次序编造选民册；选民册经其签署证实后，应在本区各种选举中发生效力。选民册应以合理的低价售予公众；

(10) 选举委员应受理本区议会议员和本区选举委员候选人的全部提
414 名，按照本条例的规定预行公布；并应受理下院议长的指示，凡遇本区议会议员死亡或辞职时，另行举行选举，凡遇另一选区选举委员死亡或辞职时，主持并监督该区选举；

(11) 选举委员应在选举日受理本区内各教区的选举结果报告，在选举的次日，根据本条例的指示，公布选举结果，并按照本条例的规定，执行属于

其职责范围以内的各项工作；

(12) 选举委员在执行职务时得支领薪俸，每年若干镑，将在下文中另行说明；

(13) 倘遇某一选区为数至少一百名的合格选民向下院提出反对该区选举委员的请愿，告发该委员在行使职权时犯有贪污或溺职情事，此类告发应由下院组成七人委员会进行调查；委员会的报告经宣读后，出席的议员对该委员是否有罪，是否停职，应做出决定；

(14) 为了便于主持本条例通过后的第一届选举，内政大臣应在各选区临时委派一名选举委员，执行本条例所规定的各项职务。新任选举委员一经选出，该临时委员应即辞职，其应支薪俸将在下文中另行说明。参阅处罚条款。

副选举委员及其职责

(1) 兹规定，本区选举委员应委派一名副选举委员，在选举日主持各投票所的选举事宜，该副选举委员应服从本规定，对本规定负责，同时并按其权限行事，对其权限负责；

(2) 副选举委员应安排若干有能力的人员（不超过……名），协助主持投票，并完成与此有关的其他必要事项；

(3) 副选举委员务必提供适当的选民登记册，并保证投票准确地从上午6时开始，至当天下午6时结束；

(4) 副选举委员应在举行投票前，当候选人的代理人的面，检查并封好投票箱；并应按照同样方式公布每一候选人所得票数，同时抄录副本，经本人 415
签署后，一份送交本区选举委员，另一份送交该教区登记员；

(5) 副选举委员在任职期间应支的薪俸，将在下文中另行说明。参阅处罚条款。

登记员及其职责

(1) 兹规定，各区选举委员应在本区拥有……居民的每一教区或每两个及两个以上为实施本条例而合并的教区内，委派一名登记员；登记员应对选举委员的权限和本条例的规定负责；

(2) 为了使每一选区全部选民的登记正确起见，上述全国各教区的登记员应在每年 2 月 1 日当天或以前，对本教区每一住户、贫民院或联合济贫院印发下列格式的通知书：

约翰·琼斯先生：兹请在本通知发出后六天内，将贵户所有二十一岁和超过二十一岁的男性居民的姓名填入本表；注明各该居民的年龄及其居住年限；倘有漏报事情，则每漏报一名应罚款一镑，特此通知。

登记员某某(签署)

姓　名	住　址	年　龄	居住年限
约翰·琼斯	北上街六号	21 岁	3 个月

注意——本表将在通知发出后六天期满时收回。

(3) 登记员应在上述六天期满后，收回或派人收回上述表格，以此为根据，将所有年龄和居住年限符合本条例所规定的选民资格者，按字母次序编造选民册；

(4) 登记员倘有正当理由，认为上述表格中所列的任何选民的姓名、年龄或居住年限有记载失实或与本条例的规定不符事情，不应拒绝登记入册，只应在各该选民的姓名左首加注“异议”字样；对其根据正当理由认为按本条例的规定不应享有被选举权者，处理方法与此相同；

(5) 登记员应在每年 3 月 8 日当天或以前将上述按字母次序编造的选民名单，张贴在大小礼拜堂门口、市场、市政厅、法院、贫民院、联合济贫院及其认为适当的显著地点，自 3 月 8 日始，至 22 日止。并应以一份名单留在办公处，在一切合理的时间内，任人浏览，不收费用；此项名单的印本应以合理的低价售予公众；

(6) 登记员应在 3 月 25 日当天或以前，将上述选民册副本送交或派人送交本区选举委员，该选民册应经其本人签署、并按其意见认为是一份公正无私的名册，予以提出，其中包含本教区内所有应享有被选举权者以及经其本人或他人提出异议者；

(7) 登记员接到选举委员通知后，应出席裁判法庭，校正选民册，并应按本条例的规定，执行与其职责有关的各项工作；

(8) 登记员在任职期间应支的薪俸，将在下文中另行说明。

登记手续

(1) 兹规定，每一户主以及每一住宅、贫民院或联合济贫院的所有人或管理人在接到登记员上述通知后，应在六天内，将该宅所有二十一岁或超过二十一岁的每一男性家属或住户的姓名、年龄和居住年限填入该通知，力求正确，并应慎重保存，直至登记员或由其委派的适当人员前往收取；

(2) 选民名单经根据上述通知拟订并在上述礼拜堂门口等处张贴公布后，倘有自认具有正式选民资格者发现其本人姓名未经列入，应向登记员提 417
出下列格式的通知，申请补列：

> 申请人约翰·琼斯，居住……区……街，现年 21 岁，最近三个月住在上述地点，特此申请列入选民册，作为上述选区的正式选民；

(3) 凡在某一选区享有选民资格者迁移至同一选区内另一教区居住，经向现时居住的教区的登记员提出选民证，证明此项资格，或提供以前居住的教区登记员所发的书面明证，则应列入上述选民册；

(4) 本选区的任何一个教区内的选民，倘有正当理由，认为根据本条例的规定，不应享有选民资格者已被列入上述选区内的教区登记册，可在 3 月 1 日至 20 日这一期限内的任何适当时间提出下列通知，以一份送至登记员的住所，另一份送至被提异议者的住所；登记员如上所述，应按同一方式，将提出异议的理由通知经其提出异议者：

致登记员

> 申请人威廉·史密斯，系……选区……教区选民，对某某先生被列入选民登记册提出异议，认为资格不符，特此奉告。

致被提出异议者

> 某某先生(……教区)：提出异议者威廉·史密斯，系……选区……教区选民，根据下列理由，对大名列入选民登记册提出异议(此处说明理

由），并将在本区选举委员面前，提供有关异议的证据。

提出异议者签署，年月日

（5）上述提出异议者倘不在选举委员开庭时出席，说明所提异议的理由，每次缺席应罚款十先令，并对其动产征税十先令，除非他的缺席是由于疾病或意外事故；遇有此类事情，提出异议者应向选举委员提供医生证明书或由十名选民签署的证明真相的文件，选举委员应据此裁决，所提要求是否准予列入登记册；

418 （6）被提出异议者倘不如期出席选举委员召开的裁判法庭，充分证实享有此项权利，其姓名应从登记册上删除，除非他的缺席是由于疾病或意外事故；遇有此类事情，应由其提供证明文件，选举委员应据此裁决，悉如上述；

（7）倘在公开裁判法庭上，经人向选举委员证实，有人故意作谑或捣乱，对另一人列入选民册提出异议，此类提异议者应罚款二十先令并负担一切开支，同时对其动产征税二十先令，偿付被提出异议者；

（8）上述选民册经按照上述手续修正后，选举委员应尽早将副本送交本区内的每一登记员；

（9）各个教区的登记员应从上述选民册副本上，将本教区内（或若干教区内）每一合格选民的姓名、年龄和居住年限正确地誊入专用簿册，并在每一姓名左首注明号码。然后应在……天内，以下列格式的选民证送交或派人送交各该选民，证上编号应与上述簿册上注明的相符：

选民证第123号……证明……区詹姆斯·琼斯享有选举权，可从本证签发之日起一年以内，在……区议会议员选举中（并在选举委员选举中）投票一次。

登记员签署，年月日

（10）倘有人因火灾或任何其他意外事故，遗失选民证，在下届选民登记以前，不再另发给新证；但在举行任何一种选举的当天，倘经二人为其证明身份，并经登记员认可，确系登记册中所指的合格选民，应准予参加投票；

（11）为了便于执行本条例，而不是由于其他原因，特授权并责令选举委员将本区内若干小教区予以合并；并以相同方式将教区外的一切地方并入邻近教区。参阅处罚条款。

提名手续

（1）兹规定，为了防止轻率地提出过多的人选，同时为了使选民对被提名为议会议员及选举委员候选人的优点有充分审议的机会，所有提名均应按 419
下列手续办理；

（2）有关选举议会议员的一切普选，应从每年5月1日至10日，由选区内至少一百名合格选民按下列格式签署申请书，送交各该区选举委员；此项申请书即作为各该区候选人的提名：

下列署名的……区选民特此推荐某某先生为下院中代表本区人民的适当人选，按照本条例的规定，上述某某先生具有选民资格。

签署，年月日

（3）各个选区的选举委员应在每年5月13日的当天或以前，将按照本办法所提出的候选人名单，张贴在本区内大小礼拜堂门口、市场、市政厅、法院、贫民院、联合济贫院及其认为适当的显著地点；

（4）任何选区的议会议员倘因死亡、辞职或其他缘由出缺时，该区选举委员应在接到下院议长的指示后三天内，按照发布通知的规定，对本区内所有教区发出有关通知，同时要求选民在接到其指示后十天内，按照上述办法，完成候选人的提名手续，该选举委员并应在接到上述下院议长指示后十八天内确定选举日期；

（5）任何选区不论由于任何缘由，倘不能在5月10日当天或以前提出候选人，在此情况下，候选人的提名手续应按上述办法，在5月20日以前的任何日期办理完成，但不得在5月20日以后；

（6）在本条例通过后举行的第一届选举时以及每值年度届满时，选举委员候选人的提名手续均应按议会议员候选人的提名同样办理，遇有出缺时，亦应参照办理；

（7）按照上述办法，倘有二人或二人以上被提名为某一选区的议会议员 420
候选人，选举委员应在5月15日至31日之间的任何日期（星期日除外），指定经其认为对本区选民最便利的时间和地点（不超过……处），使候选人和他们见面，当场阐明政见，要求选民给他投同意票；

（8）选举委员务必使上述地点便于使用，并应尽量多造必要的建筑物；

所有费用均由选举委员支付，记入其账户，下文中将予以说明；

（9）为了维持秩序和公共礼节，选举委员应亲自主持此类选民大会，或委派副选举委员代理；

（10）倘在上述期限届满时，某一选区所提的议会议员候选人仅有一人，选举委员应按下列办法发出通知，宣布该候选人当选为该区的议会议员；倘所提的选举委员候选人仅有一人，亦应照此办理，宣布该候选人正式当选；

（11）按照本条例的规定，除选民的赞成与否外，候选人不受任何资格限制；但除内阁阁员外，凡在政府中占有职位、领受任何形式的薪金或退职金者，均不得当选为议会议员。

选举手续

（1）兹规定，议会议员的普选，应在每年6月的第一个星期一在联合王国各选区内同时举行；倘因死亡或其他缘由而出缺时，应尽可能地在事件发生后十八天内补选足额；

（2）各区选举委员的普选，应在每届三年期满时，6月的第一个星期一，在选举议会议员的同时，如期举行；倘有出缺情事，应在出缺后十八天内补选足额；

（3）凡按上述手续办理登记并取得选民证者，可在办理登记的选区内享
421 有选举权，但以此选区为限；有权投票选举该区的议会议员和选举委员，但亦以选举上述人士为限；

（4）为了便于收集合格选民所投的选票，各选区内每一教区（或为实施本条例而合并的两个或两个以上教区）的办事员应提供适当的地点，俾可办理附表（甲）所述的各项手续，而采取的建筑物的格式（不论永久性者，或临时性但经其认为适当者）应考虑到便于尽快地收集选票，同时能保证选民在投票时不受旁人监视；

（5）各个选区的每一教区的办事员应提供足够数量的投票箱，其构造悉照附表（乙）所列格式（或按指定人员所设计的统一大小和重量），只有此类票箱经过正式证明，才准使用；

（6）在即将开始投票前，副选举委员应在每一候选人所指定的代理人面前，将票箱逐一打开（或视情况另行设法检查），然后由其会同各候选人的代理人严加封闭，从此在投票结束前不再启封，届时应由其通知当时在场的代

理人，参加票箱的启封仪式，核实每一候选人所得票数；

(7) 副选举委员应在票箱前主持投票，务必保证投票按严格公正无私的精神进行；各办事员、助理员以及教区警官应妥善地完成各该职务，各候选人的赞助者相互间以及办理选举事务的工作人员相互间都应严格遵守秩序和礼节；为此，授权副选举委员，倘遇有阻挠选举程序，蓄意违反本条例的规定，或不服从其合法权限者，得由其依法予以逮捕；

(8) 当投票进行之际，每一候选人得委托二名代理人，面对票箱，直接站在副选举委员身后，以便监视选举公正地进行；此类代理人应由副选举委员发给入场证，并按其指定的入口处进出；

(9) 凡奉派办理选民登记的每一教区登记员应在投票开始前，到达投票所，站在指定位置，严密注意，在选民证未经其检查、证实与登记册完全相符 422
前，不准任何人进入投票所；

(10) 派驻在投票所入口处的教区警官和工作人员应加注意，任何人倘不出示选民证，一概不准擅自入场，但办理选举的工作人员或经证明遗失选民证者除外；

(11) 每届年底，或遇选举委员的选举和该区议会议员的选举同时举行时，投票所应划分为两部分，票箱和投票程序应妥为安排，保证候选人受到最严格的公正无私的待遇，防止选民为任何一类候选人投票两次；

(12) 在选举日，投票应自上午 6 时开始，至同天下午 6 时止。

(13) 投票人的选民证经登记员检查无讹后，应准其进至第二栏，由奉派担任此项工作者发给选票；该投票人应即进至票箱处，以适当速度将选票投入其所赞成的候选人的票箱中，然后从指定门口走出投票所，不准逗留。参阅附表(甲)、(乙)；

(14) 投票一经结束，副选举委员应在所有候选人的代理人和其他有关人员面前，将票箱逐一启封，核实每一候选人所得票数；然后将得票结果抄录副本，在投票所门口公开揭晓；并立即以一份经其本人和在场的候选人代理人签署的副本，委托可靠的送信人送交本区选举委员；然后以同样一份发交登记员，慎为保存，以备必要时查核之用；

(15) 为了核对选民证和照料投票事项而雇用的助理员得支领薪俸，下文将加以说明；

(16) 上述登记、提名和选举等项工作所需的各项费用，以及正副选举委员、登记员、助理员、警官和其他必要人员的薪俸，连同投票所、票箱、竞选坛

以及为实施本条例所需的其他必需平等项开支，均在一种公平合理的地方税
423 项下支付；为此，特设地区委员会，由各该选区内每一教区或为实施本条例而合并的两个或两个以上教区各推代表一人组成，授权并责令该委员会向本选区内所有住户征收税款；

(17) 为了实施本条例在各选区内所支出的各项必要费用，应由上述地区委员会或其会计人员核实偿付；为了实施本条例所雇用的全部办事员和助理员的薪俸，应由上述委员会按照各个地区的费用和税收情况，予以规定并支付；

(18) 有关选举工作的各项收支应立专账，由上述地区委员会指派查账员审核；此类账目应印成副本，以备该选区内各教区查核之用；

(19) 议会议员和选举委员竞选时的各种游说活动，特此宣布为非法，为上述游说目的而在选举日投票时间召开的公众集会，一并宣布为非法。参阅处罚条款。

议会议员任期

(1) 兹规定，上述当选的下院议员应自每年6月第一个星期一起举行会议，嗣后，在认为方便的时间随时继续开会，直至下一年6月第一个星期一下届议会议员选出时止；议会议员连选得连任；

(2) 在休会期间，遇有必要，得由执行委员会召开临时会议；

(3) 议会对各议员每日是否出席应予登记，会期结束时，应将其印成会议文件，以示各议员的出席情况。

议员支薪

(1) 兹规定，会期结束时，下院每一议员有权向国库支领付款凭证一纸，作为其在为公众服务期间行使立法权的报酬，其薪额规定为每年……镑。①

① 据委员会了解，在加拿大实行议员日薪制，颇见成效；但它担心，这种薪给办法会使议会不必要地延长会议期限；倘以法律限制开会时间，则又可能导致过分草率的立法。年薪制却消除了上述两种弊端。——作者

处　罚

（1）兹规定，凡在一个以上选区办理选民登记，并在一个以上选区参加
投票者，经各该区治安官二人证明属实，如系初犯，判处三个月徒刑，再犯时，424
则判处十二个月徒刑；

（2）凡故意在适当期间内漏不填报通知，或在通知上漏报任何家属或住户姓名，如上所述，经证明属实，如系初犯，每漏报一人姓名，应判处罚款一镑，再犯时，则判处三个月徒刑，并褫夺选举权三年；

（3）凡在通知上伪造姓名、年龄或居住年限，如上所述，经证明属实，如系初犯，应判处三个月徒刑，再犯时，则判处三个月徒刑，并褫夺选举权三年；

（4）凡以任何方法取得另一人的选民证，以此伪证参加投票或企图投票，如上所述，经证明属实，如系初犯，应判处三个月徒刑，再犯时判处三个月徒刑，并褫夺选举权三年；

（5）凡伪造选民证或伪造任何选民证上任何姓名，以此伪证参加投票或企图投票，如上所述，其伪造情事经发现后，初犯者判处三个月徒刑，再犯者判处三个月徒刑，并褫夺选举权三年；

（6）凡在议会议员或选举委员提名申请书上伪造选民姓名或设法予以伪造，经证明属实，初犯者应判处三个月徒刑，再犯者判处三个月徒刑，并褫夺选举权三年；

（7）凡因强求当选犯有行贿情事，如上所述，经证明属实，初犯者应判处两年徒刑，再犯者判处两年徒刑，并褫夺选举权五年；

（8）任何候选人的任何代理人或任何其他人在举行任何选举时犯有行 425
贿情事，如上所述，经证明属实，初犯者应判处十二个月徒刑，再犯者判处十
二个月徒刑，并褫夺选举权五年；

（9）在上述提名后，凡挨户或逐地走访，不论采用何种方式，为任何议会议员或选举委员候选人进行拉票者，如上所述，经证明属实，初犯者应判处一个月徒刑，再犯者判处两个月徒刑；

（10）凡在选举日，不论在任何选区内纠集群众或使群众举行竞选集会，如上所述，经证明属实，初犯者应判处三个月徒刑，再犯者判处六个月徒刑；

（11）凡有阻挠投票或其他选举工作，如上所述，经证明属实，初犯者应

判处三个月徒刑，再犯者判处六个月徒刑；

（12）任何送信人奉派将有关投票情况的报告或其他通知送达选举委员时，倘有故意拖延情事，或经其同意或由于其行动而造成延搁，如上所述，经证明属实，应判处六个月徒刑；

（13）任何选举委员由于疏忽而未指派本条例所规定的适当工作人员，不注意提供适当投票所和票箱，不发通知，不履行本条例对其所要求的各项职务，如上所述，经证明属实，应按每项溺职行为，科以罚款二十镑；

（14）任何选举委员倘经发现在执行本条例所指定的各项职务时，犯有行贿或贪污舞弊情事，应判处十二个月徒刑，并褫夺选举权五年；

（15）任何副选举委员由于疏忽而未履行本条例所指定的各项职务，如上所述，经证明属实，应按每项溺职行为，科以罚款三镑；

（16）任何副选举委员倘在执行其范围以内的各项职务时，犯有行贿或贪污舞弊事情，如上所述，经证明属实，应判处六个月徒刑，并褫夺选举权三年；

（17）任何登记员由于疏忽而不履行本条例所指定的各项职务，如上所
426 述，经证明属实，应按每项溺职行为，科以罚款五镑；

（18）任何登记员倘在执行其范围以内的各项职务时，犯有行贿或贪污舞弊情事，如上所述，经证明属实，应判处六个月徒刑，并褫夺选举权三年；

（19）任何教区办事员倘有失职或拒不遵守本条例任何规定情事，应按每项溺职行为，科以罚款五十镑，倘无力缴付，改处十二个月徒刑；

（20）凡按照本条例的规定所判罚款和刑事处分倘有不当，被害者得在发生违法行为的选区内的二名治安官面前，申请赔偿损失，违犯者倘无力赔偿，治安官得扣押其动产，倘有不足，应按照本条例的规定，改处徒刑。

所有其他有关选民登记、候选人提名、议会议员选举、议会年限及议员出席期限等条例及各该条例的部分规定均予废除，特此公告。

附 录 三

兰开斯特的审判

经宣叛犯第四款、第五款罪状以及宣判无罪开释的被告名单

427

犯第四款者：

F. A. 泰勒
罗伯特·布鲁克
乔治·坎迪莱特
詹姆斯·芬顿
P. M. 麦克道尔
伯纳德·麦卡特尼
詹姆斯·阿瑟
约翰·坎贝尔
约翰·德拉姆
詹姆斯·利奇
詹姆斯·穆尼
J. R. H. 贝尔斯托
托马斯·库珀
C. 多伊尔
约翰·利奇
戴维·莫里森

犯第五款者：

威廉·艾特金
A. 查林杰
约翰·霍伊尔
理查德·奥特利
罗伯特·拉姆斯登
约翰·阿伦
G. J. 哈尼
约翰·诺曼
塞缪尔·帕克斯
詹姆斯·斯基文顿
威廉·比斯利
威廉·希尔
费格斯·奥康纳
托马斯·雷尔顿
威廉·伍德拉夫

同意开释者：

约翰·阿特林森
威廉·斯科菲尔德
托马斯·皮特
詹姆斯·卡特利奇
约翰·桑顿
乔治·约翰逊
约翰·怀尔德

宣告无罪者：

帕特里克·布罗普利
约翰·克罗斯利
托马斯·马洪
托马斯·斯托拉
詹姆斯·格拉斯比
詹姆斯·斯科菲尔德
托马斯·布朗·史密斯
J.奇彭代尔
托马斯·弗雷泽
戴维·罗斯
威廉·布思
约翰·梅西
威廉·斯蒂芬森
约瑟夫·克拉克
约翰·洛马克斯
艾伯特·沃尔芬登
约翰·弗莱彻
理查德·皮林
詹姆斯·泰勒

索　　引

（索引中的页码为原书页码，即本书边码。）

根据英国G.C.布罗德里克及J.K.福瑟林汉所著《英国政治史》第11卷书后所附地图绘制

图书在版编目(CIP)数据

宪章运动史/(英)R.G.甘米奇著;苏公隽译.—北京:商务印书馆,2017
(汉译世界学术名著丛书:120年纪念版:珍藏本)
ISBN 978-7-100-14288-5

Ⅰ.①宪… Ⅱ.①R… ②苏… Ⅲ.①宪章运动(1837-1848) Ⅳ.①K561.43

中国版本图书馆CIP数据核字(2017)第139445号

汉译世界学术名著丛书
(120年纪念版·珍藏本)
宪章运动史
〔英〕R.G.甘米奇 著
苏公隽 译
张自谋 校

商 务 印 书 馆 出 版
(北京王府井大街36号 邮政编码100710)
商 务 印 书 馆 发 行
北京中科印刷有限公司印刷
ISBN 978-7-100-14288-5

2017年12月第1版 开本710×1000 1/16
2017年12月北京第1次印刷 印张34¾ 插页1
定价:180.00元